다문화상담의 실제

| 손은정 · 최가희 공저 |

EMBRACING DIVERSITY IN COUNSELING AND PSYCHOTHERAPY

학지사

머 / 리 / 말

현재 한국 사회에는 다양한 문화에 속한 사람들이 점점 증가하고 있다. 상담 현장에서 상담자들은 자신과 다른 문화권에 속한 내담자를 만날 기회가 더 많아지고 있으며, 다문화적 배경을 가진 사람들을 위한 전문적인 상담에 대한 요구 역시 점점 높아지고 있다.

이와 같이 전문적인 다문화상담에 대한 수요가 높음에도 불구하고 대학원 과정에서 다문화상담과 관련된 체계적인 교과과정과 훈련과정은 상당히 부족한 상황이다. 2010년대에 들어선 이후 현재까지 다문화 관련 저서들이 다수 출간되었으나, 외국의 원서를 번안한 책이 대부분이었으며 한국의 상담자들이 현장에서 활용할 만한 실제적인 접근이 부족하였다. 이 때문에, 상담 현장에서 다문화상담을 실시하고 있는 상담자들은 여러 가지 어려움을 경험하고 있으나 이에 대한 실제적인 정보를 얻기 어려운 상황이라고 여겨진다.

이 책은 다문화상담을 실시하고 있는 또는 미래에 다문화상담을 진행하게 될 상담자들에게 실제적인 도움을 주기 위해 집필되었다. 이를 위해 먼저 다문화상담을 진행하는 데 있어 상담자가 민감하게 인식하고 지식을 쌓아야 하는 개념과 영역에 대해 소개하였으며, 다음으로 실제로 현장에서 활용할 수 있는 다문화상담에서의 상담 면접기술과 사례개념화 기술에 대해 제시하였다.

책의 내용을 구체적으로 소개하면 다음과 같다. 제1부는 3개 장으로 구성되어 있으며, 제1장은 다문화상담이 왜 필요한지부터 시작하여 다문화상담의 역사 및 기본 특성에 대해 다루었다. 제2장에서는 다문화상담자가 갖추어야 하는 역량이 무엇인지 정의하고 상담에서 문화를 다루는 방식에 대해 논의하였다. 제3장에서는 다문화상담이론에서 핵심이 되는 개념인 억압과 특권을 설명하고, 억압 및 특권과 관련한 상담자의 역할에 대해 논의하였다.

제2부는 4개 장으로 구성되어 있으며, 각 장에서는 다문화상담에서 핵심적인 것으로 간주되는 주제인 인종 및 민족, 성, 성적 지향 및 젠더비순응, 사회계층에 대해 각각 논의하였다. 구체적으로 제4장에서는 인종 및 민족의 개념을 소개하고 각 개인이

인종 및 민족과 관련하여 정체성을 형성하는 과정을 논의한 후, 이러한 측면이 상담 장면에서 어떻게 다루어져야 하는지 설명하였다. 제5장에서는 남성과 여성이 사회적으로 경험하는 어려움을 설명하고 상담 장면에서 이러한 어려움을 어떻게 다룰 것인지에 대해 논의하였다. 제6장에서는 성적 지향과 젠더비순응에 대해 소개하고, 이들이 경험할 수 있는 심리적인 경험 및 상담 장면에서 고려해야 할 점들에 대해 설명하였다. 제7장에서는 사회계층에 대해 소개하고 사회계층에 따른 심리적 특성 및 다양한 사회계층의 구성원과 상담자가 상호작용할 때 핵심이 되는 부분이 무엇인지 논의하였다.

제3부는 3개 장으로 구성되어 있으며, 다문화상담에서의 상담 면접 기술에 대해 설명함으로써 문화적 배경이 다른 내담자와 어떻게 관계를 형성하고 대화를 나누는지에 대한 실제적인 방법들을 제시하였다. 제8장에서는 다문화상담에서 내담자와 관계를 형성하는 방법에 대해 다루었으며, 제9장에서는 다문화상담에서 내담자와 대화하는 기술에 대해 설명하였다. 제10장에서는 다문화상담 면접에서 나타날 수 있는 문제 상황들을 제시하고 각각의 상황에 대한 대처 방법에 대해 논의하였다.

제4부는 4개 장으로 구성되어 있으며, 내담자의 문제에 대해 문화적으로 적절한 사례개념화를 하기 위한 기술들을 다루었다. 먼저, 제11장에서는 사례개념화에 대한 개관적인 내용을 제시하였으며, 문화적으로 적절한 사례개념화의 필요성과 다문화상담 사례개념화의 이론적 모델들에 대해 설명하였다. 제12장과 제13장에서는 다문화상담 사례개념화의 네 가지 과정을 설명하고 이를 적용한 사례들을 제시하였는데, 제12장에서는 다문화상담에서의 '평가'와 '진단'을 설명하였으며, 제13장에서는 다문화상담에서의 '가설 설정'과 '상담 계획'에 대해 설명하였다. 마지막으로, 제14장에서는 '슈퍼비전에서의 다문화상담 사례개념화에 대한 교육'에 대해 설명하였다.

책을 출간하면서 여러 가지로 부족하다고 느낀다. 앞으로 독자분들의 아낌없는 피드백을 기대하고 있으며, 현장에서의 필요를 충족시킬 수 있도록 책의 내용을 지속적으로 수정하고 다듬어 갈 예정이다. 부족하지만 이 책을 통해 다양한 문화에 속한 내담자들에게 더 나은 심리상담 서비스를 제공하는 데 실제적인 도움이 될 수 있기를 바란다.

저자 일동

차|례

| 제4부 | 다문화상담에서의 사례개념화

제1부

다문화상담의 기초

다양한 문화적 배경을 가진 내담자에 대해 정확하게 이해하고 효과적으로 개입하기 위해서는 내담자의 문화적 배경이 내담자의 삶에 미치는 영향에 대해 이해해야 한다. 이를 위해 제1부에서는 다문화상담의 기본 개념에 대해 논의함으로써 상담에서 사회문화적 맥락의 영향에 대해 살펴보고자 하였다.

제1장에서는 다문화상담의 필요성, 역사, 기본 특성에 대해 살펴봄으로써 다문화상담 접근의 기초를 이해하는 데 중점을 두었다. 제2장에서는 문화적인 측면을 상담 장면에서 효과적으로 다루기 위해서 상담자가 갖추어야 하는 다문화상담 역량에 대해 정의하고, 다문화상담 역량을 증진하는 데 필요한 주요 지식과 기술에 대해서 살펴보았다. 마지막으로, 제3장에서는 내담자가 처하게 되는 사회문화적 맥락 중 내담자의 정신건강에 지대한 영향을 미치는 억압과 특권의 개념에 대해 살펴보고, 상담자가 억압과 특권의 주제를 어떻게 다루어야 하는지 논의하였다.

제1장
다문화상담 입문

1. 문화적 여정의 시작

다문화상담 공부는 여행을 떠나는 것으로 비유되곤 한다. 전통적인 상담에서도 내담자를 보다 깊이 있게 이해하기 위하여 상담자가 상담 이론 및 기술을 공부하는 것 외에도 자신의 내면을 탐구하는 긴 여정이 필요하듯, 다문화상담을 통해 내담자를 이해하는 여행길에서도 자신의 정체성에 대한 탐구는 예외가 아니다. 다만, 다문화상담에서 상담자가 시작해야 하는 여정은 문화적인 측면에서 자신을 이해하는 것이라는 점에서 차이가 있다. 이 장에서 다문화상담에 대해 본격적으로 논의하기 전에, 〈활동 1-1〉을 통해 여러분이 자신의 정체성에 대해 생각해 보는 기회를 먼저 갖기를 바란다.

활동 1-1　문화상자 활동

문화상자 활동을 위한 준비사항은 다음과 같다.

- 여러분의 성별, 인종, 민족, 성적 지향, 장애 여부, 종교, 사회계층, 연령, 국적을 생각해 보고 여러분의 문화적인 정체성을 가장 잘 보여 주는 물건 3개를 생각해 보자.
- 이 물건은 사진, 공예품, 책, 음악 등 여러분의 삶, 가족사, 혹은 의미 있는 정체성을 잘 기술하는 물건이어야 한다.
- 선택한 세 개의 물건을 작은 상자 안에 넣는다.
- 다른 사람들이 여러분을 어떻게 생각하는지에 대해 생각해 보자. 그러한 생각을 가장 잘 반영하는 사진이나 문구를 상자 위에 붙여 보자. 상자 위에 그림을 그리는 것도 좋다.
- 상자 안의 물건과 상자 밖의 장식에 대해 다른 사람들에게 설명해 보자.

자신의 문화상자를 다른 사람들에게 설명한 후 다음 질문에 대해 생각해 보자.

- 상자 속에 넣을 물건을 생각하면서 어떤 경험을 했는가?
- 여러분이 스스로를 바라보는 방식과 타인이 여러분을 바라보는 방식에 차이점이 있었는가?
- 다른 사람들에게 문화상자에 대해 설명한 후 소감이 어떠한가?
- 이 활동을 통해 여러분 자신과 다른 사람에 대해 무엇을 배웠는가? 무엇을 새로이 알게 되었는가?
- 여러분과 다른 사람 사이의 공통점/차이점을 발견했는가?

출처: Zúñiga, Nagda, Chesler, & Cytron-Walker (2007).

〈활동 1-1〉을 하면서, 여러분 중 누군가는 처음으로 문화적 다양성을 가진 존재로서 자신을 바라보게 되었을 수도 있다. 이 책은 여러분이 스스로를 문화적 관점에서 바라보고 자신의 정체성 형성에 대해 살펴보도록 도울 것이며, 이러한 인식을 바탕으로 내담자를 만나고 이해하는 방식에 대해 논의하게 될 것이다. 그에 앞서 다문화상담이 무엇이고 왜 필요한지, 어떠한 역사적 배경을 가졌는지, 다문화상담의 중심이 되는 특징이 무엇인지 살펴보자.

2. 다문화상담은 왜 필요한가

다문화상담은 미국 사회에서는 1990년대 이후 정신역동적 접근, 행동주의적 접근, 인간중심 접근 이후에 '제4의 세력'이라고 칭해지며 상담 분야에서 주요한 접근으로 대두되었고(Pedersen, 1990), 한국에서도 관심을 가지고 지켜보아야 할 중심 주제로 등장하고 있다. 현재 한국 사회는 급속히 다문화 사회로 전환되고 있다. 2019년 통계청 자료는 2020년 한국의 총인구가 5,178만 명으로 내국인은 5,005만 명(96.7%), 외국인은 173만 명(3.3%)에 달할 것으로 보았다. 이러한 추세로 2040년에 들어서면 총인구는 5,086만 명, 내국인의 구성 비율 또한 95.5%(4,858만 명)로 감소할 것으로 예상되는 반면, 외국인의 경우 4.5%(228만 명)로 2020년에 비해 1.4배 증가할 것으로 전망되고 있다. 2000년대 초반만 해도 길가에서 외국인을 마주치는 것이 낯선 풍경이었으나, 2021년에는 이것이 더 이상 놀랄 만한 일이 아니며 어느 지역에서든 외국인 집단을 흔히 보게 되었다. 이렇듯 한국의 인구 구성은 점점 다양해지고 있으며, 단일민족에 대한 강조와 자부심은 과거의 것이 되고 있다. 이러한 시대적 분위기 속에서 한국 또한 자연스럽게 다문화상담에 관심을 갖고 상담에서 문화적 요인을 중요시하고 있는 추세이다.

그렇다면 다문화상담이란 무엇을 의미하는 것일까? 외국인에 대한 상담이 다문화상담일까? 외국인이 한국의 문화에 잘 적응하도록 돕는 것이 다문화상담일까? 적어도 부모 중 한 명이 외국인인 다문화 가정에서 자라난 자녀들의 적응과 정신건강을 돕는 것이 다문화상담일까? 이러한 질문들에 대답하기 위해서 다문화상담의 정의를 먼저 살펴볼 필요가 있다. Sue와 Torino(2005)에 따르면, 다문화 상담 및 치료는 다음과 같이 정의된다.

> 다문화 상담 및 치료는 조력하는 역할이자 과정으로 정의될 수 있다. 내담자의 생활 경험 및 문화적 가치와 일관된 상담 목표와 양식들을 사용한다. 내담자의 정체성을 개인, 집단, 보편적 측면을 포함하는 것으로 인정하고, 조력 과정에서 개인적·문화특수적 전략과 역할을 사용하고, 내담자와 내담자 체계를 평가하고 진단하며, 치료할 때 개인주의와 집단주의 간 균형을 맞춘다(Sue & Sue, 2008/2011, pp. 68-69; Sue & Torino, 2005).

앞의 정의에 내포되어 있는 주요 요소 중에서 다문화상담에서 먼저 살펴보아야 할 개념은 '문화'일 것이다. 문화는 언어, 행동, 이념, 생활, 기술, 가치, 사회적 관심으로 구성되며(Choudhuri, Santiago-Rivera, & Garrett, 2012/2015), 다문화 사회에서는 이러한 문화적 차이를 가진 사람들이 서로의 차이를 인식하고 이해하면서도 함께 잘 지낼 수 있는 방법을 찾아내는 것이 무엇보다 중요하다. 이러한 관점에서 다문화상담에서 말하는 다문화는 인종이나 국적에 국한되는 것이 아니며, 한 사람의 정체성에 영향을 줄 수 있는 모든 요소, 즉 성별, 연령, 장애 여부, 성적 지향, 사회계층, 종교 등을 총망라한 것으로 간주해야 한다.

　또한 앞의 정의 중 문화적인 측면 이외에 개인주의와 집단주의 간 균형을 맞춘다는 부분에서 '균형'이라는 단어에 주목할 필요가 있다. 개인주의 문화와 집단주의 문화가 지닌 독특한 특성 외에도 다양한 사회적 맥락 간의 균형이라는 부분 또한 간과해서는 안 된다. 균형의 사전적 의미는 "어느 한쪽으로 기울거나 치우치지 아니하고 고른 상태"(국립국어원 표준국어대사전)로, 두 가지 이상의 문화가 만나 차이를 인식할 수밖에 없을 경우, 하나를 위해 다른 하나를 희생하거나 끼워 맞추려 한다면 균형이라고 말할 수 없다. 다문화상담이 무엇인지에 대한 질문으로 돌아가 보자. 문화적 맥락 간 균형이라는 것은 외국인이 한국 문화에 일방적으로 적응하는 것만을 의미한다고 볼 수 없으며, 여기에는 문화 간 수용을 위한 더 복합적인 과정이 필요하다고 할 수 있다. 이러한 측면은 성별이나 연령, 장애 여부, 성적 지향, 사회계층, 종교 등 다양한 사회적 정체성에서도 마찬가지로, 소수집단이 주류집단에 일방적으로 적응하도록 하는 것은 다문화상담의 바람직한 방향이 아니며, 문화적응(acculturation)의 개념을 통해 다문화상담이 나아가야 할 방향성에 대해 더욱 명료하게 살펴볼 수 있다.

　다문화 사회에서 새로운 문화를 접하게 될 때 사람들에게 여러 가지 변화 과정이 일어날 수 있는데, 이는 **동화모델**(assimilation model)과 **문화적응모델**(acculturation model)을 통하여 이해해 볼 수 있다(LaFromboise, Coleman, & Gerton, 1993). 동화모델은 한 사람이 새로운 문화를 접할 때 자신이 원래 가졌던 문화적 정체성을 잊고 새로운 문화에서 새로운 정체성을 획득해야 한다고 주장한다. 만약 누군가가 한국으로 이주한 외국인에게 한국에 왔으니 원래의 문화는 잊고 한국 사람이 되어야 한다고 제안한다면, 동화모델에 의거하여 상대를 대하고 있는 것이다. 그러나 동화모델에 의거하여 새로운 문화에 적응할 경우, 새로운 문화에 적응하는 과정에서 극심한 스트레스를 경험하는 동시에 원래의 문화로부터는 소외 및 따돌림을 경험하게 되어, 원래의 문화와 새로운 문화 모두로부터 거절을 경험할 가능성이 있다. 반면, 문화적응모델의 경우 동화모델과 마찬가지로 한 개인이 새로운 문화를 접하게 되었을 때 새로운 문화에 잘 적응해서 유능한 참여자가 되도록 촉진한다는 점에서 공통점이 있으나, 그 개인이 자신의 원래의 문화적 정체성을 유지하는 것 또한 중요하게 인식한다는 데에 차이가 있다. 새로운 문화에 적응하는 과정에서 사람들은 상당한 수준의 문화적응 스트레스를 경험하게 될 수 있지만 Taft(1977)는 이중문화(biculturalism) 방식에 의해서 이러한 문화적응 스트레스가 상당히 완화될 수 있다고 주장했다. 이중문화 역량(bicultural competence)은 자신의 문화 관련 신념과 가치관에 대한 인식, 주류문화와 소수문화 모두에 대한 긍정적인 태도, 두 문화 모두에 대한 효능감 및 명료한 의사소통, 두 문화 모두에서 안정적인 관계를 맺을 수 있는 능력 등을 포함한다(LaFromboise et al., 1993). 이러한 동화와 적응, 이중문화 역량에 대한 설명은 다문화 사회에서 다른 문화적인 배경을 가진 사람들과 상호작용할 때 주류문화의 구성원들과 소수문화의 구성원들이 중요하게 간주해야 하는 궁극적인 요소들이 무엇인지 보여 주고 있다. 이러한 점에서 볼 때, 한국의 다문화상담에서도 한쪽이 다른 쪽으로 편입되거나 동화되는 것이 아니라 원래의 문화를 간직하면서도 새로운 문화에 적응하도록 돕는 것을 지향해야 할 것이다.

3. 다문화상담의 역사

다문화상담 이론은 내담자 주호소의 형성 과정을 이해할 때 내담자의 사회환경적 맥락, 즉 내담자의 연령, 성별, 국적, 인종, 종교, 사회경제적 지위, 성 정체성, 직업 등의 영향력을 강조하며, 상담자는 내담자의 사회환경적 맥락이 주호소에 미치는 영향에 대해 주의 깊게 살펴보며 상담에 대한 접근을 수립해야 한다고 강조한다(American Psychological Association, 2003). 다문화상담의 역사는 다문화상담이 가장 활발하게 공론화된 미국의 역사로부터 시작된다. Sue, Arredondo와 McDavis(1992)는 미국 사회가 점차 인종적·문화적으로 다양화되는 것에 비해 상담 접근이 여전히 중산층 백인 남성 중심의 가치체계에 근거하고 있다는 문제를 제기하였다. 1990년대 미국 사회는 엄청난 속도로 인구 구성원의 변화를 경험하였고, 이러한 변화가 계속되어 소수인종집단이 미국 사회의 주류집단에 해당하는 백인을 수적으로 넘어설 것이라고 예상되었다. 인구 구성원의 변화는 단순한 수치의 변화만을 의미하는 것이 아니다. 인구 구성원의 변화는 노동력의 상당수가 소수인종이나 여성으로 구성되면서 이들을 위한 사회안전망 구축이 필요해진다는 것을 의미한다. 또한 소수집단의 수적 증가로 인하여 미국 사회의 가치관이 소수집단의 문화와 가치, 세계관을 중심으로 재편될 수 있으므로, 소수집단의 문화와 경험은 사회에서 민감하게 인식될 필요가 있었다. 그러나 "좋은 것은 쉽게 오지 않는다."라는 말처럼 인종적·문화적 다양성을 포용하려는 노력은 한 사회가 아무리 적극적으로 노력하고 관심을 기울여도 그 결실을 보기까지 오랜 시간이 걸리는 법이다. 미국 사회는 1990년대 이후 다문화주의에 있어서 큰 발전을 경험했지만, 그 발전에 한계 또한 존재하며 앞으로도 지속적으로 성장해야 할 영역이 남아 있다.

이는 상담 접근에서도 마찬가지여서, 상담 이론 및 기법이 다양한 문화의 특성을 잘 반영하고 있는지에 대한 의문이 지속적으로 제기되고 있다(Robinson & Morris, 2000). 특히 전통적인 상담 접근은 개인의 정신내적인 측면을 강조하며, 사회환경적인 맥락을 변화시키는 것보다는 내담자 자신의 변화를 이끌어 내는 데 상담자의 관심이 집중된다. 이러한 접근은 분명히 효율적이며, 자기에 대한 이해 및 자기변화는 심리적 어려움을 다루는 과정에서 핵심이 된다. 그러나 이러한 접근이 늘 효율적인가에 대해서는 의문을 제기해 보아야 한다. 내담자가 가지고 있는 어려움과 문제를 내적인 측면에서만 바라볼 때 내담자가 체념과 무기력에 봉착할 수밖에 없는 경우가 있다. 이를테면, IMF 시기 기업의 구조조정으로 인하여 갑작스러운 퇴직을 종용받은 근로자의 경우 내적인 측면에 집중해서 현실을 받아들이고 대안을 찾는 것도 필요하지만, 이는 고통의 한가운데에 놓여 있는 내담자에게는 한계가 있다. 마찬가지로, 보호자에게서 적절한 보살핌을 받지 못하고 끊임없이 가족과 갈등을 경험하는 청소년에게 내적인 측면에 집중하는 접근이 적절할지도 의문이다.

또한 상담 접근의 방향이 내담자의 사회 적응에 지나치게 초점을 맞추게 되면, 극단적인 경우 상담자 집단은 기득권을 수호하는 역할을 한다는 오명을 쓰게 될 수 있다. 따라서 상담자는 내담자의 적응을 돕는 동시에 사회적인 편견이나 고정관념, 사회적인 편향들이 내담자에게 어떠한 영향을 미치는지 민감하게 알아차리는 역량이 필요하다. Atkinson, Morten과 Sue(1993)는 상담자와 내담자 양측의 세계관이 사회 속 억압 경험으로부터 자유로울 수 없다고 주장한 바 있다. 상담의 과정은 궁극적으로 내담자의 어려움에 수평적이고 열린 태도로 이루어져야 하지만, 상담자가 사회에서 통용되는 암묵적인 메시지를 가지고 내담자가 소속된 집단에 대해 편향된 태도를 보인다면 이러한 태도는 상담의 과정에 영향을 미치고 내담자의 삶에 도움을 주기 위해 이루어졌던 만남이 오히려 상처로 끝나게 될 수 있다는 것이다.

백인 중산층의 가치관에 근거한 상담 접근의 다른 문제점은 이러한 접근이 백인 중산층의 문화를 옳고 정상적인 문화로 간주할 뿐만 아니라, 소수집단의 문화를 문제가 있고 열등하며 심지어 병리적이라고 평가하게 될 수 있다는 것이다. 예를 들면, 성인애착의 경우, 대만인들은 미국의 비슷한 또래에 비해서 회피애착을 조금 더 긍정적인 것으로 보았고, 특히 대만 성인 남성은 미국 성인 남성에 비해 불안 애착을 조금 더 긍정적으로 평가하는 것으로 나타났다(Wang & Mallinckrodt, 2006). 이는 대만의 문화에서 안정 애착 성향을 가진 것으로 보이는 성인이 미국의 문화에서는 불안 애착 성향을 가진 것으로 보일 수 있다는 것을 의미하며, 문화적 맥락에 따라 한 사람이 보이는 모습이 상이하게 해석될 수 있다는 것을 보여 준다. 이러한 문화적 차이를 상담관계에 적용해 보면, 상담자가 타 문화에 대한 이해나 열린 태도가 부족할 경우 내담자에 대한 진단 및 이해에 지대한 영향을 미칠 수 있고, 이는 상담관계에 악영향을 가져올 수밖에 없다(Arredondo et al., 1996; Goodman et al., 2004; Sue et al., 1982; Toporek & Vaughn, 2010). 따라서 문화적으로 다른 사람을 열등하다거나 부족하다거나 문제가 있다고 성급하게 치부하지 않아야 하며, 각 문화적 맥락에서 한 개인을 존중하는 태도로 이해해야 한다.

더불어 다문화상담 이론은 내담자의 심리적 문제를 이해하는 데 있어서 계급주의, 성차별주의, 자문화중심주의, 인종차별주의 등 사회적인 억압의 역할을 강조한다. 내담자의 증상은 내담자가 억압적인 사회적 관계 속에서 생존하기 위한 한때의 방편이었을 수 있다(Constantine, Hage, Kindaichi, & Bryant, 2007; Sue et al., 1992). 따라서 공격적으로 자신의 권리를 주장하는 소수인종의 여성을 이해할 때 공격적이라고 낙인 씌우기 이전에 그 내담자의 공격성이 어떻게 형성되었는지, 소수인종으로서 어떠한 경험을 했는지, 자신의 권리를 주장하지 않았을 때 경험이 어떠했는지 등 억압 경험에 대한 깊이 있는 탐색과 이해가 이루어져야 한다.

모든 상담의 접근법과 마찬가지로 다문화상담 역량 또한 저절로 생겨나는 것이 아니라 훈련이 필요한 영역이다(Sue et al., 1992). 상담자가 다문화상담 접근을 위한 훈련 없이 문화적으로 다양한 배경을 지닌 내담자에게 전문적인 서비스를 제공하는

표 1-1 미국심리학회의 다문화상담, 교육, 연구를 위한 지침

지침 1. 심리학자는 정체성과 자기개념이 시간의 흐름에 따라 변화하는 복잡한 현상이며 서로 역동적으로 상호작용함을 이해해야 한다. 즉, 심리학자들은 한 개인의 다양한 정체성 조합은 개인의 사회적 맥락이 복합적으로 작용하여 형성된 것임을 인식한다.

지침 2. 심리학자는 문화적 존재로서 자신의 개인적인 태도와 신념이 타인에 대한 지각과 상호작용 방식뿐 아니라 내담자에 대한 전문적인 이해와 상호작용에까지 영향을 미칠 수 있다는 것을 인지하고 이해한다. 그리하여 심리학자들은 각 개인이나 집단에 대한 범주적 이해, 편견, 제한된 지식을 넘어서도록 노력한다.

지침 3. 심리학자는 자신이 상호작용하는 개인, 커플, 가족, 집단, 공동체, 조직의 살아 있는 경험에 민감성을 더하는 과정에서 언어와 의사소통의 역할을 이해하도록 노력한다. 심리학자는 자신의 언어 및 의사소통 방식이 상호작용에 미칠 수 있는 영향을 이해한다.

지침 4. 심리학자는 내담자, 학생, 연구 참여자, 자문을 받는 개인이 처한 사회적·물리적 환경이 그들의 삶에 어떠한 영향을 미치는지 인식하도록 노력한다.

지침 5. 심리학자는 권력, 특권, 억압에 관련된 역사적 맥락 및 동시대인의 경험에 대한 인식과 이해를 지향한다. 즉, 심리학자는 제도적 장벽이나 불평등, 법 집행, 형사사법 행정, 교육, 정신건강 등 사회체계의 불공정성을 해결하고 정의와 인권, 양질의 정신건강 서비스에 대한 공정한 접근 등이 가능하도록 노력한다.

지침 6. 심리학자는 예방, 조기 개입 및 회복 과정을 위한 체계 내외의 접근에서 문화적으로 조율된 개입을 하도록 노력한다.

지침 7. 심리학자는 국제적인 맥락 안에서 전문가들의 업무가 어떻게 이루어지고 있는지 조사하고, 세계화가 심리학자의 정체성, 목적, 역할, 기능에 어떠한 영향을 미치는지 숙고한다.

지침 8. 심리학자는 발달단계와 삶의 전환기가 생태·문화·사회적 맥락과 어떠한 방식으로 상호작용하고, 이러한 상호작용에 따라 정체성이 어떻게 발달하며, 다양한 사회화와 성숙 경험이 세계관과 정체성 형성에 어떠한 영향을 미치는지 인식하고 이해하도록 노력한다.

지침 9. 심리학자는 문화적으로 적절한 방식으로 연구, 강의, 슈퍼비전, 자문, 평가, 해석, 진단, 정보 보급, 효율성의 평가 등을 실행하고 충분한 정보를 제공한다.

지침 10. 심리학자는 사회문화적 맥락 안에서 개인, 가족, 집단, 공동체, 조직의 탄력성을 증진하고 외상의 영향이 감소되도록 강점에 근거한 개입을 적극적으로 사용한다.

출처: American Psychological Association (2017).

것은 비효율적일 뿐 아니라 비윤리적인 것이다(Korman, 1974; Pedersen & Marsella, 1982). 이에 미국심리학회(American Psychological Association: APA)는 다문화 역량 관련 교육을 권고하는 내용의 윤리강령을 꾸준히 수정·보완해 왔다. 2017년에 출판된 미국심리학회의 『APA 다문화상담, 교육, 연구를 위한 지침(Multicultural Guidelines: An Ecological Approach to Context, Identity, and Intersectionality)』(〈표 1-1〉 참조)은 상담 전문가들이 다양한 문화적 배경을 지닌 내담자에게 보다 민감하게 접근해야 한다고 강조한다. 이러한 지침은 상담자 또한 한 개인으로서 사회의 가치관과 편견으로부터 자유로울 수 없으므로, 자신이 특정 집단에 대해 어떠한 무의식적 태도를 지니고 있는지 끊임없이 인식해야 한다고 강조한다. 아울러 상담자의 노력은 이러한 인식에 멈추어서는 안 되며, 상담자는 다른 문화적 배경을 가진 집단과 지속적으로 교류하면서 차이를 바라보는 자신의 태도를 변화시킬 수 있도록 끊임없이 노력해야 한다. 또한 이러한 역량은 교육을 통해서 강화될 수 있으므로, APA의 지침은 상담자의 문화적 민감성 증진을 위한 지속적인 연구 및 훈련을 강조한다(Brown, Parham, & Yonker, 1996; D'Andrea, Daniels, & Heck, 1991; Pope-Davis & Ottavi, 1994).

　앞서 언급했듯이 한국 사회 또한 최근 급속한 문화적 다각화를 경험하고 있다(최가희, 2018). 그러나 한국 사회는 다른 문화를 가진 사람들을 한 사회의 일원으로 받아들이기보다는 타자화하는 경향이 있고, 주류문화에 소수집단을 동화시키는 것에 중점을 두는 경향이 있다. 다문화주의의 지향점이 소수집단이 자신의 원문화를 버리고 주류집단에 편입되는 것이 아니라 두 문화 모두에 유능감을 형성함으로써 이중문화 역량을 갖게 되는 것임을 감안할 때, 한국의 상담자들 또한 한국 사회에서 소수집단에 소속된 내담자들이 소수로서의 정체성으로 인하여 어떠한 억압적인 경험을 하게 되고 이것이 어떻게 내담자의 증상으로 이어지는지 인식하고 그에 대한 민감성을 키워야 한다.

4. 다문화상담의 기본 특성

1) Sue의 개인 정체성 발달의 세 가지 측면

한 사회에는 다양한 종류의 고정관념과 편견이 존재하며, 아무리 부인하려고 해도 우리 모두 이러한 고정관념과 편견에서 완전히 자유로울 수 없다. 또한 스스로가 그러한 편견이나 고정관념의 대상이 되었을 때 사회의 편견을 가장 직접적으로 맞닥뜨리게 된다. 서구 사회에서 아시아인에 대해 가지는 고정관념, 즉 조용하다거나 수동적이라거나 수학이나 과학에 능할 것이라는 식의 고정관념의 대상이 되었을 때 혹은 이보다 더 노골적인 편견의 대상이 되었을 때, 사람들은 비로소 편견이 무엇인지, 편견이 한 사람의 자기감과 정체성에 미치는 영향이 무엇인지 심각하게 바라보게 된다. 또한 편견이나 고정관념의 대상이 되었을 때 이러한 사고방식이 개인성을 얼마나 무시하는지 실감하게 되기도 한다. 아시아인이지만 누군가는 자기주장이 강할 수 있고, 누군가는 수학에 능하지 않으며, 누군가는 꽤 수다스럽기 때문이다.

이렇듯 한 집단의 구성원들은 저마다 독특한 특성을 가지고 있다. 그러나 동시에 특정 집단에 소속될 경우 각 개인이 집단의 일원으로서 유사성을 공유하는 것 또한 사실이다. 이와 관련하여 Sue와 Sue(2008/2011)는 다문화적 측면에서 한 개인의 정체성을 설명하면서 "여러 가지 측면에서 모든 개인은 어떤 사람과도 비슷하지 않고, 어떤 사람과는 비슷하기도 하며, 모든 다른 사람과 같다."(p. 62)라는 아시아 속담을 언급한 바 있다. 이 말은 한 개인을 이해하는 데 있어서 다양한 층을 고려해야 한다는 뜻이다. 이러한 점에서 Sue(2001)는 개인의 정체성 발달을 세 측면으로 살펴보았다. 첫 번째 측면은 개인적인 측면이다. 모든 인간은 생물학적으로, 실존적으로 독특한 존재이다. 이 책을 읽는 여러분은 모두 같은 구절을 읽으면서도 저마다 다른 생각과 감정을 경험할 것이다. 각 개인은 고유한 경험, 감정, 생각, 행동양식 등을 가지기 때문이다. 따라서 유사한 집단에 소속되었다는 이유로 모두가 유사한 특성을 가진다고 가정해서는 안 되며, 집단의 특성과는 별개로 개인의 독특성이 존재할 수 있다는 것을 인식해야 한다. 모든 아시아인이 수학과 과학에 뛰어난 소질을 보이는 것이 아닌 것처럼 말이다.

Sue의 개인의 정체성 발달 모델에서 두 번째 수준은 집단적 수준이다. 앞의 아시아 속담에서 모든 사람은 어떤 사람과도 비슷하지 않지만 어떤 사람과는 비슷하기도 하다고 표현된 바 있다. 우리 모두는 각자의 고유성을 가진 개별적인 존재이지만 소속된 집단에 따라 유사성을 공유하기도 한다. 성별, 인종, 성적 지향, 결혼 상태, 종교적 선호, 장애/비장애, 민족, 연령, 사회경제적 지위, 연령 등에 따라 소속집단이 달라질 수 있으며, 같은 인종적 배경을 공유하거나, 여성 혹은 남성으로서, 장애인 혹은 비장애인으로서, 각 세대에 따라 공유하는 문화가 상이할 수 있다. 이때 한 개인은 다양한 집단에 소속될 수 있고, 상황에 따라 특정 집단에 소속되는 것이 그 개인에게 더 중요한 의미를 가질 수 있다. 예를 들어, 낮은 사회계층에 속한 남성의 경우, 남성으로서의 정체성보다 낮은 사회계층이 삶에서 더 중요한 위치를 차지할 수 있는 반면, 높은 사회계층에 속한 남성에게는 남성이라는 정체성이 더 중요한 의미를 가질 수 있다.

Sue의 개인의 정체성 발달 모델에서 세 번째 수준은 보편적 수준이다. 모든 인간은 호모 사피엔스라는 공통성을 가지며, 이에 따라 생물학적 혹은 신체적 유사성, 발달단계에 따라 공유하는 유사한 인생 경험 및 언어의 사용이라는 공통점을 가지게 된다. 모든 사람은 사랑하는 사람의 상실에 슬픔을 경험하고, 나이가 들면 주름, 신체기능 저하, 인지기능 저하 등의 노화를 경험하며, 각 문화에 따라 상이한 언어를 사용한다고 하더라도 언어라는 도구를 사용하여 서로 의사소통을 한다는 공통점을 가진다. 이와 같이 아주 넓은 수준에서는 '모든 개인은 다른 모든 사람과 같다'는 유사성을 공유하고 있는 것이다.

2) 에틱 접근과 에믹 접근

Sue의 정체성 발달 모델과 유사하게, 에틱(etic) 접근과 에믹(emic) 접근은 다문화 상담 과정에서 문화적 보편성과 특수성 문제에 대해 논의한다. 전통적 상담 및 심리 치료 이론과 진단, 처치의 경우 기본적으로 이러한 접근들이 모든 문화의 구성원에게 공통적으로 사용될 수 있다고 본다. 이와 관련된 접근이 에틱 접근으로, 에틱 접근은 진단과 처치, 정상과 비정상의 개념, 치료 접근 등에서 보편적으로 사용 가능한 상담 접근에 초점을 맞춘다(Choudhuri et al., 2012/2015; Sue & Sue, 2008/2011). 반면, 에믹 접근은 전통적인 상담 접근이 서구의 가치관에 근거한 것이므로 모든 집단에 적용 가능한 것이 아니며 각 문화에 특화된 전략에 관심을 가져야 한다고 주장한다(Ivey, 1977; Ivey, Ivey, Myers, & Sweeney, 2005).

에틱 접근과 에믹 접근 중 무엇이 옳은가에 대한 논쟁은 현재까지 지속되고 있다(Choudhuri et al., 2012/2015; Sue & Sue, 2008/2011). 에믹 접근은 한 개인의 고유성을 지나치게 간과하여 오히려 소속된 집단의 성격에 따른 고정관념의 영향을 강화할 수 있다고 비판되는 반면, 에틱 접근은 문화적 특수성이 인간에게 미치는 영향의 중요성을 간과한다는 비판의 대상이 되고 있다. 이에 Sue와 Sue(2008/2011)는 보편성과 특수성 모두 각자 타당하며, 둘 중 하나를 선택해야 한다기보다는 상담에서 어떤 종류의 인류 보편적인 측면이 존재하는지, 문화와 증상의 관계가 어떻게 이해되어야 하는지 통합적으로 숙고해 볼 것을 제안하였다.

3) 생태학적 모형

사회환경적 맥락이 개인의 기능 및 증상에 미치는 영향은 다층적 수준에서 보아야 하며(Bond & Hauf, 2007), Bronfenbrenner(1979)의 **생태학적 모형**은 이와 관련하여 하나의 유용한 도구가 된다. Bronfenbrenner(1979)의 생태학적 모형은 개인을 개인체계, 미시체계, 중간체계, 외부체계, 거시체계로 이해한다. 생태학적 모형의 중심에는 **개인체계(individual system)**가 존재하고, 개인체계는 인지적, 정서적, 생화학적 요인으로 구성된다. 각 개인은 경험을 통해 불안이나 우울 등의 정서적 어려움을 경험하거나, 발달단계와 역할 변화 등으로 인한 정체성의 어려움, 호르몬 변화 등으로 인한 정서 및 사고 문제 등 수도 없이 다양한 문제를 경험한다. 개인체계 수준에서 상담자는 내담자 개인의 불안, 우울, 가족문제, 정체성의 어려움 등을 탐색하는 역할을 하게 된다(APA, 2017). 다음으로 **미시체계(microsystem)**는 가족, 이웃, 친구, 동료 등과의 상호작용을 통한 경험을 의미한다. 각 개인은 학교나 선생님, 가족 구성원, 동료들, 종교기관이나 직장 등에서 주요 인물과 상호작용하면서 지대한 영향을 받으므로, 상담자는 내담자가 주요 인물과의 상호작용을 통해서 형성하는 문화적 규준이나 참조체계, 정체성 등의 영향을 명료화해야 한다. **중간체계(mesosystem)**란 미시체계들 사이의 관계, 즉 한 개인이 소속된 두 개 이상의 환경 간 상호작용을 일컫는다. 예를 들면, 한 청소년의 학교 따돌림 피해 경험은 교사의 관심과 부모의 방임 등이 맞물려 상호작용한 결과라고 할 수 있다. 다음으로 **외부체계**(exosystem)는 개인에게 직접적인 연결고리 없이도 간접적으로 관련되는 사회문화적인 영향력을 의미하는 것으로, 지역사회, 언론, 시민사회 등이 포함된다(이나빈, 안현의, 2016). 외부체계의 예로는 부모의 직장을 들 수 있다. 자녀는 부모의 직장에 소속되거나 직접적인 상호작용을 경험하지는 않지만, 부모의 직장 분위기와 규범에 따라 부모와의 상호작용 및 부모의 양육태도, 자녀에 대한 부모의 감독 정도 등이 달라지므로 간접적인 영향을 받게 된다(정안숙, 2015). 마지막으로, **거시체계**(macrosystem)는 각 문화의 이념 및 제도, 법률, 문화적 가치, 규준, 공공정책 등 개인의 삶에 영향을 미치는 문화적 맥락을 의미한다(이나빈, 안현의, 2016). 거시체계의 관점에서 상담자들은 법률이나 행정, 교육제도, 정신건강기관에서 불균형과 불평등이 만연해 있는지 인식해야 한다.

전통적인 상담 접근을 사용하는 상담자들은 사회에 만연한 문제가 내담자의 삶에 미치는 영향에 대해 인식하기보다는 개인의 내적인 세계를 탐색하는 데 더 초점을 두어 개인체계적인 관점에서 개입해 왔다고 이야기할 수 있다. 그러나 한 개인의 어려움은 개인 내적인 것을 넘어 주요 인물과의 상호작용, 주변의 지역사회, 한 문화의 규준과 법률 등이 총체적으로 작용하여 이루어지는 것이다. 이에 상담자들이 보다 거시적인 시점에서 내담자를 이해할 것을 촉구하는 움직임들이 있으며(Burnes & Manese, 2008; Burnes & Singh, 2010; Caldwell & Vera, 2010; Fox, 2003; Ivey, 2008; Kiselica, 2004; Toporek, Lewis, & Crethar, 2009; Vera & Shin, 2006; Vera & Speight, 2003), 상담자들이 개인체계부터 시작해서 거시적인 관점까지 다양한 관점으로 한 개인을 이해할 때, 그 개인에 대해 보다 포괄적인 이해가 가능할 뿐 아니라 소수집단에 대한 객관적인 평가가 가능해질 것이다.

현재 한국 사회는 점점 계층 이동의 어려움으로 인하여 무력감을 경험하는 청년들이 증가하고 있고, 무한경쟁으로 인한 각박한 사회 분위기, 집단 간의 갈등 및 분열, OECD 자살률 1위 등 다양한 사회문제를 안고 있다. 이러한 사회 분위기는 상담 현장에서 만나는 내담자의 주호소와 밀접하게 연결되어 있으므로, 상담자들은 한 개인의 문제를 개인 내적인 시각을 가지고 깊이 있게 탐색해야 할 뿐 아니라 다양한 체계를 통해 입체적으로 이해해야 한다.

앞에서 살펴보았듯이 보편성과 특수성의 문제는 '어느 하나가 다른 하나보다 옳다'의 문제라기보다는 '양 측면을 어떠한 방식으로 차용하느냐'의 문제라고 볼 수 있다. Miville과 동료들(1999)은 사람들 사이에 존재하는 보편성과 특수성 모두에 대해 인식하고 수용해야 한다고 제안한 바 있다. 즉, 문화적으로 다양한 사람과의 상호작용 속에서 인류 보편적인 측면뿐 아니라 집단의 특수성, 개인의 정체성 측면 모두를 동시에 인식하고 있어야 한다는 것이다. 이러한 태도를 통해서 공감과 유대감이 형성되고 보다 효과적으로 서로를 이해하게 될 수 있을 것이다.

사 례

마커스는 40세의 흑인, 이성애자 남성으로 20대 초반부터 공황장애와 불안을 경험했다. 마커스는 현재까지 자신의 상담자와 2~3회기 정도를 만났는데, 상담이 그다지 도움이 되지 않는다고 느끼고 있었다. 마커스는 이전의 상담 또한 큰 도움이 되지 않았다고 느꼈는데, 마커스가 직장에서 직면하는 어려움들에 대해 이야기할 때마다 이전 상담자는 불편해 보이거나 공감하지 못하는 것으로 보였기 때문이다. 그러나 지난 몇 해 동안 마커스의 불안 증상은 점점 더 심각해져서 그는 현재의 상담자를 찾아오기로 결심하게 되었다. 현재 상담자와의 첫 회기에서 마커스는 직장 내에서 무슨 일이 생겨서 자신의 입지가 흔들릴 것 같은 위협감과 현 위치를 유지해야 한다는 압박감 때문에 힘들다고 보고한 바 있다.

마커스는 저소득층이 주로 거주하는 동네에서 성장했는데, 가족 간의 관계는 화목했지만 이웃 간 폭력이 지속적으로 발생했고, 총소리가 자주 들리거나 강도 사건이 자주 발생하는 등 외상적인 사건이 주변에서 상당히 자주 일어났다. 마커스는 고등학교 때부터 장학금을 받으며 집에서 상당히 떨어진 학교에 다니게 되었고, 대학에서는 공학을 전공했다. 그는 집에서 떨어져 학교를 다니면서 가족이나 친구들을 무척 그리워했고, 학생의 대부분이 백인인 학교에 다니는 것이 상당히 낯설었다고 보고했다. 마커스는 꽤 우수한 학생이었으므로 이후 많은 기회를 얻어 경제적으로 가족들을 도울 수 있을 정도가 되었지만 학교나 직장에서 아웃사이더 같은 느낌을 지울 수 없었고, 몇몇 친척은 마커스가 자신들보다 우월한 것처럼 군다고 말해 친척들과 있을 때 또한 편치만은 않았다. 마커스는 어릴 적에는 이웃에서 일어나는 폭력 때문에, 커서는 집에서 벗어나서 경험하게 된 안전과 소속감의 부재 때문에 평생 불안을 경험했다고 보고했다.

마커스는 직장 내 누구보다도 열심히 일해야 한다는 압박에 대해 상담자에게 이야기하면서, 자신이 직장에서 유일한 흑인이기 때문에 동료들은 마커스가 얼마나 열심히 일하는지보다는 흑인에 대한 고정관념에 근거해서 자신을 바라보는 것 같다고 말했다. 마커스는 흑인이기 때문에 경험할 수밖에 없는 고정관념이 자신의 불안과 공황발작으로 이어졌다고 이야기하며, 자신조차 때때로 자신의 성공이 노력과 능력 때문이 아니라 소수집단우대정책 때문이 아닌가 의심하게 된다고 말했다. 마커스는 이런 생각을 하게 되면 자신이 앞으로도 사회적 성공을 유지할 수 있을지 회의감이 든다고 이야기했다.

〈생각해 볼 질문〉

1. 마커스의 사례를 읽으며 어떤 반응/감정이 느껴졌는가? 여러분이 상담자라면 이러한 감정으로 인해서 마커스와의 상호작용이 어떻게 달라질 것 같은가?
2. 여러분이 흑인 남성이나 낮은 사회계층에 대해 가지고 있는 지식이 마커스의 주호소를 개념화하는 방식에 어떠한 영향을 줄 것 같은가?
3. 여러분의 인종이나 사회문화적 배경으로 인해 타인으로부터 고정관념의 대상이 된다고 느껴 본 적이 있는가?
4. 내담자가 고정관념과 차별로 인하여 고립되었을 때 이를 잘 대처할 수 있도록 도움을 준 경험이 있는가? 상담 이외에 어떤 자원들이 내담자가 이러한 어려움들을 해결하는 데 도움이 되었는가?

출처: American Psychological Association (2017).

제2장
다문화상담 역량 강화를 위한 초석

1. 다문화상담 역량이란

다문화상담 역량(multicultural counseling competencies)이란 문화적 다양성을 존중하고 스스로의 가치 및 편견을 민감하게 인식하며, 내담자의 세계관을 가치롭게 여기고, 상이한 문화적 배경을 가진 내담자와 효율적으로 상호작용하여 적절한 개입을 할 수 있는 상담자의 능력을 말한다(Sue & Sue, 2008/2011). Sue, Arredondo 와 McDavis(1992)는 상담자들의 다문화상담 역량 증진을 강조하며, 상담자들이 다양한 문화적 배경을 가진 내담자들과 효율적으로 상담 과정을 이루어 나가기 위해서는 자신의 가치관, 선입견, 고정관념, 한계 등에 대해서 명확하게 인식하고, 내담자의 문화적 배경을 비판단적으로 이해하고, 자신과 내담자에 대한 인식과 이해에 기반하여 효율적으로 상호작용할 수 있어야 한다고 주장하였다. 이후 상담자들의 다문화상담 역량 강화는 미국의 상담 분야에서 핵심적인 영역으로 대두되었으며 (Pedersen, 1990; Toporek, Gerstein, Fouad, Roysircar, & Israel, 2006), 한국상담심리학회와 한국상담학회에서도 상담자가 내담자의 문화적 다양성을 존중하고 내담자의 문화적 배경에 적절한 상담 개입을 할 수 있도록 상담자 훈련이 이루어져야 한다고 강조하고 있다. 이에 이 장에서는 다문화상담 역량의 의미에 대해 구체적으로 살펴보고, 다문화상담 역량 강화를 위한 기반으로서 개인의 정체성 발달에 대해 구체적으로 논의하며, 차이를 넘어 효율적으로 의사소통하기 위한 방안에 대해 살펴보고 자 한다.

Sue와 동료들(1992)은 상담자는 문화적 역량 함양을 위해 크게 세 가지 차원에서 노력해야 한다고 제시하였다. 첫 번째 차원은 신념과 태도에 대한 것으로, 문화적으로 유능한 상담자는 소수집단에 대한 자신의 태도와 신념 및 편견과 고정관념을 살펴보고, 상담자의 가치와 편견이 상담 과정을 방해하지 않도록 적극적이고 지속적으로 노력해야 한다. 상담자 자신의 가치 및 편견에 대한 인식은 크게 상담자 자신의 문화적 유산에 대한 인식과 내담자의 문화적 배경에 대한 인식으로 구분될 수 있다.

먼저, 상담자의 문화적 인식은 자기 자신의 것에서부터 시작되어야 한다. 상담자는 자신의 신념의 근간이 되는 문화적 유산에 대해 알고, 그러한 문화적 유산에 대해 어떠한 태도를 가지고 있는지 자각하고 있어야 한다(Arredondo et al., 1996). 예를 들어, 상담자가 자신의 문화적 배경에 대해 과도하게 자랑스러워하거나 열등감을 가지고 있다면, 자문화에 대한 상담자의 태도로 인해 타인의 문화적 배경을 진정으로 존중하기 어려워질 수 있다. 이를 상담자가 자신의 문화에 대해 자랑스러워해서는 안 된다는 의미로 해석해서는 안 된다. 상담자가 자기 스스로에 대해 자기존중감을 가지는 것이 중요한 것처럼, 자신이 소속된 문화의 강점을 균형 있게 볼 수 있는 태도는 중요한 것이다. 다만, 자신의 문화에 대해 과도한 자부심을 가져 균형을 잃지 않도록 경계해야 하는 것이다.

이처럼 문화적으로 유능한 상담자는 자신의 문화에 대한 균형 잡힌 인식과 동시에 타 집단에 대한 편견과 고정관념을 인식하고, 특히 자신의 정서적 반응에 대해 인식하고 있어야 한다. 예를 들어, 공원을 산책하다가 외국인의 무리를 보면 어떠한 감정이 드는지, 이러한 정서가 외국인 내담자와의 상담 과정에 어떠한 영향을 미칠 것 같은지 상담자는 살펴보아야 한다. 간혹 고정관념이나 편견이 없다고 주장하는 상담자들이 있을 수 있다. 그러나 Arredondo와 동료들(1996)에 의하면, 문화적으로 유능한 상담자는 선입견이나 고정관념, 한계가 없는 상담자가 아니라 자신이 특정 집단에 대해 가지는 선입견이나 고정관념, 한계를 정확하게 인식하는 상담자이다. 이러한 인식은 상담자가 다루어야 할 문화적인 어려움이 무엇인지 명료화해 주고 문화적으로 유능한 상담자가 되는 긴 과정에 중요한 지침이 된다.

이와 관련하여 McAuliffe(2020)는 상담자의 예민성은 문화적 측면에도 확장되어야 한다고 주장하며, 상담자는 한 집단에 소속된 사람들 사이의 다양성을 인식해야 할 뿐 아니라 상담자의 자문화중심적인 태도 및 현상을 일반화하고자 하는 경향성 등에 대해서도 인식해야 한다고 강조했다. 예를 들어, 상담자가 '남성은 _____하다.'는 고정관념을 가지고 있는 경우, 이러한 고정관념에 휘둘리기보다 '대다수 남성은 다양한 상황, 특히 _____ 상황에서 _____한 모습을 보이지만, 상담자로서 나는 이 사람을 한 개인이자 남성 집단의 일원으로 지속적으로 경험해 보아야 해.'(McAuliffe, 2020, p. 37)와 같은 태도를 가지고 내담자에 대해 보다 구체적으로 이해하기 위해 노력해야 한다.

문화적 역량의 두 번째 차원은 지식 차원이다. 문화적으로 유능한 상담자는 자신의 세계관뿐 아니라 내담자의 세계관을 이해하며, 세계관 형성에 사회정치적인 맥락이 미치는 영향을 인식해야 한다. 세계관이란 한 개인이 도덕적, 사회적, 민족적, 철학적인 측면에서 자신과 타인, 주변의 환경을 지각하는 방식을 말하는 것으로, 한 개인의 세계관은 가치, 믿음, 생각의 기반이 된다(Lonner & Ibrahim, 2002). 내담자의 세계관을 이해하기 위해서, 상담자는 내담자의 문화적 배경, 삶의 경험, 내담자가 속한 집단의 역사적인 맥락 등을 알아야 하고, 내담자가 속한 소수집단의 정체성 발달 모델에 대한 지식을 갖추고 있어야 한다. 다시 말해, 상담자는 내담자의 인종, 문화, 민족 등의 배경이 성격 형성이나 직업 선택, 심리적인 어려움, 도움을 구하는 행동 등에 미치는 영향을 이해해야 한다. 또한 이민자나 빈곤집단 등 고정관념이나 무력감 등에 취약한 소수집단이 일상생활에서 경험하게 되는 사회환경적인 맥락에 대한 지식을 쌓고, 일상생활에서 경험하는 사회적 맥락이 상담관계에서 반복될 가능성을 경계해야 한다. 특히 상담자는 사회체계에서 소수집단에게 가해지는 억압과 주류집단에게 주어지는 특권의 역동에 대해 충분히 이해하고 있어야 한다. 억압과 특권에 대해서는 제3장에서 보다 자세하게 다룰 것이다.

문화적 역량의 세 번째 차원은 기술 측면으로, 문화적으로 유능한 상담자는 상이한 문화적 배경의 내담자와 상담할 때 섬세하고 적절한 개입 전략과 기술을 사용해야 한다. 상담은 비언어적 · 언어적 의사소통을 중심으로 이루어지므로 다문화적으로 유능한 상담자는 내담자와 비언어적 · 언어적으로 의사소통할 때 문화적인 측면을 고려하여 상호작용할 수 있어야 한다. 또한 내담자의 주호소가 인종차별이나 타인으로부터의 편견으로 인한 것이라면 내담자의 어려움이 내담자의 탓이 아니라고 명확하게 제시하고, 내담자의 주호소에 제도적인 측면이 미치는 영향을 상담 장면에서 논의할 수 있어야 한다. 또한 평가도구의 사용에 있어서 각 평가도구가 가진 문화적인 한계점을 인식하고 내담자의 문화적 맥락에 걸맞은 도구를 사용할 수 있도록 노력해야 한다. 만약 상담자의 언어적 한계로 인하여 내담자와 적절하게 소통하기 어려울 때에는 문화에 민감하며 상담에 전문적인 지식을 가진 통역사를 구할 수 있도록 노력해야 하며, 필요시 이중언어에 능한 상담자에게 의뢰해야 한다. 상담자는 문화적으로 다른 배경을 가진 내담자와 효과적으로 상담하기 위해서 교육, 훈련, 슈퍼비전, 자문 등에 게을리하지 않아야 하며, 관련된 최신 연구 및 문헌을 통해 자신의 문화적 지식 및 이해를 지속적으로 다듬어야 한다.

표 2-1 | **상담자의 다문화상담 역량 강화를 위한 질문 목록**

상담자의 편견 및 가치 인식을 위한 질문들

• 자신의 가치관 형성에 영향을 준 문화적 특성들에 대해 생각해 보자. 그러한 특성들이 상담자 자신의 문화적 가치관을 형성하는 데 어떠한 영향을 주었는가?

• 사람들의 행동을 해석하는 방식, 문제해결이나 의사결정 방식을 형성하는 데 영향을 주었던 역사적 사건이나 권위자가 주변에 있는가?

• 자신이 속한 문화적, 종교적 집단의 신념을 생각해 보자. 이러한 신념이 문화적으로 다른 집단에 대한 태도에 어떠한 영향을 주었는가?

• 인종이나 민족, 성적 지향, 성별, 장애/비장애, 사회계층 등으로 인하여 불편함을 느꼈던 상황이 있었는가?

• 상담에서 문화적 차이를 경험했던 상황 5가지를 나열해 보자. 이 상황에서 어떠한 감정을 경험했는가? 그 감정이 상담관계에 어떻게 영향을 미쳤는가?

• 내담자와 문화적 차이로 인해 갈등을 경험한 예를 생각해 보자. 상담에서 그 갈등을 어떻게 다루었는가?

• 자신이 특정 집단에 대해 어떤 고정관념을 가지고 있는지 생각해 보자. 그 고정관념과 일치하지 않는 상황을 경험해 본 적이 있는가? 자신의 고정관념이 상담관계에 어떠한 영향을 줄 것 같은가?

• 토착신앙에 기반한 치료 과정에 대해 어떤 신념을 가지고 있는가? 토착신앙을 상담 과정과 결합할 수 있을까?

상담자의 지식 함양을 위한 질문들

• 역사상 다양한 민족집단이 처음으로 접촉했던 사건들을 떠올려 보자. 그러한 접촉이 현 사회에서 중요하게 다루어지고 있는 이슈와 어떻게 관련된다고 생각하는가?

• 한 집단 내에 존재하는 차이에 대해 생각해 보자. 예를 들어, 한국에 거주하고 있는 아시아계 외국인은 일본계, 중국계, 베트남계 등 수많은 집단으로 이루어져 있다. 이들 사이에 어떠한 차이가 있는가? 같은 집단 내에서도 세대 간 차이는 존재한다고 생각하는가? 1970년대에 한국으로 이주한 외국인과 2021년에 이주한 외국인의 차이는 무엇이라고 생각하는가?

- 성적 지향, 장애 여부, 성별, 사회계층, 연령 등에서 다양한 집단에 대해 어떠한 관점을 가지고 있는가?
- 각 소수집단이 언어적 · 비언어적으로 의사소통하는 스타일이 어떻게 다르다고 생각하는가? 한 소수집단 내에서도 세대에 따라 의사소통 스타일의 차이가 있다고 생각하는가?
- 소수집단이 정신건강 서비스 기관에 찾아오기 어렵게 만드는 제도적인 장벽이 존재한다고 생각하는가? 어떠한 장벽이 존재한다고 생각하는가?
- 내담자의 문화적 · 언어적 특성이 평가 과정이나 상담 과정에 어떠한 영향을 미치는가?
- DSM 등의 진단체계가 인종, 문화, 성적 지향, 성별에 있어서 역사적으로 어떠한 편향을 가졌었는가? 현재는 그러한 편향으로부터 자유로운가?

상담자의 기술 함양을 위한 질문들
- 지난 5년간 문화적인 기술 및 지식을 함양하기 위해 참여한 활동이 있는가?
- 문화적 배경이 상이한 다른 전문가로부터 슈퍼비전이나 상담, 자문을 받아 본 적이 있는가? 문화적 차이와 호감과 관련하여 어떠한 대화를 했는가?
- 내담자가 통역사를 요구할 때 의뢰할 수 있는 전문가 목록이 있는가? 얼마나 자주 목록을 업데이트하는가?
- 문화적으로 유능한 상담자는 상담 밖에서도 소수집단의 구성원들과 적극적으로 상호작용한다. 여러분은 상담 외의 장면에서 이러한 상호작용에 얼마나 적극적으로 참여하고 있는가?
- 지난 3년간 다양한 문화적 배경을 가진 집단의 정치 행사, 지역사회 모임, 축하 행사 등에 얼마나 참석했는가?
- 특정 집단의 행사에 참여해 그 집단에 대해 가졌던 부정적인 고정관념이 변화했던 경험이 있는가?
- 내담자의 요구를 반영하기 위해 개입 방식이나 상담 기술을 다르게 사용한 적이 있는가? 어떠한 경험이었는지 논의해 보자.

출처: Arredondo et al. (1996).

2. 정체성 형성: 사회문화적 맥락의 영향

내담자의 세계관 형성 과정과 내담자가 살아왔던 사회정치적 맥락이 내담자의 심리적 어려움 및 상담자와의 상호작용에 미치는 영향을 이해하기 위해서 상담자는 사회환경적 맥락이 삶의 경험 속에서 자신의 가치관 및 신념체계, 편견에 미친 영향을 알아야 한다. 이를 위해서 사회화의 순환 과정에 대해 살펴보고자 한다.

1) 사회화의 순환 과정

Harro(2018)의 순환과정모델은 사회적 맥락 안에서 각 개인이 사회적 정체성을 형성하는 과정을 상세하게 설명하고 있다. 한 사회체계는 특정 집단이 더 많은 기회와 우대를 받도록 설계되어 있고, 이 속에서 어떤 집단은 반대로 불이익을 경험하게 된다. 이러한 집단들은 사회화 과정을 통해 삶에서 억압을 경험하게 될 뿐 아니라 사회 속 억압을 유지하는 데 일종의 참여자가 될 수 있으므로 각 개인의 사회화 과정에 대한 이해는 억압 및 특권을 이해하는 데 기초가 된다.

[그림 2-1]을 보면, 사회화의 과정은 태어나기도 전에 시작된다(좌측 위쪽의 원 참고). 이 시기의 가장 중요한 특징은 우리에게 선택권이 없다는 것이다. 어느 누구도 어떤 성별로, 어떤 사회계층에서, 어떤 종교를 가지고, 어떠한 성적 지향을 가지며, 어떤 문화집단에 소속되고 싶은지 미리 생각하거나 스스로 결정한 후 세상에 나오는 것이 아니다. 따라서 태어나면서 이미 정해져 있는 정체성은 각자의 통제하에 있는 것이 아니며, 누구도 그러한 정체성으로 인해 비난받거나 의구심의 대상이 되어서는 안 된다. 그러나 우리가 태어나서 경험하는 세상은 그렇지가 않다. 세상은 이미 여러 가지 가정, 규칙, 권력구조, 선입견, 고정관념, 습관들로 가득 차 있으며, 이러한 사회체계는 오랜 시간에 걸쳐 형성된 것이다. 어떤 사람들은 자신이 선택하지 않은 정체성들로 인하여 더 많은 기회나 관심, 특권을 가지게 되는 반면, 어떤 사람들은 자신이 선택하지 않고 그저 부여받은 정체성들로 인해 자기도 모르게 하위집단에 소속되고, 정보와 기회, 자원이 제한되며, 편견의 희생자가 된다.

출생 이후 첫 사회화 과정은 가족과 함께 시작된다([그림 2-1]의 가장 위 화살표 부분 참고). 가족과의 상호작용을 통해 "남자는 울어서는 안 돼." "여자애가 왜 그러니?" "창피하니까 친척 중에 장애인이 있다고 어디 가서 이야기하면 안 된다." 등의 메시지를 듣게 된다. 이러한 메시지들은 상당히 자동적으로 다가오는 것이어서, 이 시기의 아이들은 이에 의문을 제기하는 일이 거의 없다. 이러한 과정을 통해 우리는 자기개념을 형성하고, 지켜야 하는 규칙을 습득하며, 장소에 따라 달라지는 역할, 미래에 대한 기대 등을 가지게 된다.

사회화 과정의 다음 단계는 제도적·문화적 사회화로, 학교, 종교단체, 병원, 법률체계 등의 제도를 직간접적으로 경험하며 이루어진다. 즉, 다양한 조직, 체계, 제

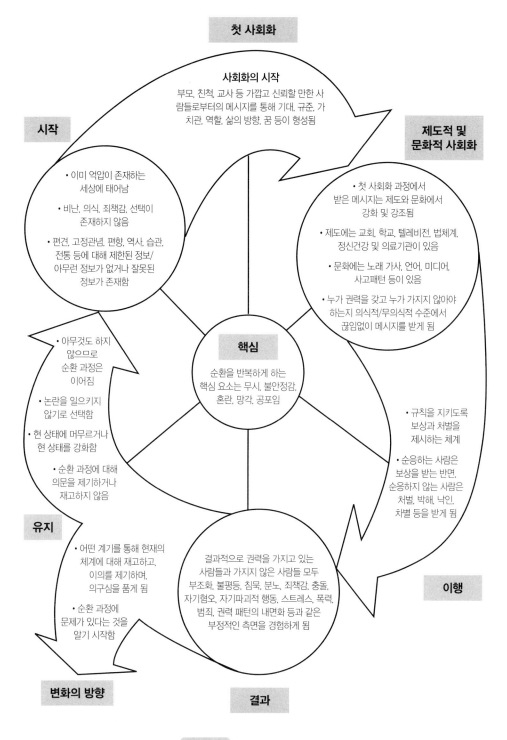

첫 사회화

사회화의 시작
부모, 친척, 교사 등 가깝고 신뢰할 만한 사람들로부터의 메시지를 통해 기대, 규준, 가치관, 역할, 삶의 방향, 꿈 등이 형성됨

시작

- 이미 억압이 존재하는 세상에 태어남
- 비난, 의식, 죄책감, 선택이 존재하지 않음
- 편견, 고정관념, 편향, 역사, 습관, 전통 등에 대해 제한된 정보/ 아무런 정보가 없거나 잘못된 정보가 존재함

제도적 및 문화적 사회화

- 첫 사회화 과정에서 받은 메시지는 제도와 문화에서 강화 및 강조됨
- 제도에는 교회, 학교, 텔레비전, 법체계, 정신건강 및 의료기관이 있음
- 문화에는 노래 가사, 언어, 미디어, 사고패턴 등이 있음
- 누가 권력을 갖고 누가 가지지 않아야 하는지 의식적/무의식적 수준에서 끊임없이 메시지를 받게 됨

핵심
순환을 반복하게 하는 핵심 요소는 무시, 불안정감, 혼란, 망각, 공포임

- 아무것도 하지 않으므로 순환 과정은 이어짐
- 논란을 일으키지 않기로 선택함
- 현 상태에 머무르거나 현 상태를 강화함
- 순환 과정에 대해 의문을 제기하거나 재고하지 않음

- 규칙을 지키도록 보상과 처벌을 제시하는 체계
- 순응하는 사람은 보상을 받는 반면, 순응하지 않는 사람은 처벌, 박해, 낙인, 차별 등을 받게 됨

유지

- 어떤 계기를 통해 현재의 체계에 대해 재고하고, 이의를 제기하며, 의구심을 품게 됨
- 순환 과정에 문제가 있다는 것을 알기 시작함

결과적으로 권력을 가지고 있는 사람들과 가지지 않은 사람들 모두 부조화, 불평등, 침묵, 분노, 죄책감, 충돌, 자기혐오, 자기파괴적 행동, 스트레스, 폭력, 범죄, 권력 패턴의 내면화 등과 같은 부정적인 측면을 경험하게 됨

이행

변화의 방향

결과

그림 2-1 **사회화의 순환 과정**

출처: Harro (2018).

도를 경험하면서 사회에서 누가 존중을 받는지, 누가 무시를 당하는지, 무엇이 믿을 만한 것인지 등에 대한 다양한 메시지에 노출되고, 이전의 단계에서 배운 것들이 강화되거나 이전의 단계에서 배운 것과 모순되는 메시지를 경험한다. 예를 들어, 특정 지역에 사는 반 친구들이 학교에서 더 많이 처벌받는 것을 보게 되고, 여성스러운 모습의 남자 아동들은 놀려도 된다는 메시지를 받기도 하고, 특정한 종교집단에 소속된 아동들은 다소 이상하다는 이야기를 들으며, 어떤 집단에 소속되면 특별대우를 받게 되고 또 어떤 집단에 소속되는 경우 유별나 보이므로 놀리거나 조롱해도 된다고 배운다(Harro, 2018). 이때 우대를 받는 집단의 구성원들은 이러한 우대나 불공정성에 대해 인식하지 못하는 반면, 무시 등 처벌적인 대우를 경험하는 집단의 구성원들은 이러한 측면에 대해 계속 의구심을 갖게 된다. 또한 이 단계를 통해서 각 개인은 특정 집단에 대한 특정한 이미지를 형성하게 되어 그러한 이미지는 이후 더 이상 문제시되지 않은 채 유지된다. 이는 대중문화 속에 그대로 반영되며, 이를 통해 이미 형성된 특정 집단에 대한 고정관념이나 편견은 점점 더 강화된다.

그 결과로 누군가는 문화와 제도의 영향하에서 끊임없는 공격을 경험하게 되고, 다른 누군가는 그러한 편견과 차별을 정당화하며 제도의 불공정 속 참여자가 되는 등 문화와 제도로부터 받은 메시지는 각자의 삶 속에서 그대로 이행된다. 2000년대 초반 모두가 '예'라고 말할 때 '아니요'라고 말할 수 있는 용기의 가치를 설파한 광고가 있었다. 이 광고는 자신의 주관을 용기 있게 표현할 줄 아는 덕목을 강조한 것이었지만, 용기를 내자고 격려하기 전에 생각해 보아야 할 점이 있다. 바로 모두가 '예'라고 할 때 '아니요'라고 말하지 못하는 요인이 무엇인지 살펴보는 것이다. '예'라고 하지 않았을 때 직면하게 되는 결과가 무엇이기에, '아니요'라고 말하기 어려운 것일까? 이행의 단계에서도 비슷한 질문이 제기될 수 있다. 조직과 제도, 문화 안에서 지속적으로 전달받는 여러 집단에 대한 메시지들에 순응하게 되는 이유, 그러한 메시지들에 반기를 들지 못하는 이유가 무엇일까? Harro는 메시지에 순응하지 않고 규준에 대립하려고 시도하는 경우 그에 따른 대가를 치르게 되는 반면, 순응하는 경우 따돌림을 면할 수 있게 될 뿐 아니라 극단적인 경우에는 보상과 특권을 부여받게 되어 우대를 받는 입장으로 상승할 수 있게 되기 때문이라고 설명한다. 여기서 중요한 것은 대립할 경우 누가 기존의 체제에 대립하려고 노력하든지 처벌적인 조치가 취해진다는 것이다. 편견이나 고정관념의 대상이 아닌 이성애자 남성이 동성애자의 권익을 위해 앞장섰을 때 잠재적인 동성애자로 간주되거나, 육아휴직을 신청한 남성이 부인에게 매여 산다거나 남자답지 못하다는 메시지를 받는 것이 그 예가 된다.

이 모든 과정의 결과는 [그림 2-1]의 가장 하단에 놓여 있는 결과 안에 설명되어 있다. 사회화의 결과, 편견과 고정관념의 대상이 되는 집단 구성원들은 사회의 편견과 고정관념을 내면화하고 분노, 스트레스, 낮은 자존감, 무망감을 경험하게 된다. 반면에, 사회화 과정에서 그러한 편견을 피할 수 있었던 사람들은 자신이 피할 수 있었다는 것에 대한 죄책감과 동시에 자기보호를 위해 편견의 대상이 된 집단을 무시하거나 접촉을 피하는 등 양가적인 모습을 보이게 되며, 현실을 있는 그대로 보기보다는 왜곡된 시각을 유지해서 편협한 세계관을 이어 가게 된다.

Harro의 모델은 이러한 사회화의 과정이 순환된다고 말하며, 순환의 핵심에는 공포, 무시, 혼란, 불안정, 권력/무력 등이 존재한다고 밝히고 있다. 즉, 위험을 감수해서 이러한 과정에 맞섰을 때 받게 되는 '불평자, 트러블메이커' 등의 낙인 및 차별, 폭력 등 처벌에 대한 공포로 인해 사회화 과정을 변화시키기 위해 어떤 행동을 시도하기가 어려울 수 있다는 것이다. 또한 자신이 편견 및 고정관념의 대상이 아닐 경우 누군가에게 벌어지는 불공정한 처사에 무심하거나, 사회적인 불공정과 모순을 인식하고 있더라도 변화를 위해 할 수 있는 것이 무엇인지 몰라 혼란과 불안정을 경험하며, 이 결과 사회화의 순환 과정에 머무르게 된다고 말한다.

상담자는 사회화 순환 과정 모델을 참조하여 자신의 정체성이 어떻게 형성되었고, 가족과 조직, 제도, 미디어로부터 어떠한 메시지를 받았는지 살펴보아야 한다. 또한 이러한 메시지 수신의 과정에서 메시지가 잘못되었다고 생각했는지, 메시지에 대해 의심할 여지가 없다고 생각했는지, 그 이후 어떠한 이행 과정을 거쳤는지, 순환의 핵심 요소와 관련해서 상담자가 경험한 정서는 무엇이었는지 인식하고 있어야 한다. 그리고 무엇보다도 이러한 정체성 형성 과정을 통해서 현재 내담자와 만나고 있을 때 어떤 태도를 취하고 있는지에 대한 면밀한 이해가 필요하다. 상담자는 이러한 자신의 사회화 과정에 대한 깊은 이해를 기반으로 내담자의 삶과 상담관계에 대해 깊이 이해하게 되고, 사회로부터 억압적인 메시지를 받으며 살아온 내담자와의 관계에서 변화를 이루어 나갈 수 있게 된다.

3. 상담에서 문화적 차이를 다루는 방법

상담자와 내담자는 성별, 연령, 민족, 언어, 신체 및 정신건강, 인종, 성적 지향, 사회계층, 교육 수준 등 많은 영역에서 차이를 갖고, 이에 따라 상이한 사회화 과정 및 정체성 형성 과정을 경험했을 가능성이 높다. 제3부에서 다문화 면접에서 고려해야 하는 사항들을 면밀히 점검할 것이지만, 이 장의 나머지 부분에서는 상담자와 내담자의 문화적 차이에 대해 상담자가 어떻게 다루어야 하는가를 상담자의 문화적 개방 및 차이에 대한 대화 방법 측면에서 간략하게 소개해 보고자 한다.

1) 차이에 대한 상담자의 자기개방

여러분이 내일 처음 만나게 될 내담자가 여러분과 문화적 배경이 크게 다르다고 가정해 보자. 예를 들어, 여러분이 20대 여성이고 내담자가 50대 남성이라면 어떤 느낌이 들 것 같은가? 여러분이 이성애자이고 내일 만나게 될 내담자는 트랜스젠더라면 어떤 느낌이 들 깃 같은가? 또 무엇을 준비해야 할 것 같은가? 여러분이 노동자계급 출신이고 중상위층의 내담자를 만나게 된다면 어떤 점에 대해 염려하게 될 것 같은가? 이러한 예들 외에도 상담자와 내담자는 무수히 많은 종류의 문화적 차이를 가질 수 있고, 이와 관련하여 여러분은 상담자로서 다양한 고민거리를 가지게 될 것이다.

이러한 고민 끝에, 여러분은 상담자와 내담자의 문화적 배경이 유사할 때 상담자가 내담자에게 훨씬 더 잘 공감하고 결과적으로 더욱 성공적인 상담 성과로 이어질 것이라고 결론 내릴 수도 있다. 그러나 상담자와 내담자의 유사성이 반드시 높은 수준의 공감과 상담 성과로 이어지는 것은 아니며, 오히려 이러한 차이를 어떻게 논의하는가에 상담의 성패가 달려 있다(Berg & Wright-Buckley, 1988).

유럽계 미국인 상담자와 소수인종의 내담자에 대한 Chang과 Berk(2009)의 질적 연구는 '상담자와 내담자의 문화적 차이를 어떻게 다루는 것이 바람직한가?'라는 질문에 의미 있는 제안을 한다. 이 연구에서는 유럽계 미국인 상담자와의 상담 과정이 만족스러웠는지 혹은 불만족스러웠는지 내담자에게 질문한 후 몇 가지 패턴을 발견하게 되었다. 첫 번째 패턴은 내담자는 소수인종 배경과 상담에 오게 된 주호소의 관련성에 대해 상당히 조심스럽게 논의한다는 것이다. 이때 상담자와 내담자의 문화적 차이로 인해 생겨날 수 있는 오해를 상담자가 직접적으로 다루고자 할 때 상담 과정에 대한 내담자의 만족도가 높아진다는 것이 발견되었다. 즉, 상담 과정이 상당히 만족스러웠던 내담자들은 자신의 상담자들이 문화적 민감성을 가지고, 내담자의 문화적 배경이 내담자의 삶에 어떠한 영향을 주었는지 더 주의 깊게 듣고자 했으며, 상담자와 내담자 사이에 어떠한 종류의 의사소통의 불일치가 생겼을 때 상담자가 이를 기꺼이 다루고자 하는 태도를 가졌다고 지각한 것이다. 반면에, 상담 과정이 불만족스러웠던 내담자들은 자신의 주호소는 인종, 민족적 문제와 상당히 관련됨에도 불구하고 상담자가 이러한 문제에 주의를 두지 않고 무심하게 지나쳤다고 보고하였다.

만족스러운 상담 성과와 관련되는 두 번째 패턴은 상담자의 자기개방이었다. 상담자가 내담자에게 중요한 문화적 참조집단에 대해 질문하고, 상담자와 내담자 사이의 문화적 차이가 내담자에게 어떠한 영향을 주는지 세심하게 탐색하며, 상담 과정의 초점을 어디에 두면 좋을지 내담자와 함께 조율했을 경우 상담의 성과가 증진되었다. 이와 같이 상담자와 내담자의 문화적 차이에 대한 상담자의 자기개방은 상당히 도움이 될 수 있으며, 다른 연구들에서도 차이에 대한 상담자의 자기개방이 상담 과정에서 주요하게 다루어져야 한다고 꾸준히 제안하고 있다(Knox, Burkard, Johnson, Suzuki, & Ponterotto, 2003; McCarthy & Betz, 1978).

이와 같이 상담자가 내담자와의 문화 차이를 논의할 수 있는 능력은 상당히 중요하다. 상담자가 상담 과정에서 인종, 민족, 문화적인 요인이 내담자의 주호소에 어떠한 영향을 미쳤는지 논의하며, 내담자와 문화적인 주제를 기꺼이 다룰 의지가 있음을 표현하는 상담 기술을 상담자의 문화적 개방(cultural broaching)이라고 한다(Day-Vines et al., 2007; Sanchez, Del Prado, & Davis, 2010). 상담자의 문화적 개방은 이 외에도 상담자와 내담자가 가진 문화적인 특징들로 인하여 상담관계에서 갈등이 발생할 시 기꺼이 이에 대해 논의하자고 초대하는 상담자의 태도를 포함한다.

이후 문화적 개방의 영역은 상담자의 정체성을 내담자에게 개방하는 것으로 더욱 확장되었다(Choi, Mallinckrodt, & Richardson, 2015; Mallinckrodt & Helms, 1986). Mallinckrodt와 Helms(1986)는 상담자가 특수한 시각장애로 인하여 내담자의 얼굴 표정을 자세히 관찰할 수 없을 때 이러한 장애를 개방하는 장면을 담은 상담 첫 회기 동영상과 이러한 장애 상태에 대해 개방하지 않는 첫 회기 동영상을 제작하였다. 대학생들은 두 가지 동영상 중 하나를 시청한 후 해당 상담회기에 등장한 상담자에 대해 평가했는데, 상담자의 자기개방에 따라 상담자의 신뢰성과 전문성에서는 차이가 없었으나, 대학생들은 자신의 장애 상태에 대해 개방한 상담자를 대인관계적인 측면에서 훨씬 더 매력적이라고 평가하였다. 같은 연구에서 휠체어를 사용하는 상담자가 자신의 장애에 대해 개방하는 것이 어떠한 효과를 가져오는지 살펴보았는데, 이때는 개방 여부에 따른 차이가 발견되지 않았다. Mallinckrodt와 Helms(1986)는 상담자의 장애에 대한 자기개방이 부정적으로 인식되지 않는 데에 주목하며, 상담자의 정체성이나 문화적 측면에 대한 자기개방은 중립적이거나 긍정적인 효과를 가져올 수 있다고 제안하였다.

유사하게, Choi와 동료들(2015)은 상담자가 내담자와 국적이나 언어 등의 문화적 배경이 다를 때 충분한 라포를 형성한 후 문화적 · 언어적 자기개방을 시도해 볼 수 있다고 제안하였다. 특히 상담 초기에 상담자가 내담자와의 문화적 차이로 인한 부담을 크게 느끼거나 두 사람 간 장벽이 명확하다고 느끼는 경우, 〈표 2-2〉와 같은 상담자의 문화적 · 언어적 개방은 도움이 될 수 있다. 상담자와 내담자의 문화적 · 언어적 차이로 인하여 갈등이나 어려움이 발생할 가능성은 충분히 존재하며, 상담자는 상담 초기에 이러한 가능성에 대해 언급하고, 이러한 상황이 발생했을 때 내담자가 자유롭게 논의할 수 있도록 알려야 한다(Choi et al., 2015; Gutierrez, 1982). 상담자들은 〈표 2-2〉에 제시된 문화적 · 언어적 차이에 대한 자기개방을 참조하여 내담자와의 차이와 그 영향에 대한 대화의 포문을 열어 볼 수 있다. 다만, 상담자들은 〈표 2-2〉에 제시된 예와 다른 종류의 차이를 내담자와 경험하게 될 수 있으므로, 이러한 예시를 참조하여 자신만의 방식으로 내담자들과 차이를 논의해 보아야 할 것이다.

표 2-2 상담자의 문화적·언어적 개방의 예

본격적으로 ○○ 씨가 상담에서 어떤 이야기를 나누고 싶으신지 논의하기 전에, 저에 대해 먼저 말씀을 드리고 싶습니다. ○○ 씨가 알아차리셨는지 모르겠지만 저는 한국 국적을 가지고 있고 영어가 모국어가 아니라서 억양이 다르다는 것을 느끼셨을 겁니다. 저희가 대화를 나누는 중간에 제 말이 이해하기 어렵다고 느껴지실 경우에는 언제든지 다시 말해 달라고 요청하셔도 좋습니다. 저 또한 제가 ○○ 씨의 말을 잘 이해했는지 확인하기 위해서 점검하는 경우가 있을 텐데요. 명확하게 의사소통하는 것이 가장 중요한 것이니만큼 이 부분에서 저희 둘이 동의하는 것이 중요한 것 같은데, 혹시 이 부분에 대해서 질문이나 걱정되시는 점 있으신가요?

이 외에도 문화적인 측면에 대해서 이야기 나누고 싶은데요. 저의 경우는 학위과정을 위해서 미국에 오기 전에는 삶의 대부분의 시간을 한국에서 보냈습니다. 그렇기 때문에 ○○ 씨와 저는 몇 가지 문화적 차이가 있을 수 있습니다. 그래서 ○○ 씨가 삶에서 매우 중요한 이야기를 했을 때, 그 부분이 왜 그렇게 중요한 것인지 제가 이해하지 못하는 상황이 있을 수 있습니다. 이를테면 솔로리티에 가입하지 못했다면 그것이 어떤 의미인지, 그것이 그토록 좌절스러운 것인지 잘 이해하지 못해서 질문하는 경우가 있을 겁니다. ○○ 씨의 경험을 이해하기 위한 것이니 이 부분에 설명이 필요할 수 있다는 것을 양해해 주시기 바랍니다. 상담 과정 중간중간 이해하기 어려운 경우에 우리 서로가 그러한 문화적 차이, 언어적 차이를 자유롭게 이야기하는 것이 매우 중요하다고 느껴지는데요, ○○ 씨는 어떻게 생각하시나요? ○○ 씨 이야기를 이제 본격적으로 하기 전에 이와 관련해서 궁금한 점이 있으신가요?

출처: Choi, Mallinckrodt, & Richardson (2015).

2) 차이에 대한 대화

차이에 대한 열린 대화방식인 Intergroup Dialogue(이하 IGD)는 상담자의 문화적 지식, 기술, 태도 및 가치관 육성에 중요한 역할을 담당한다(Mallinckrodt, Miles, & Levy, 2014). IGD는 인종, 성별, 성 정체성, 사회경제적 지위 등에서 다양한 문화적 정체성을 가진 사람들이 열린 자세로 서로의 경험을 나누고, 다른 집단에 속한 사람들의 이야기를 경청하며 문화적 지식과 인식을 증진하도록 돕는 일종의 집단상담으로(Zúñiga, Nagda, Chesler, & Cytron-Walker, 2007), IGD는 차이에 대한 논쟁이나 자신의 입장에 대한 설득이 아니라 경청, 수용, 이해를 강조한다(Bohm, 1996; Chen, Thombs, & Costa, 2003; Zúñiga et al., 2007; Zúñiga, Nagda, & Sevig, 2002).

IGD는 어려운 주제에 대한 사려 깊은 상호작용으로 이루어지므로 각 참여자의 기본적인 태도가 상당히 중요하다(Schoem & Hurtado, 2001). 〈표 2-3〉에 나열되었듯이, 참여자들은 상대방을 납득시키거나 자기 의견의 정당성을 고수하고 이기려고 하는 것이 아니라 상대방의 말을 경청하고 그 안에서 이해와 통찰을 경험하는 데 초

표 2-3 문화적 대화와 논쟁의 차이

	토론 과정	이해 과정
전제	어떤 상황에서도 옳은 답변, 옳은 견해는 하나이다.	모든 상황에서 다수의 의견이나 견해가 옳고 타당할 수 있다.
목적	이기는 것, 옳은 것, 설득하거나 확신시키는 것이 목적이 된다.	다른 사람을 그들의 견해에서 이해하는 것이 목적이 된다. 그러나 이해한다는 것이 반드시 동의를 의미하는 것은 아니다.
태도	평가와 비판	호기심과 개방적인 태도
초점	잘못된 것이 무엇인지 파악하는 것	새로운 것이 무엇이고 어떤 것이 가치로운 것인지, 여기서 내가 무엇을 배울 수 있는지에 초점
행동	• 경청 – 토론 시 앞에서는 어떤 것도 수용하지 않는다. – 옹호는 해결해야 하는 과제를 의미한다. – 판단적으로 듣는다. – 어떻게 반박할지 준비한다. – 듣기보다는 말하는 데 중점을 둔다. • 질의 – 다른 사람들에게 끈질기게 질문을 퍼붓는다. – 나의 견해를 공고히 하기 위해 질문한다. – 다른 사람의 견해에 이의를 제기하기 위해 질문한다. • 옹호 – 자신의 입장을 주장한다. – 다른 사람의 견해에 대해서는 결점을 주로 이야기한다. – 자신의 입장을 정당화한다. – 자신의 생각이 진실이라고 방어한다.	• 경청 – 상대방이 말하는 것을 진실로 수용한다. – 옹호를 이해를 깊게 하기 위한 하나의 기회로 받아들인다. – 상대방의 이야기를 판단 없이 경청한다. – 말하기보다는 듣는다. – 반응하기보다는 반영한다. • 질의 – 타인을 명확하고 깊게 이해하기 위해 질문한다. – 다른 사람들의 생각이 당사자에게 어떤 의미인지 이해하기 위해 질문한다. – 당연하다고 받아들여지는 가정들을 더욱 탐색하기 위하여 질문한다. • 옹호 – 자신의 생각이 자신만의 생각일 수도 있다고 제시한다. – 대안적인 견해가 있는지 탐색한다.
결과	논쟁	대화

출처: Flick (1998).

점을 두어야 한다. 이처럼 심도 있는 경청과 상호 이해가 이루어지기 위하여 IGD는 주로 12명 정도의 작은 규모로 진행이 되고, 다른 종류의 집단상담과 마찬가지로 비밀보장이나 참여자 간 존중과 배려가 강조된다. IGD의 기간이나 회기 수는 여건에 맞게 조절이 되지만, 구성원 간 신뢰관계를 구축하고 어려운 이슈에 대해 각 개인이 집중하기에 충분한 시간이 요구되며, 각각의 주제에 대해서 회기 밖에서 공부하고 자료를 읽어야 하는 시간이 필요할 수도 있으므로 적어도 6~7주 정도의 기간이 추천된다(Schoem & Hurtado, 2001).

효과적인 상호작용을 위해서 유능한 촉진자의 존재는 IGD에서도 예외 없이 강조된다(Adams, Bell, & Griffin, 1997). Beale, Thompson과 Chesler(2001)는 IGD의 촉진자가 개인적 인식, 지식, 열정, 기술을 갖추어야 한다고 제시하였다. 촉진자는 한 사회의 구성원으로서 자신의 사회적 정체성에 대해 인식하고 있어야 하며, 특히 타인과의 대화에서 분노나 공격성, 방어 등이 촉발될 수 있는 지점을 알아차리고 이러한 내적 반응에 적절히 대응해야 한다. 이 때문에 촉진자의 자기반영적 태도는 필수적이다. 둘째, 촉진자의 지식수준은 다양한 방법을 통하여 증진되어야 한다. 다문화주의나 IGD 등에 대한 서적이나 논문, 영화 및 기타 동영상, 뉴스 등을 통해 다양한 정보를 접하고 다양한 경험을 가진 사람들의 이야기를 경청하는 경험이 필요하며, 특히 편견, 차별, 제도화된 억압이 미치는 영향에 대해서 깊이 있게 이해할 때 한 개인의 경험을 통합적으로 들을 수 있게 된다. 셋째, IGD 과정을 소중하게 여기고, 다른 사람들과 소통하려는 동기, 타인에 대한 염려, 공감 등의 소양을 함양해야 한다. 마지막으로, 촉진자는 실제 IGD 과정에서 참여자들의 학습과 성장을 촉진할 수 있도록 자신의 개인적 인식, 지식, 열정 모두를 결합하여 시기적절하게 전략적으로 사용하고, 대화의 과정에서 발생할 수 있는 갈등에 잘 대처하며 결정적인 지점에서 변화를 촉진할 수 있어야 한다. 이를 위해서 촉진자는 집단의 역동에 대한 이해, 개방적 피드백을 제시할 수 있는 기술, 민감한 사안에서 위험을 감수하고 다루는 기술 등을 습득해야 한다.

Zúñiga와 동료들(2007)은 집단원들이 집단과정에서 〈표 2-4〉에 제시된 네 개의 단계, 즉 ① 신뢰로운 관계 형성, ② 사회적 정체성에 대한 논의를 통한 공통점과 차이점 발견, ③ 사회체계에서 발생하는 복잡한 문제들에 대한 개방적인 대화, ④ 협력과 행동적 실천에 대한 논의 과정을 거치게 된다고 제시했다. 첫 번째 단계에서는 각

표 2-4   IGD의 4단계

단계	목표		활동
	내용목표	과정목표	
1단계: 관계 형성 (2~3회기)	'대화'의 의미, 다양한 종류의 의사소통 방식에 대해 명료화한다.	정직하고 의미 있는 대화를 위한 토대를 형성한다.	• 목표와 기대 탐색 • 대화와 논쟁 구분하기 • 경청, 재진술, 피드백 주는 법 등 상호작용에서 중요한 의사소통 방식 연습하기 • 개인적 · 사회적 정체성 탐색하기
2단계: 차이와 유사성 탐색 (3~4회기)	• 편견, 차별, 억압이 한 개인의 삶에 미치는 의미를 탐색한다. • 사회집단에 소속되는 것의 의미를 인식하고 불평등의 역동에 대해 인식한다. • 사회체계에서 집단 간 차이와 갈등에 대해 보다 명확하게 이해한다.	• 다른 참여자의 이야기를 경청하며 그들의 관점을 수용한다. • 편견, 차별, 억압의 의미를 개인 수준에서 탐색한다.	• 문화상자 활동 • Harro의 사회화 순환 과정에 대해 읽고 논의하기 • 주요 용어의 의미를 논의하도록 하는 활동 • 억압의 고리 활동
3단계: 중요한 주제에 대한 탐색과 논의 (3~5회기)	• 특권, 권력, 억압의 체계에 대해 탐색한다. • 역사적, 문화적, 제도적, 관계적 시각에서 갈등적인 경험의 근원에 대해 탐색한다.	• 의미 있는 주제를 소개하고 서로 질문한다. • 서로의 경험이나 사고, 감정에 대해 더 깊은 수준에서 탐색한다.	• 논쟁이 되는 주제에 대해 대화하기 • 인종 간의 관계, 대학 내 안전, 분리, 성과 종교, 성별과 미디어, 이민, 소수보호우대정책, 동성결혼 등이 주요 이슈가 될 수 있다.
4단계: 행동 계획과 동맹 형성 (2~3회기)	대화의 내용을 실천으로 옮길 수 있는 방안에 대해 논의한다.	대화 경험에 대해 마무리한다.	사회정의를 위한 다양한 계획을 논의한다.

출처: Zúñiga et al. (2007).

참여자들이 자신의 생각이나 경험을 안전한 분위기에서 나눌 수 있도록 관계 형성에 초점을 맞춘다. 이를 위해서는 비밀보장이나 의사소통에서 기억해야 할 지침, 규준 등을 소개하고 토론과 대화의 차이점을 명확히 해서 향후 마음속에 있는 자신의 감정과 생각을 명료하게 표현할 수 있도록 분위기를 형성해야 한다.

두 번째 단계에서는 집단 간의 공통점과 차이점을 탐색하면서 집단 간 얻을 수 있는 자원의 양이나 정도가 다르다는 것, 즉 누군가는 다른 누군가의 희생 위에 특권을 가지게 된다는 사실을 논의하여야 한다. 이러한 대화는 신뢰로운 관계 위에서 가능한 것이며, 각 참여자가 서로의 견해를 경청하고 당연하고 엉뚱해 보이는 것이라도 기꺼이 질문하고 대답하면서 이루어진다.

세 번째 단계에서는 동성커플 결혼이나 이민, 남성과 여성의 우정, 캠퍼스에서 성차별주의 등 중요한 이슈에 대해 집중적으로 논의하게 되는데, 이때 옳고 그름을 가르는 것이 아니라 경청하고 질문하고 대답하며 대화를 더 심도 있게 이끌어 가는 것이 중요하다. 이 시기에는 한 회기당 한 주제를 선정하여 심도 있게 진행할 수 있다.

마지막 단계에서는 이전 단계에서 서로가 배웠던 내용들을 통합하여, 이러한 통찰이 실행으로 옮겨져 사회변화로 이어질 수 있는 방안을 모색해 본다. 가족 모임에서 차별적인 발언이 있었을 경우 어떻게 대응할 것인가, 친구들이 인종차별주의적인 농담을 했을 때 어떤 식으로 대응하는 것이 좋을까 등이 그 예가 될 수 있다. 이러한 대화를 통해 집단원들은 자신의 어려움이 사회제도나 구조 등에 의해 생성되어 온 패턴이었음을 깨닫고 이러한 제도의 변화를 위해 필요한 방안에 대해 생각해 보게 된다(Mallinckrodt et al., 2014).

IGD 과정에서 발생하는 집단원 간 의견 불일치를 방치해서는 안 되며, 각자가 겸손, 존중, 개방적인 태도를 유지하면서 서로의 다른 의견을 공유할 수 있도록 촉진해야 한다(Bohm, 1996). 〈표 2-3〉에 제시되어 있는 것처럼 IGD는 논쟁이 아닌 대화를 지향한다. 편견의 대상이 되었던 집단원뿐 아니라 편견을 가지고 있었던 집단원의 경험까지 개방되고 섬세하게 다루어졌을 때, 저마다 자신의 경험을 방어적이지 않은 태도로 직면하고 바라볼 수 있게 된다. 지나친 직면은 변화로 이어지기보다는 철수와 방어로 이어지므로(Kiselica, 2004), 한 개인의 편견은 공감적이고 지지적인 방식으로 직면되어 건설적으로 살펴볼 수 있게 도와야 한다. 따라서 IGD는 상담자가 자신의 다차원적인 정체성을 깊이 있게 들여다보고 자신이 타인에게 가지고 있는 선입견, 편견을 직면하게 함으로써 상담자의 다문화상담 역량을 증진하는 데 효율적인 도구가 될 수 있다.

활동 2-1   문화적 정체성 찾아보기

이 활동은 여러분 자신의 문화에 대한 이해를 증진하기 위한 것이다. 우선 여러분이 소속된 집단을 생각해 보고 다음의 표를 기입해 보자. 집단명과 상태는 자유롭게 써도 좋다. 표에 기입하면서 어떤 생각이 떠올랐는가? 여러분이 소속된 집단이 지배적인 집단 혹은 하위 집단에 속하는지 떠올리면서 어떤 생각을 했는가? 여러분이 소속된 집단의 상태에 따라 과거부터 현재까지 어떤 경험을 했는가? 그 경험이 여러분의 인생에 어떤 영향을 미친 것 같은가?

문화집단의 범주	1단계: 소속된 집단의 이름	2단계: 소속된 집단이 지배적인 집단인지 하위 집단인지 여부	3단계: 소속된 문화집단이 삶에 미치는 영향
인종			
사회계층	과거: 현재:		
성별			
성적 지향			
종교			
기타 다른 문화집단			

출처: McAuliffe (2020).

제**3**장
억압과 특권

1. 편향과 고정관념

문화는 한 집단이 환경에 적응하면서 표현하는 태도, 습관, 규준, 신념, 관습 등을 일컫는 개념으로, 한 집단 구성원들은 시대에 걸쳐 이러한 문화적인 요소들을 전승하고 공유한다(McAuliffe, 2020). 또한 문화는 다양한 방식으로 표현되어서, 외현적으로 누가 보아도 명백한 방식으로 표현되기도 하고 암묵적이고 내현적인 방식으로 사람들에게 영향을 미치기도 한다. 이 중에서 언어나 예술적인 방식, 움직임이나 의복과 같이 가시적이고 구체적인 방식으로 표현되는 방식을 객관적 문화라고 한다(Triandis, 1994). 객관적 문화는 미사나 예배 같은 종교적 의식, 성과 관련된 의복, 추석, 할로윈 등 행사의 형식으로 표현되며, 역사적으로 이어지기도 하지만 시대의 흐름에 따라 사라질 수도 있다. 가시적이고 누가 보아도 확실하게 표현되는 객관적 문화와 달리, 주관적 문화는 그 문화의 구성원에게 내적으로 공유되는 성질을 띠고 있다(McAuliffe, 2020). 문화의 주관적 측면은 신념, 가치관, 태도, 규준 등으로 대표되며, 자동적이고 개인이 의식하지 못하는 사이에 암묵적으로 영향력을 발휘하여 개인 간 관계나 개인의 결정, 지지체계 등을 가름하는 주요한 요인이 된다.

문화의 주관적 측면은 편향(bias)이나 고정관념(stereotype)과 관련된다. 편향은 주로 한 개인이나 집단에 대한 부정적인 선입견을 일컫는 말로, 상담자 또한 다양한 내담자를 만나면서 부정적인 선입견에서 벗어나기 어려운 경우들이 있다(Grant, 2006). 사람들은 누군가를 처음 만났을 때 재빠르게 타인의 얼굴색이나 신체적인 특징, 종교, 성별, 옷차림 등에 근거하여 범주화하는 경향이 있고, 자신과 다른 범주에 속하는 것으로 판단되는 사람에게는 위험을 감지하며 경계하는 경향이 있다. Kegan(1998)은 사람들이 낯선 대상에 대해 보이는 즉각적인 반응은 자동적인 것으로 그러한 반응에 죄책감을 가질 필요는 없다고 말한다. 다만, 자신의 자동적인 반응 이후에 그 반응을 어떻게 다루는지가 중요하다. 즉, 우리가 어떠한 집단에 대해서 편향된 반응을 보이는지 여부가 문제가 아니라 편향이 자신과 타인, 개인 간, 개인 내, 집단 간 상호작용에 어떤 영향을 미치는지를 밀도 있게 인식하는 것이 중요하다는 것이다.

편향이 한 개인이나 집단에 가지는 부정적인 인식을 의미한다면, 고정관념은 긍정적일 수도, 중립적일 수도, 부정적일 수도 있다는 점에서 차이가 있다(McAuliffe, 2020). 고정관념은 말 그대로 한 집단에 대해 가지는 지나치게 단순화된 의견이나 이미지를 말하는 것으로, '게이 남성은 여성스럽다.' '여성은 감정적이다.' '한국인은 성미가 급하다.' 등처럼 과잉단순화된다. 이러한 일반화는 근사치에 가까울 수는 있지만, 한 문화나 집단이 가진 정교하고 미묘한 부분은 놓치게 한다. 따라서 문화적으로 민감한 상담자는 자신이 한 집단에 대해서 가지는 과잉일반화 경향을 인식하고 고정관념의 함정에 빠지지 않도록 유의해야 한다.

2. 억압

억압(oppression)은 불평등을 초래하고 유지하는 권력을 의미하는 것으로, 인종차별주의, 계급차별주의, 성차별주의, 이성애중심주의, 능력주의 등의 형태로 표현된다(Bell, 2016). 앞서 설명한 편향이나 고정관념은 한 개인이나 집단에 대해서 특정 신념을 가지게 하는데, 이러한 신념은 그 집단에 대한 차별, 즉 한 개인이 특정 집단에 속해 있다는 이유로 불이익의 대상이 되는 현상과 밀접하게 관련된다. 또한 특정 집단의 구성원이라는 이유로 일어나는 차별은 사회체계 및 제도 안에서 구조적으로 존재하는데, 이때 억압이 발생하게 된다(Choudhuri, Santiago-Rivera, & Garrett,

2012/2015). 그렇다면 사회체계 안에서 억압이 어떻게 발생하고, 그러한 억압의 특성이 무엇인지 Bell(2016)의 이론과 Hardiman, Jackson과 Griffin(2007)의 구조이론을 통해 살펴보도록 하자.

1) Bell이 기술한 억압의 특성

Bell(2016)은 억압이 복잡하고 미묘한 특성을 가지고 있다고 강조하며, 억압의 아홉 가지 주요 특성을 설명하였다. Bell이 언급한 억압의 특성을 구체적으로 살펴보도록 하자.

(1) 제한성

개인적인 편향이나 사회적 편견이 제도적인 차별과 결합되었을 때 한 개인의 일상생활에 지대한 영향을 미치는 억압적인 구조가 형성된다. 억압으로 인하여 특정 집단에 속한 구성원들은 삶의 기회나 가능성을 제한받게 되는데, 사회 구성원들이 가진 개인주의적인 태도는 개인의 노력을 지나치게 강조한 나머지, 개인의 기능을 제한할 수 있는 제도적 제약을 간과하는 경향이 있다. 예를 들어, 오늘날 한국 사회에서의 계층 이동 가능성은 점점 희박해지고 있으며, 현재 20대 젊은이가 아무리 노력한다고 해도 부모로부터 경제적인 지원을 받지 않고는 스스로의 힘으로 가난을 벗어나기 어렵다. 각 개인의 노력 여하로 현재의 상황을 판단하면, 사회제도나 법률의 영향으로 인하여 각 개인이 이용할 수 있는 자원의 양과 질이 다르다는 사실은 잊은 채 그 개인에게 모든 책임을 부과하게 된다. 이러한 개인주의적인 태도로 인하여 억압을 경험하는 사람은 또다시 차별을 경험하게 되고, 차별의 악순환은 되풀이된다. 따라서 한 개인이나 집단의 현재 위치는 한 사회가 제도적으로 행사하는 차별과 관련될 수 있다는 것을 인식해야 한다.

(2) 널리 퍼져 있음

억압은 역사적으로 법률이나 경제 제도, 관습, 교육 안에 넓게 퍼져 있어 사람들은 억압적인 구조나 현재의 위계질서를 당연한 것으로 생각하는 경향이 있다. Harro(2018)의 사회화 순환 과정 모델에서 보았듯이, 모든 개인은 하나의 체계 안에서 다양한 메시지를 받아 그 메시지를 내면화하고, 이로 인해 그 체계는 유지된다. 한 사회가 더욱 제도화되고 그 내용이 미묘할수록 그 사회의 구성원들은 그러한 측면을 불가피한 것 혹은 당연한 것으로 보게 된다. 예를 들어, 아랍인들은 영화나 드라마, 뉴스에서 모두 테러리스트인 것처럼 묘사되면서, 사람들은 일상생활이나 공항 등에서 아랍인들을 보게 되면 더욱 경계태세를 갖추게 되는데, 많은 사람이 자신의 이러한 태도를 정당한 것으로 여기는 경향이 있다.

(3) 누적성

억압의 영향은 오랜 시간에 걸쳐 누적되었으며, 과거의 제도나 관습 등이 현재까지 이어지고 있다. 남성과 여성의 임금 차이는 여성이 경제활동을 하기 어려웠던 과거의 제도와 무관하지 않다. 이러한 임금 차이를 이해하기 위해서는 과거의 관습이 현재에 어떻게 영향을 끼치고 있는지, 여성이 영화나 광고, 미디어 등에서 어떻게 묘사되고 있는지, 이러한 측면이 여성에 대한 고정관념을 어떻게 지속시키는지 살펴보아야 한다.

(4) 사회적 범주

각 개인을 인종, 계급, 성별, 성적 지향, 연령, 종교 등에 근거해서 범주화하는 경향은 역사적, 지리적, 사회정치적 맥락 안에 뿌리 깊게 자리 잡고 있는 것이다. 그러나 이러한 지표에 근거한 범주는 허구에 가깝다. 이를테면, 이탈리아인들이나 아일랜드인들은 처음에는 백인으로 간주되지 않았으며, 오히려 미국과 영국에서는 차별과 배척의 대상이었다. 그러나 노예제의 등장으로 백인들은 피부색에 근거한 차별을 정당화해야만 했으므로 이탈리아인과 아일랜드인들도 백인의 범주에 포함시켰다(Johnson, 2018). 이러한 사실은 한 범주에 대한 정의는 변화하는 것이며, 특히 힘을 가진 사람들이 다른 집단을 차별적으로 대하고자 할 때 혹은 자원을 독점하고자 할 때 자신의 욕구를 정당화하기 위해서 변경될 수 있다는 것을 보여 준다.

(5) 권력의 위계

사회에 존재하는 집단들 사이에는 위계적인 특성이 있다. 따라서 누군가는 지배자의 입장에서 우위에 서게 되고, 다른 누군가는 종속적인 위치, 즉 불이익을 받는 위치에 놓이게 된다. 지배집단은 권력을 갖고, 자원을 분배하거나 옳은 것과 정상인 것이 무엇인지 정의할 때 자신의 이익을 반영할 수 있는 반면, 소수집단은 각 개인으로 인식되기보다는 한 사회집단의 구성원으로 인식된다. 예를 들어, 미국 사회에서 아시아인을 지칭할 때, 아시아인 사이에는 국적과 문화, 언어, 생활양식 등 무수한 다양성이 존재하지만 그러한 다양성이 인식되기보다는 아시아인으로 통칭되어 하나의 집단으로 묶인다. 또한 소수집단 구성원들은 개인으로 인식되지 않아 한 개인의 성공이나 실패는 그 개인의 성공이나 실패로 인식되는 것이 아니라 그 집단의 성공이나 실패인 것처럼 간주된다. 예를 들면, 여성 임원이 소수인 기업에서 여성 임원이 큰 실수를 저지른 경우 여성 전체가 업무에 유능하지 않다거나 능력이 없는 것처럼 인식되는 반면, 남성 임원이 성공하거나 실패할 경우에는 남성 전체로 그 결과가 일반화되지 않고 한 개인의 성공이나 실패로 여겨진다.

(6) 패권과 정상화

패권(hegemony)은 지배집단의 영향력을 지칭하는 용어로, Gramsci에 의하면 지배집단이 행사하는 지배와 통제는 강압을 통해서만 행사되는 것이 아니라 지배를 받는 사람들의 자발적인 동의를 통해서 이루어지기도 한다(Bell, 2016). 따라서 패권을 통해서 유리한 위치와 불리한 위치는 재생산되고 당연시되며 원래 그랬던 것처럼 여겨지게 되어 억압의 대상이 되는 사람들조차 이러한 체계 외의 다른 가능성에 대해서 생각하지 못한다.

(7) 내면화

각 개인은 적응 및 생존을 위해 사회적 규준이나 신념들을 내면화하게 되는데, 이때 억압적인 신념이나 고정관념은 일상생활 전반에 영향력을 행사한다. 내면화 과정을 통해 지배집단의 구성원뿐 아니라 억압으로 인해 고통받는 사람들 또한 억압적이고 불공정한 현 상태를 수용하면서 억압은 한 사회에서 계속 유지된다. 또한 내면화된 억압으로 인하여 개인은 희망을 잃고 노력해도 소용없다고 생각하게 된다. 실제로 아동들은 자신의 성별, 사회계층, 인종, 민족 등의 정체성에 근거하여 여러 가지 차별적인 메시지를 받게 되고, 이로 인하여 아주 어린 시기부터 자신의 진로를 스스로 제한하게 된다(Jackson & Grant, 2004).

(8) 교차성

억압에는 여러 유형이 있고, 한 형태의 억압과 다른 형태의 억압은 구분되어야 한다. 또한 다양한 형태의 억압은 서로 상호작용한다. Bell은 사회적으로 성공한 상류층 흑인 남성의 예를 들면서, 상류층 흑인 남성은 전문직 직업을 가지고 있어 경제적인 성공과 사회적 지위를 누리지만 흑인으로서 여전히 차별을 경험하므로 유사한 사회적 위치에 있는 백인 남성은 경험하지 않을 경험을 하게 된다고 설명한다. 유사한 현상이 백인 여성과 유색인종 여성, 게이 남성과 이성애자 남성 등에게서 일어날 수 있다. 이와 같이, 한 사람을 이해할 때 하나의 축을 통해서만 이해하는 것에는 한계가 있으며, 여러 가지 정체성의 조합으로 인한 다양한 종류의 억압이 상호작용하여 다각적으로 영향을 미친다는 것을 알아야 한다.

(9) 지속성과 가변성

Bell이 설명하는 억압의 마지막 특성은 억압이 자유자재로 그 형태를 바꾸어 새로운 모습으로 변모될 수 있다는 것이다. 많은 사람의 노력으로 인하여 한 종류의 차별이 역사적 유물이 되는 것처럼 보이는 경우도 있지만, 같은 시점에 다른 종류의 차별이 생성될 수도 있다. 더불어 새로 생기는 차별은 더 교묘해진다는 점에서 더욱 다루기 어려워진다.

2) Hardiman, Jackson과 Griffin이 말한 억압의 3차원 구조

Hardiman, Jackson과 Griffin의 억압의 3차원 구조 모델은 불평등한 사회체계가 개인적 · 조직적 수준에서 어떠한 방식으로 유지 · 재생산되는지 잘 보여 준다. [그림 3-1]에 제시된 정육면체 모양의 구조는 개인적 수준, 제도적 수준, 사회문화적 수준의 세 수준으로 구성된 높이, 태도에서의 차이 수준과 행동에서의 차이 수준으로 구성된 가로축, 의식적 수준과 무의식적 수준으로 구성된 세로축의 조합으로 이루어졌다.

(1) 개인적 수준

개인적 수준에서는 억압을 유지하는 개인의 태도와 행동을 이해하는 것에 초점

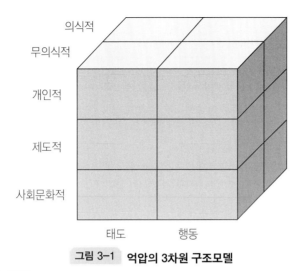

그림 3-1　억압의 3차원 구조모델

출처: Hardiman et al. (2007).

을 맞춘다. 이를 위하여 각자가 어떠한 편향과 고정관념, 편견, 특정 집단에 대한 일반화된 사고를 하는지 탐색이 이루어져야 한다. 고정관념의 특징 중 하나는 각 개인이 특정 고정관념을 가지고 있을 때, 고정관념과 일치하는 정보에만 선택적으로 주의를 기울이고, 고정관념에 모순되는 정보는 무시하여 고정관념이 지속된다는 것이다. 즉, 여성이 이성적인 모습을 보이는 경우, 이는 여성에 대한 고정관념에 위배되는 것이므로 그 여성만의 개인적인 특징 혹은 그 상황에서만 예외적으로 표현된 것으로 간주하는 반면, 여성이 감정적인 모습을 보이는 경우, 이는 여성에 대한 고정관념과 일치하는 것이므로 여성이라는 집단의 특성으로 일반화된다. 이러한 태도와 행동이 의식적으로 나타나는 경우와 무의식적으로 나타나는 경우가 모두 존재하나, 그 둘 사이를 명확하게 구분하기는 쉽지 않다. 다만, 무의식적인 편향은 차별을 행하고자 하는 의도가 없을지라도 행동으로 이어지게 된다. 이러한 종류의 미묘한 차별(microaggression)은 개인적 수준에서 특히 중요해서, 일상생활에서 소수집단에 속하는 사람들과 상호작용할 때 은연중에 억압적인 메시지를 전달하고 있는 것이 아닌지 살펴보아야 한다. 미묘한 차별의 예는 〈표 3-1〉에 제시되어 있다.

표 3-1 미묘한 차별의 예
• 흑인이 지나갈 때 자신의 가방이나 지갑을 살펴보게 된다면, '흑인집단은 범죄자'라는 메시지를 보내는 것이다.
• 미국에서 태어난 아시아계 미국인에게 영어를 유창하게 한다고 칭찬한다면, 아시아인은 진정한 미국인이 아니며, 미국 내에서 영원히 외국인으로 분류될 것이라는 메시지를 보내는 것이다.
• 주장적일 경우 같은 행동에도 여성에게는 드세다고 표현하고 남성에게는 리더십이 있다고 표현한다면, 여성은 수동적이고 남성의 결정을 따르는 역할을 해야 한다는 메시지를 보내는 것이다.
• 여성이 길을 갈 때 남성들이 휘파람을 분다면, 여성의 외모는 남성에게 즐거움을 준다는 메시지 혹은 여성은 남성에게 성적 대상이라는 메시지를 보내는 것이다.
• 두 명의 게이 남성이 공공장소에서 손을 잡고 있을 때 애정을 과시하지 말라는 말을 한다면, 동성애자들의 애정은 비정상적이고 유쾌하지 않은 것이므로 둘이 있을 때에만 표현해야 한다는 메시지를 보내는 것이다.
• 맹인들은 다른 사람들이 자신들과 대화할 때 더 크게 말하는 경향이 있다고 보고한다. 이는 신체의 한 부분에 장애가 있을 경우 신체의 모든 부분에서 장애가 있을 것이라는 메시지를 보내는 것이다.

출처: Sue (2018).

(2) 제도적 수준

억압은 정부 정책, 산업, 금융, 교육, 종교기관, 법체계와 같은 제도적 수준에서 생성 및 유지된다. 예를 들어, 제도는 누구를 고용하고 누구에게 어떠한 보상이 이루어질 것이며 누구를 처벌할지에 대해 결정하고, 이러한 과정을 통해 특권이나 배척이 이루어질 수 있다. 제도적 수준에서 이루어지는 차별의 예로는 트렌스젠더에게 필요한 의료 서비스가 의료보험 정책에서 제외된다거나, 특정 종교를 나타내는 의상이나 게이처럼 보이는 외양을 가진 사람이 직장에서 암암리에 불이익을 받게 만드는 직장 내 드레스코드 등을 들 수 있다(Adams & Zúñiga, 2016). 제도적 수준의 억압은 언뜻 보면 중립적이지만, 자세히 살펴보면 불평등과 밀접하게 관련된다. 예를 들어, 대학입시에서 봉사활동이나 해외활동 등의 비교과 활동의 비중을 늘리는 제도적 변화는 언뜻 보기에는 불평등과 관련 없어 보일 수도 있지만, 비교과 활동의 대다수는 부모의 관심 및 보살핌과 직결되는 것으로 결국 부유한 가정의 아이들에게 유리한 것이다. 이러한 제도는 합리적으로 보이고 불평등을 심화하려는 노골적인 의도와 거리가 멀어 보일 수 있으나, 암묵적으로 사회계층의 분화를 심화하는 결과로 이어진다.

(3) 사회문화적 수준

사회문화적 수준에서는 지배집단의 가치체계나 규준이 옳은 것, 정상적인 것이라는 메시지를 통해 소수집단의 구성원들에게 억압의 메시지를 전달한다. 예를 들어, 성폭력을 경험한 여성 피해자에게 가해자가 그러한 행동을 하도록 유도하는 옷을 입었기 때문이라고 비난한다면, 남성의 신념이나 규준이 옳은 것이라는 메시지를 전달하는 것이다. 또한 건물이 휠체어를 사용하는 사람이 이용할 수 없도록 지어졌다면, 비장애인이 기준이며 정상이라는 메시지를 전달하는 것이다.

3) 상담에서 억압의 작용

이제까지 논의한 것처럼 억압은 무의식적으로 일어나기도 해서, 특정 신념이 옳고 정상이라는 메시지를 은연중에 전달하게 된다. 이러한 메시지는 상담 과정에서도 예외 없이 전달될 수 있다. 상담자가 자신의 세계관 및 신념과 가치관을 철저하게 탐색하지 않은 채 기존의 가치 속에서 편안함을 느낀다면 내담자가 살면서 경험한 억압을 세심하게 다룰 수 없다. 마찬가지로 상담자가 세상은 공정한 곳이라고 생각하며 사회체계 속에 존재하는 편견 및 차별이 암암리에 소수집단에게 미치는 영향을 인식하지 않는다면, 상담자가 아무리 좋은 의도를 가진 선한 사람일지라도 내담자가 공정하지 않은 사회체계 속에서 고통스럽게 경험한 내용을 부정하며 내담자에게 억압적인 메시지를 보내는 것이다.

표 3-2 **억압의 결과**

다음 표에는 소수집단이 경험하는 억압의 예가 제시되어 있다. 각 예시에 동의하는지 혹은 동의하지 않는지 생각해 보자. 또한 각 예시를 보면서 더 알아야 하는 영역이 있다고 생각하는지, 더 이해하기 위해서 무엇이 필요하다고 생각하는지 논의해 보자.

억압의 결과 \ 대상	유색인종	여성	LGBTQ	극빈층
고립	• 주거공간과 관련된 빈곤의 악순환 • 학군에 따른 실질적인 분리	• 맞벌이이지만 가사노동의 대부분을 떠맡음	• 성적 지향을 공개하지 않음 • 특정 장소에서는 위협을 느낌 • 입양이 불가능함	• 젠트리피케이션 • 높은 수준의 학군에 접근이 어려움
정서적 학대	• 다양한 결과의 원인으로 낮은 동기 및 지능이 꼽히는 경우가 많음 • 문화나 언어 측면에서 무시당함	• 대상화됨	• 변태적이라고 지각됨 • 공개적으로 조롱당함	• 게으르다고 여겨짐 • 자신의 가난에 대한 책임이 있다고 비난당함
성적 학대	• 이상적인 미의 기준에 부합하지 않음	• 음란물의 대상이 됨	• 아동 성추행범이라고 비난당함 • 진정한 여성이나 남성이 아니라고 조롱당함	• 지저분하고 다듬어지지 않았다고 여겨짐
경제적 학대	• 고용과 해고에서 차별을 경험함 • 직장에서 다른 사람들보다 실력 발휘를 해야 한다는 압박을 더 많이 받음	• 급어수준이 낮음 • 같은 일에도 남성보다 적은 수준의 임금을 받음 • 직장생활을 위한 자녀양육 지원이 부족함	• 고용에서 법적인 차별을 경험함	• 최소 봉급을 받으면서 지속적으로 빈곤한 상황에 놓이게 됨
특권/상태	• 지적·사회적으로 열등하다고 간주됨 • 하층문화 출신이라 여겨짐	• 보조 역할을 할 것으로 예상됨 • 지나치게 감정적이거나 약할 것이라고 낙인찍힘	• 이성애자보다 가치 있게 여겨지지 않음	• 의복이나 생활양식 등에서 중산층의 가치에 맞추어 살 수 없음
위협/폭력	• 수감되는 비율이 높음 • 인종차별로 인한 몰살이나 학대를 경험한 역사가 있음	• 가정폭력이나 신체적 위협을 경험함	• 학교에서 공개적으로 괴롭힘을 당함 • 게이에 대한 괴롭힘을 경험함	• 의료서비스를 받지 못함 • 더 열악하고 폭력적인 지역에서 살게 됨

출처: McAuliffe (2020).

3. 특권

1) 특권의 의미

특권에 대해 살펴보기 전에 Johnson(2018)이 제안한 활동 하나를 해 보려고 한다. 내일 아침에 깨어났을 때 여러분이 지금과 다른 정체성을 가지게 되었다고 상상해 보자. 여러분이 현재와 다른 성별을 가지게 되었다거나, 현재와 다른 신체적 상태, 성적 지향을 가지게 된다면 일상생활에 어떠한 변화가 있을 것이라고 예상하는가? 다른 사람들과 상호작용할 때 무엇이 변화할 것 같은가? 스스로의 인생을 바라보는 방식에 변화가 있을까? 이러한 변화는 긍정적인 방향일까, 부정적인 방향일까?

이러한 상상을 해 보면서 여러분은 정체성 한두 가지의 변화만으로도 가치관이나 타인을 대하는 방식, 미래를 설계하는 방식 등에서 큰 변화가 이루어질 수 있다는 것을 경험했을 것이다. 앞에서 억압에 대해 논의하면서 어떤 사람들은 특정 집단에 소속되면서 편견이나 고정관념 및 제도적인 불평등의 대상이 되고, 자신의 문화가 열등한 것이라는 메시지를 지속적으로 받으며, 그것을 내면화하면서 억압의 악순환이 이어진다고 하였다. 반면, 어떤 사람들은 특정 집단에 속했다는 이유로 이익을 받기도 한다. 즉, 누군가는 지배집단이라는 신분 때문에 더 많은 기회와 자원에 접근할 수 있고, 결과적으로 높은 수준의 수입이나 안전, 양질의 삶을 영위할 수 있게 된다(Johnson, 2018). 이때 특권이 문제가 되는 이유는 특권을 가진 사람들의 기회나 자원, 성공은 특권을 가지지 않은 사람들의 희생에 기반하여 이루어지기 때문이다. 즉, 성별, 장애 여부, 사회계층, 인종 등에서 특권을 가진 사람들이 그 소속을 이유로 더 많은 기회를 누리게 될 때 다른 한쪽에서는 그로 인해 억압을 경험하는 사람들이 있으므로, 억압과 특권은 동전의 양면과 같다고 할 수 있다.

억압과 마찬가지로 특권은 미묘한 특성이 있어 쉽게 인식하기 어렵다는 데에 문제가 있다. 차이에 대한 대화에서 가장 어려운 과정 중 하나는 특권을 가진 사람들이 자신의 특권을 인식하는 것이다. McIntosh(1988)는 특권은 일상생활의 사소한 부분에서 나타난다고 말한 바 있다. 〈활동 3-1〉에는 McIntosh(1988)가 지배집단의 구성원들이 경험하는 특권의 예를 제시하였다. 여러분이 일상생활에서 경험하는 것과 일치하는 항목이 얼마나 있는지 살펴보도록 하자.

활동 3-1　　일상생활에서 경험할 수 있는 특권

다음의 문장을 읽고 비슷한 경험을 했는지 생각해 보자. 집단으로 실시할 때는 교실 중간에 모든 집단원이 일렬로 서고, 집단 리더가 다음의 문장을 읽고 나서 해당되는 사람들은 앞뒤로 움직여 보자.

- 상점에 들어갔을 때 여러분의 외모 때문에 뭘 훔치지 않을까 점원이 의심하는 것처럼 느낀 적이 있다면 한 발짝 뒤로 가세요.
- 여러분의 인종이나 민족, 성별, 피부색을 이유로 욕설을 들어 본 적이 있다면 한 발짝 뒤로 가세요.
- 여러분의 부모님이 의사나 변호사, 교수 등 전문직이라면 한 발짝 앞으로 나오세요.
- 평가나 조롱을 피하기 위해서 외모나 행동, 생활방식을 바꿀 생각을 해 본 적이 있다면 한 발짝 뒤로 가세요.
- 초등학교나 중학교 때 여러분 선조들의 역사와 문화에 대해 깊이 있게 배웠다면 한 발짝 앞으로 나오세요.
- 아동기에 집에 책이 50권 이상 있었다면 한 발짝 앞으로 나오세요.
- 어린 시절에 부모님이나 다른 보호자와 함께 미술관이나 박물관에 가 본 적이 있다면 한 발짝 앞으로 나오세요.
- 부모님이 여러분이 대학에 가기를 원했다면 한 발짝 앞으로 나오세요.
- 18세 전에 해외여행을 가 본 적이 있다면 한 발짝 앞으로 나오세요.
- 부모님 중 한 분의 학력이 중학교 이하인 경우 한 발짝 뒤로 가세요.
- 가족이 집을 소유하고 있다면 한 발짝 앞으로 나오세요.
- TV 프로그램에서 여러분과 같은 인종이나 민족적 배경을 가진 사람들이 등장한다면 한 발짝 앞으로 나오세요.
- 성장할 때 주변에서 보았던 정치가, 경찰, 공무원 등이 여러분과 성별이나 인종적 배경이 달랐다면 한 발짝 뒤로 가세요.
- 성장기에 다른 사람과 침실을 공유해야 했다면 한 발짝 뒤로 가세요.
- 인종적 배경 때문에 타인이 여러분을 혐오할 수도 있다는 말을 들어 본 적이 없다면 한 발짝 앞으로 나오세요.
- 인종적 배경 때문에 폭력을 경험할까 봐 두려워한 적이 있다면 한 발짝 뒤로 가세요.
- 위험한 장소들을 피할 수 있었다면 한 발짝 앞으로 나오세요.
- 자신의 인종과 관련된 농담 때문에 불편해진 적이 있다면 한 발짝 뒤로 가세요.

활동 후 집단 리더는 다음과 같은 질문을 사용해서 토론을 진행할 수 있다.

- 여러분은 몇 발짝 앞에 있나요? 다른 사람들과 비교하여 여러분은 어디에 있나요?
- 앞의 항목 중 가장 인상적인 질문은 무엇인가요?
- 이 활동을 마치고 나서 어떤 생각이나 감정이 드나요?

출처: McIntosh (1988).

2) 특권의 유형

특권에는 '노력하지 않고 얻은 권리'와 '부여된 지배'의 두 가지 종류가 있다(McIntosh, 1988). 길거리를 지나갈 때 안전에 대해서 걱정하지 않거나 자신의 가치를 인정하는 직장에서 일하는 것 등은 누구나 마땅히 누려야 하는 보편적인 권리이다. 그러나 사실상 어떤 집단들은 이러한 권리를 누리지 못하고 살아간다(Johnson, 2018). '노력하지 않고 얻은 권리'는 누구나 누려야 하는 권리가 특정 집단에게는 제한되고 다른 특정 집단에게는 이용 가능할 때, 그 권리를 여전히 누리는 사람들이 가진 특권을 설명하는 용어이다. 자갈길을 걷기 전까지는 자신들이 걷던 길이 평평했다는 것을 알지 못하는 것과 같이, 노력하지 않고 얻은 권리라는 특권을 가진 사람들은 자신의 특권을 인정하기 어려워한다(Grothaus, McAuliffe, & Danner, 2020). 특권을 가진 사람들은 특권을 당연하게 여기기 때문에 그것을 특권이라 여기지 않지만, 특권을 가지지 않은 사람들은 자신들이 경험하지 못하는 특권의 존재를 훨씬 잘 인식한다. 건물 입구 계단을 이용해서 건물에 들어가는 일이나 화장실을 이용하는 일, 의료보험의 사용, 아웃팅 당할 것을 염려하지 않으면서 자신의 배우자나 연인에 대해 이야기할 수 있는 것, 자신이 믿는 종교의 기념일을 지키기 위하여 휴가를 쓰지 않아도 되는 것 등은 누군가에게는 당연한 일이지만, 이러한 특권을 가지지 않은 집단에게는 이러한 일들이 많은 고민과 불편을 초래한다.

McIntosh(1988)가 말한 두 번째 유형의 특권은 한 집단이 다른 집단에 대해 권력을 가지는 형태인 '부여된 지배'이다. Johnson(2018)은 부여된 지배의 예로 여성에 대한 남성의 통제를 들고 있다. 이를테면 남성은 자신이 여성보다 우월하므로 여성을 지배해야 한다고 생각하고 여성을 통제하지 못하는 남성들에 대해 '마마보이' '공처가'와 같은 모욕적인 표현들을 사용한다. 반면, 여성이 남성의 통제하에 있는 것은 당연하게 여겨지므로 남성을 통제하지 못하는 여성, 남성에게 순응적인 여성에 대한 모욕적인 표현은 존재하지 않는다.

특권이라는 용어에 대한 저항이나 방어적인 태도는 매우 흔한 것이다(Goodman, 2011; Grothaus, McAuliffe, & Danner, 2020). 남성, 비장애인, 이성애자 등 특권을 가진 사람들은 특권의 존재를 부정하면서 자신들도 생존과 성공을 향한 경쟁 속에서 힘겨우며, 자신 또한 충만한 삶을 살고 있는 것은 아니라고 주장하기도 한다. 그러나

Johnson(2018)은 사회범주에 소속됨으로써 얻게 되는 특권 및 억압과 개인이 삶에서 경험하는 성공 및 실패를 구분하는 것이 중요하다고 말한다. 남성이라는 특권을 얻게 되었다고 해서 원하는 대학에 간다거나 원하는 직업을 어려움 없이 갖게 되지는 않을 것이다. 그러나 특권을 가지고 있기 때문에 자신이 원하는 것을 가질 가능성은 높아진다. 따라서 특권은 성공이나 행복과 직결되는 것이 아니며, 나의 삶이 현재 힘겹고 불행하다는 것과 특권을 가졌다는 것은 상충되는 것이 아니다. 특권을 가진 사람들 또한 경쟁 속에서 좌절할 수 있고, 불행을 경험할 수 있으며, 거절당하고 무시당하는 경험을 할 수 있다. 그러나 특권 집단에 속하는 사람들은 수용되고 존중받으며, 자신이 원하는 삶을 살고, 사회에서 기준이나 규칙을 정하는 역할을 할 가능성이 높다는 것을 인식해야 한다.

3) 교차성

교차성(intersectionality)은 지배집단 중심의 기대나 규준, 기회가 다양한 방향으로 영향을 주는 사회에서 다층적 억압 상황에 놓인 사람들이 경험하는 복합적인 차별 및 불평등한 대우, 고통에 대해 설명하는 용어이다(McAuliffe, 2020; Rosenthal, 2016). 교차성 개념은 여성주의 흑인학자들에 그 뿌리를 두고 있다. 젊은 흑인 여성, 게이 흑인 남성, 저소득층 이성애자 흑인 남성의 경험에 대한 연구들(Bowleg, 2013; Bowleg, Teti, Malebranche, & Tschann, 2013; Settles, 2006)은 불평등 및 차별 내에도 얼마나 복잡한 차원이 존재하는지 보여 준다. 예를 들면, 유색인종 레즈비언 여성은 백인 레즈비언 여성과 레즈비언이라는 점에서는 공통점을 가지지만 두 사람의 경험은 인종적 차이로 인해 상당히 다를 수 있다. 또한 이 여성이 중산층에 속하는지 빈곤층에 속하는지에 따라 그 여성이 사회 속에서 경험하게 될 장벽과 억압의 층은 상이해진다. 따라서 억압은 억압을 경험했느냐 경험하지 않았느냐의 측면에서 이해되어서는 안 되고, 어떠한 종류의 억압을 어떠한 방식으로 어떠한 수준에서 경험했는지 복합적으로 이해해야 한다.

이러한 억압의 특성은 상담관계에서도 중요하게 간주되어야 한다. 만약 상담자가 한 축에서는 여성으로서 억압이나 차별을 경험했으나 이성애자 및 중산층으로서 다른 층에서는 억압의 경험이 없을 경우, 상담자는 자신의 경험에 근거하여 저소득층

유색인종 레즈비언 여성의 이야기를 듣고 내담자가 지나치게 예민하고 피해의식에
젖어 있다고 생각할 수도 있다. 또한 상담자와 내담자의 정체성이 여러모로 유사하
다고 해도 상담자는 '나는 그런 경험을 하지 않았어.'라고 생각하며 내담자가 지나치
게 분노한다고 여길 수 있다. 그러나 개인의 주관적 경험과 억압적인 사회적 위치에
놓이는 것을 혼동해서는 안 된다. Johnson(2018)은 이러한 상황을 운 좋게도 비 오
는 날 우산을 가지고 있었거나 비를 피할 수 있었던 사람이 "나는 비가 와도 괜찮아."
라고 말하는 것과 같다고 설명한다. 자신은 운 좋게 그러한 상황을 피할 수 있었다
고 하더라도 밖에 비가 온다는 사실에는 변함이 없고, 누군가는 우산 없이 비를 맞고
있을 수밖에 없다. 상담자는 다양한 억압을 교차적으로 경험해 온 내담자를 만날 때
내담자의 어려움을 범주화하여 기계적으로 이해하는 것이 아니라, 내담자가 다양한
종류의 억압 경험으로 인하여 복잡한 메시지를 받았을 가능성, 또한 그로 인해 경험
했을 부정적인 영향을 공감적으로 탐색하고 이해해야 한다.

4. 특권 및 억압에서 상담자의 역할

　상담자가 특권과 억압을 생성하고 유지하는 사회체계를 인식하여 내담자의 삶을
철저하게 이해한다고 하더라도, 많은 경우 사회에서 끊임없이 양산되는 불공정 속
에서 무력감을 느끼게 된다. 이때 상담자들은 사회적 불공정 속에서 무력감을 느끼
며 사회체계의 참여자로 남기보다는 억압의 체계를 변화시키기 위해서 연대해야 한
다(Goodman, 2011; Spanierman & Smith, 2017). 막대기 하나를 꺾기는 쉬워도 막대기
여러 개가 합쳐졌을 때는 꺾기 어렵다는 어느 이야기 속 교훈과 마찬가지로, 한 개인
으로서 사회체계에 맞서는 것은 무척 공포스러운 일이지만, 억압에 반대하고자 하
는 움직임이 한데 연대할 경우 상황은 달라질 수 있다. Kaufman(2003)이 말한 것처
럼 상담자들 또한 변화에 대한 희망을 놓지 않고 순간순간 신념에 일치하는 선택과
행동을 하도록 노력해야 한다. 이 장의 나머지 부분에서는 특권과 억압의 체계를 변
화시키기 위해 상담자들이 할 수 있는 역할에 대해서 논의해 보려 한다.

1) 임파워먼트

임파워먼트(empowerment)란 한 개인이 한 사회 안에 존재하는 다양한 억압을 이해하고, 자신이 그러한 사회적 맥락 속에서 어떻게 사회화되었는지 인식함으로써, 억압의 부정적인 영향에서 벗어날 뿐 아니라 자기 고유의 역량을 발견하고 스스로의 삶을 주체적으로 결정할 수 있게 되는 일련의 과정을 의미한다(Kid & Kral, 2005; Wolff, 2014). 각 개인이 자신의 역량의 실현을 저해했던 방해물들을 확인하고 그에 대처할 수 있는 방안을 강구하게 되면 다른 사람을 억압하지 않고도 스스로의 삶에 통제권을 가지게 된다(Gnilka, O'Hara, & Chang, 2018; Toporek, Lewis, & Crethar, 2009). 각 개인의 임파워먼트 경험은 개인의 성장 경험에 그치지 않고 사회변화로 이어지게 되는데(Harro, 2018), 사회체계 내에 존재하는 다양한 종류의 억압의 영향을 이해하게 된 개인은 억압에 대해 더욱 관심을 가지게 되고, 상이한 삶을 경험한 사람들과의 관계에서 근본적인 공통점을 인식하며, 궁극적으로 사회체계 변화를 위한 연대를 형성하게 된다(Harro, 2018). 상담자는 상담 과정에서 내담자에게 제한되었던 자원이나 서비스를 이용할 수 있는 방안을 함께 찾아보며 내담자가 억압과 편견에 의문을 제기하고 스스로의 옹호자가 될 수 있도록 도와야 한다.

또한 상담자는 상담관계 밖에서 내담자의 동맹자가 될 수도 있다. 동맹자로서 상담자는 내담자가 처한 억압적 상황을 변화시키기 위해 설득하는 과정, 이를테면 구직이 어려운 장애인 내담자를 돕기 위해 업체 대표를 설득한다거나, 미디어와의 인터뷰나 기사 등을 통해 장애인이 처한 사회적 불평등 상황에 대해 알리고 대중의 인식 변화를 가져오도록 노력하는 데 힘을 쏟을 수 있다(Mallinckrodt, Miles, & Levy, 2014).

2) 동맹이 되어 옹호하기

영화 〈런던 프라이드(Pride)〉는 영국 Margaret Thatcher 수상 시절 성소수자들이 광부들의 탄광파업을 지지하며 우정을 쌓아 가는 과정을 그리고 있다. 영화는 저마다 다른 정체성과 삶의 경험을 가지고 있더라도 서로의 동맹(ally)이 되어 연대할 수 있는 가능성을 보여 준다. 동맹이란 억압받는 집단의 구성원은 아니지만 사회 내부에 존재하는 억압과 차별을 근절하기 위해 노력하는 사람들을 지칭한다(Grothaus et al.,

2020). 교차성에서 이야기했듯이 억압은 다양한 종류로 이루어지고 있으며, 누군가는 다른 누군가보다 더 많은 축에서 더 많은 종류의 억압을 경험하게 된다. 이때 어떠한 축에서는 억압을 경험한 집단의 구성원일지라도 다른 축에서는 동맹자로서의 역할을 하게 될 수 있다. 즉, 이성애자 여성은 동성애자의 동맹이, 아시아계 남성은 여성에 대한 동맹이, 비장애인 동성애자는 장애인을 위한 동맹이 될 수 있는 것이다.

이는 상담에서도 마찬가지로, 상담자와 내담자의 사회적 배경이 다르고, 특히 상담자가 지배집단에 소속되어 있을 경우, 상담자는 차별과 억압에 맞서는 동맹자로서의 역할을 할 수 있다. 상담자가 취할 수 있는 동맹으로서의 역할은 특정 집단에 대한 편견 가득한 농담에 대해 불편함을 공개적으로 표시하는 것으로부터 시작해서, 공동체에서 억압받는 집단들이 어떠한 어려움을 경험하는지 조사하고 그러한 억압적인 체계에 변화를 이루기 위해서 프로그램을 진행하거나, 법률가, 종교인, 교육자, 정치가 등을 만나 억압에 영향을 주는 법과 제도의 수정을 위해 노력하는 것까지 다양한 모습으로 이루어질 수 있다(Kiselica, 2004; Ramirez, Stege, Brockberg, & Hoyt, 2017).

이와 같이 억압적인 사회환경적 맥락으로부터 악영향을 받고 살아가고 있는 내담자들의 삶의 여건 자체에 관심을 가지고 상담실 밖에서도 상담심리사들이 옹호자로서의 역할을 다해야 한다고 제시하는 상담 접근을 사회정의 상담이라고 한다. 사회정의 상담은 1990년대 이후 미국의 상담자들이 사회적 활동에 관심을 갖게 되면서 상담자의 역할을 상담실 밖으로 확대한 상담의 또 다른 접근법이다. 미국상담학회(American Counseling Association: ACA)가 2002년에 옹호역량 전문위원회를 구성하고 2003년에 옹호역량모형을 제시한 이후(Lewis, Arnold, House, & Toporek, 2002; Toporek et al., 2009), 사회정의 상담은 상담 전문가들이 지속적으로 훈련하고 실천해야 하는 주요 영역이 되었다(Toporek & Worthington, 2014). 사회정의 상담은 상담자가 사회구조적인 불평등 및 억압을 민감하게 인식하고 옹호에 대한 지식과 기술을 습득하여, 억압받는 집단의 구성원들이 스스로를 옹호하고 임파워먼트를 성취할 수 있도록 돕는 것을 목표로 한다. 이러한 과정을 위해 상담자들의 지속적인 훈련은 필수적인데, 특히 지역사회에서 상담자가 체계적 불평등을 발견하고 서비스를 제공하며 지지체계를 이루어 다른 전문가와 협력해 보는 과정이 체계적으로 훈련되어야 한다(Decker, Manis, & Paylo, 2015; Motulsky, Gere, Saleem, & Trantham, 2014).

사 례

에이든은 10세의 아일랜드계 백인 소년이다. 에이든은 숙제 제출과 과제 집중에 어려움을 겪고 있었기 때문에 현재의 상담자에게 의뢰되었다. 에이든의 담임 선생님은 에이든이 수업 시간에 꽤 방해가 되는 편이며 숙제를 거의 제출하지 않는 편이라고 말했고, 에이든의 성적은 최근 지속적으로 떨어지고 있는 상황이었다. 학교에서는 에이든에게 심리평가를 권유하였으나, 에이든의 아버지는 평가 과정을 내켜 하지 않았다. 오히려 에이든의 아버지는 에이든이 어떠한 심리적인 문제도 없으며 에이든이 교실에서 보이는 행동은 그저 보통 아이들이 보일 수 있는 행동일 뿐이라고 반복적으로 강조하였다. 에이든의 성적이 확연히 떨어져서야 에이든의 아버지는 심리평가에 동의했다. 평가 결과, 애도와 상실 과정이 에이든의 학업에 영향을 미치는 것으로 나타났으므로 애도와 상실을 다루기 위한 심리치료가 추천되었다.

에이든의 아버지는 꽤 오래 고민하다가 동의했지만 심리치료를 위한 건강보험 사용 여부 등으로 인하여 치료가 상당히 지연되었다. 학교는 에이든에게 지역사회에 있는 정신건강센터를 소개하였고, 에이든의 가족은 상담비용에 대한 걱정을 조금 덜 수 있게 되었다.

에이든은 현재 아버지와 살고 있다. 아버지는 가족을 부양하기 위해 두 군데의 식품점에서 장시간 일을 해야만 하는 상황이고, 에이든의 어머니는 에이든이 7세였을 때 난소암으로 세상을 떠났다. 암이 꽤 빨리 진행되어서 어머니는 암 진단을 받은 지 7개월 만에 사망했고, 에이든과 아버지는 상당히 고통스러운 시간을 보내야 했다. 에이든과 아버지 곁에 다른 가족들은 없었고, 아버지는 일을 하면서도 아내를 잃은 슬픔을 극복하려고 꽤 고군분투해야만 했다. 에이든의 어머니 또한 일을 하면서 생계를 도왔기 때문에, 어머니의 죽음은 경제적인 측면에서도 큰 영향을 미치게 되었다.

에이든의 아버지는 아들의 심리치료에는 동의하면서도, 자신과 아들에게 외상적인 상실이 미치는 영향에 대해서는 과소평가하는 경향이 있었다. 에이든의 아버지는 전문가라는 사람이 자신들이 겪고 있는 상실과 빈곤을 이해할 수 있을 거라고 생각하지 않았다. 에이든의 아버지는 생계를 이어가야 한나는 막중한 책임감에 에이든을 정서적으로 보살필 수 없었고, 에이든과 아버지가 다니고 있던 가톨릭 교회의 사람들이 에이든을 보살펴 주고 있었다. 성당 사람들은 에이든과 아버지에게 정서적으로 지지적이었지만, 에이든의 학업에 도움을 주는 것은 적절하지 않다고 느꼈다.

〈생각해 볼 질문〉

1. 에이든이 치료를 받기까지 낙인이 어떤 역할을 한 것으로 보이는가?
2. 에이든의 가족이 경험하고 있는 자원의 부족이 에이든의 치료가 지연되는 것과 어떻게 관련된다고 생각하는가?
3. 문화적인 불신은 에이든의 아버지가 치료를 꺼리게 된 데에 어떠한 역할을 한 것 같은가?
4. 당신이 에이든의 상담자라면 에이든의 외상적 상실을 어떻게 다룰 것인가?

출처: American Psychological Association (2017).

다양한 집단과의 상담

내담자의 다양한 문화적 배경에 대한 이해를 심화하고 이러한 이해를 치료적 개입으로 활용하기 위해서는 다양한 문화적 정체성에 대한 이론을 습득하고 각각의 정체성이 어떻게 발달되는지에 대한 이해가 선행되어야 한다. 이를 위해 제2부에서는 인종 및 민족, 성, 성적 지향 및 성 정체성, 사회계층에 대해 보다 구체적으로 이해하고 각 측면에서 개인의 경험을 보다 복합적으로 이해해 보고자 하였다.

제4장에서는 인종 및 민족의 개념을 살펴보고, 인종차별주의와 인종 정체성 발달 모델 및 상담의 방향성 등에 대해 살펴보았다. 제5장에서는 성과 관련된 용어를 살펴보고 여성이 경험하는 어려움과 여성에 대한 상담 방향, 남성운동과 남성에 대한 상담 방향에 대하여 논의하였다. 제6장에서는 레즈비언, 게이, 양성애를 의미하는 LGB에 대해 설명하고, LGB 집단이 경험하는 심리적인 어려움 및 정체성 발달단계, 상담에서 고려해야 할 점을 논의하였다. 더불어 제6장에서는 트랜스젠더와 젠더비순응자를 LGB와 구분하여 이들의 특징 및 상담 방향에 대하여 기술하였다. 마지막으로, 제7장에서는 사회계층과 정신건강의 관계를 논의하고, 사회계층에 따라 상담자가 인식하고 있어야 할 점에 대해 살펴보았다.

인종과 민족

1. 인종과 민족의 개념

이 장을 본격적으로 시작하기 전에 질문 하나를 던져 보려 한다. 여러분은 한국인의 범주에 누가 포함된다고 생각하는가? 부모님이 한국인이어서 한민족의 피가 흐르고 있는 사람이 한국인일까? 한국에서 태어나서 한국 땅에서 평생을 살아온 사람이 한국인일까? 현재 한국에 살면서 한국어를 유창하게 사용하는 사람이 한국인일까? 한국 국적이지만 외국에서 태어나서 인생의 대부분의 시간을 외국에서 보낸 사람은 어떨까? 한국에서 태어나서 오랜 시간 한국에서 생활했지만 현재는 외국 국적을 가진 사람은 한국인이 아닌 것일까? 여러분은 이러한 질문에 대답하기가 생각보다 쉽지 않다는 것을 발견했을 것이다. 이렇듯 민족, 인종, 국적의 개념은 미묘하여 명확하게 구분하기 어려운 경향이 있다.

인종(race)과 민족(ethnicity)은 오늘날 동반되어 사용하는 경우가 많다. 그러나 그 개념이 발달되어 온 역사를 살펴보면, 두 개념은 구분되는 개념이다. 인종은 주로 유전자의 표현형에 근거한 신체적 특징, 즉 피부색, 눈동자 색깔, 골격, 머리카락의 질감 등의 신체적 특징에 근거하여 정해진다(Choudhuri, Santiago-Rivera, & Garrett, 2012/2015; McAuliffe, Kim, & Park, 2020). 백인, 흑인, 아시아인, 미국 원주민 등의 범주는 겉으로 드러난 특징에 의한 것이라 상당히 명확하다고 생각할 수도 있다. 그러나 이러한 범주화는 생물학적인 특징에 의해서만 생겨나는 것은 아니며, 사회적인 맥락과 관련된다. 예를 들어, 19세기 미국에서는 흑인을 정의할 때 '한 방울의 법칙(one drop rule)'이라는 기준이 적용되었다. 이 기준에 의하면, 조상 중에 흑인이 한 명이라도 있을 경우 외적으로 보이는 모습과 상관없이 흑인으로 간주된다. 바꾸어 말하면, 백인으로 정의되기 위해서는 그 외양에 관계없이 몇 대에 걸친 조상 중에 흑인이 한 명도 없음을 증명해야 했던 것이다. 이러한 정의는 흑인의 노동력이 필요해서 노예제도를 합리화해야 했던 당시의 사회적인 맥락을 잘 보여 준다(Johnson, 2018). 따라서 인종은 생물학적인 성격에 근거하여 명확하고 확실한 것으로 보일 수 있지만, 사실 그 경계는 사회적인 요구나 맥락에 따라 지속적으로 변화한다.

민족은 생물학적인 요소보다는 사회적 · 문화적 특성을 강조하는 개념으로, 지리학적, 역사적, 문화적 유산뿐 아니라 국적, 문화, 언어, 생활양식, 종교 등을 공유하는 동일한 집단의 구성원을 의미한다(McGoldrick, Giordano, & Garcia-Preto, 2005; Ponterotto & Pederson, 1993). 즉, 같은 민족집단에 소속되는 사람들은 의사소통 방식이나 언어, 의복이나 외양, 섭취하는 음식이나 섭식 습관, 가족의 역할이나 부모의 양육방식, 각 성별에 대한 기대, 알코올이나 약물에 대한 태도, 미에 대한 태도, 정서표현, 자기개념, 집단에 대한 태도 등을 공유한다(McAuliffe, Kim, & Park, 2020). 민족은 인종에 비해서 사회적인 측면을 더 많이 반영하는 개념으로, 사회과학자 중에는 인종과 민족을 분리해서 사용해야 한다는 의견과 민족 안에 인종의 개념까지 포함해야 한다는 의견이 있다(McAuliffe, Kim, & Park, 2020). 그러나 두 입장 모두 인종이 억압이나 위계와 관련된다는 점에는 동의하고 있으며, 우리가 이후 논의하게 될 인종차별주의와 같은 용어에도 이러한 특성이 반영된다. 한편, 민족은 집단 내 구성원들이 공유하는 공동체 의식이나 유대감 등을 더 강조하여 지역사회는 민족적 측면에서 자신들의 문화를 기술하는 경향이 있다(Bell, Funk, Joshi, & Valdivia, 2016).

2. 인종 및 민족과 차별

1) 인종차별주의

인종차별주의(racism)는 특정 인종집단에 소속된다는 이유로 불이익 혹은 이득을 받게 하는 체계를 의미한다. Bell과 동료들(2016)은 인종차별주의는 개인적 · 대인관계적, 제도적, 사회적 · 문화적으로 다층적으로 일어난다고 주장한다. 제도화된 사회구조는 무엇이 옳고 적절한 것인지에 대해 규정할 힘을 가지므로 인종차별주의에 대해서도 정당화하는 경향이 있고, 그 결과 특정 인종적 배경을 가진 사람들이 억압이나 차별의 희생자가 되곤 한다. 그렇다면 Bell과 동료들이 말하는 다층적 측면의 인종차별주의가 무엇인지 살펴보도록 하자.

(1) 개인적 · 대인관계적 인종차별주의

개인적 수준에서 인종차별주의는 한 개인이 의도적으로 인종차별적인 생각을 표현하는 현상을 말한다. 즉, 흑인은 게으르다거나 유대인은 믿을 수 없다고 말하는 경우가 이에 해당한다. 그러나 이러한 분명하고 명확한 형태의 인종차별주의보다는 은밀하고 의도하지 않은 형태의 인종차별이 현재 훨씬 더 강력하게 자리 잡고 있다(Dovidio & Gaertner, 2000; Holroyd, 2015). 평상시에 친절하고 좋은 사람이라고 여기던 백인 교수가 주로 백인들로 구성된 수업 안에서 여러분을 포함하여 아시아계 학생이 두 명 있을 때 여러분과 그 학생의 이름을 헷갈린다면, 어떠한 기분이 들까? 그 교수가 나를 한 개인으로 바라보기보다는 아시아인이라는 범주에 넣고 있다는 생각에 기분이 상할 것이다. 다른 예로, 대부분의 손님이 백인인 레스토랑에서 유색인종의 테이블의 음식이 유독 늦게 나올 때, 이는 실수로 보아야 할까 아니면 의도적이라고 의심해야 할까? 상대방의 의도를 늘 확인할 수 있는 것은 아니지만, 각각의 상황에서 차별의 가능성을 생각하게 되는 이유는 소수인종에 대한 미묘하고 은밀한 차별이 사회에서 공공연하게 이루어지기 때문이다.

(2) 제도적 인종차별주의

제도적 수준에서 이루어지는 인종차별주의는 정책이나 법률, 규준, 관습 등의 형태로 조직이나 사회기관에서 이루어지는 것으로, 백인들은 이익을 얻고 유색인종은 불이익을 경험하는 식으로 인종차별주의가 나타난다. 제도적으로 이루어지는 인종차별주의는 주거, 교육, 노동시장, 법체계, 정치, 건강보험제도 등에서 한 개인의 사회적, 경제적, 정치적 입지에 중요한 영향을 미친다. 제도적으로 행해지는 인종차별주의의 예는 다음과 같다.

- 2013년 백인 가정 재산의 중앙값은 흑인 가정의 13배 이상이었고, 라틴계 가정에 비해서는 10배 높았다(Pew Research Center, 2014).
- 동일한 교육수준과 직업을 가지고 있는 경우 백인이 흑인에 비해서 주택담보대출을 신청했을 때 대출을 받을 가능성이 높다(Savage, 2012).
- 유색인종이 대출신청을 했을 때 백인보다 더 높은 수준의 이자를 지불해야 하는 경우가 많다(Gramlich, 2007)
- 흑인들은 범죄자일 가능성이 높다는 편견으로 인하여 더 자주 수색당하고 감옥에 구금된다.
- 주거나 학군, 친교관계 등으로 생기는 인종 간의 분리로 인하여 유색인종에 대한 백인들의 무시나 고정관념, 개인적 수준에서의 차별은 더 심각해질 수 있다(Bonilla-Silva, 2013).

(3) 사회적 · 문화적 인종차별주의

　백인의 문화가 다른 문화보다 우월하다는 신념을 강화하는 음악, 언어, 예술, 사회규준, 역할 등이 사회적 · 문화적 인종차별주의와 관련된다. 아시아계 억양으로 말하는 사람에 비해서 영국식 억양으로 영어를 사용하는 사람이 더 지적이며 상식이 풍부할 것이라고 가정하는 것이 이러한 문화적 인종차별주의의 한 예이다. 이러한 우월성에 대한 확신은 궁극적으로 억압을 정당화하는 도구가 된다. 예를 들어, 유색인종에게 가해지는 부정적인 고정관념이나 평가절하는 유색인종 안에 내면화되어 유색인종의 수행에 악영향을 미치고 결과적으로 부정적인 고정관념이 더욱 강화된다(Steele, 2010). 반면, 아시아계 미국인의 경우 학문이나 직업상의 성취로 인하여 소수인종의 모델로서 긍정적인 고정관념을 형성하는 것으로 보일 수도 있다. 그러나 그러한 고정관념에 맞지 않는 사람들, 즉 학업적인 어려움이 있는 사람들은 학업의 고충에 대해 더욱 이해받지 못하게 된다. 따라서 교육 일선의 담당자들은 이러한 측면을 유념하여 긍정적인 종류의 고정관념일지라도 해를 끼칠 수 있음을 인식하고 학생들을 대해야 한다(Cheryan & Bodenhausen, 2000).

2) 인종차별 스트레스

앞서 논의한 것처럼, 인종차별주의는 부정적인 영향을 미친다. 다양한 수준에서 이루어지는 인종차별주의의 영향으로 한 개인은 삶의 경험이나 환경과의 상호작용에서뿐 아니라 내적인 경험이나 스스로를 보는 시각 등 다양한 측면에서 부정적인 영향을 받는다. 특히 인종차별의 대상이 되는 경우 이러한 개인적인 경험을 처리하는 데 상당히 높은 수준의 정서적·인지적 에너지를 사용하게 되고(Essed, 1991), 차별의 경험에 대해 의문을 제기하면서 반복적으로 되뇌고, 다르게 생각할 방법은 없는지 고심하는 데 많은 시간을 보내면서 추가적인 스트레스를 경험하게 될 수 있다(Pierce, 1995). Harrell(2000)은 인종차별 스트레스 유형을 ① 인종차별과 관련된 삶의 사건, ② 대리적 인종차별 경험, ③ 일상생활 속 미묘한 인종차별 경험, ④ 사회맥락 속에서 발생하는 만성적인 스트레스, ⑤ 공동체가 경험하는 인종차별, ⑥ 세대를 넘어 전승되는 집단 외상의 여섯 가지로 정리하였다.

(1) 인종차별과 관련된 삶의 사건

대출신청이 거절되거나 경찰과 같은 공권력에 괴롭힘을 당하거나 주거공간과 관련해서 차별을 경험하는 등 이웃, 직장, 금융, 교육, 주거 등에서 특정 사건을 경험하는 것을 의미한다. 이러한 사건들은 대부분의 사람에게는 일상적으로 일어나지 않지만, 어떤 사람들은 자신의 환경적·개인적 특성에 근거하여 다른 사람들이 경험하지 않는 이러한 사건들을 경험하게 된다.

(2) 대리적 인종차별 경험

인종차별은 관찰이나 언론 기사 등을 통해 간접적으로 경험되기도 한다. 특히 자신이 직접 경험하지 않았더라도 가까운 가족이나 친구에게 일어난 차별 경험, 심지어 낯선 사람에게 일어난 차별을 목격하는 경험은 상당히 위협적이어서 불안이나 분노, 위협감, 슬픔 등의 정서적·심리적 반응으로 이어지게 된다(Essed, 1991; Tatum, 1987).

(3) 일상생활 속 미묘한 인종차별 경험

미묘한 차별은 명확하게 드러나지 않으나 도처에 존재하며 꽤 공공연하게 발생한다. 미묘한 차별의 예로는 특정 인종적 배경을 가졌다는 이유로 다른 사람을 위해 봉사하는 사람으로 오해된다거나 공공장소에 있을 때 지속적으로 감시의 대상이 되는것 등이 있다. 미묘한 인종차별의 경우 무심코 보았을 때는 사소한 일로 여겨지므로그저 스쳐 지나가거나 자신의 시간과 에너지를 낭비하고 싶지 않기 때문에 넘겨 버리는 일이 많다. 만약 이의를 제기하고 싶다고 해도 아주 심각한 것으로 여겨지지 않기 때문에 많은 사람이 기억조차 못하는 경우도 많다. 그러나 작은 것들이 모여서 태산을 이룰 수도 있듯이, 이러한 미묘한 차별은 상당한 수준의 스트레스로 이어질 수있다(Pierce, 1995).

(4) 사회맥락 속에서 발생하는 만성적인 스트레스

유색인종집단은 사회구조 안에서 불공평한 자원의 분배 및 제한된 기회에 노출될가능성이 높다. 이에 따라 인종과 사회계층이 상호작용하여 삶의 조건이나 질이 열악해지고 만성적인 스트레스를 경험하게 된다. 유색인종이 경험하는 만성화된 스트레스는 인식하기 어렵다는 데에 문제가 있다. 만성적인 스트레스는 일상의 부분으로자리 잡게 되므로 사회구조 속 인종차별의 역할에 대해 분석하려는 시도 자체가 잘이루어지지 않게 되고, 결과적으로 이러한 사회구조가 지속되어 인종차별의 영향은더욱 만성화된다.

(5) 공동체가 경험하는 인종차별

문화적, 상징적, 사회정치적으로 이루어지는 공동체 차원의 인종차별 경험은 대리적 차별 경험과는 달리 특별한 사건을 목격하거나 인종차별에 대한 언론 기사를보는 등 구체적인 사례에 대한 것이 아니다. 다만, 특정한 인종집단의 구성원들이경험하게 되는 고정관념이라든지 미디어에서 기술하는 특정 집단에 대한 표상 방식에 영향을 받는다.

(6) 세대를 넘어 전승되는 집단 외상

한 집단과 사회의 관계는 그 인종집단의 역사를 살펴보면서 더욱 깊게 이해할 수 있다. 미국 원주민에게 가해진 피의 역사나 노예제, 전쟁으로 인한 난민의 역사 등을 살펴보며 세대에 걸친 억압의 역사를 알게 되고, 억압이 장기간에 걸쳐 사회와 그 구성원에 미치는 영향을 이해할 수 있게 된다(Greene, 1990).

3) 색맹 인종차별주의

색맹이 색깔을 감지하지 못한다는 의미를 가지는 것처럼, 색맹 인종차별주의(color-blind racism)는 인종차별주의를 지각하지 못하는 것을 의미한다(Bell et al., 2016). Barack Obama의 대통령 당선 이후 흑인이 미국 사회에서 가장 높은 지위 중 하나인 대통령직에 오르게 되었다는 사실만으로 현대 미국 사회에 더 이상 인종차별은 존재하지 않는다고 해석하는 목소리가 있다. 그러나 인종차별주의는 특정한 누군가의 큰 성취와는 구분되는 것이다. 한 사람이 큰 성취를 했다고 해도 한 집단에 대한 편견과 차별이 지속되고 그로 인해 사회구조적으로 특정 인종집단이 지속적으로 불이익을 받는다면 인종차별주의는 지속되고 있는 것이다. 그러나 색맹 인종차별주의자들은 자신이 편견이 없는 사람이라고 주장하면서, 사회에서도 현재 인종에 따른 차별은 존재하지 않는다고 주장한다. 누군가가 여전히 편견과 차별의 대상이며 제한된 기회로 불이익을 받고 있을 때 인종 문제가 존재하지 않는다고 부인한다면, 결국 불이익을 받고 있는 사람들을 도울 수 있는 교육이나 사회적인 네트워크, 제도적인 보완 등에 소홀해질 수밖에 없고 불공정한 사회체계가 지속된다.

3. 인종적 정체성 발달 모델과 상담 방향

각 민족의 인종 및 문화적 정체성 발달 모델은 각 인종적, 민족적, 문화적 정체성을 가진 집단이 인종적 특성을 어떻게 인식하고 이러한 인식이 어떻게 발달해 가는가를 설명해 준다. 이러한 발달 모델은 미국 사회에서 각 집단의 경험을 설명하는 것이므로 한국 사회의 특수성을 반영하는 데에는 한계가 있을 수 있지만, 한 사회에서 소수집단 혹은 주류집단이 경험하는 정체성 발달 과정이 보편성을 가질 수 있다는 측면에서 바라보면 한국인이 경험하는 다양한 현상을 이해하는 데에도 도움이 될 수 있다. 따라서 미국 사회에서 발달된 정체성 발달 모델 중에서도 McAuliffe, Grothaus와 Gomez(2020)의 유색인종의 인종적 정체성 발달 모델과 미국 사회에서 지배집단에 해당하는 백인의 정체성 발달을 논의한 Helms(1995)의 백인 정체성 발달 모델, 두 개 이상의 인종적 정체성을 가진 집단의 정체성 발달단계를 논의한 Root(1996)의 복합인종 정체성 모델에 대해 살펴보도록 하자.

1) McAuliffe, Grothaus와 Gomez의 유색인종의 인종적 정체성 발달 모델

McAuliffe, Grothaus와 Gomez(2020)는 미국 내 소수민족집단이 억압 경험을 공유한다는 전제하에 유색인종들이 공동으로 경험하는 정체성 발달 과정에 대해 이론화했다. 다양한 집단은 가치관이나 삶의 방식에서 차이를 경험하지만 백인의 지배문화 속에서 억압이나 동화의 과정을 거치게 된다는 공통점을 가지고 있으므로, 정체성이 발달되는 과정에서는 각 유색인종을 아우르는 공통점이 존재한다는 것이다. 이러한 전제에 기반하여 McAuliffe 등(2020)은 Helms(1995)의 발달 모델, Cross(1995)의 모델, Atkinson, Morten과 Sue(1993)의 모델을 통합하여 5단계 모델을 제시하였다. 각 단계를 설명하고 각 단계에 놓인 내담자들과 어떻게 작업하면 좋을지 임상적인 제안점을 살펴보고자 한다.

(1) 1단계: 순응

이 단계에 있는 개인은 지배집단의 가치를 더 우월한 것으로 생각하고 백인들의 외양, 생활양식, 문화 등을 선호하며 자신의 인종을 포함한 유색인종에 대해 부정적인 견해를 가진다. 그러나 지배집단의 가치에 대한 선호가 반드시 자신의 민족에 대한 평가절하나 자기혐오로 이어지는 것은 아니다(Cross, 1991). 때로는 자신의 문화에 대해 부정적으로 생각한다기보다는 자신의 문화적 정체성이 그리 중요하지 않다고 생각하는 경우가 있다. 예를 들어, 미국에 살고 있는 한국계 미국인이 코로나19 이후 미국에서 심각해진 아시아인 혐오에 대해 '왜들 그렇게 호들갑인지 모르겠다.'라고 반응한다거나, 아시아계 미국인이 '백인'처럼 보이고 싶어서 백인의 외적 기준에 맞게 성형수술을 하는 등의 모습으로 나타날 수 있다.

상담 방향 순응 단계의 내담자가 상담소에 찾아오는 경우, 유색인종보다는 지배집단인 백인 상담자를 선호하고 소수인종 배경을 가진 상담자에 대해서는 부정적인 태도를 가질 가능성이 높다. 또한 문화적인 측면이 정체성에 미치는 영향에 무관심할 수 있으므로 내담자가 자신의 문화적 정체성에 대해 탐색하거나 아직 인식하지 않은 자신의 집단에 대한 부정적인 견해에 대해 표현할 수 있도록 조심스럽게 개입해야 한다(Sue & Sue, 2008/2011).

(2) 2단계: 부조화에 대한 인식의 시작

2단계에서는 자신의 집단에 대한 부정적인 견해를 인식하고 자신의 집단에 대한 정보를 접하기 시작하면서 자랑스러움을 느끼기 시작한다. 예를 들어, 한국계 미국인이 자신을 미국인이라고 생각했더라도 타인이 자신을 미국인보다는 아시아인으로 대하는 경험을 하거나 미묘한 인종차별을 경험한 경우, 혹은 다른 한국계 미국인 중 한국인과 미국인으로서의 정체성을 잘 통합한 사람을 접하는 경우에 한국계라는 자신의 정체성에 대해 자신이 이제껏 부정해 왔다는 것을 인식하고 한국 문화에는 자랑스러운 부분이 있다는 것을 알게 될 수도 있다. 이러한 경험을 통해 백인의 문화가 우월하다고 생각했던 이전의 견해에 의문을 품게 되고 자신의 문화의 긍정적인 속성을 더 많이 인식하게 된다.

상담 방향 부조화에 대한 인식이 시작되어도 내담자들은 여전히 지배집단의 상담자를 선호할 수도 있지만, 자신의 집단에 대해 더 많은 지식을 가지고 있는 상담자를 선호하는 방향으로 변화할 수도 있다. 이 시기에 상담의 내용은 내담자가 자신이 속한 문화의 긍정적인 속성에 대해 더 많이 인식할 수 있는 방향으로 이루어져야 한다. 따라서 상담자 또한 내담자 인종집단의 문화에 대한 지식을 습득해야 한다. 또한 내담자가 자신의 인종이 가진 강점을 스스로 탐색하도록 돕기 위하여 〈활동 4-1〉에 제시된 활동을 함께 해 보는 것도 도움이 될 수 있다.

활동 4-1 **문화적 강점 찾기**

여러분의 인종 및 민족적 문화에 녹아들어 있는 가치관, 습관, 규준 등에 대해 생각해 보자. 가능한 한 많은 강점을 생각하고 적어 보자. 혼자 생각하는 것이 충분하지 않다면 자신의 문화에 대한 글을 읽고 탐색해 볼 기회를 갖는 것도 도움이 된다.

〈나의 인종 및 민족의 강점〉

직장에서는 _____

대인관계에서는 _____

여가활동에서는 _____

예술세계에서는 _____

지역사회나 이웃에서는 _____

자부심을 불러일으키는 문화적 유물로는 _____

위의 목록에 없는 다른 강점으로는 _____

출처: McAuliffe & Grothaus (2020).

(3) 3단계: 저항과 몰입

이 단계에서 소수인종집단에 속하는 사람들은 지배집단에 대한 부정적인 감정, 특히 분노를 경험함과 동시에 자신의 인종집단 문화에 더욱 몰입하게 된다. 이 시기의 분노는 과거 자신이 지배집단에 순응했다는 것에 대한 죄책감과 관련된 자신에 대한 분노일 수도 있고, 백인이 지배하는 사회에서 자신이 억압되었다는 생각에서 오는 분노일 수도 있다(Atkinson et al., 1998). 한편, 이 시기에는 자신의 문화에 대한 자부심이 커지고 자신의 문화에 대한 충성심이 극대화된다. 이러한 특성으로 인해 이 단계에 있는 사람들이 백인집단에 대해 경험하는 분노와 불신 또한 극명해진다. 이에 이 시기에 해당하는 한국계 미국인은 이제까지 미국의 문화가 최고라고 생각했던 것에 대해 죄책감을 느낌과 동시에 아시아 문화에 대해 억압적인 태도를 가지고 있는 미국인들에게 분노와 적개심을 느끼게 되며, 점점 더 많은 한국인과 교류하게 된다.

상담 방향 이 시기의 내담자와 지배집단의 상담자가 만나게 될 경우, 상담자는 내담자가 자신에 대해 상당히 의구심을 가지고 바라볼 수 있다는 것을 예상하고 있어야 한다. 특히 상담 서비스가 기존 체계의 일부로 지각된다면 상담 자체에 저항적일 가능성 또한 존재한다(Sue & Sue, 2008/2011). 따라서 상담자는 이러한 저항과 적대감을 미리 예상하고, 이러한 반응을 내담자의 발달단계에 따른 자연스러운 반응이라고 받아들이는 것이 필요하다. 또한 이 시기의 내담자들은 모든 어려움을 억압에 귀인하는 경향성이 있어, 실제로는 억압보다는 자신의 개인적인 선택에 기인한 결과에 대해서도 억압적인 사회구조에 귀인할 수 있다는 점을 기억해야 한다.

(4) 4단계: 내성과 내면화

내성과 내면화 단계에 이르게 되면 내담자는 보다 사려 깊고 복합적인 면모를 보이게 된다. 즉, 자신의 문화에 무조건적으로 몰입했던 태도에서 벗어나 자신의 문화 안에 있는 부정적인 측면을 발견하게 된다. 특히 지나치게 엄격한 집단적 가치에 불편함을 느끼고, 지배집단 구성원 중에서도 억압과 특권의 체계에 반대하고 변화를 이끌어 내려고 노력하는 사람들이 있다는 것을 알게 되면서 지배집단이 늘 적이 아님을 알게 된다. 따라서 이 시기에는 자신의 인종 및 인종집단에 대한 충성심과 불편함을 동시에 경험하며, 지배집단에 대한 태도에 있어서도 강점과 약점을 동시에 보게 되면서 갈등을 경험하게 된다. 물론 이 시기에도 자신의 집단과 문화적 유산, 역사적인 맥락 등을 바라보면서 지속적으로 자부심을 느끼지만, 자신의 집단과 타 집단을 엄격하게 구분했던 태도에서 벗어나 지배집단과도 편안하게 어울릴 수 있게 된다. 이 단계에 해당하는 한국계 미국인은 한국 교포 집단 안에서도 불편한 점이 있음을 느끼게 되고, 한국계 미국인으로서 혹은 한 개인으로서 자신의 독특한 정체성을 경험하며 갈등을 느끼게 될 수 있다.

상담 방향 이 시기의 내담자들은 집단적 가치에 소속되고자 하는 열망과 개인적 자율성을 행사하고자 하는 동기 사이에서 혼란을 경험하게 된다. 치료자는 이러한 내담자의 자율성 욕구가 자신의 충성심에 위배된다기보다는 자신과 타인의 문화에 대해 균형 잡힌 시각을 가지도록 돕는 과정이라고 새롭게 받아들일 수 있도록 격려해야 한다.

(5) 5단계: 보편적 인식

이 시기의 개인은 자신의 인종집단에 대한 절대적인 견해로부터 물러나서 모든 문화에 담겨 있는 강점과 약점의 존재를 인식하는 방향으로 움직이게 된다. 즉, 지배집단의 문화 내에서도 긍정적인 부분과 부정적인 부분이 존재한다는 것을 편안하게 받아들이게 되며, 자신의 문화에 대해서도 자부심을 느낌과 동시에 자신만의 자율성과 독특성을 가지는 것에 대해서도 편안함을 느끼게 된다. 또한 이 시기의 개인은 다른 소수집단에 가해지는 억압을 이해하고 다른 소수집단에 대해서도 진정으로 공감할 수 있게 된다. 따라서 이 시기의 한국계 미국인은 한국의 문화와 미국의 문화 모두 바람직한 부분과 변화가 필요한 부분이 있다는 것을 인식하게 되고, 라틴계, 흑인, 미국 원주민 등 다양한 소수집단이 다양한 방식으로 억압되어 왔다는 사실을 인식하며 그들의 어려움에 공감하게 된다.

상담 방향 이 시기의 내담자들은 상담자가 문화적으로 유능하고 유사한 세계관을 가진다면 어떤 인종적 배경을 가졌든 개의치 않게 된다. 자신의 인종적 자긍심과 개인적 자율성 수용은 내담자의 자원이 되어 다문화상담 역량으로 이어진다.

2) Helms의 백인 정체성 발달 모델

앞에서 설명한 유색인종 정체성 발달단계에서의 주요 과업은 자신의 인종에 대한 부정적인 견해를 다루고 인종차별적인 사회적 분위기 속에서 자신의 힘을 발견해 내는 것이라면, 백인들의 정체성 발달단계에서의 주요 과업은 사회에서 부여한 우월성이 아니라 현실에 기반한 긍정적인 백인 정체성을 갖고 공정한 사회를 이루어 나가기 위해서 노력해 나가는 것이다(Tatum, 1994). 백인 정체성 단계는 미국 내에서 지배집단인 백인들의 성장에 대해 논하고 있다는 점에서 미국 내 백인들에 대한 설명이기도 하지만, 한국의 상황에서 인종적으로 지배집단에 해당하는 사람들, 즉 외국인이나 이민자 집단에 비해 특권을 가지는 한국인에게 적용해 보는 것도 도움이 될 수 있다. 여러분 각자가 인종적으로 특권을 가지는지 살펴보기 위해서 〈활동 4-2〉를 먼저 실습해 보고 Helms의 백인 정체성 발달단계를 살펴보는 것이 도움이 될 것이다.

활동 4-2　**특권 점검 활동**

　　다음은 Peggy McIntosh가 백인 특권을 알아보기 위해 고안한 활동이다. 인종적 배경이 다르더라도 한국의 주류집단에게 적용 가능한 문항이 상당수 있으므로 여러분도 각 문항을 읽고 그 문항이 여러분에게 얼마나 해당되는지 살펴보기를 바란다.

다음 문항의 내용이 얼마나 자신에게 해당하는지 체크해 주십시오.

5=항상 해당된다. / 3=가끔 해당된다. / 0=거의 해당되지 않는다.

1. _____ 나는 같은 인종/민족인 사람들과 대부분의 시간을 함께한다.
2. _____ 이사할 때, (재정 상태가 가능한 범위 안에서) 원하는 지역에 집을 구할 수 있다.
3. _____ 텔레비전 프로그램에서 나와 같은 인종/민족이 자주 등장하고 긍정적으로 묘사되는 것을 볼 수 있다.
4. _____ 장을 보러 갔을 때 나의 인종/민족의 전통음식을 만들기 위해 필요한 재료들을 쉽게 구할 수 있다.
5. _____ 신용카드나 현금 결제를 할 때, 내 피부색 때문에 내 재정상태가 좋지 않을 것이라고 추측되었던 경험이 없다.
6. _____ 내 인종을 대표하여 말해 보라고 요청받은 적이 없다.
7. _____ 정부에 대해 비판하거나 정부의 정책에 못마땅함을 표현할 때, 내가 문화적으로 아웃사이더라고 느끼지 않는다.
8. _____ 담당자에게 말하겠다고 요구할 때, 그 담당자가 나와 같은 인종/민족의 사람인 경우가 대부분이다.
9. _____ 경찰이 속도위반으로 내 차를 멈추게 할 때, 내 피부색 때문이 아니라고 확신한다.
10. _____ 취직했을 때, 내 직장 동료들이 나의 인종/민족 때문에 내가 이 직업을 얻게 되었을 거라고 의심하는 일은 없을 것이다.
11. _____ 공공 서비스를 이용할 때 나의 인종/민족 때문에 그러한 서비스를 이용하지 못하는 것이 아닐까 걱정해 본 적이 없다.
12. _____ 법률 서비스나 의료 서비스가 필요할 때 나의 인종/민족이 부정적으로 작용할 거라고 생각하지 않는다.
13. _____ 한 주 혹은 한 해가 몹시 괴롭게 흘러갈 때, 이 부정적인 상황이 인종적/민족적 의미가 있는 것이 아닐까 생각할 필요는 없다.
14. _____ 내 삶에서 인종차별주의의 영향은 무시할 만한 수준이었다.
15. _____ 공공장소에서 권력을 가진 사람에게 공개적으로 이야기할 때 나의 인종/민족에 대해 판단당할 가능성을 생각하지 않고 말할 수 있다.
16. _____ 상처에 붙이는 밴드가 필요할 때 내 피부색에 맞는 밴드를 어렵지 않게 구할 수 있다.

총점 _____

• 항목 중에서 나에게 해당하는 것은 어떤 항목이었는가?
• 나에게는 해당되지는 않지만 항목에 있는 경험을 할 법한/했다고 이야기했던 사람이 주변에 있는가?
• 활동하면서 인종/민족적 측면에서 나의 위치는 어디에 해당하는 것 같은가?
• 활동하면서 어떠한 감정/생각을 하게 되었는가?

출처: McIntosh (2003).

　　Helms의 백인 정체성 발달 모델은 백인 정체성에 대한 설명이지만, 큰 시각에서
보면 지배집단의 정체성 발달이라는 시각으로 볼 수 있으므로 한국의 문화에서 인
종적 지배집단인 한국인의 정체성이 어떻게 발달해 나가는지의 관점으로 보면 도움
이 될 것이다. 한국인들이 결혼이주여성이나 외국인, 조선족 등 여타 소수인종집단
과 비교하여 어떠한 독특한 경험을 하는지 생각하며 Helms가 제시한 교류(contact),
분열(disintegration), 재통합(reintegration), 유사독립(pseudo-independent), 몰입과
출현(immersion/emersion), 자율성(autonomy)의 여섯 단계를 살펴보자. 특히 한국인
상담자들은 한국인이라는 지배집단 정체성에 대해 인식하는 것이 향후 소수인종적
배경을 가진 내담자와 상담하는 데 도움이 될 것이다. 이러한 맥락을 고려하여, 모
델의 각 단계를 설명할 때 백인이라는 단어를 지배집단이라고 표현하고자 하며, 내
담자나 상담자가 지배집단의 구성원일 때 상담 과정에서 고려해야 하는 점에 대해
논의해 보려 한다.

(1) 교류

　　교류 단계에서 지배집단의 구성원들은 인종 정체성의 중요성을 거의 인식하지 못
한다. 지배집단에 소속되어 있기 때문에 얻게 되는 특권에 대해 의식하지 않은 채 자
신의 지배집단 정체성을 당연한 것처럼 여기고 인종적 규범처럼 여긴다. 이 시기에
는 문화적 색맹의 특징을 보이며 자신이 편견이나 고정관념이 없는 사람이라고 생
각하는데, 대개 암묵적으로나 제도적으로 이루어지는 차별의 존재에 대해 알지 못
하기 때문이다. 더불어, 이 단계의 지배집단 구성원들은 유색인종과의 교류 경험 부
족으로 이러한 상태에 머물러 있을 가능성이 있다(Tatum, 1994).

상담 방향 교류 단계에 있는 지배집단의 내담자는 은연중에 같은 지배집단의 상담
자를 선호하지만, 이러한 선호가 사회화 과정에서 암묵적으로 형성된 고정관념 및

편견과 관계가 있다는 것을 알지 못한다. 또한 이 단계의 내담자들은 자신이 미묘하게 인종차별적 행동과 발언을 한다는 것을 인식하지 못하고 있으므로 주변의 유색인종과의 교류에서 문화적으로 민감하게 대응하지 않게 되고, 결과적으로 유색인종과의 갈등을 경험할 가능성이 높다. 만약 지배집단 배경을 가진 상담자가 이 단계에 있다면 유색인종 배경을 가진 내담자와 상담할 때 내담자가 가진 분노와 적개심을 억압의 관점에서 보는 것이 아니라 개인적인 특성으로 바라보게 되어 내담자의 모습을 병리적으로 판단하게 될 수 있다(McAuliffe, Grothaus, & Gomez, 2020). 만약 이러한 상담자가 만나는 유색인종 내담자가 정체성 발달단계에서 3단계에 해당하는 저항과 몰입의 단계에 있다면 상담자와 내담자의 갈등은 심화될 수 있고, 상담자의 유색인종 내담자에 대한 불편함과 내담자의 지배집단에 대한 불신은 악화될 가능성이 높아진다.

(2) 분열

분열 단계에 들어서면 지배집단의 구성원들은 인종이 사회적으로 중요한 개념이라는 점을 알게 되며 유색인종에 대한 인종차별과 지배집단이 가지는 특권을 점점 인식하게 된다. 지배집단의 구성원들이 인종의 영향을 경험하는 방식은 다양하지만, 주위에 유색인종 친구 및 지인들이 자신은 경험한 적이 없었던 일들, 예를 들어 쇼핑센터에서 이유 없이 더욱 감시받거나, ID를 제시하라는 요구를 많이 경험하거나, 운전할 때 경찰의 검사를 더 많이 받는 등의 모습을 목격하면서 무언가 다르다는 인식이 생기기 시작한다. 또한 수업에서 다른 유색인종들이 경험했던 잔혹한 역사를 알게 되고 그 역사적 흐름이 현재에 어떤 식으로 이어져 오고 있는지 학습하게 되면서 사회구조에 대해 새로운 시각을 가질 수 있다. 이러한 새로운 시각의 결과, 이 시기에 지배집단의 구성원들은 죄책감이나 수치심, 분노 등을 느끼고 이제까지 가졌던 가치관과 새로운 시각 사이의 불일치에 혼란을 경험하기도 한다. 이러한 정서적인 반응으로 인하여 공정한 사회를 만들어 내고자 하는 열망이 커지고 다음 발달단계로 이동하는 사람들도 있는 반면, 죄책감과 수치심에 오히려 철수와 부인으로 반응하는 사람들 또한 존재한다(Tatum, 1994). 철수와 부인으로 반응하는 경우 새로 얻게 된 정보를 부정하고 인종의 영향에 대해 알지 못했던 교류의 시기로 돌아감으로써 편안함을 되찾으려 노력하게 된다.

상담 방향 이 시기 지배집단의 내담자들은 서서히 인종의 영향에 대해 인식하고, 자신이 지배집단의 구성원으로서 노력하지 않고 갖게 된 특권들이 있다는 것을 깨닫게 된다. 특히 자신이 경험한 특권 뒤에는 유색인종의 희생이 숨겨져 있다는 것을 알게 되어 죄책감이나 수치심 등을 경험하는데, 상담자는 이것이 자연스러운 반응이라고 타당화하고 안전한 환경을 조성함과 동시에 그러한 정서들이 잠시의 경험으로 끝나지 않고 생산적인 학습경험으로 이어질 수 있도록 도와야 한다(Bell, 2010). 즉, 지배집단의 내담자들이 자신의 사회화 과정을 깨닫고 유색인종과 지배집단 모두에게 고통을 안겨 주는 인종차별의 고리를 인식하게 하여, 내담자가 향후 건강한 선택 및 행동을 할 수 있도록 촉진하는 것이 도움이 될 수 있다. 상담자가 내담자에게 이러한 도움을 제공하기 위해서는 상담자 자신이 새로운 시각과 변화의 과정을 건설적으로 경험해 보는 것이 필수적이다. 지배집단의 상담자가 이 단계에 머물러 있을 때, 상담자는 유색인종 내담자를 만날 때 경험하는 정서적인 불편함으로 인하여 유색인종 내담자를 피하게 될 수 있으므로 자신의 정서에 대한 작업과 동시에 인종에 대한 역량을 함양하려는 노력이 필요하다.

(3) 재통합

재통합 시기에는 이전 단계에서 경험했던 죄책감과 부정의 감정이 유색인종을 향한 공포와 분노로 변형된다. 이 시기에는 유색인종집단이 인종차별적 대우를 받을 만하기 때문에 인종차별을 경험하는 것이라는 방향으로 사고가 이어지고, 인종차별이 사라지기 위해서는 유색인종들이 변화해야 한다고 생각하게 된다. 이렇게 사고가 변형되면서 지배집단의 구성원은 사회변화에 대한 책임감에서 벗어나고자 한다.

상담 방향 영화 〈매트릭스(The Matrix)〉에서 모피어스는 네오의 앞에 빨간 알약과 파란 알약을 보여 주며 빨간 약을 선택할 경우 세상의 고통스러운 진실에 대해 알게 될 것이며, 파란 약을 선택하게 되면 거짓의 세상에서 안락하게 살 수 있다고 말한다. 재통합 시기의 내담자는 파란 약을 선택한 것과 같다. 억압의 피해자인 유색인종을 탓하고 진실로부터 멀어지면서 스스로는 안락해지는 길을 선택한 것이다. 전통적인 상담에서 내담자가 내적인 성장을 위해서 믿고 싶은 것만 믿는 것이 아니라 자신의 경험과 모습을 있는 그대로 수용할 수 있어야 하듯, 재통합 시기에 있는 내담자 또한 죄책감과 수치심을 끔찍한 고통으로 여기기보다는 기회와 도전으로 삼고 고통스러운 현실과 마주할 수 있어야 한다.

(4) 유사독립

지배집단의 구성원이 사회에 뿌리 깊게 자리 잡고 있는 제도적인 인종차별주의를 이해하면, 유사독립의 단계에 이르게 된다. 이 시기에 각 개인은 인종차별주의에 대해 지적인 수준에서는 이해하지만, 제도적인 수준에서 일어나는 인종차별주의를 변화시키기 위해서는 무엇을 할 수 있을지 막막하게 느낀다(Tatum, 1994). 이 시기에는 자신이 지배집단으로서 가지는 특권을 자각하게 되면서 지배집단의 구성원이라는 것을 부인하거나 유색인종인 것처럼 행동하여 책임을 회피하고 싶은 마음이 생기기도 한다.

상담 방향 유사독립의 시기에 자신과 타인의 인종적/문화적 유산을 적절하게 수용하기 위해서는 각 인종과 문화를 어느 쪽이 상대적으로 더 우월하거나 열등하냐의 관점에서가 아니라 각자가 본연의 강점과 약점을 지녔다는 통합적인 관점으로 보는 것이 필요하다. 유사독립의 단계에 있는 지배집단 출신의 내담자가 자신이 지배집단의 구성원이라는 것에 대해 수치심을 느끼고 지배집단이 아니었으면 하는 바람을 가지게 된다면, 교차성의 관점이 도움이 될 수 있다(Bell et al., 1997). 인종이라는 축에서는 지배집단에 속하지만 다른 축에서는 어떠한지 살펴보고 한 축과 다른 축이 어떻게 관련되는지 탐색함으로써, 지배집단과 종속집단에 소속되는 것이 어떠한 경험인지 보다 복합적으로 경험하고 탐색할 수 있게 될 것이다.

(5) 몰입과 출현

몰입과 출현의 단계에서 지배집단의 구성원은 지배집단의 의미에 대해 재정의하고, 이들의 죄책감과 수치심이 조금씩 사라진다. 또한 이 시기에 지배집단의 구성원들은 누군가를 은연중에 억압하는 역할을 멈추고 다른 소수인종집단과 동맹을 맺고자 움직이기 시작한다. 이 시기에는 주변에 인종차별을 반대하는 지배집단 구성원과 지지적인 모임을 가지면서 일상생활에서 경험하는 유사한 어려움을 공유하며 솔직하게 서로에게 피드백을 주고받는 것이 도움이 된다.

상담 방향 이 시기의 내담자는 자신의 문화적 정체성에 보다 편안함을 느끼고 상담 장면에서도 그러한 주제를 보다 개방적으로 나눌 수 있게 된다. 이 시기에 해당하는 상담자 또한 내담자와의 관계에서 인종 이슈를 개방적으로 논의할 수 있는 역량을 가지게 되어서 다양한 인종적 배경을 가진 내담자들과 보다 우호적인 관계를 형성하게 된다.

(6) 자율성

이 단계의 지배집단 구성원들은 자신의 정체성을 죄책감 없이 수용하게 되어, 유색인종이 인종차별주의에 대해 이야기할 때 불필요한 죄책감 없이 경청하고 사회 속에 존재하는 억압을 없애기 위해 여러 가지 노력을 하게 된다(Helms, 1995). 이 시기에는 특히 각 개인이 소속된 인종집단에 상관없이 저마다의 독특성을 인식하면서도 소속된 집단의 지속적인 영향을 부정하지 않는 균형 잡힌 모습을 갖추게 된다 (Tatum, 1994). 이 단계는 한 번 도달하면 변함없이 유지할 수 있는 지점이 아니라는 것을 명심해야 한다. 자율성의 단계에 지속적으로 머무르기 위해서는 새로운 정보에 개방적이어야 하며, 늘 새로운 시각으로 현상을 보기 위해 노력해야 한다.

상담 방향 이 시기의 내담자는 각 문화에 대해 균형 잡힌 시각을 갖추고 억압과 특권의 고리에서 벗어나기 위해 적극적으로 행동하여 다문화적 역량을 어느 정도 갖추게 된다. 상담자는 내담자가 이러한 노력을 지속할 수 있도록 격려하는 역할을 해야 한다. 마찬가지로, 이 단계의 지배집단 출신의 상담자는 죄책감 없이 자유롭게 인종의 문제를 상담에서 풀어 나가게 되며, 내담자의 인종적 배경이 무엇이든 그들의 이야기를 경청할 준비가 되어 있다. 내담자가 지속적인 노력을 해야 하듯 상담자 역시 현재의 다문화상담 역량 수준을 더욱 함양하기 위하여 지속적인 노력을 해야 한다.

3) Root의 복합인종 정체성 모델

미국에서는 복합인종 정체성을 가진 인구의 급속한 증가로 인하여 단일인종적 관점에 대한 비판이 꾸준히 제기되어 왔다. 복합인종이란 양부모의 인종적 유산이 상이한 개인들(Wehrly, 2005)을 의미하는 것으로, 한국에서도 외국인과 이민자의 증가 추세로 인하여 2017년 다문화 가정의 수는 약 32만 가구로, 전체 가구의 1.6%에 달하는 것으로 보고되었다(여성가족부, 2018). 한국 사회에서는 다문화 가정의 증가와 더불어 다문화 가정의 자녀 수 또한 2007년 4만 4,258명이었던 것이 2017년에는 22만 2,455명으로 10년 동안 약 5배 증가하였다(여성가족부, 2018). 다문화 가정의 수는 앞으로도 계속적으로 증가될 것으로 예상될 뿐 아니라 다문화 가정의 구성원들이 우리 사회의 중요한 일원이 되고 있으므로, 한국 사회에서도 이에 대한 논의와 연구가 더욱 활발하게 이루어져야 한다.

Sue와 Sue(2008/2011)는 다문화 가정의 자녀들에 대해 논의하면서, 복합인종 정체성을 가진 혼혈인들은 자신의 존재를 어떻게 정의해야 할 것인가와 관련하여 추가적인 어려움을 경험하게 된다고 하였다. 복합인종집단은 그 정체성에 대해 주변으로부터 끊임없이 의문을 제기받아 더욱 복잡한 정체성 발달 과정을 거치게 된다. 이러한 추가적인 어려움으로 고립이나 소속감의 부족, 소외 등을 경험할 수 있으나, 복합인종에 대한 관심은 최근에 와서야 본격적으로 이루어지기 시작했다(Choi-Misailidis, 2010; Kenney & Kenney, 2009). 이에 현재까지 논의된 여러 복합인종 정체성 모델 중 가장 정교한 모델로 알려져 있는 Root(1996)의 복합인종 정체성 모델을 살펴보고자 한다.

Root의 모델은 이전에 살펴보았던 유색인종 정체성 발달 모델이나 백인 정체성 발달 모델과 달리 단계별 발달 과정을 논의하는 것이 아니라, 복합인종적 배경을 가진 혼혈인들이 자신의 정체성 이슈를 해결하기 위해서 사용할 수 있는 네 가지 선택에 대해 이야기하고 있다. Root의 복합인종 정체성 모델에서 논의하고 있는 ① 사회가 부여한 정체성의 수용, ② 인종참조집단 확인, ③ 정체성 선택, ④ 다른 집단과의 동일시 등 네 가지 선택지에 대해 살펴보고자 한다.

(1) 사회가 부여한 정체성의 수용

혼혈인들은 사회가 부여한 정체성을 수용하는 선택을 할 수 있다. 즉, 아시아계 미국인과 유럽계 미국인의 정체성을 가지고 있는 혼혈인은 사람들이 자신을 보는 시선을 고려하여 이에 일치하는 정체성을 선택할 수 있다. 그러나 이러한 선택의 경우 사회적 맥락에서 변화가 생기면 자신의 정체성 또한 아시아계 미국인에서 유럽계 미국인으로 변화하는 등 정체성이 유동적으로 변화할 가능성이 높다(Sue & Sue, 2008/2011).

(2) 인종참조집단 확인

혼혈인은 부모 모두의 인종집단에 동일시하여, 아시아계 미국인과 유럽계 미국인의 정체성을 모두 가진 사람의 경우 백인들과 있을 때는 유럽계 미국인으로, 아시아인들과 함께 있을 때는 아시아계 미국인으로 스스로를 규정할 수 있다. 이때 카멜레온처럼 주변에 따라 변화하는 것을 부정적으로 느끼는 경우가 있는가 하면, 두 가지 정체성을 가졌다는 사실을 긍정적으로 지각하는 건강한 방식 또한 있을 수 있다.

(3) 정체성 선택

혼혈인들은 자신에게 부여된 정체성을 수용하기보다는 자신의 두 가지 정체성 중 하나를 선택하기도 한다. 이를테면, 아시아계 미국인과 유럽계 미국인 정체성 사이에 있을 때, 주변에서는 자신을 백인이라고 인식한다고 할지라도 스스로는 아시아계 미국인을 선택하고 아시아계 미국인의 문화적 유산에 관심을 가지고 더 많은 정보를 찾아보려고 노력하는 경우가 있다. 혼혈인이 자신이 선택한 정체성 집단과 어울리면서도 나머지 정체성을 완전히 무시하지 않아 두 정체성 사이의 균형을 잃지 않는다면 정체성 선택은 건강한 방향으로 이어질 수 있다.

(4) 다른 집단과의 동일시

혼혈인들은 다른 집단과 동일시하거나 복합인종적 유산을 가진 다른 사람들과 동일시할 수도 있다. 이때 양쪽 집단을 잘 통합하여 자신만의 새로운 정체성을 형성하게 될 수 있다.

각각의 선택지는 각 개인의 발달과 적응에 어느 정도 도움이 될 수도 있고 어려움을 안겨 줄 수도 있다. 따라서 상담자가 복합인종 정체성을 가진 내담자와 만날 때 내담자의 정체성 상의 복잡성에 대해 인식하고 이에 대해 상세하게 탐색하는 과정이 상담의 중요한 부분이 된다. 특히 내담자의 인종적 배경이 자신의 주호소와 어떻게 관련되는지에 대해 다음과 같은 질문을 사용하여 탐색해 볼 수 있다(Day-Vines et al., 2007).

• 당신의 복합인종 정체성이 삶에 어떤 영향을 미쳤나요?

- 당신의 복합인종 정체성이 타인과 관계하는 방식에 어떠한 영향을 미쳤나요?
- 복합인종 정체성이 당신에게 어떤 의미입니까?
- 인종/민족에 대해서 논의하는 것이 얼마나 편합니까?
- 당신과 인종적/민족적 배경이 다른 사람과 상호작용할 때 어떤 경험을 하나요?

복합인종 정체성 주제는 다양성이란 얼마나 폭넓은 것인가, 우리가 인식하지 못하는 소외된 영역이 얼마나 많은가를 보여 주며 단일인종분류체계에 의문을 제기한다. Root(1996)는 혼혈인 권리장전을 작성하여, 혼혈인들이 세상 속에서 자신이 누구인지 정당화할 필요가 없고, 스스로를 규정하라고 요구받을 때 거절하고 자신을 입증하지 않아도 될 권리, 그리고 다른 사람이 부과하는 권리에서 벗어나 자신만의 정체성을 가질 권리 등에 대해 강조하였다. 이러한 권리는 사회에서 부여한 정체성이나 다른 사람들의 시선, 서로가 서로를 범주 안에 넣으려고 하는 시도로부터 자유를 추구하고 자신만의 선택을 하도록 격려한다는 점에서 다문화의 범위를 한층 넓혀 주는 중요한 의미를 가진다.

제5장

성

1. 성의 의미

영화 〈디 아워스(The Hours)〉에는 버지니아 울프, 로라 브라운, 클라리사 본이라는 세 명의 여성이 등장한다. 이들은 1920년대, 1950년대, 2000년대라는 상이한 시대적 배경 속에서 살아가고 있지만, 부족할 것 없어 보이는 조건 속에서도 실존적 고통을 견디며 살아가고 있다는 점, 레즈비언이라는 점에서 유사하다. 영화는 이 세 여성의 하루를 통해 시대와 관계없이 이들이 공통적으로 경험하는 '살아 나간다'는 것의 의미를 보여 줌과 동시에 사회적 맥락의 차이로 인하여 여성들이 유사한 심리적 어려움 속에서도 상이한 선택을 할 수 있다는 점을 세밀하게 묘사한다. 버지니아 울프가 2021년을 살아가고 있다면 그녀의 삶은 달라졌을까? 이 질문은 결국 이 시대의 여성 혹은 남성의 삶이 더욱 자유로워지기 위해서는 어떠한 사회변화가 필요한지로 연결된다. 이를 위해서 이 장에서는 성의 의미, 여성과 남성이 직면한 어려움과 상담의 방향에 대해 논의하고자 한다.

1) 성과 관련된 용어

성(gender)은 스스로를 여성 혹은 남성이라고 받아들이는 사람들에게 가지는 이미지나 기대 등을 지칭하는 것으로(Johnson, 2018), 개인의 삶의 경험이나 역할, 행동, 기회 등에 다각적으로 영향을 미치게 된다(Pope-Davis & Coleman, 1997). 성장하면서 사람들은 자신의 성별에 걸맞은 행동이나 역할을 하라는 메시지를 지속적으로 받게 되고, 이는 개인의 정체성 형성에 큰 영향을 미치게 된다. 성은 생물학적, 문화적, 사회적 측면과 긴밀하게 관계되므로, 성과 관련된 이슈를 논의하기 전에 관련된 핵심 용어를 정리해 보고자 한다.

(1) 생물학적 성

생물학적 성(biological sex)은 한 개인이 출생 시 보이는 신체적 특징, 호르몬, 염색체, 생식구조 등을 말하며, 이러한 특징에 근거하여 남성 혹은 여성으로 분류된다. 모든 사람이 남성(male) 혹은 여성(female)이라고 명확하게 구분된다고 생각하지만, 의학적으로 남성과 여성의 생물학적 특징을 모두 가지고 태어나는 간성(intersex)의 경우도 4,000명 중 1명 정도로 발생한다(Catalano & Griffin, 2016).

(2) 성 정체성

성 정체성(gender identity)은 각 개인이 자신을 어떠한 성으로 간주하는지에 대한 것으로, 출생 시 가지고 태어나는 신체적 특징과 성 정체성이 일치하는 경우도 있지만 그렇지 않은 경우 또한 존재한다. 즉, 출생 시 남성의 모습으로 태어났지만 자신을 여성이라고 규정하는 경우가 있고, 반대로 여성의 특징을 타고났지만 남성이라고 규정하는 경우 또한 존재한다(Catalano & Griffin, 2016). 또한 자신을 남성이나 여성 중 어느 쪽으로도 규정하지 않는 사람들이 점점 증가하고 있는 추세인데, 이들은 남성과 여성의 이분법적인 구조로 성을 구분하는 것에 저항하는 모습을 보이며 젠더 퀴어(gender queer)라고 지칭된다. 한편, 성 정체성이 출생 시 타고난 성과 일치하는 사람들은 시스젠더(cisgender)라고 지칭된다(Johnson, 2018).

(3) 성 표현

성 표현(gender expression)은 한 개인이 자신의 성 정체성을 보여 주는 행동 및 미적·심리적 특징들을 지칭하는 것으로, 한 개인의 성 표현은 문화적으로 기대되는 바와 일치할 수도 있지만 남성은 남성다워야 하고 여성은 여성스러워야 한다는 지배문화의 특성에 이의를 제기하고 도전하는 모습으로 표현될 수도 있다(Catalano & Griffin, 2016).

(4) 성 역할

성 역할(gender role)은 사회적, 역사적, 문화적으로 구성되는 개념으로, 여성에게 기대되는 여성스러운 행동 및 심리적 특성, 남성에게 기대되는 남성스러운 행동 및 심리적 특성을 지칭한다(Catalano & Griffin, 2016). 성 역할은 성 정체성의 자연스러운 표현으로 간주되지만, 앞서 젠더 퀴어에서 소개했던 것과 같이 자연스러운 여성스러움이나 남성스러움이 무엇인지 이의를 제기하는 움직임이 최근에 등장하고 있다.

Simone de Beauvoir가 "여자는 여자로 태어나는 것이 아니라 여자로 만들어지는 것이다."라고 주장했듯이, 대부분의 문화권에서 아이들은 출생 후 이름, 의복, 훈육, 놀이, 행동, 정서의 표현 등 삶의 다양한 영역에서 여성 혹은 남성으로 구분되고 기대되는 역할에 따르도록 사회화된다(Lorber, 2018). 그러나 세상에는 여성과 남성의 이분화된 개념만이 존재하는 것이 아니며, 생물학적 성, 성 정체성, 성 표현 등이 복잡하게 조합되어, 여성의 신체적 특성을 가지고 태어나고 스스로를 여성이라고 규정하였으나 남성의 의복이나 짧은 헤어스타일을 선호하는 여성이 존재할 수 있고, 남성의 신체적인 특징을 가지고 태어났지만 스스로를 남성이나 여성으로 구분하는 것에 저항하며 스스로를 젠더 퀴어로 지칭하는 경우 또한 존재할 수 있다. 지배집단이 선호하는 남성과 여성의 이분법적인 분류에 순응하지 않는 경우, 고정관념, 차별, 억압의 대상이 되어 불평등한 대우에 노출될 수 있다(Fassinger & Richie, 1997). 이러한 성과 관련된 내용은 매우 포괄적인 것이므로, 이 장에서는 여성과 남성이 경험하는 사회화 과정과 그에 따른 문제를 중심으로 논의하고, 제6장 '성적 지향과 젠더비순응'에서 성 정체성에 대해 논의할 것이다.

표 5-1 사회화 과정 탐색
다음 질문과 관련되어 어떠한 개인적인 경험을 했는지 생각해 보자. • 어린 시절에 여성 혹은 남성이라는 것에 대해 어떤 메시지를 받았는가? 주로 누구로부터 그러한 메시지를 받았는가? • 여성 혹은 남성으로서 어떠한 행동을 하도록 격려되었는가? • 여성 혹은 남성으로서 어떠한 행동은 하지 않도록 격려되었는가? • 명절이나 가족 행사에서 여성 혹은 남성으로 기대되는 역할이 무엇이었는가? • 어린 시절 가족 혹은 가까운 사람들과의 관계에서 여성 혹은 남성 모델은 누구였고 그들은 어떠한 모습이었는가? • 어린 시절부터 경험했던 여성 혹은 남성에 대한 메시지가 현재 여러분의 성에 대한 고정관념이나 행동, 기대 등과 어떻게 관련되는 것 같은가?

출처: Day (2008).

2. 여성과 상담

1) 여성이 경험하는 어려움

서구 사회에서 여성주의 운동의 시작은 1800년 후반 여성의 참정권 도입으로 거슬러 올라가며, 1960년대에 들어서면서 본격화되었다(Catalano & Griffin, 2016). 여성주의 운동은 여성이 사회적으로 남성에 종속되며, 여성적인 특성은 열등하거나 병리적으로 해석된다는 점에 문제를 제기하며 전통적인 성에 대한 관점이 변화해야 한다고 주장했다(Choudhuri, Santiago-Rivera, & Garrett, 2012/2015). 그렇다면 여성이 남성 중심적인 가부장제 사회에서 경험하는 대표적인 어려움으로는 무엇이 있는지 먼저 살펴보자(Atkinson & Hackett, 1998; Johnson, 2018; Katz, 2018; Sinclair, 2006; Worell & Remer, 1992).

• 의학이나 법조계에 종사하는 여성의 소득수준은 같은 직업군에 종사하는 남성에 비해 낮은 편이다. 반면에, 간호사나 초등학교 교사 등의 직업군에 종사하는 남성은 동일한 경력의 여성에 비해 더 많은 임금을 받는다.
• 맞벌이하는 여성은 남성과 비교했을 때 두 배 이상의 가사노동 및 육아를 담당

한다.

- 전 세계적으로 30% 정도의 여성이 파트너로부터 성적·육체적 폭력을 경험하며, 강간과 가정폭력의 위협은 암이나 자동차 사고, 전쟁, 마리화나 등을 모두 합한 것보다 훨씬 크다. 더불어 여성은 성폭력 및 가정폭력 피해 경험에 대해 비난받는 경향이 있다.
- 여성 군인에게는 남성 동료들로부터의 성폭력 위험이 군복무로 인한 위험보다 훨씬 더 큰 경향이 있다.
- 남성을 평가할 때 사용되는 기준은 직장 내 역할을 평가할 때 사용되는 기준과 일치하는 반면, 여성을 평가할 때 사용되는 기준은 직장 내 역할을 평가할 때 사용되는 기준과 다른 경향이 있다. 즉, 남성은 남성적이면서 동시에 공격적인 변호사로 평가받을 수 있지만, 공격적인 여성 변호사는 변호사로는 성공할 수 있을지언정 여성으로서는 매력적이지 않다고 평가될 수 있다.
- 여성의 직업은 어린이집 근무나 간호, 비서, 사회복지와 같이 다른 사람을 돌보는 것으로 한정될 수 있다.
- 여성이 권력을 가진 위치에 있을 때는 쉽게 의문이 제기된다. 예를 들어, 여성 교수는 동료뿐만 아니라 학생들로부터도 경력이나 전문성에 대한 질문을 많이 받는다.
- 여성이 직업적인 성공을 추구할 때는, 충분히 여성스럽지 않고, 양육적이지 않으며, 냉정하다는 평가를 받는다. 반면, 직업을 가진 여성이 따스하거나 양육적일 경우 그 여성의 신뢰성, 역량, 권위 등은 훼손되고 폄하되어, 결국 여성은 어떤 모습이든지 평가절하된다.
- 자매애는 자매끼리의 우애를 의미하지만, 형제애는 형제끼리의 우애를 넘어 인류애, 동료애 등 인간 자체의 경험을 의미한다.
- 사회에서 정형화된 미의 기준은 여성의 건강 및 자존감에 지대한 영향을 끼치고, 이것이 신체에 대한 불만, 지나친 다이어트, 섭식장애, 우울 등으로 이어진다.

여성들이 직면하는 이와 같은 어려움들은 여성에게 가해지는 명확한 형태의 차별이나 고정관념과 관계되기도 하지만, 많은 경우 눈치채기 어려운 형태로 미묘하게 나타난다. 따라서 제3장에서 논의한 미묘한 차별이 여성과 관련되어서도 발생하며,

이러한 차별로 인하여 여성은 있는 그대로의 자신을 충만하게 경험하면서 살아가기 어려워진다. 특히 여성에 대한 부당한 처우에는 성적 대상화나 폭력이 밀접하게 관련되므로 이 부분에 대해서 보다 구체적으로 논의해 보고자 한다. 더불어 여성이 보다 자유로워질 수 있도록 대안을 제시하기 위하여 여성주의 정체성 모델과 성평등 상담 이론을 살펴볼 것이다.

2) 대상화 이론

Fredrickson과 Roberts(1997)는 여성의 신체를 성적으로 대상화하는 사회구조 속에서 여성들이 경험하게 되는 정서적·인지적 결과들을 논의하기 위하여 대상화 이론(objectification)을 제안했다. 여성들에 대한 성적 대상화는 여성을 존엄성을 가진 한 개인으로 바라보는 것이 아니라 신체로 취급하여 여성의 신체가 어떻게 사용될 수 있는지에 따라 여성의 가치가 정해지는 현상을 말한다. 성적 대상화는 신체에 대한 응시, 훑어보기 등을 통해 시작된다(Kaschak, 1992). 선행연구에 의하면, 남성에 비해 여성은 공공장소나 대인관계에서뿐 아니라 영화나 광고, TV 프로그램 등에서도 공공연하게 응시를 경험한다(Allen, 1984; Copeland, 1989; Duncan, 1990; Hall, 1984). 예를 들어, 신문이나 미디어에서 남성을 묘사할 때는 머리와 얼굴 부분이 강조되는 반면, 여성이 등장할 때는 신체가 더 강조되어 묘사된다는 것이다(Archer, Iritani, Kimes, & Barrios, 1983).

문제는 이러한 성적 대상화가 여성의 자기개념에 영향을 미친다는 것이다. 여성들은 자신의 신체를 살펴볼 때 은연중에 관찰자의 시선을 내면화하고 관찰자의 시선으로 자신을 평가한다. 또한 여성의 신체적인 매력은 인기나 데이트 및 결혼 가능성과 연관되어 권력으로 변환되기도 한다(Unger, 1979). 그러나 이 경우에 여성은 아름다움 그 자체로 권력을 가지는 것이 아니라 남성 중심적인 사회에서 남성의 취향에 부합하면서 사회적·경제적 권력을 갖게 되는 것이므로, 여성이 권력을 갖고 더 나은 대우를 받기 위해서는 자신의 신체를 습관적으로 검열하고 타인의 통제하에 놓아야 한다.

이러한 성적 대상화 경험으로 인하여 다수의 여성은 수치심이나 불안, 우울 등을 경험할 뿐 아니라(Jack, 1991; Lewis, 1992; Ohman, 1993), 타인의 시선에서 벗어나 자신의 내면을 있는 그대로 경험하고 온전히 자신이 되어 몰입하는 성장 경험으로부터 멀어진다(Fredrickson & Roberts, 1997). 더불어, 여성이 자신의 신체를 대상화하고 타인에게 자신의 신체가 어떻게 보일지 검열하기 시작할 때 여성은 섭식장애에 취약해진다. 여성주의 이론가들은 왜 여성이 유독 섭식장애에 취약한지에 관심을 가지고 연구해 왔다. 여성들은 지속적으로 자신의 신체에 불만족을 경험한 결과, 음식을 절제하고 칼로리를 제한하는 전략을 취하게 된다. 이러한 행동들로 여성의 섭식장애는 심화되지만, 놀랍게도 가족을 포함한 주변 사람들은 이러한 행동전략을 사실상 응원하고 격려하기도 한다(Fredrickson & Roberts, 1997).

물론 대상화 이론이 모든 여성에게 동일하게 적용되는 것은 아니다. 다문화상담의 모든 영역에서 그렇듯이 여성 사이에도 개인차가 있고 사회계층이나 인종, 개인사나 성 정체성 등 다른 축이 존재하므로 그러한 정체성들이 교차하여 개개인에게 상이한 영향을 미칠 것이다. 그러나 성적 대상화가 만연한 사회일수록 여성에게 부정적인 영향을 미칠 가능성이 높다. 이에 이러한 부정적인 영향이 상담관계 안에서는 어떻게 재연되는지, 상담관계 안에서 이러한 어려움을 어떻게 해결할 수 있는지, 또한 상담 밖의 문화에서 어떠한 변화가 이루어져야 하는지에 대해 상담 전문가들의 고민이 필요한 시점이다. 다음의 모니크의 사례를 보며 여성에 대한 대상화가 상담관계에 미치는 영향에 대해 생각해 보자.

사 례

모니크는 26세의 여성으로 어머니는 백인이며, 아버지는 20대에 미국으로 이민 온 아이티계 미국인이다. 모니크는 자신이 복합인종 배경을 가졌다고 생각하지만, 검은 머리카락, 피부색 때문에 흑인으로 인식되는 경우가 많다. 모니크는 165cm의 키에 몸무게는 70kg 정도 된다고 보고하였다. 모니크는 작은 재즈밴드의 백업보컬로서, 밴드는 몇 장의 음반을 발매하고 꾸준히 라이브 무대에도 서는 등 그런대로 성공적으로 활동하고 있다.

모니크가 상담을 찾게 된 주된 이유는 체중의 급격한 변화와 그에 따른 우울한 기분, 야식 섭취의 증가, 낮은 자존감이었다. 모니크는 10대 시절부터 자신의 신체에 대해 부정적으로 느꼈다고 보고했고, 이전 상담에서 체중조절 및 식이조절을 위해 상담자와 함께 여러 가지 노력을 기울였다고 말했다. 모니크는 체중감량이 이루어지면서 기분도 나아지고 자신에 대해서도 긍정적인 상을 가지게 되었지만, 마른 몸이 근본적인 해결책은 아닌 것 같다고 보고했다.

모니크는 자신의 문화적 배경에 대한 혼란스러운 감정을 이야기했다. 모니크는 아버지의 가족이나 흑인 커뮤니티 안에 있을 때는 자신의 신체가 꽤 아름답다고 느끼는 반면, 어머니의 가족이나 주류사회에 해당하는 사람들과 어울릴 때는 자신이 비만이며 매력적이지 않은 것처럼 느낀다고 표현했다. 그녀는 양쪽 어느 곳에서도 온전한 소속감을 느끼지 못했고 자신의 피부색이 편안한 적이 한 번도 없었다. 또한 모니크는 자신의 머리카락이 마음에 들지 않아 부분 가발을 사용해야 하나 고민하기도 하고, 긴 직모를 갖게 되면 자신감이 생기지 않을까 생각하지만, 이러한 행동이 백인의 미적 특성이 더 우월하다는 의견에 동의하는 것처럼 느껴져서 망설여진다고 이야기했다.

한편, 모니크는 애인이 생겼으면 하지만, 자신이 남자를 고르는 눈이 없다며 한탄했다. 또한 밴드에서 자신의 위치가 백업보컬인 것처럼, 인생에서도 자신은 백업인 것처럼 느껴지고 한 번도 무대의 주인공이 된 적은 없는 것 같다고 이야기했다. 모니크는 매력적이고 늘씬한 리드싱어에 가려져서 자신은 무시되는 것처럼 느꼈고, 특히나 모니크가 몇 년 동안 짝사랑했던 밴드 드럼 연주자와 리드싱어가 사귀게 되면서 이러한 감정은 더해졌다. 모니크는 드럼 연주자에게 매력적이고 괜찮은 여자로 보이고자 부단히 노력했지만 그는 그녀를 좋은 친구로 여길 뿐이어서 매우 가까운 친구이기는 하지만 단 한 번도 이성관계가 된 적이 없다.

모니크는 날씬한 백인 여성인 상담자에 대해서 어떠한 감정을 느끼느냐는 질문을 받았을 때 처음에는 자신을 매력적이지 않고 게으른 사람으로 볼까 봐 걱정된다고 대답했지만, 상담자가 계속해서 같은 질문을 하자 리드싱어를 향한 화와 유사한 감정을 상담자에게 느끼기도 한다고 이야기했다. 모니크는 밴드 내의 흑인 연주자가 백인 여성과 교제한다는 것에 실망감을 표현했다.

모니크는 날씬한 몸매에 대한 무의식적인 저항이 과식으로 이어진다는 통찰을 하기도 했는데, 밴드 공연을 마치고 난 늦은 밤에 브라우니나 쿠키 같은 음식을 먹는 경향이 있었고, 이러한 행동에 대해 수치심을 느끼지는 않는다고 이야기했다. 그녀는 음식이 남성에 대한 '대체물'이라고 표현하는 등 먹는 것이 도움이 된다고 말했지만, 상담자는 어떤 점에서는 이것이 그녀를 더욱 고립시키고 우울하게 만드는 것은 아닌지 더 탐색하고자 하였다.

〈생각해 볼 질문〉

1. 모니크의 이전 상담자는 모니크를 폭식장애로 진단하고 체중감량을 상담의 목표로 설정했다. 이러한 진단과 상담 목표에 기저한 가정은 무엇인 것 같은가? 그러한 가정이 상담에 어떠한 영향을 미친 것 같은가?
2. 현재 상담자가 모니크에게 자신의 인종과 외모에 대해서 어떻게 느끼는지 질문한 것에 대해 여러분은 어떻게 생각하는가?
3. 모니크의 주호소에 억압이 어떻게 기여한 것 같은가?
4. 모니크의 과식에 대해 여러분은 어떻게 이해하는가? 여러분이 상담자라면 상담에서 어떻게 다루고 싶은가?
5. 대상화 이론이 모니크의 사례에서는 어떻게 반영되는 것 같은가? 모니크가 자신의 신체에 대한 부정적인 상을 가진 것에 대해서 어떻게 설명할 수 있을까?

출처: Capodilupo (2014).

3) 여성주의 정체성 모델

여성들이 사회구조 속 자신의 경험을 이해하고 자유롭고 주체적으로 살아갈 수 있도록 돕는 것은 여성주의 상담의 핵심이다. 사회문화적인 영향이 여성의 어려움에 미치는 영향을 이해하고 새로운 선택을 하도록 돕는 과정은 순식간에 일어나는 것이 아니라 일련의 시간이 필요하다. 이 과정에서 여성들이 여성으로서의 자신의 정체성을 사회구조와 연결하여 새로운 통찰을 하는 과정은 필수적이다. Downing과 Roush(1985)는 흑인 정체성 발달에 대한 Cross(1971)의 모델에 기반하여 여성주의 정체성 모델을 제안하였다. 여성주의 정체성 모델은 사회구조 속에 녹아 있는 성차별주의에 직면하여 여성들이 경험하게 되는 소극적 수용, 눈뜸, 새겨 둠, 통합, 적극적 참여의 다섯 단계를 제시하므로, 각 단계를 살펴보고 각 단계의 내담자와 상담할 때 고려해야 하는 점을 논의해 보고자 한다.

(1) 소극적 수용 단계

이 단계의 여성들은 전통적인 성 역할을 받아들이고 남성이 여성보다 우월하다고 생각한다. 또한 이 단계의 여성들은 여성에 대한 편견이나 차별을 인식하지 못하거나 부인하며 남성 중심적인 사회체계를 아무런 문제의식 없이 받아들인다.

상담 방향 이 단계에서는 동등한 치료관계를 형성하고 치료에 대한 내담자의 동기를 불러일으키기 위해 내담자가 상담자나 상담 과정에 대해 적극적으로 질문을 할 수 있도록 격려해야 한다(Rawlings & Carter, 1977). 이러한 질문 과정을 통해 내담자는 자신의 상담 목표를 명확하게 정하게 되고 자신의 선택에 대해 책임지게 된다. 여성주의 상담자들은 전문가로서의 역할을 거부하고, 여성들이 공유하는 사회적인 모순들을 내담자에게 알리기 위해 상담자 자신의 경험을 내담자에게 개방하는 전략을 사용하기도 한다(McNamara & Rickard, 1989). 소극적 수용 단계에 있는 여성들은 사회의 가부장적 구조를 받아들이고 그 속에서 이점을 발견하기도 하므로 자신에게 도움이 될 수 있는 전문가를 원하며 여성주의 상담자들의 자기개방에 대해 불편해할 가능성도 있다. 따라서 상담자는 평등한 상담관계를 형성하고자 하는 이유에 대해 내담자에게 명확하게 전달하고, 그에 대한 내담자의 두려움에 반응하며, 평등한 상담관계로부터 내담자가 도움을 받을 수 있다는 상담자의 신념을 강조해야 한다. 그러나 Greenspan(1983)이 강조했듯이, 상담자는 내담자의 현재 단계에 발맞추어 내담자의 현재의 세계관을 유지하는 것이 도움이 되는지, 현재의 세계관을 유지하기 때문에 희생해야 하는 부분은 무엇인지 탐색해 볼 수 있다. 이를 통해 소극적 수용 단계의 내담자는 다음 단계로 이동하게 된다.

(2) 눈뜸의 단계

여성들은 아무리 해도 무시하거나 부인할 수 없는 상황을 경험한 후 혹은 소극적 수용 단계를 거친 후 눈뜸의 단계에 도달한다. 이 단계의 여성이 가장 먼저 경험하는 정서는 분노이지만, 과거 억압적인 사회체계에 동조했다는 것에 죄책감을 경험하기도 한다. 이 단계의 여성은 남성을 전적으로 부정적으로, 여성을 전적으로 긍정적으로 바라보는 이분법적 사고체계를 가지게 된다. 또한 이 단계의 여성들은 여성에 대한 차별적인 대우에 대해 대중의 인식을 높이고자 노력하는 집단에 참여하게 된다.

상담 방향 이 단계에는 상담자가 해결책을 제시해 주기를 바라기보다는 내담자가 경험하는 분노를 상담자가 타당화해 주기를 원하는 형태로 의존성이 나타날 수 있다. 상담자가 이러한 의존성을 적절한 것으로 받아들이고 타당화해야 하며, 내담자의 분노를 도구 삼아 내담자의 무력감, 무기력, 낮은 자아존중감 등을 살펴보고 낮추도록 도와야 한다. 또한 상담자는 내담자가 다른 여성들과 유대감을 형성할 수 있도록 집단 작업에 참여하도록 격려하거나 지역사회의 여성 공동체를 소개해 줄 수도 있다(McNamara & Rickard, 1989).

(3) 새겨 둠의 단계

이 단계의 여성들은 유사한 경험을 한 여성들과 정서적으로 가까워지고 유대감을 형성하며 그들과의 지지적인 관계를 통해 분노를 표출하고 새로운 정체성을 형성하게 된다. 이러한 과정에서 다른 여성과의 경쟁심이나 두려운 감정이 새로운 정체성 획득에 방해가 되기도 한다. 이때 여성들은 자신이 경험하는 경쟁심이나 두려움이 자신이 대상 혹은 생산품으로 간주되었던 경험이나 남성으로부터 거절당할 것에 대한 두려움과 관련되는지 파악해야 한다. 이러한 탐색을 통해 여성에 대한 왜곡된 견해에 변화를 일으키기 위해서는 서로 협력해야 한다는 것을 보다 분명하게 인식하게 된다. 이 단계의 여성은 성차별주의에 민감하게 반응하고 남성은 악하고 여성은 선하다는 이분법적 사고를 하게 되어 모든 사건을 성차별적인 시각에서 바라보게 된다. 따라서 일상생활에서 마주하는 남성들과의 관계가 악화되기 쉽다.

상담 방향 통합 단계로 이어지기 위해서 이 단계에 있는 내담자와 상담할 때, 상담자는 내담자가 남성 중심적인 사회체계에 대항하면서 경험하는 분노와 일상에서 만나는 남성 개인에 대해 느끼는 분노를 구분할 수 있도록 도와야 한다(McNamara & Rickard, 1989). 이러한 과정을 통해 내담자는 일상생활에서 갈등을 경험할 때 책임소재를 정확히 파악할 수 있게 된다.

(4) 통합 단계

통합 단계의 여성들은 긍정적인 여성주의 정체성을 형성하고, 여성에게 일어나는 사건을 바라볼 때 억압적인 측면 외에 다른 요인들도 고려할 수 있게 된다. 이 단계의 여성은 다른 여성주의 운동가와는 구별되는 독자적인 의견을 가지면서도 여전히 여성주의 운동가라는 스스로의 정체성을 유지하게 되어 개인적인 가치관과 여성주의 운동가로서의 가치를 통합할 수 있게 된다.

상담 방향　이 단계의 내담자는 자신이 특정 사건에 대해서 전형적인 여성주의 운동가들과 다른 견해를 가지게 되었을 때 여성주의 운동가 동료들이 자신을 어떻게 볼까 하는 염려에서 완전히 자유롭지 않다. 이러한 갈등은 진정한 의미의 여성주의 정체성을 형성하기 위한 과정으로, 상담자는 혼란과 의구심 등을 타당화하고 통합이 일어날 수 있도록 개별화 과정을 촉진해야 한다. 내담자가 전형적인 형태의 여성주의적 견해에서 나아가 자신만의 신념과 의견을 탐색하도록 상담자가 돕는다면, 내담자는 자신만의 독자적인 여성주의 정체성을 성취하게 된다.

(5) 적극적 참여의 단계

적극적 참여의 단계에 있는 여성들은 자신의 정체성을 효과적으로 실천에 옮기고 사회변화를 이루는 것을 자신의 우선순위로 삼게 된다.

상담 방향　이 단계에 이르면 내담자는 자신만의 개인적·정치적 목적을 선택하고 실행에 옮기게 된다. 각 내담자의 목표 영역은 부부관계나 자녀양육, 진로 선택 등 다양할 것이다.

4) 성평등 상담

성평등 상담은 각 개인이 성별에 관계없이 자신의 고유한 자질을 충분히 발휘할 수

표 5-2 **성에 대한 신념 및 태도를 탐색하기 위한 질문들**

- 진로를 선택할 때 당신의 성별이 어떤 영향을 미쳤습니까?
- 당신의 성이 삶에 미친 영향은 무엇입니까?
- 당신의 성 정체성이 학교나 지역사회에서 당신의 관계에 어떤 식으로 영향을 주었다고 생각합니까?
- 당신의 성으로 인하여 사람들이 당신을 어떻게 인식하는 것 같습니까? 그런 인식에 대해서 어떻게 느낍니까?
- 다른 성의 사람들에 대한 당신의 경험은 이제까지 어떠했습니까?
- 당신의 성 때문에 차별이나 편향을 경험한 적이 있습니까? 그러한 경험이 당신에게 어떤 식으로 영향을 미쳤습니까?
- 당신의 성 정체성이 당신의 주호소와 어떻게 관련된다고 생각합니까?

출처: McAuliffe & Grothaus (2020).

있도록 돕고자 하는 목적을 가진다(Shepard & Harway, 2012). Van Buren(1992)은 성평등 상담 과정의 네 단계, 즉 ① 상담자와 내담자의 가치와 신념에 대한 탐색, ② 내담자의 선택을 제한할 수 있는 상담자와 내담자의 성편향 직면, ③ 성평등을 향한 움직임의 시작, ④ 결과에 대한 평가를 제시했다. 각각에 대해 살펴보자.

(1) 상담자와 내담자의 가치와 신념에 대한 탐색

상담자가 자신의 가치, 태도, 신념, 행동을 인식하고 이러한 측면들이 내담자와의 상담 과정에 부적절한 영향을 미치지 않도록 점검하는 것은 상담자의 윤리적인 책임이다. 이에 더해 상담자는 내담자의 성 정체성과 성에 대한 신념에 대해 탐색해야 한다. 〈표 5-2〉에 제시된 질문들을 사용하여 상담자는 자신과 내담자가 각자의 삶에서 성과 관련하여 어떠한 메시지를 받았는지 확인해 볼 수 있다. 이러한 과정을 통해 내담자는 사회에서 받은 메시지로 인해 형성하게 된 가치관 및 가정, 패턴들이 무엇인지 명확하게 그려 볼 수 있게 된다.

(2) 상담자와 내담자의 성편향 직면

상담자가 가진 성편향에 대해 탐색한 후 상담자는 내담자가 가진 암묵적 혹은 외현적인 편향을 확인하고 그러한 편향들이 내담자의 삶에 어떠한 영향을 미쳤는지 살펴볼 수 있다(Knudson-Martin, 2003). 상담자는 내담자가 짊어졌던 성 역할을 옳고 그름의 관점에서 바라보기보다는 내담자가 삶의 과정에서 취할 수 있었던 모든 역

할과 행동을 탐색하는 데 중점을 둔다.

(3) 성평등을 향한 움직임의 시작

이 단계는 옹호와 관련되는 것으로, 상담자는 상담실 안팎에서 사회에 존재하는 성편향에 맞서고 성평등을 이루기 위해 애써야 한다. 이때 상담자들은 자신이 중립성이나 객관성을 잃고 자신의 가치를 내담자에게 주입하고 있는 것은 아닌지 혼란스러울 수도 있다. 그러나 성은 중립의 영역이 아니다(Notestine & Leeth, 2020). 상담자는 내담자의 어려움이 내적인 요인에 의한 것인지 사회적 압력에 기인한 것인지 판단하고, 사회적인 변화만이 내담자의 어려움을 완화할 수 있다면 사회변화를 위한 노력에 동참해야 한다. 이 과정에서 어떤 내담자들은 적극적으로 실행할 준비가 되어 있지 않을 수 있다. 이때 상담자는 내담자의 머뭇거림을 타당화하고 내담자가 준비되어 가는 과정이 때로 느리게 이루어질 수 있음을 인식해야 한다.

(4) 결과에 대한 평가

내담자가 적극적으로 실천에 옮기기 시작했다면, 상담에서는 내담자의 변화에 대해 평가해야 한다. 내담자가 무엇을 했고, 그 결과에 대해 어떻게 느끼며, 그것이 자신에게 자연스러운 행동이었는지, 내담자 주변의 사람들로부터 충분한 지원을 받았는지, 혹은 어떤 종류의 갈등을 경험하지는 않았는지 질문해 볼 수 있다.

3. 남성과 상담

1) 여성에 대한 폭력과 남성

여성에 대한 폭력은 여성주의 운동의 태동과 밀접한 관련이 있다. UN의 2013년 보고에 따르면, 전 세계 35%의 여성이 신체적 · 성적 폭력을 경험한 적이 있고, 12~16세의 소녀 중 83%는 학교에서 어떤 형태로든 성희롱을 경험한다(Hill & Kearl, 2011). 여성에 대한 성적 대상화와 마찬가지로, 여성에 대한 성적 폭력은 남성의 권력과 지배를 여성에게 행사하는 하나의 표현이며, 여성은 남성의 즐거움을 위해 존재한다거나 남성의 지배를 받아야 한다는 시각을 정확히 반영한 것이다. 이러한 문제의식은 여성에게 가해지는 성적 폭력의 99%가 남성 가해자에 의해 자행된다는 사실로 더욱 공고해진다. Katz(2018)는 여성에게 행해지는 폭력행동 가해자의 대부분이 남성이라는 측면을 강조하며, 그렇기에 여성에 대한 폭력은 여성의 문제가 아니라 남성의 문제라고 주장한다. 이는 단지 여성에게 피해를 입히는 남성을 비난하는 데 그치기 위한 주장이 아니다. Katz의 주장은 남성들이 폭력의 가해자가 되기 쉬운 문화적인 토양이 무엇인지 심도 있게 탐색해 봄으로써 남성에 의한 폭력을 예방할 수 있다는 문제의식을 반영한 것이다. 그렇다면 남성들이 폭력의 주된 가해자라는 것에 대해 사회는 왜 문제의식을 가지지 않는 것일까?

최근 들어 여성이 경험하는 폭력이 점점 수면 위로 떠오르고 있고 이에 대한 대중들의 인식도 높아지고 있다. 또한 여성들이 폭력 사건 후 경험하는 분노, 불안, 우울, 외상 후 스트레스 장애 등에 대해 효과적으로 대처하고자 하는 움직임 또한 활발하게 이루어지고 있다. 그러나 여성에 대한 폭력이 남성의 문제이기도 하다면 남성은 무엇을 해야 하는지에 대한 논의가 필요하다. Johnson(2018)은 남성들은 여성들이 경험하는 폭력을 몇몇 흉악한 남성의 문제일 뿐이라고 침묵하며 문제를 회피하고 있다고 주장한다. 나아가 Katz(2018)는 남성의 참여는 남성이 여성의 이야기를 진심으로 경청하고 궁극적으로 여성에 대한 폭력이 남성의 문제임을 직시할 때 여성을 대상화하고 통제하고자 하는 남성의 문화에 변화가 이루어질 수 있다고 제시한다. 이런 의미에서 여성주의 운동 및 여성주의 상담은 여성만을 위한 것이 아니며, 남성의 성장을 위해 남성들 또한 참여해야 하는 영역이다.

2) 남성에 대한 폭력과 그 후

현재까지 지배적이고 통제적인 남성의 역할에 대한 광범위한 비판이 제기되었고, 많은 논란 속에서 상당수의 남성은 사회구조 속 불평등을 변화시키기 위해 여성들과 협력해 나가고 있다(Connell, 2008). 한편, 성 역할 재정립과 성평등이라는 큰 흐름 이외에도 전통적인 남성의 역할에 따른 남성들의 사회화 과정이 남성에게도 부정적으로 작용한다는 목소리가 2000년대 이후 커지고 있다(Brooks, 2001). 예를 들어, 남성은 강하고 주장적이어야 한다는 성 역할 규정으로 인하여 많은 남성은 도움

추구 행동을 꺼리고, 자신의 어려움을 논의하고 해결해 나가는 상담 과정에 참여하지 않게 되어 결과적으로 남성의 문제는 더욱 악화되기도 한다(Allen & Laird, 1991; O'Neil, 2008; Vogel, Wester, Hammer, & Downing-Matibag, 2014). 이는 남성이 여성에 비해서 자살률, 약물 남용, 폭력 및 위험행동과 관련될 확률이 높다는 점에서 더욱 명확해진다(Brooks, 2001; Courtenay, 1998; O'Neil, 2008; Rochlen & Hoyer, 2005). 따라서 남성과의 상담에서 상담자가 고려해야 하는 점이 무엇인지 살펴보고, 특히 전통적인 남성상에 의해 더욱 치명적인 영향을 받는 남성 성폭력 생존자의 치료방안에 대한 논의가 필요하다.

상담 전문가들은 남성 성폭력 생존자의 경우 남성 사회화 과정의 영향으로 피해 경험이나 이후의 고통 및 외상 증상을 부인하거나 최소화할 가능성이 높고, 결국 적절한 치료 시점을 놓치게 되어 증상이 더욱 악화될 수 있다고 지적하고 있다(Gartner, 1999; Harvey, Orbuch, Chwalisz, & Gerwood, 1991; Lisak, 2005). 또한 성폭력 생존자의 치료에 있어 자기개방은 특히 중요한 요소인 것으로 알려져 있는데, 성폭력 피해를 경험한 남성들은 자기개방에서 취약성을 드러낼 수 있다. Sorsoli, Kia-Keating과 Grossman(2008)이 아동기에 성학대를 경험한 16명의 남성 생존자를 인터뷰한 연구에서, 상당수의 연구 참여자는 누군가에게 자신의 경험을 털어놓는 데에 복합적인 장벽이 존재한다고 보고하였다. 연구자들은 이러한 장벽을 개인 차원과 관계 차원으로 구분하였는데, 개인 차원은 남성 생존자들이 외상 경험을 의식화하는 것 자체가 어렵다는 것을 의미한다. 즉, 어린 시절 성폭력을 경험했던 남성들은 자신의 경험을 의식에서 아예 지워 버리고자 하는 강한 욕구로 인하여 사건에 대한 인식과 부인 사이에서 갈팡거리거나 완전히 망각하는 경우가 상당수인 것으로 드러났다. 관계 차원과 관련하여, 남성 생존자들이 자신의 역사를 다른 누군가와 공유하기를 꺼리게 하는 중요한 정서적 반응은 수치심이다. 특히 가해자가 가까운 사람일 경우 수치심과 추가적인 정서적 안전에 대한 우려로 인하여 남성 생존자들은 자신의 경험을 누군가에게 토로하거나 전문적인 도움을 얻기 쉽지 않다(Holmes, Offen, & Waller, 1997). 또한 남성들은 어릴 적부터 울지 않아야 한다거나 슬픔이나 고통스러운 감정을 인식하지 않아야 한다는 메시지를 줄곧 받기 때문에 불안, 공포, 분노, 우울 등을 경험하거나 누군가에게 토로할 가능성이 낮다. 더욱이 남성이 이러한 경험을 토로한다고 하더라도 주변에서 이에 대해 지지하지 않고, 오히려 비밀로 하라는 말을 듣게 되면서 더욱 고립에 빠지게 된다고 보고되고 있다. Lew(1988)에 따르면, 남성들이 자신의 정서적인 경험을 털어놓을 곳이 거의 없으며, 남성들이 자신의 성학대 경험을 털어놓지 않는 데에는 남성성이 주된 이유가 된다.

3) 남성 생존자에 대한 상담 방향

많은 남성 성폭력 생존자가 자신의 경험을 처음 털어놓았을 때 그러한 개방이 섬세하게 다루어지지 않았거나 정서적인 지지를 얻지 못했기 때문에, 남성 성폭력 생존자는 이후 지속적으로 자기개방의 어려움을 겪게 된다. 이러한 부정적인 초기 개방 경험으로 인하여 남성들은 자신의 외상 경험을 더욱 숨기고 은폐하게 되며 털어놓을 동기를 찾지 못할 수 있다. 다행히 남성이 자신의 피해 경험을 논의하기 위해서 혹은 여타 다른 이유로 상담을 찾아오게 된다고 하더라도 내담자가 자신의 역사를 충분히 개방하지 않을 가능성이 높다. 이때 상담자는 내담자의 은폐나 저항, 낮은 동기에 초점을 맞추기보다는 외상 경험의 여파에 관심을 가지고 탐색하며 내담자가 준비될 때 개방할 수 있도록 도와야 한다(Sorsoli et al., 2008). 또한 상담 장면에서 내담자가 자신의 성 피해 경험을 처음으로 개방할 때, 그 개방이 얼마나 어려운 것이었는지 충분히 인식하고 공감하며 내담자의 정서조절을 관찰하는 것이 도움이 될 수 있다.

남성 생존자와의 상담 시 상담자의 성별은 중요하게 고려되어야 한다. 남성 성폭력 생존자들은 가해자의 성별에 관계없이 여성 상담자에게 정서적인 개방을 더 수월하게 한다는 연구결과들이 있지만, 가해자와 다른 성 정체성을 가진 상담자에게 배정되는 것이 더 안전할 수 있다(Sorsoli et al., 2008).

한편, 성폭력 생존자가 아니더라도 남성과의 상담은 도전적인 작업일 수 있다. Good, Thomson과 Brathwaite(2005)는 남성과 상담할 때 상담자가 인식해야 할 세 가지 영역에 대해 제안한 바 있다. 첫 번째 영역은 상담자가 가진 남성에 대한 가정, 가치관, 편향에 대한 이해이다. 상담자가 남성에 대해 부정적인 고정관념을 가지고 있다면 남성 내담자를 공감하고 치료관계를 형성하는 것 자체가 어려워진다. 반대로, 상담자가 남성에 대한 전통적인 가정을 가지고 있다면 남성 내담자가 성폭력을 경험할 수 있다는 가능성 자체를 간과할 수도 있다. 이러한 경우 남성 내담자가 기존에 가지고 있는 개방의 어려움으로 인하여 치료 장면에서 성폭력에 대한 논의는 더욱 어려워질 수 있으므로 주의해야 한다. 둘째, 상담자는 남성 내담자의 세계관을 이해해야 한다. 특히 내담자가 유색인종 남성일 경우 도움 요청에 대해 낙인이나 차별을 받은 경험이 있을 수 있으며, 이로 인해 상담자 또한 자신에 대해 편견을 가질 것이라고 불신할 수 있다. 또한 남성의 경우 사회적 · 경제적 맥락이 상호작용에 중요한 영향을 미치므로 남성의 사회적 · 경제적 맥락에 대해 탐색하고 교차성의 관점에서 남성의 세계관을 이해해야 한다. 〈표 5-3〉에 제시된 질문이 남성의 세계관을 탐색하는 데 도움이 될 수도 있다. 셋째, 남성에게 조율된 상담개입을 사용해야 한다. 남성들은 상담을 시작할 때 상당한 불편감, 양가감정, 수치심 등을 경험할 수 있으므로, 상담 초반에 이러한 양가감정에 공감하고 이러한 감정을 풀어낼 수 있도록 초점을 맞추는 개입이 도움이 될 수 있다(Brooks, 1998).

표 5-3　남성과의 상담에서 사용할 수 있는 질문들
• 성장할 때 어떤 남성을 우러러보며 저렇게 되고 싶다고 생각했습니까?
• 남성은 어떤 행동, 생각, 감정을 가져야 된다고 들었습니까?
• 성장하면서 남성은 어떠해야 한다고 들었습니까? 그러한 특성을 현재까지 얼마나 유지하고 있습니까?
• TV나 미디어, 영화, 광고 등에서 남성의 특성에 대해 어떤 메시지를 듣습니까?
• 가족 안에서 당신은 어떠한 역할을 하고 있습니까?
• 당신에게 특별히 더 중요한 남성의 역할은 무엇입니까?
• '남성은 ~해야 한다.'라고 들었던 메시지 중에서 당신이 동의하지 않는 것은 무엇입니까?
• 남성에 대한 메시지 중 당신에게 부정적인 영향을 미친 메시지는 무엇입니까?
• 남성에 대한 메시지에 맞추어서 살게 되는 득과 실은 무엇입니까?
• 남성이라는 것이 좋습니까, 아니면 싫습니까?
• 오늘날 남성들이 직면한 문제는 무엇이라고 생각합니까?
• 남성이기 때문에 직업이나 전공을 선택할 때 제약이 있었던 경험이 있습니까?
• 남성들은 감정에 대해 잘 이해하지 못하기 때문에 당신의 경험을 설명할 길이 없다고 느낀 적이 있습니까?
• 남성의 역할에 대해 변화를 경험한 적이 있습니까? 그러한 변화는 당신의 대인관계에 어떠한 영향을 미쳤습니까?

출처: Day (2008).

제6장
성적 지향과 젠더비순응

여러분이 내일 아침 일어났을 때 문득 지금과는 다른 성적 지향으로 바뀌었다고 상상해 보자. 현재 여러분이 자신을 이성애자라고 생각한다면, 내일 아침 레즈비언이나 게이, 양성애자가 되었다고 상상해 볼 수 있다. 반대로 여러분이 게이, 레즈비언, 혹은 양성애자라면, 내일 아침 이성애자가 되었다고 상상해 보자. 무엇이 달라질 것 같은가? 여러분이 자신을 표현하는 방식, 여러분의 연인을 소개하는 방식, 커플링이나 결혼반지를 꼈을 때의 느낌, 자기 자신을 대하는 방식 및 타인이 여러분을 대하는 방식에 어떤 변화가 있을 것 같은가?

이러한 활동의 목적은 나와 성적 지향이 다른 사람의 입장을 조금 더 헤아려 보는 것이다. 특히 이성애자의 경우, 자신이 당연하게 생각했던 일들이 동성애자에게는 얼마나 다를 수 있는지 깨닫는 계기가 될 것이다. 물론 전문적인 상담자로서 동성애자를 상담하는 과정은 단지 내담자를 헤아리는 따뜻한 마음을 넘어선 것으로, 보다 전문적인 지식과 기술이 필요하다. 이 장에서는 상담자들이 동성애자와 상담할 때 어떠한 지식과 기술을 가져야 하는지 살펴볼 것이다.

활동 6-1 이성애자 특권에 대한 점검

앞의 상상에서 살펴보았듯이 자신의 성적 지향을 표현하는 방식에 있어 이성애자들과 동성애자들은 차이가 있으며, 이는 이성애자들이 가지는 특권으로 연결된다. 다음에 Carbado(2018)가 제시한 이성애자들이 가지는 특권들을 나열해 보았다. 여러분이 스스로를 이성애자로 정의한다면, 각각의 문항이 얼마나 자신에게 해당하는지 혹은 각각의 문항에 얼마나 동의하는지 살펴보도록 하자.

1. 텔레비전이나 영화에서 이성애자는 항상 건강하고 정상적인 것으로 묘사된다.
2. 이성애자는 특별한 노력 없이도 일상생활에서 다른 이성애자와 어울리게 된다.
3. 남편과 아내는 대부분의 사회 상황에서 편안하게 자신의 애정을 표현할 수 있다.
4. 이성애자 커플의 자녀들은 자신의 부모의 성별이 다른 이유에 대해 설명할 필요가 없다.
5. 이성애자는 AIDS 바이러스의 생산자 혹은 전파자로 비난받지 않는다.
6. 이성애자는 타인이 자신의 성적 지향을 치료하려고 하지 않을까 걱정할 필요가 없다.
7. 자신의 환자가 이성애자라는 것을 발견했을 때 주치의가 환자에게 AIDS 검사를 받아 본 적 있는지 질문하는 일은 거의 없다.
8. 이성애자의 친구는 자신의 친구가 '이성애자'라고 굳이 지칭하지 않는다.
9. 이성애자 커플은 기념일에 레스토랑에 가서 오늘이 우리 커플의 기념일이라는 것을 알렸을 때 주위의 모든 사람이 따뜻하게 축하해 줄 것이라고 확신한다.
10. 이성애자는 영화에서 이성애자가 악당으로 등장할 때, 이러한 역할로 인해 이성애자에 대해 부정적인 인상이 심어지지 않을까 걱정하지 않는다.
11. 이성애자는 세계 전 지역에서 결혼을 할 수 있는 법적 권리를 가진다.
12. 이성애자는 취직 및 이직 시 자신의 배우자가 세제 혜택에서 제외되지 않을까 걱정하지 않는다.
13. 이성애자가 아동학대의 가해자일 때 이런 사실이 이성애자 전체 집단의 결함으로 간주되지 않는다.
14. 이성애자는 군에 입대할 때 자신의 성적 지향이나 성 정체성에 대해 숨겨야 할 필요가 없다.
15. 아동은 이성애가 자연스러운 것이라고 암묵적·외현적으로 학교에서 배운다.
16. 이성애자는 아동을 입양할 때 이기적이라고 비난받거나 동기를 의심받지 않는다.
17. 이성애자는 자신의 성적 지향 때문에 자녀에 대한 양육권이나 방문권이 거부되지 않는다.
18. 이성애자는 있는 그대로의 모습으로 부모님과 가족을 만날 수 있고, 이는 배우자나 파트너, 데이트하고 있는 사람의 부모님이나 친척을 만날 때에도 마찬가지이다.
19. 이성애자 커플은 교회의 일원으로 환영받는다.
20. 이성애자는 강제로 아웃팅당할 것을 걱정하거나 어떻게 자신의 성적 지향을 커밍아웃할지에 대해 고민하지 않는다.
21. 이성애자의 부모는 자녀의 성적 지향으로 인한 내적 갈등을 경험하지 않는다. 즉, 자녀의 이성애 성적 지향에도 불구하고 자녀를 사랑한다고 말하는 것이 아니라 단순히 자녀를 사랑한다고 말한다.
22. 이성애자의 부모는 자녀의 성적 지향에 대해 스스로를 비난하지 않는다.
23. 이성애자는 대부분의 종교에서 인정받는다.
24. 이성애자는 동료들에게 배우자를 소개하면서 자신의 커리어에 치명적인 영향이 있지 않을까 걱정하지 않는다.

25. 이성애자는 직장에서 배우자의 사진을 두면서 누군가로부터 적대감을 불러일으킬 것을 걱정하지 않는다.
26. 이성애자는 자신이 이성애자를 긍정적인 방식으로 대표하고 있는지를 생각하지 않는다.
27. 이성애자가 자신의 성적 지향을 표현했을 때 상대방이 안쓰러운 표정을 하거나 "그래도 괜찮아요."라고 반응하는 경우는 거의 없다.
28. 이성애자의 성적 지향은 개인적 정체성 중 하나로 여겨지며, 이성애 정체성이 생활양식 전체를 좌우할 것이라는 오해를 받지 않는다.
29. 이성애자에게는 매일매일이 '이성애자 자긍심의 날'이다.

출처: Carbado (2018).

1. LGBTQ

LGB는 레즈비언(Lesbian), 게이(Gay), 양성애자(Bisexual)를 줄여서 사용하는 말이다. 자신과 같은 성별의 사람에게 매력을 느끼는 사람을 지칭할 때 레즈비언과 게이라고 표현하며, 남성과 여성 모두에게 매력을 느끼는 사람들을 양성애자라고 표현한다. LGB는 LGBTQQI로 확장되어 표현되기도 하는데, 이는 레즈비언, 게이, 양성애자 외에 트랜스젠더(Transgender), 퀴어(Queer), 자신의 정체성에 갈등을 경험하고 있는 사람들을 의미하는 퀘스처닝(Questioning), 간성(Intersex) 등을 나타낸다(Szymanski & Carretta, 2020). 퀴어는 LGBT를 통칭하는 단어, 즉 소수자적인 성적 지향을 가진 사람들, 소수자적 성 정체성을 가진 사람들, 혹은 두 정체성 모두를 가진 사람들을 통칭하는 용어이다. 트랜스젠더나 간성, 퀴어는 LGB와 한꺼번에 엮어서 논의하기도 하지만, LGB는 성적인 매력을 누구에게 느끼는가를 의미하는 성적 지향과 관련된 용어인 반면, 성 정체성은 자신을 여성이나 남성 중 누구에게 동일시하느냐에 대한 문제이므로 실질적으로 구별되는 것이다. 따라서 이 장에서는 LGB와 트랜스젠더 및 젠더비순응(gender noncomformity)을 구분하여 살펴볼 것이다.

2. LGB와 정신건강

1) LGB에 대한 태도와 이성애중심주의

대부분의 사회에서 이성애자는 자연스럽고 정상적인 것으로 간주되는 반면, 상당히 최근까지 동성애는 비정상적이고 병리적인 것으로 취급되어 왔다. 예를 들면, 미국정신의학협회에서 발행되어 전 세계적으로 사용되는 정신진단체계인『정신질환의 진단 및 통계 편람(Diagnostic and Statistical Manual of Mental Disorders: DSM)』의 경우 2판까지는 LGB를 비정상적인 것으로 간주하였고, 3판부터 정신질환에서 동성애가 제외되었다. 또한 이 외의 역사적인 흐름을 살펴보면, 동성애자들은 화형에 처해지거나 투옥되었고, 나치 시대에는 동성애자들이 자신들의 성적 지향 때문에 강제수용소에서 가혹한 처우를 받는 등(Choudhuri, Santiago-Rivera, & Garrett, 2012/2015), 동성애자들에 대한 박해와 고립은 역사적으로 지속되었다. 비록 2003년 미국 매사추세츠주에서 동성결혼이 처음으로 합법화된 이후 동성결혼의 합법화가 다양한 지역에서 이루어지고 있지만, 동성애자들에 대한 차별적인 대우는 노골적으로 혹은 암묵적으로 현재까지 지속되고 있다.

한편, 이성애자만이 정상이므로 모든 사람이 이성애자가 되어야 한다고 여기면서 이성애자에게 특권을 부여하고 동성애자들의 욕구와 관심, 문화, 삶의 방식은 배제하도록 구조화된 제도적 측면을 이성애중심주의(heterosexism)라 한다(Catalano, Blumenfeld, & Hackman, 2018). 유사한 개념으로 동성애자에 대한 공포나 혐오 감정으로 정의되는 동성애 공포증(homophobia)이 있다. 동성애 공포증으로 인하여 동성애자에 대한 두려움 및 혐오감이 편견, 차별, 폭력 행위에 반영되기도 하며, 이와 유사한 개념으로 여성을 사랑하는 여성에 대한 공포와 혐오로부터 나오는 차별 및 폭력 행위를 의미하는 레즈비언 공포증, 양성애자에 대한 두려움과 혐오감으로 정의되는 양성애 공포증 등이 있다(Blumenfeld, 2013). 현재는 동성애 공포증이라는 단어보다는 이성애중심주의를 보다 선호하는 추세인데, 심리학에서 공포증(phobia)은 비합리적인, 잘 설명되지 않는 두려움을 의미하는 것이기 때문이다. 즉, 알 수 없는 이유로 광장이나 곤충 등을 두려워할 때 공포증이라는 용어를 사용하는데, 편견의 형태로 나타나는 공포 및 두려움은 사회나 문화 안에서 개인 간에 전파되고 학

활동 6-2　LGB에 대한 나의 태도는?

여러분이 LGB에 대해 어떠한 태도를 가지고 있는지 다음 문항들에 응답하면서 살펴보도록 하자.

1=전혀 동의하지 않는다 / 2=동의하지 않는다 / 3=보통이다 / 4=동의한다 / 5=매우 동의한다

1. 나는 동성애는 죄악이고 비도덕적인 것이라고 생각한다.
2. 내 아이가 레즈비언, 게이, 양성애자라고 이야기한다면 실망감을 느낄 것이다.
3. 두 남성이 키스하는 것을 볼 때, 남녀가 키스하는 것을 본 것과 별로 다르지 않게 느낄 것이다.
4. 아이들은 동성애가 정상적이며 건강한 삶의 방식이라고 배워야 한다.
5. 동성인 사람이 나에게 데이트 신청을 한다면 우쭐해질 것이다.
6. 룸메이트가 동성애자나 양성애자인 것에 편안할 것이다.
7. LGB 집단이 다른 사람들과 같은 대우를 받고 싶다면 자신의 성적 지향에 대해 너무 중요성을 부여하지 않아야 한다.
8. 양성애자인 남성이나 여성은 신뢰하기 어렵다.
9. 게이축제나 커밍아웃데이 같은 기념일은 정신없는 짓이다.
10. 양성애자인 남성이나 여성은 사실 자신의 게이/레즈비언 정체성을 숨기고 드러내지 않은 것이다.
11. 나의 가까운 친구 다섯 중 한 명은 LGB이다.
12. 이제까지 나에게 커밍아웃한 사람은 아무도 없다.
13. 나는 LGB 집단을 환영하고 인정하는 종교집단이 익숙하다.
14. 많은 양성애자가 경험하는 이중차별에 대해 알고 있다.
15. 나는 게이바나 게이축제 같은 LGB 관련 행사에 참여해 본 적이 있다.
16. 나는 LGB 집단이 커밍아웃할 때 직면하게 되는 어려움을 이해한다.
17. 나는 자녀가 LGB라는 것을 알았을 때 부모들이 보이는 다양한 반응에 대한 지식이 있다.
18. 나는 LGB 집단이 우리 지역에서 이용할 수 있는 자원들(예: 서점, 위기전화, 지지집단, 바 등)에 대해 익숙하다.
19. 나는 LGB 집단에게 스톤월(Stonewall) 항쟁이 가지는 중요성을 이해한다.
20. 나는 레즈비언이나 유색인종인 양성애 여성에게 영향을 미치는 삼중의 위협조건에 대해 알고 있다.

채점
- 1, 2, 7, 8, 9, 10, 12번 문항에 대해서는 역채점(1→5, 2→4, 3=3, 4→2, 5→1)한 후 점수를 더하여 총점을 합산함
- 1~10번 문항은 LGB 집단에 대한 태도, 11~20번 문항은 LGB 집단에 대한 지식을 의미함
- 20~100점의 점수 범위이며, 점수가 높을수록 LGB 집단에 대해 긍정적인 태도 및 더 많은 지식을 가지고 있는 것을 의미함. 반대로 낮은 점수는 LGB 집단과 공동체에 대한 부정적인 태도와 제한된 지식 및 경험을 의미함

여러분의 점수는 몇 점인가? 자신의 점수가 가진 의미에 대해 생각해 보고 동료들과 논의해 보자.

출처: Szymanski & Carretta (2020).

습되는 것이므로 공포증은 적절한 표현이 아니라는 것이다(Catalano, Blumenfeld, & Hackman, 2018).

이성애중심주의는 노골적인 차별이나 거부, 학대, 폭력 등의 모습으로 나타나기도 한다. 연구에 따르면, 미국 대학생의 43%는 게이 남성에 대해 모욕적인 말을 한 적이 있고, 43%는 게이에 대해 비하적인 농담을 한 적이 있으며, 32%는 게이 남성에게 부정적인 언급을 했고, 11%는 멀리 떨어지라고 이야기한 적이 있다고 보고하였다(Jewell & Morrison, 2010). 또한 LGB 집단 중 12%는 승진이나 취업, 정년직 보장 등에서 거부당한 경험이 있으며, 59%는 낯선 사람에게 부적절한 취급을 받았다고 보고하였다(Szymanski, 2009). 미국에서는 전 지역에 걸쳐 LGB에 대한 혐오범죄가 끊이지 않고 있어 LGB 인구의 25%는 혐오범죄 피해 경험이 있는 것으로 나타났으나(Herek, 2009), LGB 집단을 보호하기 위한 제도적인 움직임은 거의 없다는 문제제기가 지속적으로 이루어지고 있다(Szymanski & Carretta, 2020).

한편, 이성애중심주의는 미묘하고 수동적인 형태로 나타나기도 한다. 미묘한 이성애중심주의는 파트너가 있는 여성에게 남편은 어떤 사람이냐고 묻는 것, 즉 LGB 파트너의 가능성을 배제하고 당연히 파트너가 이성일 것이라고 가정하는 모습으로 나타날 수 있고, 외모에 신경 쓰지 않는 여성은 레즈비언일 거라고 가정하는 형태로 나타나기도 한다(Sue & Sue, 2008/2011). 이 외에도 〈표 6-1〉에 LGB 집단에 가해지는 다양한 미묘한 차별의 예가 제시되어 있다. 이러한 미묘한 이성애중심주의는 의도가 없었다고 하더라도 무의식적이고 뿌리 깊은 고정관념과 편견을 반영하는 것으로, 차별의 당사자에게는 상처가 된다. 또한 표면적으로 보기에는 중성적이거나 오히려 칭찬으로도 들리지만 이면에는 LGB 집단이 열등하고 비정상적이며 자연스럽지 않다는 메시지가 숨겨진 경우도 많다. 이러한 메시지는 받는 사람에게 좌절감이나 무력감, 고통을 안겨 주어 정신건강에 부정적 영향을 미치게 된다(Sue & Sue, 2008/2011).

이성애중심주의는 다른 형태의 억압과 마찬가지로 내면화되어 LGB 개인이 자신에 대해 부정적인 태도, 신념, 감정을 형성하도록 한다. 이러한 내면화된 이성애중심주의로 인하여 LGB 개인은 LGB로 산다는 것에 수치심을 느끼며, 자신의 정체성을 비정상적인 것으로 여기게 된다. 특히나 자신의 성적 지향에 대해 부모의 지지가 부족하거나 전통적인 종교적 신념을 가지고 있을 경우 내면화된 이성애중심주의의 부

표 6-1	일상생활에서 발생할 수 있는 LGB에 대한 미묘한 차별의 예	
주제	**예시**	**메시지**
이성애주의를 강조하며 LGB 집단이 이성애자처럼 행동하도록 기대함	가족 구성원이 LGB인 사람에게 "공공장소에서는 게이처럼 행동하지 마라."라고 언급함	게이처럼 행동하는 것은 바람직하지 않으므로 있는 그대로의 모습으로 존재해서는 안 된다.
	교수가 학생에게 양성애는 존재하지 않는다고 말함	양성애 경험은 타당한 것이 아니다.
LGB에 대한 가정	누군가 "게이들이 어떤지 알잖아."라고 말함	LGB는 개인이 아니다.
	한 지인이 게이 남성에게 인테리어 디자인을 좋아하냐고 질문함	게이들은 모두 같다.
	성에 대한 토론에서 한 레즈비언 학생에게 LGB 집단을 대표해서 의견을 말해 보라고 함	너는 개인이 아니다.
LGB에 대한 대상화	한 이성애자 남성이 레즈비언 커플에게 같이 성관계해 보고 싶다고 말함	레즈비언은 성적 대상이다.
	누군가 한 개인을 '게이친구'라고 지칭함	너의 목적은 하나이다.
LGB의 경험에 대한 불편함	자신의 룸메이트가 게이/레즈비언임을 알게 되었을 때 한 학생이 이사 가기로 결정함	너는 비도덕적이고 전염성 높은 존재이다.
	종교집단에서 "게이들은 지옥에 갈 것이다."라는 팻말을 만듦	너는 악의 축이므로 나는 도덕이 무엇인지 너에게 말할 권리가 있다.
이성애중심주의 존재에 대한 부인	"LGB 집단은 사람들이 동성애 공포증을 가지고 자신들을 대한다고 주장하며 과도하게 해석하며 경계하는 경향이 있다."라고 말함	너는 불평이 너무 많아.
비정상성에 대한 가정	LGB 개인이 한 파트너와 오랫동안 관계를 맺어 왔다는 것을 들었을 때 놀람	LGB는 성적으로 문란하며 문제가 있을 것이다.
	부모가 자신의 자녀를 LGB 집단으로부터 떨어뜨려 놓으려고 함	LGB는 아이들을 해할 것이다.
개인적 수준에서 이성애중심주의에 대한 부인	누군가 "나는 동성애 공포증이 없어요. 나는 게이 친구들이 있어요."라고 말함	나는 이성애중심적이지 않다.
자신의 편견에 대한 부인	"유색인종인 나에게 동성애 공포증 있는 것 아니냐고 말하다니 상당히 불쾌하네요."라고 누군가가 말함	다른 측면에서 억압받는 집단에 속해 있기 때문에 나는 편견을 가지고 있지 않다.

출처: Nadal, Rivera, & Corpus (2010).

정적인 영향이 더욱 악화될 수 있다(Sheets & Mohr, 2009). 내면된 이성애중심주의
는 어린 시절부터 작용하기 시작해서 인생 전반에서 심리적 · 대인관계적 어려움으
로 이어진다(Szymanski, Kashubeck-West, & Meyer, 2008).

2) 양성애자에 대한 차별

양성애자들은 게이나 레즈비언들과 유사하게 외부적 · 내부적으로 어려움을 경험
하지만, 그 경험의 양상이 게이, 레즈비언과 다소 상이할 수 있으므로 그 차이점에
주목할 필요가 있다. 양성애차별주의(bisexism)는 양성애자가 이성애자나 게이, 레즈
비언 중 어디에도 소속되지 않는 상태에 대한 혐오 및 양성애자를 향한 관용적이지
않은, 부정적인 태도를 지칭하는 말이다(Brewster & Moradi, 2010). 양성애자들은 불
안정하고 성적으로 무책임하며 문란해서 장기간의 헌신이 필요한 관계를 이어 가지
못한다는 오해를 받아, 이성애자로 이루어진 공동체뿐 아니라 게이/레즈비언 공동
체에서도 거부되곤 한다. 따라서 양성애자들은 소속감을 경험하지 못하고 고립되어
어디에도 수용되지 못하는 이중의 차별을 경험하게 된다(Friedman et al., 2014).

양성애차별주의로 인하여 양성애자들은 부정적인 메시지를 내면화하고 자신
의 정체성에 대한 혼란 및 수치심, 자기혐오, 자기의심 등을 경험한다(Brewster &
Moradi, 2010). 이 결과, 양성애자들은 자신을 있는 그대로 받아들이기 힘들어하며,
남성과 여성 모두에게 성적인 매력을 느낄 때 자신의 마음을 통제하려 하고, 의미 있
고 친밀한 관계를 형성할 수 있을지 회의감을 느끼게 되어 고립과 수치심, 혼란의 감
정은 더욱 악화되고 심리적 증상, 우울, 알코올 남용, 불안, 자살사고 등으로 이어지
게 된다(Brewster & Moradi, 2010; Szymanski & Carretta, 2020).

3) 성적 정체성 발달 모델

앞서 언급한 것처럼 성소수자들은 사회에서 노골적인 차별의 대상이 되기도 하
고, 미묘하게 상처가 되는 메시지를 지속적으로 받으면서 심리적인 어려움을 경험
하게 된다. 상담자가 성소수자의 심리적인 어려움을 탐색하고 치유하는 과정에서
성소수자들이 경험하게 되는 차별 경험에 대한 탐색은 중요한 요소이지만, 한편으

로는 성소수자가 어떠한 과정을 통해 자신의 정체성을 형성하게 되었는지 정체성의 발달 과정을 탐색하는 것 또한 중요한 의미를 가진다. LGB 정체성 발달 과정에 대해서는 Vivian Cass가 1979년에 게이 정체성 모델을 처음으로 소개한 이후 다양한 학자가 양성애자 정체성 모델 및 커밍아웃 과정의 4단계 등을 제안하였다(Brown, 2002; Sophie, 1982; Weinberg, Williams, & Pryor, 1994). Szymanski와 Carretta(2020)는 이러한 모델들을 통합하여 LGB 정체성 발달 과정을 4단계로 정리하였는데, 이를 살펴보도록 하자.

(1) 차이를 인식하기

LGB는 자신이 다른 사람들과 다르다는 것을 인식하면서 자신이 LGB인지 의문을 품고 혼란을 경험하게 된다.

(2) 스스로에게 커밍아웃하기

이 시기에는 자신의 LGB 정체성을 인식하고 스스로의 성적 지향을 수용하여 내면화된 이성애중심주의 및 양성애차별주의가 조금씩 감소하기 시작한다. 성소수자는 일반적으로 12~17세에 자신의 성적 지향을 인식하는 것으로 알려져 있다(Calzo, Masyn, Austin, Jun, & Corliss, 2016). 이 과정에서 양성애자 또한 자신이 정체성을 발견하며 높은 수준의 혼란을 경험한다(Balsam & Mohr, 2007). 자신의 성적 지향에 대해 의문을 가지고 혼란을 경험하는 이러한 과정이 어떤 사람에게는 이후에도 삶에서 반복되어, 이 단계가 이후에 재현될 수 있다.

첫 번째 단계나 두 번째 단계의 내담자와 상담할 때 상담자는 내담자의 혼란스럽고 두려운 감정에 공감하고, 지지와 수용을 표현해야 한다. 이 시기의 중요한 상담목표는 내담자가 경험하는 동성 혹은 동성과 이성 모두에 대한 감정을 수용하는 것이므로, 상담자는 내담자가 LGB 집단에 가지고 있을 부정적인 고정관념이나 역기능적인 신념 등을 확인, 탐색, 도전해야 한다.

(3) 타인에게 커밍아웃하기

이 단계에서 동성애자들은 자신의 성적 지향에 대해 타인에게 개방하기 시작한다. 이러한 자기개방은 내면화된 이성애중심주의의 정도나 주변 사람들과 맺고 있는 관계의 질, 사회문화적·환경적 맥락 등에 따라 상이할 수 있다(Mohr & Fassinger, 2000; Szymanski et al., 2008). 이를테면 한국인 게이 남성은 자신의 성적 지향을 명확히 인식하지만 자신이 소속한 사회에서 사회적 위치를 유지하고 거부와 조롱을 피하기 위해 자신의 성적 지향을 개방하지 않기로 결심할 수 있다. LGB 개인이 처음 자신의 성적 지향을 개방하는 대상은 주로 LGB인 것으로 알려져 있다. 이러한 과정을 통해 LGB가 자신의 성적 지향에 대해 가지는 수치심이나 고립감이 감소하고, 사회적 지지체계가 굳건해지며, LGB 문화에 더 강력하게 스며들게 된다. 양성애자가 자신의 정체성을 알리는 과정은 보다 복잡해서, 남성과 데이트하는 남성은 게이인 것으로 흔히 인식되므로 양성애자인 남성은 그러한 오해를 바로잡고 자신의 성적 지향을 보다 분명하게 개방해야 하는 추가적인 부담을 안게 된다. 또한 양성애자 집단은 이성애자 집단과 동성애자 집단 모두에게 자신의 정체성을 반복적으로 설명해야 하는 경우가 대다수로, 이 과정에서 높은 수준의 스트레스, 불안, 소진을 경험하게 되고 결과적으로 커밍아웃할 가능성이 낮아진다(Szymanski & Carretta, 2020).

내담자가 이 시기를 경험하고 있다면 상담자는 내담자가 타인에게 자신의 성적 지향에 대해 개방하고자 할 때 그 동기에 대해 탐색해 볼 수 있다. 또한 내담자가 커밍아웃했을 때 감당해야 하는 위험요소가 무엇이며, 혜택으로 돌아올 수 있는 점은 무엇일지 각각에 대해 구체적으로 탐색해서 내담자에게 가장 바람직한 방향을 선택할 수 있도록 도와야 한다. 상담자는 내담자가 가장 안전한 대상에게 먼저 커밍아웃한 후 조금씩 위험을 감수할 수 있도록 돕거나, 커밍아웃할 수 있는 적절한 장소와 시간을 구체적으로 시연해 보도록 도울 수 있다.

한편, LGB 집단의 커밍아웃 과정에서 중요한 대상 중 하나는 가족이다. LGB의 커밍아웃에 대해 가족들은 충격, 거절, 부인, 분노, 우울, 죄책감, 슬픔 등 다양한 반응을 보일 수 있다(Szymanski & Carretta, 2020). 또 어떤 경우에는 자신의 자녀 및 형제자매가 경험하게 될 차별이나 범죄의 가능성에 두려워하기도 하고, 더 일찍 이야기하지 않은 데 대해 상처받기도 하며, 행복이나 수용의 반응을 보이는 경우도 있다. 초기의 반응이 무엇이든지 간에, 가족들이 궁극적으로 LGB 정체성을 수용하고 인정하는 것이 중요하다. 가족들이 LGB에 대한 접촉 부족으로 이해하기 어려워하는 경우 지식을 쌓으면서 LGB 문화를 이해하기 위한 노력이 필요하고, LGB 가족이 있는 다른 가족과의 지지체계를 다지며 LGB에 대해 수용하도록 노력해야 한다. 이러한 수용과 이해가 이루어졌을 때 LGB 개인이 경험할 수 있는 심리적인 어려움은 한층 감소하게 된다. EBS에서 2019년에 방영한 〈다큐프라임-부모와 다른 아이들 제1부: 나는 내 자식이 자랑스럽습니다〉는 LGB의 가족이 LGB 개인의 성장과 정신건강을 위하여 어떻게 지지자의 역할을 할 수 있는지 그 방향을 제시하고 있다. 부모의 지지와 격려가 LGB 자녀에게 어떠한 영향을 미칠 수 있는지, 어떠한 보호작용을 하는지 이해하는 데 도움이 될 것이다.

(4) 정체성 통합

이 단계에서는 자신의 LGB 정체성에 대해 자부심을 경험하고 자신의 성적 지향을 자신의 정체성의 일부로 통합하게 된다. 이전 단계를 통한 성장 경험으로 내담자는 이성애중심주의와 양성애차별주의에 직면할 수 있게 된다.

3. LGB와의 상담

1) LGB에 대한 상담자의 태도

내담자에 대한 존중은 상담자 훈련의 기본이므로, 상담자가 LGB 내담자와의 상담에서 차별적이고 부정적인 태도를 보일 가능성은 상당히 낮다. 그러나 긍정적인 상담관계를 형성하려는 상담자의 노력에도 불구하고 상담자가 LGB 집단에 대해 무지하고 무신경한 태도로 임하여 무심코 미묘하게 차별적인 발언을 한다면 더 큰 상처가 될 수 있다. 따라서 상담자는 LGB 집단에 대한 자신의 인식 및 태도를 면밀하게 검토하고 관련된 지식 및 기술을 쌓을 수 있도록 노력해야 한다. 선행연구를 살펴보면, 내담자가 상담자로부터 이성애중심적인 행동이나 태도를 발견하게 되었을 때 한 회기 이후 바로 종결하게 될 가능성이 높아지는 것으로 나타났다(Liddle, 1996). 반면, 내담자가 상담자의 LGB 민감성이 높다고 느끼고, 특히 이성애중심주의를 반영한 용어를 사용하지 않는 경우 상담자와 지속적으로 상담을 이어 갈 가능성이 높은 것으로 나타났다(Dorland & Fischer, 2001). 따라서 상담자가 자신이 LGB에 대해 가지는 편향, 특히 이성애중심주의를 반영하는 언어나 행동, 미묘한 차별을 전달하는 말을 은연중에 하고 있지 않은지 점검해 보는 것은 LGB 내담자와의 효과적인 상담을 위해 상당히 중요하다. Szymanski와 Carretta(2020)는 상담자들이 자신의 성장과정에서 성적 지향과 관련하여 받았던 메시지를 탐색하는 것이 LGB에 대한 태도를 탐색하는 데 핵심이 된다고 강조하면서, 다음과 같은 질문들을 제시하였다.

- 누군가가 성적 지향에 대해 말하는 것을 들었던 기억 중 가장 오래된 것은 무엇인가?
- 아동기, 청소년기, 성인기에 이성애중심주의 및 LGB에 대해 어떻게 알게 되었는가?
- 정부기관, 미디어, 학교, 종교기관, 동료, 지인, 친구, 가족들로부터 이성애중심주의와 LGB에 대해 들은 메시지에는 무엇이 있었는가?
- 성적 지향에 대한 여러분의 태도는 시간이 흐르면서 어떻게 달라졌는가?
- 성적 지향이 다른 사람들과 상호작용하고 상담할 때 어떤 감정을 경험하는가?

상담자들은 이러한 질문들에 답하면서 LGB 내담자가 자신의 삶에서 어떠한 억압을 경험하면서 살아왔을지 간접적으로 이해할 수 있다. 또한 자신의 태도를 철저하게 살펴보면서 자신이 은연중에 드러낼 수 있는 차별적인 태도가 있는지, 그것이 LGB 내담자에게 어떠한 영향을 줄 수 있을지 고려해 보아야 한다.

2) 내담자의 성적 지향 개방에 대한 반응

내담자와 상담자가 충분히 긍정적인 치료관계를 형성하고 나면 내담자는 상담자에게 자신의 성적 지향을 개방하기 시작한다. 이때 상담자는 "○○ 씨의 성적 지향에 대해서 알려 주셔서 고맙습니다. 아마 큰 용기가 필요했을 수도 있을 것 같아요." "○○ 씨의 성적 지향에 대해 이야기해 주실 만큼 저를 신뢰하고 편안하게 느끼신 것 같아서 기쁘고 고맙습니다." 등과 같이 내담자의 자기개방에 대해 충분히 인식하고 상담자에 대한 신뢰에 대해 고마움을 표현하는 것이 바람직하다. 더불어, 상담자는 내담자의 성적 지향과 관련하여 다음과 같은 사항들을 탐색해 볼 수 있다(Szymanski & Carretta, 2020).

- 자신을 LGB라고 느낀 지 얼마나 되었습니까?
- 저에게 중요한 부분을 나누어 주셨는데, 기분이 어떠십니까?
- 이제까지 커밍아웃했던 경험에 관해 이야기해 주시겠습니까? (누구에게 개방했는지, 다른 사람들은 커밍아웃에 어떻게 반응했는지, 개방 후 얼마나 지지와 격려를 받았는지 등을 중심으로 탐색해 볼 수 있다.)
- LGB로 사는 게 이제까지는 어떤 경험이었습니까?
- 성적 지향이 당신의 삶에 어떤 영향을 주었습니까?
- 성소수자이기 때문에 부당한 대우를 받는다고 생각한 적이 있습니까?
- 양성애자로서 양성애차별주의를 어떤 식으로 극복했습니까?
- LGB이기 때문에 사람들이 당신을 어떻게 인식하는 것 같나요? 그러한 인식에 대한 ○○ 씨의 경험은 어떻습니까?
- 성장하면서 LGB에 대해 어떠한 메시지를 들었습니까? 그러한 메시지들이 ○○ 씨에게 어떤 영향을 주었습니까?

이때 주의해야 할 것은, 내담자의 주호소가 무조건 LGB 정체성과 관련될 것이라고 가정하지 않는 것이다. 성적 지향은 어떤 내담자에게는 상당히 중요한 요소여서 현재 내담자가 경험하는 거절에 대한 공포나 불안 등이 성적 지향과 관련될 수도 있지만, 주호소와 큰 관련성이 없을 가능성 또한 존재한다. 따라서 상담자는 LGB 내담자가 경험하는 LGB 관련 어려움이 내담자의 발달단계나 다른 사회환경적 맥락과 상호작용한다는 점을 인식하여 유연하게 내담자의 성적 지향의 영향을 탐색해야 한다.

3) LGB에 대한 상담과 상담자의 종교적 신념

이성애중심주의가 가장 극단적인 형태로 나타나는 경우 '전환치료'라고 알려진 치료적 접근에 관심을 가지게 될 수 있다. 만약 상담자가 동성애를 수용할 수 없고 병리적인 것이라고 생각한다면, 상담자는 내담자의 게이, 레즈비언, 양성애 정체성을 치료되어야 하는 것으로 지각하고 전환치료를 사용하고자 할 수 있다. 그러나 미국심리학회가 2009년 전환치료를 경험한 80명 이상의 사례를 조사한 결과, 전환치료가 효과적이라는 어떤 과학적 증거도 발견되지 않았다. 오히려 전환치료로 인하여 내담자의 자기혐오나 심리적 고통, 자살사고 및 자살시도 등이 더욱 심각해지는 것으로 나타나, 전환치료는 심각한 손상으로 이어질 수 있다고 결론 내려진 바 있다.

기독교적 가치관은 LGB 집단에 대한 부정적인 편향과 관련되는 것으로 알려져 있다. 상담자의 가치관이나 편향이 LGB 내담자와의 상담 과정에 가진 영향력을 고려할 때, 상담자의 기독교적 가치관에 대한 이해는 상당히 중요한 부분이다. 이에 Borgman(2009)은 11명의 상담자를 대상으로 한 질적 연구에서 상담자가 기독교인으로서의 정체성과 LGB 옹호 정체성 사이에서 경험하는 갈등을 어떻게 통합해 내는지 살펴보았다. Borgman(2009)의 연구에서 기독교적 가치관을 가진 상담자들이 자신의 종교적 가치관과 LGB에 대한 옹호 사이의 갈등을 어떠한 방식으로 해결했는지 살펴보자.

Borgman(2009)의 연구에서 상담자들은 자기탐색 및 자기수용, 기독교 가치관에 대한 탐색, 성적 지향에 대한 자신의 신념에 대한 탐색 과정을 통해 내면에서 경험하는 갈등을 해결해 나갔다고 보고하였다.

첫째, 자기 탐색 및 수용은 말 그대로 자신에 대해 돌아보는 과정으로 시작한다. 연구 결과에 의하면, 상담자들은 내가 누구이며, 어떤 사람이 되고 싶은지, 내가 믿고 있는 것을 왜 믿게 되었는지에 대해 질문하면서 스스로에 대해 보다 상세하게 이해하게 되며, 사회에서 소외되어 있는 사람을 돕고 사회 속 불공정을 해결하고자 하는 자신의 욕구를 깨닫게 되고, 이는 LGB 집단에도 예외가 아님을 인식하게 된다. 또한 연구에 참여한 상담자들은 무엇이 옳고 그른지에 대해서 신의 확실한 대답을 얻는 것에 집중하기보다는 성적 지향에 대해 양가감정을 느끼도록 스스로를 허용하고 각 개인의 독특성을 지지하고 가치 있게 여기는 데 보다 집중하여 자신의 내적 갈등을 풀어 나가는 것으로 나타났다.

둘째, 상담자는 기독교인이 된다는 것의 의미를 되새기고 성경의 메시지를 영적인 측면과 맥락적 측면에서 다시 살펴보며 자신의 신념에 대해 탐색한다고 보고하였다. 연구에 참가한 상담자들은 교리에 집중하기보다는 신과의 관계, 개방적이고 사랑이 넘치며 수용적인 신의 가르침에 집중하여, 기독교인이 되는 것의 참의미를 재정의하는 것으로 나타났다. 이들은 기독교인으로서의 정체성에서 자신과 신의 관계가 가장 중요하다고 보고하였으며, 이러한 신과의 관계를 통해 타인을 한 사람으로서 존중, 수용, 사랑, 지지하는 역할을 함으로써 신의 메시지를 이행하는 것으로 나타났다.

셋째, 상담자들은 성적 지향을 성행위에 근거해서 바라보았던 이전의 관점에서 벗어나 관계를 맺는 방식으로 새로이 보게 되면서 사고의 전환이 이루어지고 성적 지향에 대한 자신의 신념을 다시 탐색하게 되는 것으로 나타났다. 즉, LGB 정체성을 성관계 중심으로 바라보기보다는 파트너십을 맺는 방식, 동반자를 찾고 관계를 맺어 나가는 방식으로 보게 되면서 LGB에 대한 인식의 전환이 일어났다는 것이다. 연구에 참여한 상담자들은 기독교인으로서의 정체성과 LGB 옹호자 및 상담자로서의 정체성을 통합해 나가는 과정이 지속적인 노력을 요구하고 다양한 정서를 촉발하는 어려운 과정이지만 인간에 대한 관점을 달리하고 상담자로서의 역량을 증진하도록 돕는 가치 있는 과정이라고 여기는 것으로 나타났다.

4. 트랜스젠더와 젠더비순응자(TGNC)

앞서 LGB와 TQQI는 한데 같이 묶이기도 하나, 성격상 LGB는 성적 지향에 해당되고, TI는 성 정체성과 관련되며, QQ는 성적 지향과 성 정체성 모두와 관련될 수 있다고 언급하였다. 트랜스젠더는 본인의 성 정체성이 출생 시 할당되는 성별과 일치하지 않는 사람이나 성적 규범의 경계를 가로지르는 사람을 지칭한다. 이를테면, 출생 시 남성의 생물학적 특징을 가지고 태어났지만 자신을 젠더상으로는 남성으로 경험하지 않는 경우가 이에 해당한다. 이러한 간극을 경험하면서 트랜스젠더는 자신의 신체가 자신의 정체성과 일치하지 않는 데 대해 강력하고 만성적인 우울감을 경험할 수 있다. 이러한 감정은 자신의 신체에 불만족하는 것과는 질적으로 다른 것으로, 잘못된 몸에서 태어났다는 느낌이 이들의 경험을 더 정확하게 표현하는 것이다(Catalano & Griffin, 2016). 트랜스젠더에 대응하는 용어로는 제5장에서 제시한 시스젠더가 있다. 시스젠더는 트랜스젠더와는 달리, 출생 시 할당된 성별이 자신이 경험하거나 표현하는 성별과 일치하는 사람을 지칭하는 용어이다. 한편, 젠더비순응자는 전통적인 성 역할에 저항하는 사람으로, 출생 시 할당된 성별과 다른 성 정체성을 가지거나 성적 표현을 하는 사람을 의미한다(박정은, 정서진, 남궁미, 2020; American Psychological Association, 2019). 트랜스젠더와 젠더비순응자는 TGNC(Transgender and Gender Non-Conforming)라고 합쳐서 지칭되며, 미국심리학회에서는 TGNC

표 6-2 **트랜스젠더와 젠더비순응 내담자와의 상담을 위한 지침**

1. 심리학자는 성별이 이분법적 개념이 아니라 다양한 범주가 존재함을 인식해야 한다. 또한 한 개인의 성 정체성은 출생 시 할당된 생물학적 특징과 일치하지 않을 수도 있다.

2. 심리학자는 성 정체성과 성적 지향이 분리되었지만 상호 관련되는 개념이라는 것을 이해한다.

3. 심리학자는 성 정체성이 TGNC의 다른 문화적 정체성과 상호 교차하는 방식을 이해한다.

4. 심리학자는 성 정체성 및 성 표현에 대한 자신의 태도 및 지식이 TGNC 내담자와 그들의 가족에게 제공하는 개입의 질에 영향을 미칠 수 있음을 인식한다.

5. 심리학자는 낙인, 편견, 차별, 폭력이 TGNC 내담자의 건강과 안녕에 미치는 영향을 인식한다.

6. 심리학자는 제도적 장벽이 TGNC 내담자의 삶에 미치는 영향을 인식하고 TGNC에 옹호적인 환경을 형성하기 위해 노력한다.

7. 심리학자는 TGNC의 건강과 안녕에 낙인이 미치는 부정적인 영향이 감소되도록 사회변화가 요구됨을 이해한다.

8. TGNC 청소년 및 자신의 성별에 대해 의문을 품은 청소년과 상담하는 심리학자는 아동과 청소년이 발달단계에 따라 상이한 요구를 가진다는 것을 이해하고, 모든 청소년이 성인기까지 TGNC 정체성을 유지하는 것은 아님을 이해한다.

9. 심리학자는 TGNC 성인이 경험하는 독특한 어려움과 그들이 형성해 나갈 수 있는 탄력성을 이해하도록 노력한다.

10. 심리학자는 TGNC 내담자의 주호소가 성 정체성이나 성소수자로서의 스트레스인 경우도 있지만, 그렇지 않은 경우 또한 존재함을 이해해야 한다.

11. 심리학자는 TGNC 내담자가 사회적 지지나 트랜스-옹호적 보살핌을 받았을 때 긍정적인 삶의 결과를 경험할 가능성이 높아진다는 점을 인식한다.

12. 심리학자는 성 정체성이나 성 표현의 변화가 TGNC 내담자의 낭만적 · 성적 관계에 미치는 영향을 이해한다.

13. 심리학자는 TGNC 커플이 가정을 형성하고 자녀를 훈육할 때 다양한 모습일 수 있다는 것을 이해해야 한다.

14. 심리학자는 TGNC와 상담할 때 융합적인 접근이 가지는 잠재적 혜택을 인식하고 다른 전문가들과 협업해야 한다.

15. 심리학자는 TGNC를 대상으로 연구를 진행할 때 그들의 복지와 권리를 존중하고 결과를 정확히 제시하며 연구 결과를 오용하거나 잘못 표시하지 않아야 한다.

16. 심리학자는 TGNC와 유능하게 상담할 수 있는 상담자들을 양성해야 한다.

출처: American Psychological Association (2015).

가 심리학자들 사이에서 합의된 용어라고 밝힌 바 있다(American Psychological Association, 2019). TGNC는 시스젠더에 비해서 심리적인 어려움을 많이 경험하여 심리치료의 필요성이 더욱 요구되지만, TGNC 내담자에 대한 충분한 지식과 자격, 기술을 가진 상담자를 찾기가 쉽지 않다는 문제가 있다(박정은, 정서진, 남궁미, 2020;

Grossman & D'Augelli, 2006). 특히 TGNC 집단에 대한 연구 및 실습은 상담자들 사이에서도 활발하게 이루어지지 않아 내담자와의 상담 과정이 원활하게 이루어지는 데한계가 존재한다. 또한 상당수의 상담자는 TGNC 내담자들과 상담할 때 강렬한 두려움이나 혐오 등 트랜스포비아(transphobia)를 경험하기도 한다. 미국심리학회는 이러한 문제점을 인식하고 2015년 TGNC 내담자를 상담할 때 상담자가 인식해야 하는상담 지침을 발표하였다. 미국심리학회의 TGNC 내담자와의 상담 지침은 〈표 6-2〉에 제시되어 있다.

TGNC 내담자와 상담하는 데 있어 상담자의 가치관 인식은 중요하다. 국내에서2회기 이상의 상담을 받은 TGNC의 경험을 심층조사한 박정은, 정서진, 남궁미(2020)에 따르면, 상담자가 TGNC에 대한 고정관념이나 편견을 보였을 때 내담자들은 상담자에게 실망하여 조기 종결을 고려하는 것으로 나타났다. 반면, 상담자가TGNC에 대한 지식이 부족하여 용어에 대해 질문하거나 모르는 부분을 인정할 경우, 내담자들은 이러한 상담자의 태도를 내담자를 위한 정보를 탐색하고 이해하려는 전문적인 노력으로 받아들이고 상담을 유지하는 것으로 나타났다. 이러한 결과는 상당히 흥미로운 것으로, 상담자가 TGNC에 대한 지식을 함양함으로써 TGNC와의 효율적인 상담 역량을 키우는 노력은 향후 필요한 것이라고 하더라도, 상담자들이 솔직하게 자신이 모르는 부분에 대해 인정하고 개방적인 태도로 내담자에 대해이해하려고 노력할 경우 신뢰로운 상담관계를 형성하여 내담자에게 도움을 줄 수있다는 것을 의미한다.

제7장

사회계층

한국 드라마 〈발리에서 생긴 일〉은 네 명의 젊은이의 사랑에 대한 이야기이지만, 자세히 살펴보면 한국 사회 안에 미묘하게 존재하는 계층구조를 현실적으로 그려 낸 작품이기도 하다. 조선시대 말기에 신분제가 철폐된 이후 현대 사회는 만인이 평등하고 자신의 힘으로 어떤 위치까지 자유롭게 이동 가능한 사회처럼 보인다. 하지만 그 이면에 여전히 계층은 존재하며, 한 개인이 아무리 뛰어난 역량을 가지고 치열하게 노력한다고 하더라도 주어진 계층을 뛰어넘기란 쉽지 않다. 이러한 암묵적으로 존재하는 계층 및 계층 이동의 어려움으로 인하여 현대인들은 다양한 종류의 심리적 어려움을 경험하는 것으로 알려져 있다. 이러한 이유로 사회계층은 개인의 정신건강에 큰 영향을 미치는 사회환경적 맥락으로서 다문화상담의 주요한 주제 중 하나로 꼽히고 있다. 사회계층이 한 개인의 정신건강에 어떠한 영향을 미치며 상담에서 사회계층을 어떻게 다루어야 하는지 자세히 살펴보기 전에, 〈활동 7-1〉을 통해 여러분 각자의 사회계층에 대해 살펴볼 시간을 가지는 것이 도움이 될 것이다.

활동 7-1　**나의 사회계층 살펴보기**

다음의 질문들은 사회계층에 대한 것이다. 여러분의 사회계층에 대해 생각해 보자.

1. 어렸을 때 여러분 가족의 수입원은 무엇이었는가? (예: 투자, 부모님의 수입, 사회복지 생활지원 등)
2. 어렸을 때 여러분의 가정과 이웃에 대해 기술해 보자(예: 자가 대 전세 및 월세, 가족이 사용하는 공간, 안전, 위생 등).
3. 여러분의 현재 교육수준은 다른 가족들의 교육수준과 비교하여 어떠한가? 또한 여러분의 할아버지, 할머니와 여러분의 교육수준을 비교하면 유사한가, 아니면 다른가?
4. 어렸을 때 여러분의 가족은 휴가나 여가 시간을 어떻게 보냈는가? (예: 여행, 캠핑, 취미생활 등)
5. 여러분의 가족 안에서 가장 가치롭게 여겨지는 가치관은 무엇인가? 혹은 가장 중요하지 않게 여겨졌던 가치는 무엇인가? 다음의 예를 살펴보고 표시해 보자.

> 그럭저럭 먹고 사는 것/ 성공해서 잘 사는 것/ 사회적 지위나 명성을 얻는 것/ 가족끼리 원활하게 의사소통하는 것/ 종교행사에 참석하는 것/ 이웃과 잘 지내는 것/ 신체적으로 건강한 것/ 심리치료를 통해서 심리적인 어려움을 해결하는 것/ 다른 사람을 돕는 것/ 결혼해서 자녀를 갖는 것/ 법과 질서를 수호하는 것/ 나라를 지키는 것/ 법적인 문제를 일으키지 않는 것/ 정치적 · 사회적으로 인정받는 것/ 지역사회에 봉사하는 것/ 저축하는 것/ 자신을 위해 돈을 잘 사용하는 것/ 소비를 즐기는 것/ 고등학교를 졸업하는 것/ 대학 가는 것/ 전문직을 갖는 것/ 자신의 인종, 종교, 문화집단을 한 단계 더 나아가도록 기여하는 것/ 매력적인 외모를 갖추는 것/ 기업가가 되는 것/ 집을 사는 것/ 애국심을 갖는 것/ 사립학교에 다니는 것/ 낭비하지 않는 것/ 예의 바른 것/ 기타:＿＿＿＿＿＿＿＿＿＿＿＿＿＿＿＿＿＿＿＿＿＿＿＿＿＿＿

6. 여러분의 가족이 살았던 장소를 생각해 보자. 아파트인가? 집주인이었는가? 여러분의 가족은 별장을 소유하고 있었는가?
7. 어린 시절에 침실을 형제자매와 같이 사용했는가?
8. 부모님이 결제해 주는 신용카드를 갖고 있었던 적이 있었는가?
9. 어린 시절에 해외여행을 했었는가?
10. 장학금을 받으면서 학교에 다닌 적이 있는가?
11. 패스트푸드 음식점에서 일한 적이 있었는가? 공장에서 일한 적이 있었는가? 어디서 무슨 일을 했었는가?
12. 주식이나 펀드 등 금융상품을 가지고 있는가? 여러분 이름으로 된 것인가?
13. 여러분이 소유한 물건을 생각해 보자(예: 차, 집, 컴퓨터, 주식 등).
14. 여러분이 빚이 있는지 생각해 보자(예: 신용카드 명세서, 학자금 등등).
15. 여러분의 사회계층이 여러분의 태도, 행동, 정서에 어떤 영향을 미쳤는가?
16. 이러한 질문들에 대답하면서 여러분의 사회계층에 대해 새롭게 알게 된 것이 무엇인가?
17. 이 활동을 하면서 어려웠다면, 무엇 때문에 어려웠는가?

출처: Yeskel (1985).

1. 사회계층이란 무엇인가

1) 사회계층의 정의

사회계층(social class)은 부나 명예가 불평등하게 분배되도록 만들어진 사회구조 속 한 개인의 위치를 의미한다(권태환, 홍두승, 설동훈, 2009). 경제적 위계 속 자신의 위치를 인식할 때 한 개인은 특정 계층에 소속될 뿐 아니라 그에 따른 태도, 의식, 가치관, 생활방식, 참조집단, 행동 등을 가지게 된다(Kraus, Piff, & Keltner, 2009; Kraus, Piff, Mendoza-Denton, Rheinschmidt, & Keltner, 2012; Liu, Ali et al., 2004; Liu, Soleck, Hopps, Dunston, & Pickett Jr. 2004). 사회계층과 유사한 개념으로 사용되는 사회경제적 지위(socioeconomic status: 이하 SES)는 수입, 직업, 교육수준 등 수량화할 수 있는 지표에 근거한 사회 속 개인의 위치(Diener & Ali, 2009)를 의미하는 것으로, 같은 사회계층에 소속된 사람들이 유사한 문화적 특성을 공유하는 반면, 같은 수준의 SES 배경을 가졌다고 해서 문화적 특성을 공유하는 것은 아니다. 또한 한 계층에서 다른 계층으로의 이동은 쉽지 않은 반면, SES의 경우 이동이 보다 용이하다. 예를 들어, 갑자기 막대한 부를 축적한 사람의 경우 SES 지표상에서의 위치는 급격히 올라갈 수 있으나 계층상에서는 '졸부'라고 불리며 상위계층에 소속되지 못하는 것이 이러한 개념상의 차이를 설명한다.

사회계층과 SES의 차이는 부와 소득수준을 통해서도 설명 가능하다. 부와 소득수준은 관련되어 사용되지만 의미상에서 차이가 있다. 부는 한 개인이 축적해서 소유하고 있는 자산뿐 아니라 다양한 자원의 접근 가능성, 주식, 예금, 부동산 등 경제적 가치를 가지고 있고 미래에 사고팔거나 투자할 수 있는 모든 것을 의미한다(Oliver & Shapiro, 2018). 반면에, 소득은 주로 노동이나 투자, 정부의 보조 등으로 일련의 기간에 받는 돈을 의미한다. 소득은 일상에서 필요한 물품을 구입하는 데 사용되지만, 막대한 부를 소유한 이들은 소득을 얻기 위해 타인에게 의존하지 않아도 되어 권력과 독립성을 가지게 된다. 따라서 부의 소유는 삶에서 더 많은 자원들, 즉 더 나은 기회나 명성을 얻을 가능성, 세대에 걸친 부의 대물림, 정치적인 영향력 등을 누릴 수 있음을 의미한다. 결과적으로 부의 수준에 따라 사회계층에 따른 불평등이나 차별적 대우 및 특권과 억압이 생성된다.

2) 사회계층과 위계

사회계층에 따른 사회 속 위치는 교육수준이나 공유하는 문화, 향유할 수 있는 자원의 양과 질에까지 광범위하게 영향을 미치므로, 각 사회계층을 분류해 보고 각각의 성격을 살펴보는 것은 계층에 따른 독특한 경험을 이해하는 데 도움이 될 수 있다. Marger(1999)가 분류한 사회계층과 그에 따른 생활양식 특성을 참고해 보도록 하자.

Marger(1999)의 분류에 의하면 **상류층**(upper class)은 전체 인구의 1%에 속하며, 이들의 부는 직업을 갖고 봉급을 받아 형성된 것이라기보다는 선조에게 물려받은 유산, 부동산, 투자자금 등으로 이루어진다. 상류층에 속하는 사람들은 대기업 주식을 상당량 보유하고 있으며, 한 사회 안에서 권위자로 인식되어 공공정책이나 금융 관련 정책 등을 결정하는 데 중요한 역할을 담당한다. 상류층의 결혼은 기존의 부와 사회적 지위를 유지하고 공고하게 하기 위한 수단으로 사용된다. 상류층의 가족구조는 상당히 가부장적이어서 남편과 아내의 역할이 분명하게 구분되어 있으며, 이 역시 가문의 위치를 유지하기 위한 목적을 가진다.

다음으로, 사회의 18~20%에 속하는 사람들은 **중상층**(upper middle class)으로 분류된다. 이들은 전문직이나 기업의 고위 관리직 위치에 있거나, 물리학자, 변호사, 대학교수, 기업의 CEO 등 사회적으로 존경을 받는 위치에 있는 경우가 대다수이다. 중상층은 자신들보다 아래 계층이 속한 사람들보다 높은 수준의 사회적인 권력과 명성을 가지게 된다. 또한 중상층의 부모들은 자녀를 훈육할 때 자녀가 호기심을 가지고 자기결정적으로 행동하여 통제력이나 책임감, 성취감을 기를 수 있도록 격려하고, 자녀들과 토론을 즐겨 자녀가 장차 전문직을 가지고 자신의 역량을 발휘할 수 있도록 촉진하는 역할을 한다(Minton, Shell, & Solomon, 2004).

Marger(1999)의 분류에서 다음 계층은 **중하층**(lower middle class)이다. 이들은 전체의 20~30%를 차지하며, 교육수준은 고졸 혹은 대졸 등 다양하다. 직업군으로는 중간 위치의 관리자나 간호사, 영업직, 경찰관, 소방관, 교사, 소규모 사업체 운영자 등이 있다. Marger(1999)의 분류에서 중하층과 다소 중첩될 수 있는 다음 계층은 **노동자 계층**(working class)이다. 이들은 전체 인구의 25~30%를 차지하며 공장 노동자나 트럭 운전자, 우체국 직원 등을 예로 들 수 있는데, 노동자 계층의 직업상 특징은 자신의 업무를 창조적으로 재구성할 수 있는 권위를 가지기보다는 이미 설정되어 있는 절차를 수행하는 업무를 하게 된다는 것이다.

인구의 하위 25% 정도는 빈곤 계층(the poor)으로 분류되며, 빈곤 노동층(the working poor)과 빈곤층 및 하층(the poor or under class)으로 나뉜다. 빈곤 노동층은 노동을 해도 가난을 면하기 어려운 사회계층을 의미한다. 이들은 최소한의 교육수준과 기술을 요하는 업무를 담당하고, 노동의 시간과 양에 걸맞은 봉급을 받지 못한다. 이에 반해 빈곤층 및 하층에 속하는 사람들은 무직의 상태에 머물거나 사회에서 잘 수용되지 않는 음성화된 업무들을 하여 주류 경제체계에서 소외되는 경향이 있다. 훈육 방식과 관련하여 노동자 계층이나 빈곤층일수록 더욱 권위주의적인 태도를 취할 가능성이 높아 하층에 속하는 가정에서 양육된 아이들은 부모와 논쟁하기보다는 순응하는 경향이 있으며, 성장해서도 하위의 계층에서 사회의 체계에 순종할 가능성이 높다(Minton et al., 2004). 또한 노동자 및 빈곤 계층의 경우 직업 선택 시 안정성이나 생존을 자기실현적 측면보다 가치 있게 여기므로 진로를 계획하기보다는 즉시 일할 수 있는 직장을 선택하는 경향이 있다(Chaves et al., 2004).

Marger(1999)의 분류는 1999년 미국 사회를 반영하는 것으로, 2021년 현재 한국의 상황을 정확히 반영하지 못할 가능성이 높다. 다만, 경제력이나 직업, 생활방식, 훈육, 가족관계, 사용할 수 있는 권력의 정도가 사회계층에 따라 상이하다는 점은 이러한 분류체계로부터 참고해야 하는 중요한 점이다. 이러한 차이에 의하여 차별적 대우와 불평등, 억압, 특권 등이 발생하고, 이것이 사람들의 삶의 질과 정신건강에까지 영향을 미치게 되기 때문이다.

3) 사회계층의 이동

사회계층에 따른 편견과 특권 및 억압, 차별만으로도 높은 사회계층으로 이동하고자 하는 사람들의 욕구는 충분히 설명된다. 열심히 일하고 고등교육을 받아 대기업에 취직하거나 전문직을 가지게 되면 중산층으로 사회계층 이동이 가능한 시절이 한국 사회에도 존재했었다. 그러나 현재도 그러한가? 미국 사회는 과거 몇십 년에 걸친 경제적 성장으로 인하여 많은 이민자가 아메리칸 드림을 이루었으나, 이러한 현상은 과거의 영광에 지나지 않는다. 현재 미국 사회의 젊은이 및 이민자들은 아무리 높은 수준의 교육을 받더라도 학위 취득 과정에서 발생하는 재정적인 부담 및 대출로 인하여 지속적으로 경제적인 어려움에 직면하고 있다. 이는 한국에서도 마찬가지여서, 대학을 졸업하더라도 부모의 경제적인 도움이 없는 한 졸업 후에도 학자금 대출의 부담에서 자유로울 수 없으며, 애초에 부모로부터 받을 수 있는 사교육 지원 수준 자체가 다르므로 진학하는 대학 자체가 달라질 가능성이 높다. 따라서 열심히 일하고 공부하면 밝은 미래가 보장될 것이라는 말은 더 이상 현실을 정확하게 반영하는 것이 아니다.

한편, 열심히 일하면 높은 사회계층으로 이동할 수 있을 것이라는 사고방식 자체가 애초에 문제일 수도 있다(Johnson, 2018). 이러한 사고는 개인주의적인 사고방식을 반영한 것으로, 한 개인이 처한 상황 및 결과에 대해 온전히 개인의 노력과 행동으로만 설명하는 것이다. 그러나 사회계층 이동은 개인의 노력 여하뿐 아니라 고용시장의 성격과 기회의 불평등과 같은 외부적인 요소가 총체적으로 작용하는 것이다(Johnson, 2018). 앞서 설명했듯이 다양한 사회계층에 따라 교육이나 훈육 방식 등에서도 차이를 보이므로, 사회계층에 따라 아동들이 성장하면서 경험하는 교육과 자원의 질과 양 자체가 달라지고, 결과적으로 계층 이동의 기회는 낮아질 수밖에 없다(Cole & Omari, 2003). 개인주의적인 사고방식을 가진 사람들은 개인에 집중한 나머지, 사회에서 발생하는 특권 및 억압의 존재에 무신경해진다(Johnson, 2018). 개인이 가난에 처하게 되는 이유는 단지 개인의 특성만으로 설명되는 것이 아니라 그 개인이 소속되는 사회범주로 인하여 경험하는 다양한 처우와 관련될 수 있다. 따라서 계층 이동 가능성이나 개인이 처한 빈곤을 이해할 때 그것을 노력의 결과로 단편적으로 이해해서는 안 되며, 각자가 특정 사회계층에 소속됨으로 인하여 경험하는 문화 및 가치관이 무엇인지, 또한 사회계층으로 인한 특권과 억압 및 차별이 어떠한 역할을 했는지 살펴보아야 한다. 이에 사회계층과 세계관, 계층차별주의에 대해 이어서 논의해 보고자 한다.

4) 사회계층과 세계관

Liu, Soleck, Hopps, Dunston과 Pickett Jr. (2004)는 수입이나 교육수준, 직업 등 객관적인 지표로 설명되는 SES는 사회계층이 가지는 복잡성을 설명해 주지 못하며,

특히 사회계층의 차이로 인해 사회구조적으로 발생하는 차별을 거의 설명하지 못하므로 객관적인 지표를 넘어서 사회계층과 계층주의를 이해해야 한다고 주장했다. Liu, Soleck과 동료들(2004)은 사회계층을 이해할 때 개인이 자신의 사회계층을 인식하는 주관성을 강조하면서 **사회계층 세계관 모델**(Social Class Worldview Model: 이하 SCWM)을 제시했다. SCWM은 사람들이 자신의 사회계층에 대해 지각하고 느끼며, 자신의 경제적 맥락이나 문화에 대해 이해하기 위해 사용하는 하나의 틀로, ① 의식, 태도, 특징, ② 참조집단(발생집단, 동년배 집단, 열망집단으로 구성), ③ 물질과의 관계, ④ 생활양식, ⑤ 행동 등의 다섯 가지 차원으로 구성되어 있다.

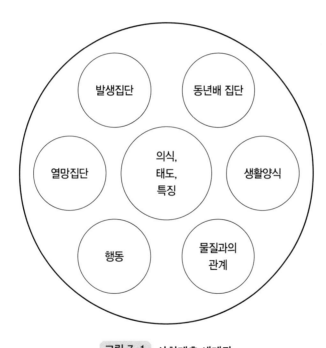

그림 7-1 **사회계층 세계관**

출처: Liu, Soleck et al. (2004).

(1) 의식, 태도, 특징 차원

의식, 태도, 특징 차원은 한 개인이 자신의 환경 안에서 사회계층의 의미에 대해 섬세하게 이해할 수 있는 능력을 말한다. 의식은 한 개인이 자신이 소속된 사회계층에 의해 어떠한 영향을 받게 되는지 의식하는 정도를 의미한다. 태도는 개인이 자신의 사회계층을 이해하게 되면서 사회계층과 관련되어 경험하는 감정, 신념, 귀인양식, 가치관 등을 이야기한다. 특징은 각 개인에게 사회계층이 가지는 의미와 중요성을 말한다.

(2) 참조집단

참조집단은 한 개인의 세계관 형성에 영향을 주는 과거, 현재, 미래의 사람들을 말한다. 참조집단은 발생집단(group of origin), 동년배 집단(group of cohort), 열망집단(group of aspiration)으로 구분된다. 발생집단은 부모 등을 포함한 가족 및 주요 인물들로 구성되며, 이들과의 상호작용을 통해 아동은 시간과 돈, 기타 자원 등을 제공받게 된다. 동년배 집단은 자신과 유사한 수준의 소득, 교육수준, 직업 등을 가진 사람들을 지칭하는 단어로, 자신이 성공 혹은 실패했는지 판단할 비교준거가 되는 사람들이다. 마지막으로 열망집단은 한 개인이 소속되고 싶어 하는 공동체를 의미한다. 이러한 열망은 자신보다 위, 아래, 유사한 수준 등 어느 방향으로도 향할 수 있다. 예를 들어, 미국의 저널리스트인 Brooks(2000)가 소개한 '부르주아 보헤미안'은 차별화되면서도 부유하지 않은 공동체를 지향하여 낮은 사회계층으로 이동하고자 하는 열망을 가진 상류층 구성원들을 의미한다.

(3) 물질과의 관계

물질과의 관계 차원은 한 개인의 삶에서 물질의 역할을 의미한다. 즉, 한 개인이 물질을 얼마나 가치 있게 여기는지, 자기 자신을 정의하는 데 물질을 얼마나 사용하는지, 또한 물질이 자신의 세계관에서 어느 정도의 위치를 차지하는지 등을 의미한다. 한 개인이 소속된 집단이 특정 물질을 가치 있게 여긴다면, 그 개인 역시 그 물질을 소중하게 여기게 된다.

(4) 생활양식

생활양식 차원은 한 개인이 자신의 시간과 자원을 사용하는 방식과 관련된다. 여가 시간이나 휴가 기간에 무엇을 하면서 어떻게 보내는지가 하나의 예가 되는데, 어떤 대학생들에게는 방학 때 가는 해외여행이 당연시되는 문화이지만, 앞서 언급한 부르주아 보헤미안들에게는 지나치게 엘리트주의적인 행동으로 간주된다.

(5) 행동

사회계층 행동은 학습되고 사회화되는 것으로, 한 개인의 사회계층 세계관을 강화하기도 한다. 사회계층 행동은 특정 집단에 적합한 행동들, 즉 테이블 매너나 어투, 예절 등을 의미한다.

SCWM은 한 개인이 자신이 소속된 문화 속에서 가치 있게 여기는 재화를 획득할 기회를 극대화하고 그 개인의 사회계층 세계관에 항상성을 유지하는 방향으로 작동한다고 설명한다. 즉, 한 개인의 생활양식이나 행동, 물질과의 관계는 소속된 사회계층 안에서 소중하게 여기는 것을 얻을 기회를 높이는 방식으로 이루어진다. 이러한 태도는 타인에 대한 시각에도 영향을 미쳐서 한 개인에게 특정 생활양식이 중요하다면 타인을 바라볼 때에도 같은 기준을 적용하게 되고, 자신의 가치에 맞지 않는 사람에 대해서는 계층차별주의적인 태도가 나타나게 된다.

5) 계층차별주의

소속된 계층에 근거하여 행해지는 편견과 차별행위는 계층차별주의(classism)라 불린다(Liu, 2001). 어느 계층으로 인식되느냐에 따라 이루어지는 이러한 편견 및 차별행위는 상위 사회계층에 소속된 사람들이 자신의 부를 유지하도록 작동하는 반면, 하위 사회계층에 속한 사람들은 지속적으로 차별을 경험하여 억압의 굴레에서 벗어나기 힘들게 한다. 예를 들어, 낮은 사회계층에 소속된 사람에 대해 무식하고, 게으르고, 존중받을 가치가 없고, 무책임하며, 적대적일 것이라는 부정적인 고정관념을 가지고 있다면, 실제로 이러한 가정에 근거하여 하위 사회계층의 사람들을 대하게 될 것이고, 이러한 처우를 받은 사회계층 집단은 부정적인 영향에서 벗어나기 어려워진다. 앞에서 설명한 개인주의적인 태도 또한 하위 사회계층에 대한 차별적인 태도나 고정관념을 부추기는 역할을 한다. 충동적인 소망이나 욕구를 즉각적으로 만족시키기보다는 미래에 초점을 맞추면서 참고 노력할 경우 빈곤을 벗어날 수 있다고 생각하는 사람일수록 타인의 실패에 대한 공감능력이 떨어지는 경향이 있다(Bellah, Madsen, Sullivan, Swidler, & Tipton, 1996). 특히 중산층이나 상류층에 속하는 사람들은 자신들이 문화적으로 특권을 부여받았으며, 자신들이 누리는 특권이 어떤 사회계층의 희생 위에 발생한 것이라는 사실을 인식하지 못한다. 즉, 어떤 사회계층에 속한 사람들이 사회적으로 성공하지 못하고 빈곤의 상태에 머무르게 될 때, 그들이 충분한 노력을 기울이지 않거나 게을러서가 아니라 사회구조적인 요인으로 빈곤 상태에서 벗어나기 어려워질 수 있다는 가능성을 전혀 인식하지 못하는 것이다. 따라서 사회계층과 그에 관련한 불평등은 제도적으로 구조화되어 있는 것이라는 인식을 놓쳐서는 안 된다. 사회제도는 체계적으로 상류층과 중산층에게 이로운 방식으로 이루어지고 있어서, 높은 사회계층에 속할수록 자본주의의 혜택과 지원을 많이 받으며, 양질의 교육을 받게 된다. 이러한 현상의 결과, 사회계층은 한 개인의 노력으로는 극복할 수 없는 장벽이 되고 만다.

낮은 사회계층의 구성원들이 경험하는 이러한 차별적 처우와 고정관념은 외부에서 올 뿐 아니라 자기 자신의 내면에도 뿌리 깊이 자리 잡는다는 점에서 문제가 된다. 낮은 사회계층의 사람들은 자신의 문화가 규범을 벗어났으며 가치 없다는 메시지를 지속적으로 받고, 스스로도 자신의 문화의 가치를 인식하지 않게 된다. 이러한 내면화된 계층차별주의(internalized classism)는 자기개념 및 대인관계에 영향을 미친다. 즉, 어린 시절부터 교사나 다른 학생들에게 사회계층 때문에 무시받는 경험을 한 아동은 자신이 능력이 없다고 생각하고 자신의 학업성취에 별다른 기대를 하지 않는 등 무시 경험을 내면화하게 되어 자기충족적 예언의 형태로 그러한 기대를 실현하게 된다.

한편, Liu, Soleck과 동료들(2004)은 모던 계층차별주의라는 용어를 소개하면서, "자신의 사회계층에서 가치 있게 여겨지는 재화를 축적하고 자신의 능력을 최대화하기 위해서 사람들이 사용하는 전략"(p. 107)이라고 정의하였다. Liu, Soleck과 동료들에 따르면, 계층차별주의는 재산을 축적하기 위하여 한 개인이 사용하는 전략과 그에 대한 합리화로 이루어지므로, 한 개인은 자신의 사회계층에서 요구하는 점들을 구체화하려고 노력한다. 이때 필요한 재화를 축적할 수 있는 능력을 누군가가 억압한다고 생각하면 자신보다 높은 계층에 대한 평가절하적인 계층차별주의가 촉발될 수 있는 반면, 자신의 전략이 잘 작용하지 않아서 원하는 만큼의 재화를 축적하기 어려워졌을 때에는 내면화된 계층차별주의가 촉발되어 자신이 사회에서 요구되는 문화적 요구에 맞추지 못했다는 패배감, 분노, 좌절, 불안, 우울 등을 경험하게 된다.

활동 7-2 **중산층 특권 체크**

다음의 문장을 읽고 각 문항이 여러분의 환경 및 경험을 얼마나 잘 반영하고 있는지 생각해 보자.

- 사회에서 괜찮은 사람들이라고 인식되는 사람들, 미디어나 학교에서 좋은 사람들이라고 묘사되는 사람들은 주로 나와 같은 사회계층에 속한다.
- 사람들은 대개 내가 속한 사회계층에 집중하는 경향이 있다. 내가 속한 사회계층은 사회에서 대개 표준으로 간주된다.
- 어린 시절에 역사를 공부할 때, 나와 같은 사회계층에 속한 사람들이 책에 자주 등장했다.
- 나는 중고 의류를 구입하거나, 누군가의 이메일에 답장을 하지 않거나, 경우에 따라 욕설을 할 때가 있는데, 이런 행동들 때문에 사람들이 나를 가난하고 무식하며 게으르다고 생각하지 않을까 걱정하지 않는다.
- 필요하면 편안하고 학군이 괜찮은 지역으로 이사할 수 있다.
- 우리나라의 유산이나 역사적 위업을 달성한 사람들의 이야기를 들을 때 내가 속한 사회계층의 사람들이 그러한 역할을 주로 한 것을 알 수 있다.
- 입안에 음식을 가득 넣은 채 말을 하더라도 사람들이 나의 사회계층에 대해 비하하는 일은 없을 것이다.
- 수업시간에 나의 사회계층을 대표해서 이야기해 보라는 권유를 받은 적이 한 번도 없다.
- 다른 사회계층의 관점이나 권력을 무시한다고 두려움을 느껴 본 적이 없다.
- 나의 외모나 체취가 나의 사회계층을 반영할 것이라고 인식해 본 적이 없다.
- 회의에 지각한다고 해서 사람들이 지각과 나의 사회계층 배경을 연결해 생각하지는 않을 것이다.
- 내가 리더십을 충분히 발휘하지 못한다고 해도 그것은 나의 사회계층 때문은 아니다.
- 친구들과 외식을 할 때 내 친구들이 저녁식사 비용을 지불하지 못할까 봐 걱정해 본 적이 없다.
- 나는 다른 사회계층의 규범을 알지 못해 걱정을 해 본 적이 없다.

이 활동은 〈활동 7-1〉과 마찬가지로 사회계층에 대한 수업시간 및 집단 간 대화에서 활용할 수 있다. 동일한 출발점에서 시작해서 각 문항에 해당되는 사람만이 앞으로 한 발짝씩 움직일 수 있도록 한 후 마지막에 각자가 어디에 위치해 있는지를 확인해 보자. 유사하게 사탕과 종이컵을 준비한 후 각 문항에 해당하는 사람만이 사탕을 종이컵 안에 넣도록 하고 활동이 끝난 후 각자의 컵이 얼마나 채워져 있는지 확인해 볼 수 있다. 자, 여러분 각자는 사회 속 어디에서 살아가고 있는지 논의해 보자.

출처: Evangalen (2008, May 16).

2. 사회계층과 정신건강

1) 사회계층과 심리적 취약성

앞에서 살펴보았듯이, 한 개인이 소속된 사회계층은 경제적인 풍족함에 그치지 않고 한 개인이 경험할 수 있는 문화, 영향력, 권력 등 생활 전반을 결정하게 된다. 따라서 소속된 사회계층은 자연스럽게 한 개인의 심리적 경험에 영향력을 발휘하게 된다. 다양한 심리적 경험 중에서도 우울이나 불안 등의 정신장애는 사회계층과 밀접하게 관련되는 것으로 알려져 있다. 사회선택가설(social selection hypothesis), 사회원인가설(social causation hypothesis), 사회-스트레스 이론(social-stress theory)이 사회계층과 우울 및 불안 등 심리적 부적응과의 관계를 설명하고 있으므로 살펴보도록 하자.

(1) 사회선택가설

사회선택가설은 심리적인 문제를 가진 사람들은 병리로 인하여 기대되는 역할을 수행해 내지 못하고 기능상의 문제를 가지게 되어 결과적으로 사회계층이 낮아진다고 설명한다(Wadsworth & Achenbach, 2005). 즉, 병리적인 증상 자체는 사회계층과 별다른 관련이 없지만, 증상 이후 자신의 직업이나 사회적인 위치에서 필요한 역할을 제대로 하지 못하게 되어 사회적 지위를 잃을 수 있다는 것이다. 예를 들어, 한 가정의 가장인 남성이 조현병으로 진단받은 후 일할 때 필요한 기능들이 점차 손상되어 직장을 잃은 경우, 이는 결국 가족의 사회경제적 지위 하락으로 연결된다.

(2) 사회원인가설

사회원인가설은 한 개인이 경제적으로 어려운 상황에 처하게 되었을 때 높은 수준의 스트레스, 갈등 및 역경을 경험하게 되고, 높은 스트레스 환경으로 인하여 우울이나 불안 등에 취약해진다고 설명한다. 사회원인가설은 빈곤 자체가 하나의 역경이므로 직접적으로 심리적 문제를 일으킬 수 있다고 말한다. Wadsworth와 Achenbach(2005)는 열악한 사회경제적 환경에서 성장한 아동 및 청소년들이 다양한 종류의 심리적 문제에 더 취약한지 알아보기 위해 1,075명의 아동 및 청소년을

추적연구하였다. 이들의 연구 결과, 취약한 환경에서 성장한 아동들은 우울, 불안,
신체 문제, 사고 문제, 공격성 등에 더 취약한 것으로 나타났다.

(3) 사회-스트레스 이론

사회-스트레스 이론은 취약한 사회적 환경에서 살고 있는 사람들은 다양한 스트레
스에 더욱 노출되고 스트레스 상황에 적절하게 대처할 수 있는 자원이 부족하여 결
국 건강상의 문제를 갖게 된다고 설명한다. 즉, 열악한 사회계층에 속한 사람들은
사회구조적인 이유로 인하여 스트레스 대처자원이 한정될 수밖에 없어 다양한 어려
움을 경험하게 된다는 것이다. Kiviruusu, Huurre, Haukkala와 Aro(2013)는 초기
성인을 대상으로 하여 사회경제적 지위와 다양한 증상의 관계를 심리적 자원이 조
절하는지에 대해 10년간 종단연구를 실시하였다. 연구자들은 심리적 자원으로 자
존감, 삶의 목적, 통제감 등에 초점을 두고 심리적 자원이 사회경제적 지위와 어떠한
방식으로 연관되는지 살펴보았다. 그 결과, 심리적 자원이 제한되어 있을 경우 사회
경제적 지위가 높을수록 증상을 덜 경험하는 것으로 나타났다. 반면, 심리적 자원
수준이 증가할수록 사회경제적 지위가 낮아 경제적 상황이 어렵더라도 다양한 종류
의 심리적 자원을 보유하고 있어 심리적 어려움을 겪을 가능성이 현저히 낮아지는
것으로 나타났다. 이러한 연구 결과는 소득수준 자체보다는 소득수준이 낮을 경우
심리적 자원의 부재로 여러 가지 심리적인 어려움을 갖게 된다는 것을 시사한다.

2) 사회계층과 상담 이용

사회계층에 따른 상담 이용과 관련하여 북미에서 진행된 연구들은 정신건강 서
비스 제공과 이용에 지역적, 인종적, 환경맥락적 불평등이 존재하여 낮은 사회계층
의 사람들이 적절한 정신건강 서비스를 필요한 시기에 받지 못하고, 그 결과 심각
한 심리적 어려움을 경험하게 된다고 보고하고 있다(Cook, Doksum, Chen, Carle, &
Alegria, 2013; Elliott & Hunsley, 2015; McCarthy et al., 2007; Ronzio, Guagliardo, &
Persaud, 2006; Slade, 2003). 즉, 하위 사회계층의 구성원들은 심리적 문제가 통제하
기 어려울 정도로 심각해졌을 때에서야 사회적인 관심을 받게 되고, 사회 전체적으
로는 이미 벌어진 문제를 수습하는 데 막대한 비용이 요구되어, 결과적으로 사회

적 비용의 증가로 이어진다는 것이다. 또한 이와 관련하여, 사회계층의 하층부에 속할수록 불안이나 우울, 스트레스, 약물의존 등을 경험할 가능성이 높은 반면, 이를 위해 심리치료를 받게 될 가능성은 낮은 것으로 보고되고 있다(Thompson, Cole, & Nitzarim, 2012). 이러한 결과들은 정신건강 관련 서비스가 다양한 사회계층에게 접근 가능하지 않다는 것을 잘 보여 주는 것이다. 정신건강 서비스의 접근성이 하위 사회계층에게 유독 낮아 취약한 정신건강으로 이어진다면, 심리치료 서비스 또한 다른 사회구조적인 불평등과 마찬가지로 억압적인 역할을 반복하고 있는 것이 아닌지 살펴보아야 한다. 사회계층은 한국에서도 상담 전문가들의 충분한 관심을 받지 못하고 소외되었던 영역에 해당된다. 그러나 앞에서 살펴보았듯이 사회계층은 각 개인의 정신건강에 영향을 미치는 중요한 요인이므로 상담 전문가들은 심리상담 서비스가 다양한 사회계층에게 실질적으로 접근 가능한지 살펴보고 접근 가능성을 높이기 위하여 노력할 책임이 있다. 이에 이 장의 나머지 부분에서는 사회계층 주제를 상담 과정에서 어떻게 논의해야 하며, 상담자들이 더욱 함양해야 하는 역량이 무엇인지에 대해 논의할 것이다.

3) 상담 과정과 사회계층

Falconnier와 Elkin(2008)은 상담 과정에서 내담자의 사회계층에 대해 논의하는 과정이 긍정적인 상담 성과와 관련된다는 것을 발견하였다. 특히 상담자가 중산층 이상의 사회계층 배경을 가진 경우에 상담자들은 낮은 사회계층의 내담자가 처하게 되는 현실적인 문제를 간과하게 되어 사회계층이 내담자의 주호소에 미치는 영향을 놓치게 된다(Choudhuri, Santiago-Rivera, & Garrett, 2012/2015). 이와 관련하여 Sue와 Sue(2008/2011)는 전통적인 상담 접근법은 중산층의 가치에 그 기반을 두고 있으므로 전통적인 훈련 방식만으로는 상담자들이 사회계층의 영향에 대해 민감성을 키우기 어렵다고 하였다.

사회계층 주제에 대해 상담자의 민감성이 부족하면 다양한 사회계층 관련 배경을 가진 내담자의 어려움을 정확하게 탐색하지 못할 뿐 아니라 암묵적으로 사회계층에 따라 내담자에 대해 편향된 지각을 하게 될 수 있다는 점에서 문제가 된다. Schmitt와 Hancey(1979)의 연구에서, 상담자들은 높은 사회계층에 속한 내담자들에 대해

서는 비현실적인 수준의 긍정적 견해를 갖고 있는 것으로 나타났으며, Smith(2005)
는 상담자 또한 사회경제적 지위를 근간으로 하여 타인에 대해 고정관념, 선입견, 혹
은 차별적인 태도를 보일 수 있다고 하였다. 또한 변상우(2020)는 사회계층 편향성
이 높은 상담자일수록 중산층 내담자를 보다 지배적이라고 지각한다고 밝힌 바 있
다. 이러한 상담자가 가지는 편향된 태도는 실질적인 상담 과정에 악영향을 미칠 수
있으므로, 상담자는 자신의 사회계층에 대한 태도가 상담 과정에 어떠한 영향을 미
치는지 주시해야 한다. 예를 들어, 상담자가 개인주의적인 세계관을 가지고 있다면,
빈곤 상태에 있는 내담자가 처한 억압적인 측면은 인지하지 못한 채 내담자가 자신
의 현실에서 당면한 문제를 직시하고 분명한 목표의식을 가지고 열심히 노력하여
빈곤의 상황에서 빠져나와야 한다고 생각할 가능성이 높다. 또한 이러한 목표를 내
담자가 실행에 옮기지 못했을 때에 내담자가 충분한 동기가 없다고 여기며, 동기의
부재가 내담자의 가난의 이유라고 단정 짓게 될 수도 있다. 이러한 상담자들은 내담
자가 아무리 노력해도 소용이 없는 상황에 지속적으로 노출되었거나, 생존을 위한
고된 노동으로 인하여 자기 발전을 위한 에너지가 없을 가능성에 대해서는 간과한
다. 이러한 태도는 내담자에게 고스란히 전달되어 내담자와의 관계에 부정적인 영
향을 미칠 수밖에 없다.

4) 사회계층에 민감한 상담

그렇다면 사회계층 주제에 민감한 상담자는 어떠한 모습일까? 사회계층에 높은
민감성을 가진 상담자들은 내담자의 삶에서 사회계층이 차지하는 역할을 중시한
다. 즉, 내담자들이 자신의 사회계층을 어떻게 지각하는지 탐색하고, 내담자의 사
회계층 배경과 주호소 간의 관계를 예민하게 살펴본다. 또한 상담자와 내담자의 사
회계층 배경이 상이할 경우, 상담자는 이러한 차이를 무시하지 않고 탐색한다. 〈표
7-1〉에는 내담자에게 사회계층이 주는 영향을 살펴보기 위한 질문들과 더불어 상담
자가 이러한 탐색을 효율적으로 하기 위하여 숙고해야 하는 질문들을 제시하고 있
다. 이러한 질문들은 내담자의 시각에서 내담자의 주호소를 탐색하고 평가하여 사
회계층의 영향을 탐색하도록 돕는 역할을 할 수 있다(Goodspeed-Grant, Mackie, &
Abraham, 2020).

표 7-1	내담자의 주호소에 사회계층이 미치는 영향을 살펴보기 위한 질문들
	다음은 내담자의 사회계층과 주호소의 관련성을 탐색하기 위하여 상담자가 고려해 보아야 하는 질문 목록이다. • 내담자는 자신의 문제를 어떻게 기술하고 있는가? • 자신의 주호소에 대한 내담자의 기술은 충분히 납득되는 것인가? • 내담자의 문제는 자기패배적인 것인가, 자기고양적인 것인가? • 내담자 주위의 사람들은 내담자의 주호소에 대해서 어떻게 언급하고 있는가? • 내담자의 사회계층과 관련된 경험 중 상담자가 알았으면 하고 바라는 것으로 보이는 것은 무엇인가? • 내담자는 자신의 삶, 가족, 문화, 지역사회의 어떤 점에 대해서 자랑스러워하는가? • 상담자의 사회계층 배경은 내담자와의 상담 과정과 어떻게 관련되는가? • 상담자의 세계관은 상담자의 사회적 배경 및 살아온 맥락과 어떻게 관련되는가? • 내담자와의 관계에서 상담자의 어떤 가치나 기대, 삶의 경험이 전면에 나타나게 되는가? • 내담자가 상담자와 상이한 사회계층 배경을 가지고 있기 때문에 상담자가 형성하게 된 부정적인 낙인이 있는가? • 내담자의 이야기를 경청할 때 그들이 이야기하고자 하는 사회계층, 인종, 성별 혹은 다른 맥락적인 요소들을 상담자는 적절하게 탐지하고 있는가? • 내담자의 행동이나 증상은 내담자의 사회계층 내에서도 극단적인 편에 속하는가? • 상담자로서 여러분은 내담자들이 자신의 사회경제적 맥락 안에서 어떻게 하면 더욱 풍부한 삶을 살아갈 수 있는지에 대한 철학을 가지고 있는가?

출처: Goodspeed-Grant et al. (2020).

더불어 Goodspeed-Grant, Mackie와 Abraham(2020)은 상담자가 일종의 '문화 중개업자'가 되어야 한다고 제안한다. 즉, 내담자가 부족한 자원을 얻을 수 있도록 필요한 정보를 제시하거나, 사회체계가 작동하는 방식을 내담자에게 알려 주어 내담자가 사회구조의 억압에 대한 인식을 높이고 미래를 위해서 필요한 자원을 습득할 수 있도록 촉진하여 지금까지와는 다른 선택을 하도록 돕는 것이다. 또한 사회계층에 민감한 상담은 하위 사회계층의 내담자에게만 해당되는 것이 아니라 모든 계층의 내담자에게 적용되어야 한다는 점 또한 잊지 않아야 할 것이다.

　　마리솔은 19세의 라틴계 이성애자 여성으로 미국 중남부에 위치한 대학의 신입생이다. 마리솔이 다니는 학교는 대부분의 학생이 백인으로 구성되어 있다. 마리솔은 나이에 비해 다소 성숙해 보이는 편이며 외모에 상당히 신경을 쓰는 것으로 보인다. 마리솔은 5개월 동안 사귄 남자친구와의 관계가 깨진 이후 생긴 자살사고 때문에 대학상담센터에 방문하게 되었다.

　　상담 첫 회기에서 마리솔은 남자친구와의 이별에 대해 주로 토론했다. 마리솔은 눈물을 흘리며 남자친구에게 분노를 표현한 것에 대해 죄책감과 수치심을 표현했다. 상담자는 이별로 인해 마리솔의 마음 깊은 곳에서 상실과 거절이 촉발되어 자살사고로 이어졌을 거라고 생각했다. 자살에 대한 평가 과정에서 마리솔은 우울 증상과 자살시도, 자해로 16세, 18세에 입원한 적이 있다고 말했다. 18세 때 마리솔은 경계선 성격장애로 진단되었다.

　　마리솔은 어머니가 자신의 첫 번째 자살시도 이후 할머니와 살라며 마리솔에게 거부적으로 행동한 것에 대해 적개심을 느꼈으나, 동시에 어머니 혼자만으로 힘든 일이 많았기 때문에 정신장애가 있는 딸을 돌보기 어려웠을 거라고 이해하는 모습도 보였다. 마리솔의 할머니는 10년 동안 25명의 위탁아동들을 돌보았기 때문에 마리솔의 어머니는 할머니가 마리솔을 잘 돌볼 거라고 생각했지만, 마리솔의 보고에 의하면 할머니는 정부의 재정지원 때문에 위탁아동들을 돌보았다고 한다.

　　상담자가 마리솔이 삶에서 경험한 다양한 어려움에 대해 타당화할 때마다 마리솔은 어쩐지 새로운 주제로 재빨리 이동하는 듯 보였다. 마리솔은 자신이 겪은 지속적인 어려움에 대해 우울의 탓을 했고 치료는 자신을 도와줄 수 없으며 아마 자신은 이런 채로 살아야 할 것 같다고 보고했다.

　　이후의 회기에서 상담자는 마리솔의 발달력과 우울과의 관계를 살펴보는데, 마리솔이 미국 중남부의 가장 가난한 지역 중 한 곳에서 성장했다는 것을 알게 되었다. 마리솔의 어머니는 이민자인 싱글맘으로, 지속적으로 경제적인 어려움을 경험하며 밀린 전기세와 집세, 제한된 의료보험 때문에 늘 고생해야 했다. 마리솔의 어머니는 야간 순찰가드로 일했기 때문에 마리솔은 가족의 보호 없이 혼자 집에 있어야 했다. 마리솔은 7살에 이미 자기 자신을 스스로 돌봐야 한다는 것을 알고 있어서 학교에서 집까지 혼자 걸어갔고 자신의 식사도 스스로 준비해서 먹었다. 9살 때 마리솔 가족과 가깝게 지내던 가족이 마리솔을 성희롱했으며, 이 사실을 어머니에게 이야기했을 때 어머니는 마리솔이 거짓말한다며 혼낼 뿐이었다. 이 시기부터 마리솔의 자해행동이 시작되었다.

　　마리솔은 이러한 경험들을 이야기하면서 어머니에 대한 강렬한 분노를 보고했고, 상담자는 마리솔의 분노에 공감하며 이 모든 일이 얼마나 고통스럽고 혼자서 견디기 힘들었을지 위로하고자 했다. 그러나 이러한 감정적인 공감이 마리솔에게는 짜증스럽게 느껴져서 마리솔은 감정에 대해 이야기하는 것은 아무 소용이 없다고 반응하기 시작했다. 마리솔이 이어서 남자친구와 원활하게 의사소통할 수 있는 기술이 필요하다며 상담자와의 상담은 끝내는 것이 좋겠다고 말했다.

　　이 회기 이후 상담자는 자신이 마리솔과의 치료 목표를 함께 수립하지 않고 자신의 생각만으로 마리솔과의 회기를 진행했다는 것을 깨닫게 되었다. 다음 회기에서 이제까지의 회기에 대한 마리솔의 소감을 물었을 때, 마리솔은 자신이 불행하고 가난하며 소외된 것으로 여겨지는 것에 뭔가 오해가 있는 것 같다고 이야기했고, 상담자가 자신을 빈민가 출신으로만 보는 것 같아 불편했다고 주저 없이 말했다.

　　마리솔은 자신은 빈민가의 다른 아이들과는 다르다고 하며, 자신이 이제까지 성취한 것에 대한 자부심을 표현했다. 마리솔은 중학교 때부터 부유한 동네에 있는 학교를 다녔고, 동급생들과 비슷한 수준으로 보이도록 엄마가 옷과 신발을 사 주었다고 이야기했다. 이 시점에서 상담자는 백인으로 구성된 학교에 다니는 것이 마리솔에게 어떠했는지 한번도 탐색하지 않았던 것을 깨닫게 되었다. 이에 대해 물었을 때 마리솔은 친구를 사귀는 것이 힘들었지만 인종적 차이가 크게 어려운 것은 아니었다고 대답했다.

그 후 상담은 지속되었고, 마리솔은 2학년에 들어서면서 매튜라는 남학생과 교제하기 시작했다. 매튜는 인기 있고 똑똑한 백인 학생으로, 마리솔은 매튜와 결혼하게 되면 자신이 누릴 수 있는 밝은 미래와 부유한 이웃, 아름다운 집, 즐거운 휴가 등에 대해 신나서 이야기했다. 이후 그 관계는 잘 이어지지 않았고, 매튜는 마리솔을 피하며 거리를 두기 시작했다. 마리솔은 매튜가 자신에게 거리를 두는 것이 본인의 잘못이며 매튜가 자신을 거절하는 것은 자신이 자기통제를 못해서 혹은 여성스럽게 행동하지 않아서일 것이라고 자신을 책망했다. 마리솔은 자신의 지성이나 패션감각, 행동방식 등이 매튜에게 부족했던 것이 아닌지 걱정했다. 상담자가 마리솔에게 자신을 책망하는 것이 스스로를 너무 어렵게 만들 수도 있다고 이야기하자, 마리솔은 다른 이유를 찾지 못하겠다고 이야기했다. 마리솔은 자신의 실패나 약점에 대해서 타인을 비난하고 싶지 않다고 했고, 방어적이고 철수하는 듯한 모습을 보이기 시작했다.

마리솔은 계속해서 매튜와의 꿈같은 삶에 대해서 이야기했고, 상담자는 이러한 환상의 의미가 무엇일지 궁금해지기 시작했다. 상담자가 마리솔과의 상담에 대해 슈퍼비전을 받게 되었을 때, 슈퍼바이저는 상담자가 간과하고 있는 부분에 대해 지적했다. 즉, 마리솔은 경계선 성격을 지녔고, 두 번의 입원 경험이 있으며, 지금 망상과 퇴행의 사인이 나타나고 있다는 것이었다.

〈생각해 볼 질문〉

1. 마리솔의 주호소에서 빈곤의 역할은 무엇인가?
2. 마리솔의 사회계층이 마리솔의 주호소에 직간접적으로 어떻게 영향을 미쳤다고 생각하는가?
3. 상담자가 마리솔과의 상담에서 자신에게 영향을 미치는 무언가가 있다고 보고했다면, 어러분의 생각에 마리솔의 어떤 부분이 상담자에게 영향을 미쳤던 것으로 보이는가?
4. 마리솔이 자신을 중산층이라고 표현했을 때, 그것이 무엇을 의미하는 것일까?
5. 슈퍼바이저는 마리솔의 경계선 성격을 언급했다. 이러한 지적에 대해 여러분은 어떻게 생각하는가?
6. 경계선 성격장애는 마리솔에게 적절한 진단일까? 사회계층, 인종, 성별이 경계선 성격에 어떤 영향을 미쳤다고 생각하는가?
7. 내면화된 계급차별주의가 마리솔의 증상과 어떤 관련이 있다고 생각하는가?

출처: Chambers, Bratini, & Smith (2014).

다문화상담에서의 상담 면접 기술

문화적 배경이 다른 내담자를 만나서 면접을 진행하는 기술은 상담을 효과적으로 이끌기 위한 상담자의 핵심 역량이라고 볼 수 있다. 제3부에서는 다문화상담에서의 상담 면접 기술에 대해 설명함으로써 문화적 배경이 다른 내담자와 어떻게 관계를 형성하고 대화를 나누는지에 대해 실제적인 방법을 제시하였다.

제8장에서는 존중 및 신뢰감 형성, 사전 준비, 주의 기울이기, 관찰하기에 대한 설명을 통해 문화적 배경이 다른 내담자와 어떻게 관계를 형성할 것인지를 다루었다. 제9장에서는 어떤 언어를 사용할 것인가의 문제, 다문화상담에서의 반응 기술 사용, 지역사회 가계도 활용 방법을 설명함으로써 다문화상담에서 내담자와 대화하는 기술에 대해 다루었다. 마지막으로, 제10장에서는 다문화상담 면접에서 나타날 수 있는 문제 상황들을 설명하고 각각의 상황에 상담자가 어떻게 대처하는 것이 필요한지에 대해 살펴보았다. 즉, 통역에서의 문제 상황, 내담자가 자기개방을 주저하는 문제, 아동 · 청소년 상담에서의 이슈들, 그 외의 문제 상황에 대해 상담자가 어떻게 대처해 나가는 것이 필요한지 설명하였다.

제8장

관계 맺기

이 장에서는 문화적 배경이 다른 내담자와 어떻게 관계를 형성해 나갈 것인지에 대해 다루었다. 첫째, 일반적인 상담에서와 마찬가지로 다문화상담에서도 먼저 내담자와 존중과 신뢰감을 형성하는 것이 중요하다. 제8장에서는 특히 문화적 배경이 다른 내담자와 존중과 신뢰감을 형성하기 위해 고려해야 할 요소들을 설명하였다. 둘째, 회기를 시작하기 전 사전 준비를 통해 관계 형성을 위한 기반을 마련해야 한다. 사전 준비에는 상담자가 미리 준비해야 할 사항들, 내담자를 위한 사전 교육, 사전 동의 얻기와 서류 작성 돕기, 상담 환경 조성이 포함된다. 셋째, 내담자에게 주목하고 집중하는 주의 기울이기 행동을 통해 내담자에게 진정으로 관심이 있음을 전달할 수 있다. 상담자의 자세, 제스처, 시선 접촉, 인사, 공간 사용, 신체적 접촉을 통해 내담자에게 주의를 집중하고 있음을 나타낼 수 있다. 넷째, 언어적 표현(예: 핵심 단어, 침묵, 고통의 표현 등)과 비언어적 표현(예: 시선 접촉, 제스처, 옷차림 등)을 관찰함으로써 내담자에게 어떤 특성이 있는지 파악할 수 있고 관계를 잘 형성할 수 있다.

1. 존중과 신뢰감 형성

다문화상담의 상담자와 내담자의 관계에서 존중과 신뢰감을 형성하기 위해서는 무엇보다 먼저 다양한 가치를 존중하는 태도가 필요하다. 그리고 호칭, 말의 어조와 속도, 시간에 대한 개념에 있어서 내담자와의 문화 차이를 고려해야 한다. 또한 내담자가 느낄 수 있는 수치심이나 체면과 같은 측면에 대해서도 주의를 기울일 필요가 있다.

1) 다양한 가치를 존중하기

상담자는 자신이 인식하지 못한 상태에서 자문화중심주의(ethnocentrism)에 빠져 있기 쉽다(McGoldrick, Giordano, & García-Preto, 2005). 즉, 자문화중심주의란 자신이 속한 문화적 기준과 자신의 행동 방식이 가장 자연스럽고 정상적인 것이라고 여기며, 자신과 다른 행동 방식에 대해서는 비정상적이거나 치료가 필요하다고 보는 태도를 의미한다. 다문화상담에서 상담자는 이러한 자문화중심주의에 빠지지 않도록 계속해서 자기성찰을 하는 것이 필요하며, 자신과 다른 가치와 신념체계에 대해 가치 판단을 하지 않도록 주의해야 한다. 다른 문화적 배경을 가진 내담자의 관습과 종교, 가치에 대해 존중하는 마음과 개방적인 태도로 내담자가 경험하고 있는 어려움의 다양한 의미를 탐색하려는 자세가 필요하다. 만약 상담자가 내담자의 문화나 관습에 대해 더 잘 알거나 이해하고 싶은 경우, 비밀보장의 원칙을 어기지 않는 한도 내에서 내담자의 문화적 가치나 관습에 대해 잘 알고 있는 다른 전문가나 내담자의 문화에 속한 일반인에게 자문을 구할 수도 있다.

이와 같이 상담자는 내담자의 문화적 가치와 신념을 존중해야 하며 함부로 판단을 내리지 말아야 하지만, 때로는 내담자가 고수하는 문화적 관습에 대해 전문적인 개입이 필요할 수도 있다. 즉, 내담자가 고수하는 문화적 관습이 호소하는 현재 문제와 밀접한 연관이 있으며 내담자에게 해를 끼치는 경우, 상담자는 이에 대해 치료적 개입을 해야 한다. 상담자는 내담자의 문화적 관습이 내담자에게 해를 끼치는지를 면밀하게 살펴보아야 하는데, 이를 위해서는 문화적 관습이 보편적인 인권에 반하는 것인지, 법을 어기는 것인지, 문화적 관습이 초래하는 해로움의 정도가 어느 정도 높은지 등을 평가할 필요가 있다. 여러 가지 측면에서 살펴보았을 때 내담자의 문제가 문화적 관습에서 야기된 것이지만 심각한 해를 초래하는 것이라면 전문적인 개입이 필요하다. 그러나 만약 내담자가 고수하는 문화적 관습이 해를 초래하는 문제가 아니고 단순히 문화적 차이에 해당한다면 치료적 개입을 할 필요는 없다.

2) 호칭

상대방에 대해 존중하는 마음을 가지고 있을 때 그러한 마음을 표현하는 가장 기본적인 행동 중 하나가 호칭 사용이다. 호칭은 문화마다 다르며, 동일한 문화 안에서도 차이가 있다. 따라서 상담자는 처음에는 연장자에게 격식을 갖춘 호칭을 사용하는 것이 좋다. 만약 상담자가 내담자가 속한 문화의 의사소통 방식과 규범을 알고 있다면 내담자가 속한 문화적 특징에 따라 호칭을 사용하면 된다. 하지만 상담자가 내담자의 문화에 대한 지식이 확실하지 않다면 내담자에게 어떤 호칭으로 부르는 것이 좋을지 직접 물어볼 수 있다(Hays, 2008/2010).

한국을 비롯한 여러 문화권에서는 상대방을 이름보다는 전문적인 직함으로 불러 주는 것이 존중을 나타내기도 한다. 예를 들어, 내담자가 교수일 경우 상담자가 '○○ 씨'라고 부르는 것보다는 '○○○ 교수님'이라고 부를 때 자신을 더 존중한다고 느낄 것이다. 내담자가 실제 가지고 있는 것보다 더 높은 지위를 가지고 있다고 가정하는 것이 그 반대의 경우보다 내담자와 관계를 형성하는 데 더 도움이 된다(Fontes, 2008/2016).

3) 말의 어조와 속도

상담자가 모르는 언어를 사용하는 내담자를 만났을 때, 우리는 내담자가 사용하는 언어에 대해 불쾌하게 느끼거나 자신의 언어보다 더 빠르다고 인식할 수 있다. 특히 후두음이 많은 언어(예: 아랍어, 독일어 등)나 성조가 있는 언어(예: 중국어, 베트남어 등)를 모국어로 사용하는 사람들은 한국어를 구사하는 경우에도 후두음을 많이 사용하거나 성조를 섞어서 사용할 수 있기 때문에(Giles & Niedzielski, 1998), 상담자는 내담자가 화가 나 있다거나 흥분해 있다고 오해하기 쉽다. 따라서 다문화상담에서 말의 어조나 크기만을 가지고 내담자의 감정을 판단하지 말아야 한다. 상담자는 먼저 내담자가 속한 문화의 언어적 특징에 대해 이해할 필요가 있으며, 내담자가 표현하는 말의 내용과 맥락 그리고 다른 비언어적 표현과 함께 통합하여 말의 어조나 크기의 의미를 살펴보아야 한다.

또한 한국어가 모국어가 아닌 내담자가 한국어로 상담을 받는 경우, 상담자의 질문에 대해 대답하는 데 더 오랜 시간이 걸릴 수 있다. 내담자가 느리게 반응하거나 침묵할 때 방어적이거나 저항적이라고 판단하지 말아야 하며, 대화의 속도를 내담자가 정할 수 있도록 하는 것이 필요하다.

4) 상담 시간

어떤 문화에서는 그 사람과 얼마나 많은 시간을 함께했는가가 신뢰감의 형성에 중요한 역할을 한다. 상담자가 바쁘게 보이면 이러한 문화에 속한 내담자와의 관계 형성이 어려워진다(Fontes, 2008/2016). 따라서 이러한 문화에 속한 내담자와 관계를 잘 형성하기 위해서는 한 회기의 시간을 더 길게 잡는 것이 좋을 수 있으며, 특히 상담 초기에는 시간을 여유 있게 잡는 것이 더욱 필요하다.

5) 수치심

다문화적 배경을 가지고 있는 사람들은 언어 구사 능력이 부족하거나 주류문화와는 다른 문화적 관습 때문에 다른 사람들로부터 차별이나 무시를 당함으로써 수치심을 경험해 왔을 수 있다. 내담자는 상담에서도 그러한 수치심을 경험하지 않을까 하는 두려움을 가지고 임할 수 있으며, 자신의 문제에 대해 이야기하는 것을 망설이기도 한다(Chan & Lee, 2004). 따라서 상담자는 말하는 방식에 세심하게 주의를 기울임으로써 내담자가 수치심을 느끼지 않도록 노력해야 하며, 내담자가 상담에서 환영받고 있음을 느끼게 해 주는 것이 필요하다. 또한 차별이나 무시 그리고 수치심에 대한 두려움이 큰 내담자의 경우 문제의 세부 사항에 대해 자세하게 이야기하는 것을 망설일 수 있으므로, 내담자가 더 편안하게 이야기할 수 있도록 우회적인 방법을 사용하여 접근해야 한다.

2. 사전 준비

다문화상담에서 상담자는 자신과 여러 가지 면에서 다른 내담자를 만나게 되므로, 상담이 진행되기 이전에 미리 충분한 준비를 하는 것은 내담자와 관계를 잘 맺기 위한 필수적인 과정이다. 상담자는 회기 이전에 내담자에 대해 필요한 정보를 파악해야 하며, 상담이나 심리치료가 생소하거나 이에 대해 부정적인 선입견을 가지고 있는 내담자에게 사전 교육을 실시해야 한다. 또한 기술적인 측면들에 대해 내담자에게 사전 동의를 얻어야 하며, 필요한 서류를 작성하도록 돕고, 편안하고 수용적인 상담 환경을 조성하는 것이 필요하다(Fontes, 2008/2016).

1) 사전에 필요한 정보 탐색

내담자를 만나기 전에 내담자와 관련된 기록들(예: 의료 기록, 법적 기록 등)을 미리 훑어보는 것은 내담자를 이해하는 데 상당한 도움이 된다. 특히 내담자의 문화적 배경에 대한 정보는 첫 회기 전에 수집하는 것이 좋다. 내담자의 연령, 종교, 인종, 가족 구성, 출신 국가 등에 대한 정보를 알아보는 것이 필요하다. 다른 국가에서 한국으로 온 경우에는 이주 시기, 이주를 결심한 이유, 원거주지에서 한국으로 이주한 과정 등을 살펴보아야 한다. 책이나 인터넷 등 다른 자료들을 통해 내담자가 속한 문화에 관한 일반적인 정보를 미리 탐색해 두는 것도 내담자를 이해하는 데 많은 도움을 줄 수 있다. 내담자가 속한 문화의 음악, 미술, 영화, 소설 등을 접해 보는 것도 좋으며, 이를 통해 내담자의 문화에 친숙해짐으로써 내담자와의 관계 형성의 토대를 마련할 수 있고 관계에서 불필요하게 발생할 수 있는 오해를 줄일 수 있다.

그러나 내담자에 대한 기록들이 모두 정확한 정보라고 생각하거나, 내담자에 대해 사전에 얻은 정보를 가지고 내담자를 미리 판단하거나 내담자의 문제를 미리 결정해서는 안 된다. 내담자를 만났던 이전 전문가들이 편견에 의해 기록을 남겼을 수도 있고, 기록을 했을 때 부주의했을 수도 있으며, 내담자의 언어를 잘못 해석하였을 수도 있기 때문이다. 사전에 기록들을 살펴봄으로써 내담자에 대한 이해에 도움을 받을 수 있지만, 사전에 얻은 정보 외에 내담자와의 상담을 통해 새로운 정보를 얻을 수 있다는 것을 항상 기대해야 한다.

2) 내담자를 위한 사전 교육

내담자가 이전에 속했던 문화권에서 상담이나 심리치료에 대해 거의 접해 보지 못했을 수 있으며, 어떤 경우에는 과거의 부정적 경험 때문에 전문적 개입에 대한 선입견을 가지고 있을 수 있다. 상담 회기가 시작되기 전에 내담자에게 상담에 대한 사전 교육을 실시함으로써 내담자가 상담에 적극적으로 참여하도록 도울 수 있으며, 상담자와 내담자 간의 관계를 형성하는 토대를 마련할 수 있다.

(1) 상담에 대한 교육

내담자가 속했던 문화권에서는 심리적 장애에 대해 낙인이나 부정적인 고정관념을 가지고 있을 수 있으며, 내담자는 상담 및 심리치료에 대한 개념이 생소할 수 있다. 이러한 경우 내담자에게 정신건강에 대해 교육하고 심리적 개입의 의미에 대해 설명하는 것이 내담자와의 관계를 형성하는 데 중요한 역할을 한다(Bemak & Chung, 2021). 특히 이주 과정에서 트라우마나 어려움을 경험했던 사람들은 자신의 안전에 대해 걱정하며 개인적 정보나 세부 사항에 대해 이야기하는 것을 꺼릴 수 있다. 상담자는 이러한 내담자에게 비밀보장에 대해서 충분히 설명하는 것이 중요하다. 또한 상담자와 내담자의 역할이나 상담에서 지켜야 할 규칙 등을 알려 줌으로써 상담자와 내담자의 만남이 무엇을 의미하는지 이해할 수 있도록 도와야 한다. 한국어로 의사소통하는 것이 어려워서 통역사가 함께 있는 경우에는 내담자와 만나기 전 통역사와 미리 만나서 상담 진행 과정에 대해 의논하는 것이 좋으며, 내담자에게도 통역하는 사람의 역할에 대해서 알려 주는 것이 좋다. 상담에 대한 사전 교육 시간을 통해 상담자는 내담자의 문화적 배경과 특징을 파악할 수 있으며, 내담자가 가지고 있는 상담에 대한 고정관념, 증상을 표현하는 방식이나 문제에 대해 설명하는 방식, 그리고 상담에 대한 기대 등을 탐색할 수 있다. 이후 상담을 진행하면서도 내담자가 상담에 대해 의문점이 생긴다면, 상담자는 언제든지 이러한 것들에 대해 개방적으로 논의할 수 있어야 한다.

(2) 시간 제한에 대한 교육

앞에서 설명한 바와 같이 어떤 문화에서는 그 사람과 얼마나 많은 시간을 함께했는가가 신뢰감을 형성하는 데 중요한 역할을 한다. 즉, 오랜 시간 함께하는 것이 관계 형성의 열쇠가 된다. 이러한 문화에 속한 내담자의 경우 가능한 한 여유 있게 상담 시간을 계획하는 것도 필요하지만, 상담을 시작하기 전에 상담 시간이 제한되어 있음을 명확하게 설명하는 것이 필요하다. 시간 제한이 있다는 것을 알려 주는 것은 내담자가 상담 시간에 대해 비현실적인 기대를 가지지 않도록 도와줄 수 있으며, 상담자와 내담자 간에 상담 시간에 대해 생길 수 있는 오해를 피할 수 있다.

일반적으로 상담이 진행되는 시간에 대해 "보통 상담은 50분간 진행됩니다."라고 설명할 수 있다. 또는 첫 상담 회기는 다소 길게 진행되지만, 이후 회기는 45분에서 50분간 진행된다고 설명할 수도 있다.

3) 기술적인 측면에 대한 사전 동의 얻기

상담 장면을 녹화하거나 녹음하는 경우 또는 상담을 진행하면서 일방경을 사용하는 경우에는 이러한 사항들을 내담자에게 미리 알려 주어야 하며, 사전에 내담자의 허락을 받아야 한다. 연령, 종교, 또는 다른 문화적 배경 때문에 내담자들은 일방경의 사용이나 녹음·녹화와 같은 것을 불편해할 수 있으며, 자신의 이야기를 자유롭게 하지 못하고 긴장하며 경계할 수 있다. 일방경의 경우 상담자는 내담자에게 일방경 뒤에 있는 관찰자들을 만나게 해 주는 것이 좋으며, 녹음이나 녹화의 경우 녹음 장치나 카메라 장치에 대해 설명하고 카메라 영상이 어떤 식으로 찍히는지 들여다볼 수 있는 기회를 주는 것도 좋다. 이와 같은 방식으로 내담자가 일방경이나 녹음·녹화와 같은 기술적인 측면들에 익숙해지도록 함으로써 내담자가 덜 경계하고 덜 긴장하도록 도울 수 있다. 그러나 이러한 노력에도 불구하고 내담자가 녹음·녹화나 일방경의 사용에 동의하지 않는다면, 상담자는 내담자의 의견을 존중해야 한다.

4) 서류 작성 돕기

내담자가 한국어를 읽고 쓰는 것이 어려운 경우, 내담자는 서류 작업을 부담스러워할 수 있다. 따라서 내담자가 한국어에 익숙하지 않다면 내담자의 모국어로 된 상담 신청서 및 그 외 기록 양식지(예: 비밀보장 관련 사항에 대해 잘 이해하고 동의하는지를 확인하는 서류)가 있어야 한다. 그리고 상담자와 내담자가 원활하게 대화를 나눌 수 있도록 돕는 통역사를 미리 구하도록 해야 한다.

어떤 경우에는 내담자가 속한 문화의 특성상 말로 서로 간의 신뢰를 주고받는 것을 훨씬 더 중요하게 생각하기 때문에 서류 작업은 중요하지 않다고 생각하여 서류 작업을 하지 않으려고 할 수도 있다. 이러한 내담자에 대해 상담자는 서류 작성이 불필요하게 느껴진다거나 부담스럽다는 것을 수용해 주기는 하되, 서류 작성이 반드시 필요하다는 것을 설명할 필요가 있다. 다만, 서류 작성을 지나치게 강조하는 것이 내담자와의 관계 형성에 어려움을 가져올 가능성이 있다면, 반드시 필요한 서류만 작성하도록 하고 꼭 필요하지 않은 서류는 작성을 연기하거나 취소하는 것을 고려해야 한다.

5) 상담 환경 조성하기

상담자는 다양한 문화적 배경을 가진 내담자가 편안하고 수용받는 느낌을 가질 수 있도록 상담실의 환경을 조성해야 한다. 상담실의 벽에 걸린 그림이나 포스터, 복도에 꽂힌 책이나 잡지 등은 내담자가 상담실에 대한 전반적인 인상을 형성하는 데 중요한 역할을 할 수 있다. 따라서 안내판의 경우 한국어뿐만 아니라 내담자의 모국어로도 표기하는 것이 좋으며, 다양한 문화의 특징을 보여 주는 장식물들을 활용하여 상담실의 환경을 조성하도록 한다. 상담자가 속한 국가의 국기나 정치적 이념을 상징하는 물건을 놓아두는 것은 내담자에게 불편함을 줄 수도 있다. 상담자는 전문성을 보여 주는 자격증이나 학위 수료증 등을 걸어 놓을 수 있다. 상담자의 개인적인 사진이나 물품을 놓기도 하지만, 이는 내담자가 상담자에 대한 인상을 형성하는 데 영향을 미치므로 주의할 필요가 있다. 상담실의 소품이나 장식을 통해서도 내담자와 상호작용을 하고 있다는 것을 기억해야 한다.

만약 상담이 내담자의 집에서 이루어진다면, 집주인을 존중하는 의미를 전달하기 위해 들어가기 전에 먼저 "들어가도 될까요?"라고 물어보는 것이 좋다. 문 안으로 들어간 후에도 더 들어가도 좋다는 신호가 없는 이상은 더 안으로 들어가지 말아야 하며, 더 들어가도 되는지에 대해 한 번 더 허락을 구해야 한다. 일단 집으로 들어간 후에는 "어디에 앉으면 좋을까요?"라고 물어본 후 앉는 것이 좋다. 가족의 연장자 또는 특정한 가족 구성원이 반드시 앉아야 하는 자리가 있을 수 있기 때문이다. 가족들이 다과를 제공할 경우 단번에 받아들이는 것이 예의에 어긋나는 것으로 여겨질 수 있으므로, 처음에는 사양을 하다가 더 권하면 받아들일 수 있다. 반면, 문화에 따라 다과를 함께하지 않으면 상대방이 모욕을 당하는 것으로 받아들일 수도 있으므로, 음식을 먹고 싶지 않을 때에는 주의하여 사양하는 것이 필요하다.

3. 주의 기울이기

상담자가 내담자에게 주목하고 있으며 대화에 집중하고 있음을 보여 주기 위해 하는 행동을 주의 기울이기 행동이라고 한다. 상담자가 여러 가지 비언어적 행동을 통해 내담자에게 진정으로 관심을 가지고 있음을 전달하게 되고, 내담자는 이를 통해 상담자를 신뢰하게 되며 좋은 관계를 형성하게 된다. 다문화상담에서 비언어적인 행동의 의미가 문화권에 따라 달라질 수 있으므로, 상담자는 자신과 문화적 배경이 다른 내담자와 상담을 할 때 주의 기울이기 행동에 있어서 이러한 문화적 차이에 민감해야 한다.

1) 자세

상담자의 주의 기울이기 행동은 앉아 있거나 서 있을 때 상담자의 자세를 통해서 전달될 수 있다. 뒤로 기대어 앉기보다는 내담자를 향해 몸을 기울이는 자세는 상담자가 내담자에게 주목하고 있음을 보여 주는 좋은 자세이다.

아동들과의 상담에서는 상담자가 아동과의 눈높이를 맞추기 위해서 작은 의자에 앉거나 바닥에 앉음으로써 따뜻함을 전달할 수 있다. 반면, 뒤로 기대어 앉거나 고개 혹은 턱을 쳐드는 자세, 또는 양손으로 허리를 짚는 양손 허리 자세는 여러 문화권에서 우월함이나 권위를 나타내는 자세이다(Fontes, 2008/2016). 상담자가 이러한 자세를 취하면, 내담자는 상담자와 거리를 두게 될 수 있다.

상담자가 무의식중에 하는 자세들, 즉 하품하기, 기지개 켜기, 한숨 쉬기, 종이를 뒤적거리기, 펜 또는 발로 두드리기, 발을 흔들기, 볼펜을 딸깍거리기, 손이나 손톱을 만지작거리기 등의 행동은 상담자가 불안하다는 것을 나타내거나 내담자에 대해 온전히 주의를 기울이지 못하고 있음을 전달하게 된다. 특히 남성 상담자는 여성 내담자나 아동을 만날 때 행동이나 자세를 주의할 필요가 있다. 문화권에 따라 성적인 의미를 부여하는 행동이 다르기 때문이다.

또한 상담자와 내담자 간에 이루어지는 서류 작업이 때로는 관계 형성의 장애물이 되기도 한다. 상담 중에는 가급적 파일이나 서류, 차트 등을 옆으로 치워 놓고 내담자와 직접적으로 대화를 하는 것이 좋으며, 필기를 하는 경우에도 시선 접촉을 지속적으로 유지하면서 가능한 한 노트를 내려다보지 않는 것이 좋다(Fontes, 2008/2016).

2) 상담자의 제스처

제스처는 문화에 따라 다양한 의미를 가지고 있다. 예를 들어, 나머지 손가락은 편 상태에서 엄지와 검지로 동그라미를 만드는 행동은 어떤 문화권에서는 '좋다'는 의미이지만, 어떤 문화권에서는 '돈'을 뜻하며, 또 다른 문화권에서는 외설적인 의미를 갖기도 한다. 또한 손가락으로 다른 사람을 가리키거나 다른 사람을 부르는 행동은 여러 문화권에서 무례한 행동으로 여겨진다.

따라서 상담자는 내담자와의 대화에서 제스처의 다양한 의미를 고려해야 하며, 특히 손과 손가락을 사용해서 만들 수 있는 제스처를 사용할 때 주의를 기울일 필요가 있다. 만약 상담자가 내담자의 문화를 잘 알지 못한다면, 가능한 한 제스처를 사용하지 않는 것이 좋다. 대신 분명하고 단순한 언어로 대화하는 것이 더 안전하게 대화를 진행하며 관계를 형성할 수 있는 방법이 될 수 있다.

3) 상담자의 시선 접촉

상담자는 시선 접촉을 할 때 편안하고 자연스럽게 접근하는 것이 좋으며, 지나치게 적극적으로 시선 접촉을 하려고 하거나 반대로 시선 접촉을 피하지는 말아야 한다. 특히 두 명의 상담자가 함께 상담을 진행하는 경우, 상담자 간에 '알고 있는 눈빛(knowing glance)'을 주고받는 것은 피해야 한다. 알고 있는 눈빛이란 어떤 사람에 대한 부정적인 생각을 서로 공유하며 교환할 때, 눈을 가늘게 뜨거나 눈동자를 굴리거나 눈썹을 올리는 등의 똑같은 표정을 지어 보이는 것이다. 두 명의 상담자 간에 이러한 눈빛을 교환하게 되면, 상담자보다 덜 우월한 위치에 놓여 있는 내담자는 자신을 놀리거나 비판하는 것으로 받아들일 수 있다. 특히 문화적 배경이 다른 내담자의 경우, 상담자들의 이러한 눈빛을 무시나 차별로 느낄 수도 있다.

또한 상담자는 장애가 있는 사람과의 시선 접촉에 대해서 주의할 필요가 있다. 청각장애를 가지고 있는 내담자의 경우 상담자의 시선 접촉이나 제스처 등이 더 중요해진다. 상담자의 입술의 움직임을 통해서 상담자의 말을 이해할 수도 있으므로 반드시 내담자의 얼굴을 보면서 대화를 하는 것이 좋다. 시각장애를 가지고 있는 내담자의 경우에는 다른 사람들에 비해 상담자의 목소리 톤, 목소리 크기, 말하는 방식에서 훨씬 더 많은 정보를 얻는다는 것을 기억해야 할 필요가 있다.

4) 인사

악수에 대한 예절은 문화에 따라 차이가 있으므로, 상담자가 주의할 필요가 있다. 어떤 문화권에서는 짧게 악수하되 손을 굳게 잡는 것을 선호하는 반면, 어떤 문화권에서는 가볍게 악수하지만 길게 손을 잡는 것을 선호한다. 특히 이성과의 악수에서 상대방이 예상한 것보다 더 길게 손을 잡을 경우 오해를 받을 수도 있다.

또한 상담자는 내담자의 나이와 지위에 따라 인사를 하는 것이 좋다. 가족상담과 같이 여러 명의 내담자가 동시에 왔을 때 연장자가 있는 경우에는 그중 연장자에게 먼저 인사하도록 한다.

5) 개인 공간

개인 공간에 있어서도 문화적인 차이가 있다. 북아메리카에 속하는 미국이나 캐나다 사람들은 팔 길이보다 먼 거리에서 대화하는 것을 편안하게 느끼는 반면, 라틴아메리카 사람들은 절반 정도 더 가까운 거리에서 대화하는 것을 선호한다. 일본이나 한국과 같은 수직적인 문화적 특징을 가진 사람들은 수평적인 문화적 특징을 보이는 북아메리카나 유럽에 속한 사람들보다 권위 있는 전문가와의 대화에서 거리를 더 넓게 두는 것을 편안하게 느낀다.

따라서 상담자는 이렇게 개인 공간에 대해 내담자가 속한 문화권에 따라 다르게 느낄 수 있다는 것을 고려해야 하며, 내담자가 편안하게 느낄 수 있는 거리를 유지하는 것이 필요하다. 또한 평소에 다양한 문화의 사람들이 대화에서 어느 정도 거리를 두는지 관찰해 두었다가 상담 과정에서 관찰해 둔 정보들을 활용할 수 있다.

한편, 같은 문화권에 속해 있다 하더라도 내담자의 성별, 내담자와 상담자의 관계 형성의 정도, 내담자가 표현하는 감정이나 이야기의 주제에 따라 편안하게 느끼는 개인 공간에 차이가 있을 수 있음을 염두에 두어야 한다. 즉, 같은 문화권에 속한 사람일지라도 상담자와의 신뢰감 형성 정도가 낮거나 이야기하기 어려운 주제에 대해 대화를 나누고 있다면 내담자는 상담자와 더 거리를 둘 수 있으며, 여성 내담자는 남성 상담자에게 더 거리를 두고자 할 수 있다.

6) 신체적 접촉

우리는 관계에서 상대방과의 친밀감 수준에 따라 다양한 의미로 신체적 접촉을 한다. 때로는 우정과 따뜻함을 표현하기 위해서, 때로는 사회적으로 정중한 수준에서 신체적 접촉을 한다. 같은 신체적 접촉이라 하더라도 어떤 문화에서는 그러한 접촉이 수용될 수 있지만, 또 다른 문화에서는 무례하거나 위협적으로 받아들일 수 있다. 성인이 애정의 표현으로 아동의 머리를 쓰다듬는 행동은 북아메리카의 미국과 캐나다 사람들에게는 자연스러운 행동이지만, 중국, 필리핀, 남아시아, 인도네시아, 중앙아메리카 사람들은 머리를 쓰다듬는 것은 사람이 아닌 동물에게 어울리는 행동이라고 생각하므로 모욕적으로 받아들일 수 있다(Chan & Lee, 2004). 또한 신체적 접촉의 정도도 문화에 따라 차이가 있다. 신체적 접촉의 횟수를 국가 간 비교한 연구에서, 친구와 한 시간 정도 대화를 나누는 동안 영국인은 신체적 접촉을 하지 않은 데 반해, 프랑스인은 평균 110회, 푸에르토리코인은 평균 180회의 신체적 접촉을 하였다(Ivey, Ivey, & Zalaquett, 2014/2017).

상담 장면에서 상담자들은 내담자에 대한 위로와 지지를 표현하는 수단으로 내담자의 팔이나 어깨를 다독거릴 수 있다. 라틴 아메리카 사람들에게는 그러한 접촉이 도움이 되지만, 중동 지역의 사람들에게는 모욕적인 것으로 여겨질 수 있다(Fontes, 2008/2016). 따라서 상담자는 내담자에 대한 관심과 지지를 보여 주고자 신체적 접촉을 할 때 접촉 부위와 접촉 횟수 등에 대해 신중하게 접근해야 하며, 신체적 접촉에 대한 내담자의 문화적 배경을 고려해야 한다.

4. 관찰하기

관찰은 내담자에게 무슨 일이 일어나고 있는지에 대해 관심을 기울이는 것이다. 상담자는 내담자의 비언어적 표현과 언어적 표현에 대해서 관찰해야 한다. 특히 내담자의 시선 접촉, 내담자의 음성의 질, 내담자의 제스처, 옷차림, 내담자가 표현하는 언어적 단서를 관찰할 필요가 있다(Fontes, 2008/2016; Ivey et al., 2014/2017).

1) 내담자의 시선 접촉

시선 접촉은 문화에 따라 다양한 특성을 나타낸다. 서구 문화에서는 상대방의 눈을 직접적으로 응시하는 것이 관심의 표시로 간주된다. 그러나 한국을 비롯한 많은 문화권에서는 상대방과 정면으로 시선 접촉을 하는 것이 무례한 행동으로 여겨지며, 특히 권위가 있는 사람과의 관계에서 상대방을 직접적으로 쳐다보는 것은 더욱 무례한 행동이라고 여겨질 수 있다. 이러한 문화권에 속한 내담자들은 심각한 주제를 이야기할 때 시선 접촉을 피할 수 있는데, 이것은 상대방에 대한 존경의 표현이 될 수 있다. 어떤 문화권에서는 이성과의 시선 접촉을 회피하는 경우도 있는데, 이는 이성과 눈을 마주치면 상대방에게 성적 관심이 있는 것으로 전달되는 문화에 속해 있기 때문이다. 따라서 내담자가 눈을 마주치거나 시선 접촉을 피하는 것만으로 그 내담자의 특성을 판단해서는 안 된다. 내담자의 시선 접촉 방식을 이해하지 않으면 내담자에 대해 오해할 수 있기 때문이다.

2) 음성의 질

내담자가 속한 문화권에 따라 다양한 억양을 사용할 수 있다. 내담자가 어떤 억양으로 이야기하는가에 따라 내담자가 표현하는 내용이 다르게 받아들여질 수 있다.

따라서 상담자는 자신의 억양과 다른 억양에 대해서 고정관념이나 편견을 가지고 있지는 않은지 살펴보아야 한다. 또한 대화를 하면서 내담자의 음성의 높이나 말의 속도에 변화가 있다면 그것의 의미가 무엇인지 살펴보아야 한다. 사람들은 일반적으로 중요한 단어들을 더 큰 소리로 강조해서 표현하며, 이야기하기 어려운 것들을 낮은 목소리로 이야기하는 경향이 있다. 상담자는 내담자의 음성이 어떻게 변화하는가를 잘 살피면서 내담자에 대한 이해를 도울 수 있다.

3) 내담자의 제스처

내담자가 자신의 감정을 표현하는 제스처는 문화에 따라 다양하다. 미국 사람들은 당황스럽거나 부끄러울 때 고개를 숙이는 반면, 일본 사람들은 부끄러움과 후회를 느낄 때 미소를 지을 수도 있다. 대화를 나누면서 제스처를 사용하여 감정을 표현하는 종류나 정도도 문화에 따라 다양하게 나타난다. 한국과 일본, 중국과 같은 유교 문화권에서는 서구 문화권에 비해 극단적인 감정 표현을 자제하는 경향이 있다. 실제로 미국과 일본, 중국을 비교한 연구에서 미국은 일본과 중국보다 긍정적 감정이나 부정적 감정을 더 많이 표현하였고, 실망스러운 상황에서 일본과 중국은 미국보다 중립적인 표현을 더 많이 나타내었다(Ip et al., 2021).

상대방의 말에 대해 동의하거나 동의하지 않는 것에 대한 신호도 문화마다 차이가 있다. 보통은 고개를 끄덕이는 것이 동의를 표현하지만, 불가리아에서는 고개를 끄덕이는 것이 동의하지 않음을 의미하고 고개를 옆으로 흔드는 것이 동의한다는 것을 의미한다. 아랍 문화권에서는 머리를 뒤로 젖히고 혀를 끌끌 차는 것이 동의하지 않는 것을 뜻하며, 소말리아에서는 벌린 손을 재빨리 뒤집는 것이 동의하지 않는 것을 의미한다. 따라서 상담자는 내담자의 고개를 끄덕이거나 옆으로 흔드는 제스처만을 보고 상담자의 말에 동의하는지 아닌지를 판단하기는 어렵다.

때로는 내담자가 원래 어떤 국가나 인종에 속했는가보다는 주류문화나 언어에 익숙한 정도가 제스처에 더 큰 영향을 미치기도 한다. 즉, 이주한 기간이 오래되었고 이주한 지역에서의 주류문화와 언어에 더 익숙해질수록 현재 살고 있는 지역의 제스처를 더 닮아 가게 된다. 영어를 제2외국어로 배운 중국인, 인도네시아인, 인도인을 비교한 연구에서, 출신 국가에 따라 제스처를 사용하는 기능이나 정도가 달라지지 않았으나, 영어 사용의 유창성에 따라 제스처를 사용하는 기능이 달라졌다(Lin, 2017). 언어 유창성이 높은 경우 자신이 말한 내용을 더 '강화'하거나 '통합'하여 표현하기 위해 제스처를 사용하는 비율이 높은 반면, 언어 유창성이 낮은 사람들은 자신이 말한 내용을 '보완'하기 위해 제스처를 사용하거나 말한 내용과는 관계없는 제스처를 사용하는 비율이 높게 나타났다. 따라서 상담자는 내담자의 출신 국가나 인종을 고려함과 동시에 내담자가 주류문화에 동화한 정도나 주류문화에서 사용하는 언어를 얼마나 유창하게 구사할 수 있는가도 함께 고려하여 내담자가 표현하는 제스처의 의미를 이해해야 한다.

만약 상담자와 다른 문화적 배경을 가진 내담자의 제스처의 의미가 잘 이해되지 않는다면, 그 의미가 무엇인지 질문해 볼 수도 있다. 이러한 질문에 대해 내담자 자신도 그 의미를 잘 알지 못하는 경우도 있지만, 대개의 경우 익숙하지 않은 제스처의 의미가 무엇인지 함께 탐색해 보는 것은 내담자를 더 잘 이해하도록 도울 수 있도록 한다.

4) 옷차림

상담자는 내담자의 옷차림을 통해 내담자에 대한 인상을 형성하게 된다. 이때 상담자는 내담자의 옷차림에 대해 조심스럽게 판단해야 한다. 내담자가 지저분한 옷이나 누추한 옷을 입고 상담에 왔을 때 상담자는 내담자의 심리적 상태를 부정적으로 생각하기 쉽다. 그러나 내담자가 처한 경제적 상황이나 상담 회기 이전의 작업 상황을 고려해서 생각해야 할 필요가 있다. 때로는 내담자의 옷차림이 선택에 의한 것이 아니라 여러 가지 어려운 상황에서 입을 수 있는 최선의 옷차림일 수도 있다. 내담자는 때때로 종교적인 의미를 가진 장신구를 달고 상담실에 오거나, 우리에게 익숙하지 않은 내담자의 문화에서 전통적인 복장으로 여겨지는 옷차림으로 올 수도 있다. 특히나 상담자는 내담자의 이러한 옷차림에 대해 자신이 어떤 감정적 반응을 가지는지 잘 인식할 필요가 있다. 문화적으로 생경한 내담자의 옷차림에 대해 혐오감이나 연민과 같은 감정을 강하게 느끼면, 그러한 감정이 상담 과정에 많은 영향을 미치게 되기 때문이다(Fontes, 2008/2016).

5) 언어적 단서

내담자가 표현하는 언어적 단서를 관찰하고 따라가는 것은 내담자가 자신의 이야기를 자세하게 할 수 있도록 돕는다. 내담자가 방금 전에 했던 이야기를 잘 관찰하여 듣고 이에 대해 간단하게 되풀이해서 이야기해 주거나 질문을 하면, 내담자는 자신이 관심 있는 주제에 대해서 더 상세하게 이야기하게 된다. 특히 상담 초기에 이와 같이 내담자의 언어적 단서에 주의를 기울이고 따라가는 반응을 하면 내담자와의 관계 형성을 촉진할 수 있으며, 내담자가 상담에서 원하는 것이 무엇인지를 파악하는 데 도움이 된다.

(1) 핵심 단어

내담자의 이야기에서 반복적으로 사용되면서 억양이나 목소리의 크기로 강조되는 단어를 핵심 단어라고 볼 수 있다. 내담자가 표현하는 핵심 단어를 잘 파악하고 그 단어에 내포된 의미를 탐색하는 것은 내담자의 문제를 이해하는 데 유용하다. 특히 내담자가 가지고 있는 문화적 요소가 현재 문제에 중요한 영향을 미치는 경우, 내담자가 표현한 문화적 특징에 대한 단어가 핵심 단어로 나타나게 된다(예: 특정 종교, 인종 등). 이때 내담자가 표현한 문화적 요소에 대한 핵심 단어를 상담자가 그대로 사용하며 그 주제를 충분하게 탐색하는 것은 내담자가 상담자를 신뢰하고 좋은 관계를 형성하는 데 중요한 역할을 하는 것으로 밝혀졌다(Gundel, Bartholomew, & Scheel, 2020). 따라서 내담자가 인종이나 종교와 같은 문화적 요소에 대한 문제를 먼저 언급하는 경우, 상담자는 내담자의 언어적 단서에 주의를 기울이고 내담자가 표현한 단어나 용어의 의미를 잘 탐색하는 것이 필요하다.

(2) 침묵

때로는 **침묵**을 통해 내담자가 표현한 주제에 머무를 수도 있다. 내담자는 침묵하면서 자신이 표현한 현재 생각이나 감정에 머무르게 되며, 자신이 무엇을 원하는지 생각할 시간을 가지게 된다. 침묵은 내담자에게 공감과 따뜻함을 전달하며, 내담자가 아무런 방해 없이 자신의 생각과 감정에 접촉할 수 있는 시간을 주게 된다. 공감적이고 따뜻한 침묵 속에서 내담자가 자신의 생각이나 감정과 닿아 있는 동안, 상담자는 말하는 것을 미루고 조용히 내담자와 함께해야 한다. 이러한 침묵을 통해 내담자는 자신의 내면의 감정을 더 잘 인식하고 표현할 수 있게 된다.

(3) 고통의 표현

상담자는 내담자가 속한 문화권에 따라 감정이나 **고통**을 표현하는 정도나 방식에 차이가 있다는 것을 유념해야 한다. 금욕적인 문화권의 사람들은 고통스러운 감정이 있음에도 불구하고 언어적으로는 "괜찮아요."라고 표현할 수 있다. 따라서 내담자가 얼마만큼 고통스러운지를 구체적으로 탐색하는 것은 내담자를 이해하는 데 도움이 될 수 있다. 고통이나 불안의 정도에 대해 1~10으로 점수를 매기게 하는 방법이 적절하지 않은 내담자라면, 다양한 고통의 정도를 나타내는 그림들 중 자신의 감정을 가장 잘 나타내는 그림을 선택하게 함으로써 고통의 정도를 파악할 수 있다.

(4) 나와 타인에 대한 진술

현재 문제에 대해 어떤 내담자는 '자신'이 문제라고 생각하지만(예: "저는 공부를 열심히 하지 않았어요."), 어떤 내담자는 '타인(세상)'이 문제라고 생각한다(예: "학교에서의 차별 때문에 공부를 할 수가 없어요."). 이러한 자신에 대한 진술에 있어서도 문화적 차이가 있다. 개인주의 문화에 속하는 사람들은 개인, '나'가 중요하지만, 집단주의 문화에 속하는 사람들은 자신이 속한 관계 안에서 자신을 정의하는 경향이 있기 때문이다. 따라서 상담자는 내담자가 '나'에 대해 어떤 방식으로 진술하는지 내담자가 속한 문화적 특징을 고려하며 관찰할 필요가 있다.

또한 나와 타인 간의 관계를 맺는 방식이 문화에 따라 다르게 나타날 수 있다. 감사에 대한 표현에 있어서 유럽계 미국인들은 상호 교환적인 관점으로 접근하는 경향이 있다. 즉, 상대방에게 도움을 받았을 때 가능한 한 빠른 시간 내에 고마운 마음을 표현하며(예: 선물이나 꽃을 사 주기, 식사 대접 등), 그렇게 표현하지 못할 때 불편함을 많이 느꼈다. 반면, 인도 사람들은 도움을 받았을 때 즉각적으로 감사를 표현하는 행동을 하기보다는 그 친구와 지속적으로 관계를 맺으며 친구가 도움이 필요한 상황이 되었을 때 도와주는 방식으로 고마움을 표현하였다. 또한 유럽계 미국인들은 자신의 도움 행동에 대해 상대방이 즉각적으로 고마움을 표현하는 경우 이후에 그 사람에게 도움 행동을 할 비율이 높아졌지만, 인도인들은 그러한 경향이 나타

나지 않았다(Wice, Howe, & Goyal, 2018). 따라서 내담자가 속한 문화권에 따라 나와
타인에 대한 인식과 진술이 달라질 수 있으므로 이러한 부분을 유념하여 내담자의
언어적 표현을 관찰해야 한다.

(5) 불일치

① 언어적 단서와 비언어적 단서의 불일치

내담자의 내적 갈등을 이해하기 위해서는 내담자가 표현하는 언어적 단서와 비언
어적 단서 간의 불일치를 살펴보아야 한다. 특히 내담자가 두 가지 문화에 대한 정체
감을 동시에 가지고 있는 경우, 언어는 주류문화의 언어를 사용하면서 제스처는 모
국어 문화의 제스처를 사용할 수 있다. 상담자가 내담자의 모국어 문화를 잘 알지 못
하는 경우 사용하는 언어와 제스처 간의 불일치로 인해서 내담자가 표현하고자 하
는 바를 잘 이해하지 못할 수 있다. 따라서 상담자는 내담자가 원래 속했던 문화에서
사용하는 제스처의 특성에 대해 이해할 필요가 있다.

예를 들어, 대부분의 문화에서 웃음은 긍정적인 신호이지만, 한국과 같은 아시아
문화권에서는 창피스러움이나 당황스러움을 감추기 위해 미소를 짓기도 한다. 따라
서 내담자가 웃음을 보이지만 불편함을 호소하는 내용을 이야기할 때 상충되는 두
신호를 잘 통합하여 이해해야 한다.

② 언어적 표현에서의 불일치

또한 내담자의 언어적 표현 속에서 불일치하는 내용을 관찰할 필요가 있다. 내담
자 안에 있는 복합적인 감정에 대한 불일치하는 표현들(예: "저는 제 남편을 존경해요.
하지만 좋거나 편안하게 느껴지지는 않아요.")을 파악함으로써 내담자의 내적 갈등을
이해할 수 있다.

때로는 내담자의 언어적 표현 속에서 내담자의 이상과 실제 상황의 불일치를 볼
수 있다. 특히 사회에서 인종, 종교, 성과 같은 문제로 차별과 억압을 받고 있는 상황
이라면, 내담자가 이상적으로 바라는 세상과 현재 상황 간의 불일치가 있음을 발견
할 수 있다.

제9장

대화하기

문화적 배경이 다른 내담자와의 상담에서도 다른 상담에서와 마찬가지로 언어적 의사소통을 통해 대화를 나누게 된다. 이 장에서는 다문화상담에서 언어적 의사소통을 통해 내담자의 문제를 탐색하며 대화를 진행하기 위해 고려해야 할 사항들을 설명하였다. 첫째, 상담 장면에서 어떤 언어를 사용할 것인가의 문제를 다루었다. 둘째, 질문, 재진술, 감정반영과 같은 반응 기술에 대해 소개하고, 다문화상담에서 이러한 기술을 사용할 때 유념해야 할 사항들을 제시하였다. 셋째, 내담자의 사회문화적 특성을 파악하고 이해할 수 있는 도구로서 지역사회 가계도의 활용 방법에 대해 설명하였다.

1. 어떤 언어를 사용할 것인가

문화적 배경이 다른 내담자와 상담할 때 언어를 사용하는 방법에는, 첫째, 한국어로 상담을 진행하는 방법, 둘째, 내담자의 모국어로 진행하는 방법, 셋째, 한국어와 내담자의 모국어를 모두 사용하는 방법, 넷째, 통역사와 함께하는 방법으로 네 가지가 있다(Fontes, 2008/2016).

1) 한국어로 대화하기

만약 내담자가 한국어를 잘할 수 있거나, 다른 대안이 없는 경우(상담자가 내담자의 모국어를 알지 못하고, 통역사와 함께할 수 없는 경우) 한국어로만 상담을 진행할 수 있다. 이러한 경우 먼저 상담자가 내담자의 모국어를 알지 못한다는 점과 내담자의 모국어가 아닌 언어로 상담을 진행하는 것에 대해 내담자에게 미안함을 표현하는 것이 좋다. 내담자들은 한국어를 잘 구사하지 못하는 것에 대해 항상 불안함을 느끼고 있으며, 때로는 이로 인해 사회에서 차별과 무시를 받아 왔다(문화콘텐츠기술연구원 다문화콘텐츠연구사업단, 2009). 따라서 내담자의 모국어를 사용하지 못하는 것이 오히려 상담자의 부족한 점이라고 언급하는 것은 내담자에게 수용받고 인정받는 느낌을 가지게 할 수 있으며, 이를 통해 내담자와의 관계 형성에 많은 도움을 받을 수 있다.

또한 한국어가 모국어가 아닌 내담자의 경우 한국어를 유창하게 사용하는 것처럼 보이지만 실상은 그렇지 않을 수 있다. 한국어가 모국어가 아닌 경우 사회나 가정에서 생활하기 위해 필요한 필수적인 대화는 할 수 있으나 자신의 개인적인 문제에 관해 한국어로 편안하게 이야기하는 것은 힘든 일이다. 내담자가 자신의 모국어로 대화할 때 적극적이고 활기차게 상호작용을 하는 반면, 제2언어로 대화하는 때에는 더 차분하고 우울해 보일 수 있다. 내담자는 종종 자신이 한국어를 능숙하게 구사하지 못하는 것에 대해 자존심이 상할 수도 있고, 그래서 침묵하거나 방어적이 될 수도 있다. 특히 상담에서 다루어지는 내용이 내담자의 불안이나 분노와 같은 강한 정서를 유발하는 것이라면 이러한 감정을 자신의 모국어가 아닌 한국어로 솔직하고 자세하게 표현하기는 쉽지 않다. 따라서 한국어로만 상담을 진행하는 경우에는 이러한 내담자의 어려움을 예측하고, 내담자의 언어 표현 속도가 느려서 상담을 천천히 진행할 수밖에 없는 점에 대해 인내하는 마음을 가지는 것이 필요하다. 그리고 상담자는 한국어를 잘 구사하지 못하는 내담자와는 다음과 같은 점을 주의하며 대화를 나누어야 한다(Fontes, 2008/2016, pp. 170-171).

• 천천히 말하고 발음을 정확하게 한다. : 무의식적으로 말이 점점 더 빨라질 수 있으므로 상담자는 자신이 말하는 속도를 계속 살펴보아야 한다.

- 전문 용어, 속어, 약자, 축약어를 피한다.
- 내담자와 얼굴을 마주 보며 이야기한다. : 내담자가 상담자의 입술과 표정을 볼 수 있도록 한다.
- 짧고 간단한 문장을 사용하고 한 문장에 하나의 뜻만 담아서 표현한다.
- 시각적 단서를 활용한다. : 사진, 차트, 물건, 그림, 간결한 문구들을 활용함으로써 내담자의 이해를 돕는다.
- 내담자의 모국어로 된 자료를 준비해서 내담자에게 집으로 가져갈 수 있도록 한다. : 만약 모국어로 된 자료를 줄 수 없다면 한국어로 된 자료를 주어 집에 가서 읽어 보도록 한다.
- 내담자에게 충분한 시간을 주어야 한다.
- 내담자의 한국어 표현 능력에 대해 격려하고 지지하는 말을 한다.
- 내담자가 상담자에게 질문을 하도록 격려한다.

2) 내담자의 모국어로 대화하기

상담자가 내담자의 모국어를 잘 알고 있고 유창하게 말할 수 있다면, 내담자는 모국어로 상담을 받을 수 있다. 다만, 상담자로서의 전문적인 훈련을 받지 못한 사람이 내담자의 모국어를 유창하게 구사할 수 있다는 이유만으로 상담을 하게 해서는 안 된다. 또한 상담 내용을 한국어로 기록할지 내담자의 모국어로 기록할지에 대해 결정을 내려야 한다. 내담자의 모국어로 기록할 경우 내담자가 의미하는 바를 더 정확하게 남겨 둘 수 있다는 이점이 있으나, 공식적인 서류들을 정리해 놓기 위해서는 한국어 기록도 필요할 것이다.

3) 이중 언어로 대화하기

내담자가 한국어와 모국어를 모두 사용하며 상담자 역시 한국어와 내담자의 모국어를 모두 사용할 수 있는 경우, 두 가지 언어를 동시에 상담에서 사용할 수 있다. 이중 언어를 사용하는 내담자의 경우 어느 시기에 어떤 환경에서 두 가지 언어를 학습하였는지 살펴보아야 한다. 두 가지 언어를 학습한 연령대와 환경에 따라 언어에 대한 기억이 달라지기 때문이다.

하나의 환경에서 두 개의 언어를 학습한 사람들은 **복합적 이중 언어자**(compound bilinguals)라고 하며, 하나의 환경에서는 제1언어를 배우고 다른 환경에서는 제2언어를 배운 사람들을 **협응적 이중 언어자**(coordinate bilinguals)라고 한다. 예를 들어, 아버지는 중국어를 사용하고 어머니는 한국어를 사용하는 환경에서 성장한 경우, 가정이라는 하나의 환경에서 두 개의 언어를 학습하였으므로 복합적 이중 언어자라고 볼 수 있다. 반면, 가정에서는 일본어를 사용하였는데 학교에서는 한국어를 배운 경우 서로 다른 환경에서 두 가지 언어를 학습하였으므로 협응적 이중 언어자라고 할 수 있다(Fontes, 2008/2016, pp. 170-171).

복합적 이중 언어자들은 하나의 환경에서 두 개의 언어를 동시에 학습하였기 때문에, 어떤 사건을 인지적으로 처리할 때 두 개의 언어로 동시에 부호화하는 경향이 있으며, 자신의 생각과 감정을 두 가지 언어로 동시에 명명하는 법을 학습한다. 반면, **협응적 이중 언어자**들은 각기 다른 환경에서 두 가지 언어를 학습하였기 때문에, 두 가지 언어가 서로 구별되어 처리된다. 즉, 두 가지 언어는 서로 다른 기분이나 환경적 촉발 요인과 연관되어 있으며, 서로 다른 단어 및 기억과 연결되어 있다. 예를 들어, 스페인어와 영어를 모두 유창하게 사용할 수 있는 협응적 이중 언어자들을 대상으로 연구를 실시한 결과, 이민 전의 경험은 스페인어로 회상하고 이민 후에 일어난 일은 영어로 회상하는 경향이 있었다.

한국의 다문화를 구성하고 있는 결혼이주여성, 외국인 유학생, 외국인 노동자의 경우 대부분 협응적 이중 언어자일 가능성이 높기 때문에(Choi & La, 2019), 상담자는 이중 언어로 상담할 때 서로 다른 정서나 기억이 서로 다른 언어와 연합되어 있다는 것을 유념할 필요가 있다. 협응적 이중 언어자의 경우 어떤 기억은 A라는 언어로 떠올리는 것이 더 쉽고, 어떤 기억은 B라는 언어로 떠올리는 것이 더 쉬울 수 있다. 따라서 상담에서 어떤 언어를 사용하여 표현하게 하는가에 따라 내담자는 더욱 생생하고 자세하게 자신의 경험을 이야기할 수 있게 된다. 결국 내담자의 기억과 연합된 언어를 선택함으로써 내담자로부터 얻을 수 있는 정보의 질과 양이 풍부해질 수 있다.

4) 통역사와 함께하기

내담자의 모국어를 구사할 수 있는 상담자는 비용이나 시간적인 측면에서의 효율성을 고려할 때 내담자의 모국어로 상담을 진행하는 것이 더 낫다고 생각할 수 있다. 하지만 상담자가 내담자의 모국어를 능숙하고 유창하게 구사하지 않는 한, 내담자의 모국어로 상담을 진행하는 것이 오히려 어색한 상황을 가져올 수 있다. 일단 내담자의 모국어로 상담을 시작하게 되면, 내담자는 상담이 진행되면서 점차 통역의 필요를 느끼지만 상담자의 체면과 입장을 생각해서 통역에 대한 이야기를 꺼내기가 어려울 수 있다. 따라서 상담자가 내담자의 모국어를 완벽하게 구사하지 못하는 한, 통역사와 함께하는 것이 좋다.

상담에서 통역사와 함께하기로 결정한 경우 어떻게 통역사와 함께 상담을 진행할 것인지 고민해 보아야 한다. 먼저, 상담자는 훈련된 전문적인 통역사를 선발해야 하며, 회기를 시작하기 전 통역사와의 예비 만남을 통해서 통역사가 상담 장면을 이해하고 중립적이고 정확하게 통역할 수 있도록 준비시키는 과정이 필요하다. 마지막으로, 통역사와 함께 상담을 진행하기 위해 여러 가지 실제적인 문제를 고려해야 한다.

(1) 통역사 선발하기

상담을 함께 진행하는 **통역사**는 반드시 전문적인 훈련을 받은 사람이어야 한다. 구체적으로 다음과 같은 측면들을 고려하여 통역사를 선발하는 것이 좋다(Fontes, 2008/2016, p. 216)

- 두 언어 모두를 유창하게 구사할 수 있는 사람
- 전문적인 훈련을 받은 것을 증명할 수 있는 인증서/자격증을 구비한 사람
- 통역 경험이 있는 사람(가능하면 증빙서류나 추천서가 있는 사람)
- 비밀을 유지하는 능력이 있는 사람
- 내담자의 출신 국가나 사투리에 익숙한 사람
- 내담자의 문화적 특성(성별, 성적 지향, 정치적 신념, 종교, 계층, 사회경제적 지위)이나 정신건강 문제, 질병 상태 등에 관계없이 내담자를 존중하는 태도를 가진 사람

• 통역사로서의 역할이 무엇인지에 대해 잘 이해하고 있는 사람

(2) 통역 준비하기

통역사와 함께 상담을 진행하기 전, 상담자는 통역사와 예비 만남을 가지는 것이 좋다. 상담 회기 하루나 이틀 정도 전에 면대면 방식으로 만나서 통역사의 사회적·문화적 배경에 대해 대화를 나누는 시간을 가진다. 이를 통해 통역사의 전문성에 대한 존경을 표현하게 되며, 내담자와의 작업을 방해할 수 있는 통역사의 사회적·문화적 특성에 대해서도 알 수 있게 된다. 또한 예비 만남에서는 통역사가 상담에 준비될 수 있도록 가이드라인을 제공하는 것이 필요하다. 구체적으로 다음과 같은 사항들을 통역사에게 전달할 필요가 있다(Fontes, 2008/2016, pp. 223-225).

• 상담 내용을 녹음 또는 녹화하는 것이나 일방향 거울을 사용하는 것과 같이 상담과 관련한 특별한 상황에 대해 통역사에게 알리는 것이 필요하다.
• 비밀보장이 가장 중요하다는 것을 통역사에게 강조해야 하며, 상담에서 알게 된 정보들에 대해 어떤 사람과도 이야기하지 말아야 한다는 것을 알릴 필요가 있다. 통역사가 비밀보장에 대한 서약서를 주의 깊게 읽고 서명하도록 하는 것이 좋다.
• 통역사가 내담자와 이중관계에 놓여 있다면 통역에 참여하지 않도록 해야 한다. 통역사가 내담자와 이미 알고 있는 사이이거나 내담자의 가족을 알고 있는 경우에 내담자가 비밀보장에 대해 불안함을 느낄 수 있기 때문이다.
• 통역사에게 내담자가 한 이야기를 생략, 편집, 과대해석하지 말고 객관적이고 정확하게 통역해 달라고 이야기해야 한다. 내담자가 이야기한 내용이 중요하지 않아 보여도 생략하지 말아야 하며, 내담자가 한 이야기를 추측하거나 임의대로 해석하여 통역하지 말아야 함을 전달한다. 가능한 한 내담자가 표현한 단어와 의미를 있는 그대로 통역해 달라고 부탁한다.
• 내담자가 표현한 단어나 용어를 통역사가 이해하지 못한 경우에는 내담자에게 질문을 해서 정확한 의미를 이해한 후 통역해 줄 것을 부탁한다.
• 내담자가 비속어나 성적인 단어를 사용할 수 있음을 통역사에게 알리는 것이 필요하다. 그러한 상황에서 통역사는 당황스러울 수 있지만, 내담자가 사용한

단어를 그대로 정확하게 번역해 줄 것을 요청한다.
- 내담자가 한 말의 내용과 더불어 말에 담긴 정서적 분위기와 말하는 방식도 함께 전달해 줄 것을 부탁한다.

(3) 통역사와 함께 상담 진행하기

통역사와 함께 상담을 진행하는 과정에서는 상담자 혼자 하는 경우보다 여러 가지 실제적인 문제를 고려해야 한다. 먼저, 통역을 통해서 상담을 진행하다 보면 시간이 훨씬 더 많이 걸린다. 따라서 상담자는 회기 시간을 여유 있게 잡는 것이 필요하다. 또한 상담자는 통역사를 통해서 내담자에게 말하는 형식이 아니라 내담자에게 직접 이야기하는 것처럼 말해야 한다. 앉는 자리도 내담자를 바라보도록 앉아야 하며, 상담자는 통역사보다 내담자와 더 가까이 앉아야 한다. 그 외에 고려해야 할 구체적인 사항은 다음과 같다(Fontes, 2008/2016, pp. 239-241).

- 내담자에게 직접 말해야 한다. 통역사를 통해서 "내담자에게 ~에 대해 어떤지 물어봐 주세요."라기보다는 내담자에게 직접 "~에 대해 어떠신가요?"라고 질문하는 것이 좋다.
- 짧은 문장으로 느리게 말한 후, 통역을 위해 잠시 멈추는 것이 필요하다.
- 큰 소리로 말하되, 소리는 지르지 말아야 한다. 작은 목소리로 웅얼거리듯이 말하면 통역사가 잘 알아듣지 못할 수 있다. 반면, 소리를 지르듯이 말하면 내담자가 위협감을 느낄 수 있다.
- 통역사의 성별이 내담자의 자기개방에 문제를 가져올 수 있다는 것을 기억해야 한다. 어떤 여성들은 남성 통역사 앞에서는 신체와 관련된 문제나 부부 간의 성 문제 등에 대해 이야기하는 것을 꺼릴 수 있다. 반면, 어떤 남성들은 다른 남성 앞에서 약한 모습을 보이는 것이 싫어서 여성 통역사를 더 좋아할 수도 있다. 따라서 동성 통역사가 반드시 적절한 것은 아니며, 내담자의 특성이나 내담자가 호소하는 문제에 따라 통역사의 성별이 상담에 미치는 영향이 달라질 수 있다.
- 전문 용어와 축약어는 피해야 한다. 전문 용어와 축약어를 사용하면 통역사와 내담자 모두 대화 내용을 이해하기 어려워진다.
- 내담자와 라포를 잘 형성하기 위해 노력해야 한다. 통역사와 함께 진행하는 회

기에서 서로 대화 내용의 정확성에 집중하다 보면, 내담자와 따뜻하고 개인적인 관계를 맺는 것을 놓칠 수 있다.

- 상담 회기가 끝난 후 상담자는 통역사와 함께 결과 회의를 하는 것이 필요하다. 결과 회의에서는 상담 회기에서 통역사가 전달하지 못했던 정보들(예: 내담자의 억양이나 표현, 그리고 그 외의 내담자의 특성을 보여 주는 의미 있는 사항들)을 추가적으로 이야기할 수 있는 기회를 만들어 준다. 또한 통역사에게 상담 진행팀의 일원이라는 느낌을 주어서 이후 상담 장면에서의 통역에도 적극적으로 참여하도록 돕는다.

2. 다문화상담에서 반응 기술 사용하기

상담자는 내담자와 관계를 형성하며 내담자의 문제를 탐색하기 위해 다양한 반응 기술을 사용할 수 있다. 여기에서는 여러 가지 반응 기술 중 대체로 많이 사용되는 질문하기, 재진술, 감정반영에 대해 설명하고, 문화적 배경이 다른 내담자와의 상담에서 이러한 반응 기술을 어떻게 사용하는 것이 좋은지 제시하였다.

1) 질문하기

(1) 질문의 의도

질문하기는 대화를 시작하면서 내담자의 이야기를 이끌어 내기 위해 사용될 수 있다. 상담자는 질문을 통해 내담자의 문제를 명확하게 파악할 수 있으며, 내담자가 자기의 생각과 감정을 탐색하도록 도울 수 있다.

(2) 질문의 유형

질문의 유형에는 폐쇄형과 개방형이 있다. 폐쇄형 질문은 특정한 정보를 얻기 위한 것이며, 더 짧은 반응을 이끌어 낸다. 개방형 질문은 다양한 정보를 이끌어 내고, 내담자가 충분히 이야기할 수 있도록 돕는다.

〈폐쇄형 질문의 대화의 예〉

상담자: 무슨 일이 있었나요?

내담자: 수진이와 문제가 있었어요.

상담자: 수진이와 말다툼을 했나요?

내담자: 그건 아니고, 그냥 같이 있는 게 너무 힘들어요.

상담자: 수진이가 시간 약속을 어겼나요?

내담자: 시간 약속을 어기지는 않았어요.

상담자: 그러면 상처를 주는 말을 했나요?

내담자: 말로 상처를 받은 건 아니에요.

〈개방형 질문의 대화의 예〉

상담자: 무슨 일이 있었나요?

내담자: 수진이와 문제가 있었어요.

상담자: 수진이와 무슨 일이 있었는지 이야기해 줄 수 있나요?

내담자: 며칠 전 수진이와 함께 저희 집에서 영화를 보았어요. 영화를 함께 보고 있는데, 갑자기 수진이의 친구에게서 전화가 왔어요. 수진이는 친구와 계속 통화를 하느라 결국 영화를 제대로 보지 못했어요. 항상 그렇게 저와 같이 있는 시간에 다른 사람과 통화하거나 SNS를 하는 게 마치 저랑 같이 있는 것이 별 의미가 없다고 생각하는 것 같고 무시받는 것 같아서 기분이 나빠요.

앞의 대화에서 보는 바와 같이, 폐쇄형 질문을 하다 보면 상담자는 더 이상 할 수 있는 질문이 없다는 느낌을 가지게 되고, 궤도를 한참 벗어나서 다른 폐쇄형 질문을 계속 찾게 된다. 반면, 개방형 질문을 사용했을 때는 내담자의 상황에 대해 상세하게 구체적으로 파악할 수 있으며, 이를 통해 내담자에게 무슨 일이 일어났는지를 이해하는 데 도움을 받을 수 있다.

개방형 질문들도 상담자가 얻고자 하는 정보가 무엇인지에 따라 다양한 형태로 사용할 수 있다. '무엇을'에 대한 질문은 내담자에게 어떤 일이 일어났는지에 대한 사실을 살펴보도록 한다. '어떻게'라는 질문은 어떤 과정을 통해 사건이 발생했는지,

그 사건에 대한 내담자의 생각과 느낌은 무엇인지를 탐색할 수 있도록 한다. '왜'라는 질문은 내담자에게 이유에 대해 생각하도록 한다. '왜'라는 질문은 문제를 더 깊이 이해하며 의미를 발견하고 해석하는 데 유용하지만, 어떤 경우에는 상대방을 질책하는 것으로 받아들여질 수도 있으며 방어 및 불편함을 유발할 수 있기 때문에 주의해서 사용해야 한다(Ivey, Ivey, & Zalaquett, 2014/2017).

- 무슨 일이 있었나요?
- 그 상황에 대해 어떻게 느끼나요?
- 그것이 왜 당신에게 중요한가요?

추가적으로 이야기하고 싶은 것이 있는지를 물어보는 개방형 질문은 내담자가 이야기 도중 빠뜨린 내용에 대해 알아볼 수 있는 역할을 한다. 내담자는 자신에 대해 처음부터 솔직하게 모든 것을 표현하지는 않기 때문에, 추가할 것이 없는지를 살펴보는 질문은 내담자에 대한 새로운 정보를 얻게 한다. 때로는 내담자가 추가한 내용이 이전에 이야기한 내용보다 내담자에게 더 중요한 문제이기 때문에(예: 가족 안에서의 문제, 성폭력 등) 상담의 방향을 전환해야 하는 상황이 생기기도 한다(Ivey et al., 2014/2017).

- 지금까지 이야기한 내용 이외에 어떤 일이 또 있나요?
- 요즘 어떤 일이 있는지 무엇이든 이야기해 주실 수 있을까요?
- 이야기한 내용 중에 빠진 부분이 있나요?

(3) 다문화상담에서의 질문

문화적 배경이 다른 내담자와의 상담에서는 서로 간의 문화적 차이에 대한 내담자의 느낌에 대해 질문하는 것이 좋다(Gundel, Bartholomew, & Scheel, 2020; Zigarelli, Jones, Palomino, & Kawamura, 2016). 내담자가 자발적으로 상담자와의 문화적 차이에 대한 이슈를 꺼내기는 쉽지 않으므로, 상담자가 먼저 개방적인 자세로 문화적 차이에 대해 언급하는 것은 내담자가 상담자에게 마음을 열고 다가가도록 하는 도구가 된다.

- 당신과 문화적으로 다른 상담자와 상담하는 것에 대해 어떻게 느껴지나요?
- 서로 다른 문화에 속해 있다는 것이 상담 과정에 어떤 영향을 줄 것이라고 생각하나요?

또한 문화적 요소들이 내담자의 문제에 어떤 영향을 미치는지 개방적으로 탐색하는 것이 필요하다. 내담자의 성, 종교, 인종 등과 같은 문화적 요소와 내담자가 현재 호소하는 문제 간의 연관성에 대해 상담자가 개방적으로 질문해야 한다(Gundel et al., 2020; Zigarelli et al., 2016).

- 당신은 언제 어떻게 한국으로 오게 되었나요?
- 한국에 이주한 후 어떤 상황이었나요? 한국으로의 이주가 현재 문제에 미친 영향은 무엇인가요?
- 당신이 외국인이라는 것이 다른 사람과 관계를 맺는 데 어떻게 영향을 주었나요?

상담자는 내담자가 가지고 있는 어려움과 문제뿐만 아니라 긍정적인 면에 대해 질문함으로써 내담자가 강점을 인식하도록 도울 수 있다. 내담자가 속한 사회문화적 맥락에 대해 긍정적인 면을 발견할 수 있는 질문을 던지는 것은 내담자의 강점과 자원을 탐색하는 데 유용하다. 특히 가족이나 친척과의 관계가 중요한 문화권에 속한 내담자라면, 내담자가 속한 집단에 대해 긍정적인 측면을 발견하는 것은 치료 과정의 중요한 요소가 된다(Zigarelli et al., 2016).

- 당신이 속한 가족, 인종이나 종교의 긍정적인 강점을 이야기해 줄 수 있나요?
- 당신의 친구나 가족 구성원 중 역경을 극복한 모범을 보인 사람이 있나요? 그 사람은 무엇을 해냈나요?
- 당신의 삶에서 도움이 되었던 교사, 후견인, 또는 어른에 대해 이야기해 보세요. 그들이 어떤 의미가 있는지 이야기해 줄 수 있나요?

한편, 상담자가 지나치게 질문을 많이 하거나 직접적인 질문을 던지는 것은 내담자가 속한 문화권에 따라 무례한 행동으로 여겨질 수 있다. 내담자는 상담자의 질문에 대해 억지로 대답할 수는 있으나 상담자를 불신할 수 있으며, 상담이 조기 종결될 수도 있다. 특히 상담자와 내담자 간에 신뢰가 충분히 형성되지 못한 상태에서 질문을 퍼붓는 것은 내담자에게 심문이나 취조를 받고 있다는 느낌을 줄 수 있다. 따라서 문화적 배경이 다른 내담자에게 질문을 할 때에는 신중할 필요가 있으며, 내담자가 질문에 어떻게 반응하는지 민감하게 살펴보아야 할 것이다.

2) 재진술

(1) 재진술의 의도

상담자는 재진술을 통해 내담자의 말을 경청하고 있다는 것을 전달한다. 내담자는 상담자가 되풀이해서 되돌려주는 말을 통해 자신의 생각을 명료하게 정리하게 되며, 자신의 문제에 대해 더 깊이 있게 탐색하게 된다.

(2) 재진술의 방법

재진술은 내담자가 말한 내용을 되풀이하여 말하는 것이다. 여기에서 중요한 것은 내담자의 말을 앵무새처럼 반복하는 것이 아니라 내담자가 말한 내용의 핵심 단어에 초점을 두고 바꾸어 말해야 한다.

〈재진술의 예〉
상담자: (결혼이주여성인 내담자에게) 한국 생활은 어떠세요?
내담자: 여기는 생활은 편해도 자꾸 불안해요. 제가 스스로 일을 잘 못하니까. 가
　　　　정통신문을 읽어도 한글을 잘 모르니까 남편한테 가서 물어보고, 준비물
　　　　을 가져오라고 하면 잘 모르니까 문구점 아저씨한테 물어봐요. 그렇지만
　　　　필요할 때마다 도와줄 사람이 없으니까 힘들어요.

- 부적절한 재진술의 예 1: 한국생활이나 한국어를 잘 모른다는 것이 어렵군요.
- 부적절한 재진술의 예 2: 자녀를 잘 키우고 싶은데, 자녀가 학교생활을 잘할 수 있도록 도와주는 것이 어렵군요.
- 적절한 재진술의 예: 한국어를 잘하지 못하기 때문에 늘 다른 사람의 도움이

필요한데 그때마다 도와줄 사람이 없어서 힘드시군요.

　부적절한 재진술의 예 1과 예 2에서 상담자는 내담자가 이야기한 두 가지 핵심을 놓치고 있다. 첫째는 한글을 잘 몰라서 어렵다는 것이고, 둘째는 필요할 때마다 다른 사람의 도움을 얻을 수 없다는 것이다. 따라서 효과적인 재진술을 하기 위해서는 내담자가 이야기한 내용의 핵심이 무엇인지를 잘 파악하는 것이 중요하다.

(3) 다문화상담에서의 재진술
　상담에서 내담자가 표현하는 이야기에는 자신이 속한 사회적 또는 문화적 특징이 드러나게 된다. 또한 상담자는 자신이 가지고 있는 문화적 가치에 따라 내담자의 이야기의 핵심을 다르게 파악할 수 있다. 따라서 효과적인 재진술을 위해서는 먼저 내담자가 표현한 내용에 어떤 문화적 특징이 나타나는지 파악할 필요가 있으며, 재진술을 하기 위해 선택하는 단어나 언어들은 상담자의 가치나 기준의 영향을 받게 된다는 것을 유념해야 한다(MacCluskie, 2010/2012).

　　　내담자: 부서 팀장님이 올해 각자 해야 할 업무와 역할에 대해 일방적으로 정해
　　　　　　　버렸어요. 저는 정말 하고 싶지 않은 일을 맡았어요. 할당된 일을 하고
　　　　　　　있기는 하지만, 이 일을 왜 해야 하는지 마음에 와닿지 않아요.

- 재진술 1: 억지로 맡겨진 일을 하고 싶지 않고, 이러한 억압적인 상황에 대해 팀장님께 항의를 하고 싶은 마음이 있는 것이지요.
- 재진술 2: 현재 일방적으로 주어진 업무는 참 하고 싶지 않은 일이네요.

　앞의 이야기를 통해 먼저 내담자는 위계가 분명한 권위주의적인 문화에 속해 있음을 알 수 있다. 첫 번째 재진술과 같이, 상담자가 권위적인 문화에서 벗어나고 싶은 마음에 초점을 맞춘다면, 그러한 마음이 내담자의 생각을 나타낸 것인지 아니면 권위주의적인 상황을 극복해야 한다는 상담자의 가치에서 비롯된 것인지 명확하지 않다. 반면, 두 번째 재진술은 내담자가 표현한 내용을 있는 그대로 되풀이하고 있음을 볼 수 있다. 문화적 배경이 다른 내담자의 경우 권력과 위계에 대해 어떤 생각

을 가지고 있는지 알 수 없으므로, 이와 같이 상담자의 가치가 먼저 재진술에 반영되지 않도록 유의해야 한다.

또한 어떤 내담자들은 자신이 속한 문화의 특징에 따라 문제 해결 중심의 상담을 더 선호할 수 있다. 문제가 빨리 해결되기 바라는 내담자들은 재진술보다는 조언이나 지시를 원할 수 있다. 이러한 내담자들과의 상담에서는, 첫째, 상담 과정에 대해 내담자에게 충분히 설명하는 것이 필요하다. 즉, 문제 해결을 위한 개입을 하기 전에 먼저 그 문제의 배경과 맥락에 대해서 충분히 들어 보는 것이 필요하다는 것을 전달해 주어야 한다. 둘째, 문제가 빨리 해결되기 바라는 내담자의 선호를 어느 정도 상담에 반영하는 것이 좋다. 즉, 다른 내담자들에 비해 전문가로서의 상담자의 의견이나 입장을 더 빨리 제시해 줄 수 있어야 한다(Ivey et al., 2014/2017).

3) 감정반영

(1) 감정반영의 의도

상담자는 감정반영을 통해 내담자가 자신의 감정을 온전히 경험하고 명료하게 이해할 수 있도록 돕는다. 감정반영을 통해 내담자는 더 심오한 차원에서 자신의 감정을 경험하고 표현하게 된다.

(2) 감정반영의 방법

감정반영은 내담자가 느끼는 감정을 파악하고 명명하여 내담자에게 되돌려주는 것이다. 재진술이 내용에 주목하는 반면, 감정반영은 정서에 주목한다는 점에서 차이가 있다. 상담자는 다음과 같은 표현을 통해 내담자의 감정을 반영할 수 있다.

- 당신은 _____을 느끼는 것처럼 들립니다.
- 내가 듣기에는 당신은 _____때문에 _____을 느끼는 것 같습니다.
- 아마도 당신은 _____을 느끼고 있을 것입니다.
- 당신이 _____을 느끼고 있을까 궁금합니다.
- 내가 그 상황이라면, _____을 느꼈을 것 같습니다.
- 당신은 _____을 경험하고 있는 것처럼 느껴집니다.

상담자와 내담자 간의 대화에서 감정반영은 다음과 같이 이루어질 수 있다.

〈감정반영의 예〉

내담자: 제 생일에 남편과 외식을 하려고 식당을 예약했어요. 그런데 남편에게 전화가 와서, 급한 일이 생겨서 저녁 약속을 다음으로 미루어야겠다고 했어요. 제 생일에 함께하는 것보다 일이 더 중요하다는 게 이해가 잘 안 되었어요. (시선이 아래를 바라보며 손을 모으고) 그래서 혼자 라면을 끓여 먹고 TV를 봤어요.

상담자: 남편이 전화해서 약속을 미룬 것에 대해 서운했고 그날 많이 외롭다는 마음을 느꼈던 것 같네요.

정확하고 효과적인 감정반영을 위해서 상담자가 몇 가지 주의할 사항이 있다. 첫째, 상담자는 내담자의 언어적 표현과 비언어적 표현을 관찰하면서 내담자의 핵심 감정이 무엇인지 파악해야 한다. 내담자의 모든 감정을 반영하려고 하기보다는 가장 현저한 감정에 초점을 두어야 한다. 둘째, 상담자는 내담자가 경험하는 감정의 종류뿐만 아니라 감정의 강도도 함께 살펴보아야 한다. 화나는 감정의 강도는 약간 짜증이 나는 정도부터 강하게 격분하는 정도까지 다양한 수준으로 표현될 수 있다. 정확한 감정반영을 위해서는 내담자가 어느 정도로 강한 감정을 느끼고 있는가를 파악해야 한다. 셋째, 내담자가 반복적인 형태에 지겨워하지 않도록 다양한 형태로 감정반영을 한다. 넷째, 내담자가 표면적으로 표현하지 않은 감정에 대해서도 감정반영을 함으로써 내담자가 보다 깊이 있게 자신의 감정을 탐색하고 경험할 수 있도록 도와야 한다.

(3) 문화에 따른 정서의 차이

정서는 사회와 문화에 따라 다르게 경험된다. 개인의 독립성을 강조하는 서구 문화권에서는 개인이 불공정하게 대우를 받았거나 개인의 권리와 필요가 좌절되었을 때 분노를 경험하는 경향이 있다. 반면, 다른 사람과의 상호 의존이 강조되는 동양 문화권에서는 자신이 속한 집단의 기대를 충족시키지 못한 것에서 오는 다른 종류의 분노들이 나타난다. 또한 영어의 '분노(anger)'라는 단어는 일본어의 '아카리'라는 단어와 개념적으로 매우 유사하지만, 세부적인 구성요소들에서는 차이를 보인다 (Kitayama & Markus, 1994).

또한 어떤 감정이 특정 언어에서만 나타나는 경우도 있다. 이러한 감정들은 다른 언어에서는 대응할 만한 다른 표현이 없으며, 특정 언어에서만 나타나는 감정들이다. 이러한 예로, 한국어에서 '몹시 원망스럽고 억울하거나 안타깝고 슬퍼 응어리진 마음'을 의미하는 '한', 일본어에서 '영아가 양육자에게 느끼는 감정과 같이 의존하는 관계 속에서 다른 사람들에게 받아들여지고 돌봄을 받는다는 느낌'을 의미하는 '아마에', 포르투갈어에서 '과거의 시간, 장소 또는 관계에 대한 그리움'을 의미하는 '사우다지', 체코어에서 '슬픔, 동정, 후회, 막연한 동경 등 여러 가지 혼합되어 있는 감정'을 의미하는 '리트오스트' 등을 들 수 있다(Choi, Han, & Kim, 2007; Ellsworth, 1994).

특정 문화에서 중요하게 여겨지는 감정은 정교하고 상세하게 인식되기 때문에 많은 표현이 존재하지만, 특정 문화에서 소홀히 여겨지는 감정에 대해서는 그 감정을 표현하는 어휘가 적거나 없을 수도 있다. 예를 들어, 타이티어에는 분노에 해당하는 언어는 46개인데 슬픔에 해당하는 언어는 하나도 없는 것을 볼 때, 타이티 사람들은 분노라는 정서를 중요하게 여기는 반면, 슬픔에 대해서는 중요하지 않게 여기고 있음을 알 수 있다(Shiota & Kalat, 2012).

감정을 표현하는 방식에 있어서도 문화에 따라 차이를 나타낸다. 인도 사람들은 장례식에서 극적인 방식으로 슬픔을 표현하지만, 낭만적인 애정 표현은 억누르는 경향이 있다. 반면, 미국 사람들은 장례식에서는 슬픔을 억제하지만, 낭만적인 애정 표현은 적극적으로 하는 편이다(Fontes, 2008/2016).

이와 같은 결과들을 종합해 보면, 정서를 경험하고 표현하는 데 있어서 문화적 차이가 있으며, 어떤 문화에서 중요하게 여기는 감정이 다른 문화에서는 별로 중요하지 않게 여겨지기도 하고, 특정한 문화권에서만 존재하는 정서가 있음을 알 수 있다. 따라서 상담자는 내담자가 문화적 배경에 따라 정서를 경험하거나 표현하는 방식이 달라질 수 있고 내담자가 속한 문화권에서만 특별하게 경험되고 표현되는 정서가 있다는 점을 유념하여, 내담자의 감정을 반영할 필요가 있다.

특히 이중 언어를 사용하는 사람들은 자신이 사용하는 두 가지 언어 중 어떤 언어를 사용하는가에 따라 감정 표현이 달라진다. 캐나다에 거주하는 동아시아 이주민

들을 대상으로 한 연구에서 영어를 사용한 경우 긍정적 감정과 부정적 감정이 부적
관계를 나타냈지만, 아시아어를 사용한 경우 긍정적 감정과 부정적 감정 간에 유의
한 관계가 나타나지 않았다(Perunovic, Heller, & Rafaeli, 2007). 이러한 결과는 영어를
사용한 경우에는 감정을 분명하고 명확하게 표현하는 서구권의 표현 방식을 보여
주는 반면, 아시아어를 사용한 경우에는 중립적인 표현을 많이 사용하는 동양권의
표현 방식을 보여 준 것이라고 볼 수 있다. 따라서 이중 언어를 사용하는 내담자에게
심리검사를 실시하거나 상담을 진행할 때 내담자가 사용하는 언어와 그 언어의 표
현 방식의 연관성을 잘 살펴볼 필요가 있다.

(4) 다문화상담에서의 감정반영

앞에서 설명한 바와 같이 문화에 따라 정서에 대한 경험과 표현이 달라진다는 것
을 고려하여, 상담자는 내담자의 문화적 특성이 내담자의 감정 표현에 어떤 영향을
주는지 잘 살펴볼 필요가 있다(MacCluskie, 2010/2012). 먼저, 내담자가 권위적이고
위계적인 관계를 중시하는 문화에 속해 있을 때 상담자에게 솔직하게 숨김없이 자
신의 감정을 이야기하기 어려울 수 있다. 따라서 상담자가 이러한 상황에서 내담자
에게 감정을 표현하도록 강요하면 내담자와의 관계에 부정적인 영향을 줄 수 있다.

또한 전통적인 남성성과 여성성이 강조되는 문화에서는 남성들이 자신의 감정을
표현하는 것을 힘들어할 수 있다. 전통적인 남성성이 강조되는 사회에서 남성이 눈
물을 보이거나 연약한 감정을 보이는 것은 남성다움의 상실이나 통제력을 잃는 것
을 의미하기 때문이다.

내담자가 집단주의가 강조되는 문화권에 속해 있는가 아니면 개인주의가 강한 문
화권에 속해 있는가에 따라서도 감정을 느끼는 사건이나 대상이 달라질 수 있다. 집
단주의에 속한 사람은 가족의 명예나 수치를 중요하게 여기는 반면, 개인주의에 속
한 사람은 개인의 성공이나 실패가 중요하게 여겨질 수 있다. 결속력이 강한 집단주
의 문화에서는 다른 사람과의 관계나 집단의 맥락에서 어떤 감정을 느끼거나 표현
하는 경향이 있음을 기억해야 한다.

3. 지역사회 가계도 활용하기

상담에서 대화의 내용은 주로 내담자의 개인적 특성에 초점을 맞추게 된다. 그러나 내담자는 다양한 사회문화적 체계로 이루어진 광범위한 맥락 속에서 살아가고 있음을 기억할 필요가 있다. 즉, 내담자는 가족, 친구, 진로 등과 관련하여 문제를 경험하기도 하지만, 지역사회의 재난, 경제적 상황, 사회적 여건 등과도 밀접한 연관성을 가지고 살아가게 된다. 따라서 상담자는 내담자와 대화를 나누는 동안, 이러한 '지역사회 속의 개인'을 인식하고 이해하는 과정이 필요하다. 지역사회 가계도는 내담자가 경험했던(또는 경험하고 있는) 문화, 환경, 맥락에 초점을 두고 대화를 나눌 수 있도록 돕는 방법이다(Ivey et al., 2014/2017). 지역사회 가계도는 내담자가 자신과 가족 그리고 지역사회 간의 관계에 대해 새로운 시각을 가지도록 돕는 시각적 지도이다. 따라서 문화적 배경이 다른 내담자와의 상담에서 지역사회 가계도를 잘 활용한다면, 문화와 사회라는 광범위한 맥락 안에서 내담자를 이해할 수 있게 될 것이다. 다음에서는 지역사회 가계도의 활용 의도, 지역사회 가계도를 만드는 방법, 지역사회 가계도의 분석 방법에 대해 설명하였다.

1) 지역사회 가계도의 활용 의도

상담자는 다음과 같은 의도를 가지고 지역사회 가계도를 활용할 수 있다. 첫째, 상담자는 다문화상담에서 사회 및 환경이 내담자에게 미친 영향을 이해하고자 하는 경우 지역사회 가계도를 활용할 수 있다. 둘째, 내담자의 사회문화적 역사를 살펴봄으로써 내담자의 발달력을 더 잘 이해하고자 하는 경우 지역사회 가계도를 사용할 수 있다. 셋째, 내담자 주변의 지지 자원을 파악함으로써 문제해결을 위한 내담자의 강점과 긍정적 자산을 파악하고자 하는 경우 지역사회 가계도를 활용할 수 있다.

2) 지역사회 가계도 만들기

먼저, 상담자는 다음과 같은 제안을 통해 내담자가 지역사회 가계도를 만드는 것에 참여하도록 도울 수 있다.

- 당신의 지역사회 가계도를 한 번 살펴보면 좋겠어요. 지역사회 가계도를 만들어 보면 당신을 구성하는 것이 무엇인지를 더 잘 알게 될 것 같아요.

지역사회 가계도는 특별하게 정해진 형식이 없으며, 내담자가 자유롭게 자신의 방식대로 지역사회를 표현할 수 있다. 지역사회 가계도를 내담자가 혼자 만들 수도 있고, 상담자와 함께 대화를 하면서 만들어 나갈 수도 있다. 지역사회 가계도는 [그림 9-1]과 같은 도식 형태로 그릴 수도 있고, [그림 9-2]와 같이 지도 형태로 나타낼 수도 있다. 지역사회 가계도를 그리는 과정은 다음과 같다.

- 어떤 지역사회를 그림으로 나타낼지 선택한다. 이를 위해 내담자는 과거에 가장 중요하게 생각했던 지역사회와 사건에 대해 상담자와 이야기를 나누어 보고, 자신이 그림으로 그릴 내용을 결정한다.
- 큰 용지나 화이트보드를 준비한다. 내담자를 용지나 화이트보드의 가운데 또는 적절한 곳에 배치한다. 내담자를 중심으로 내담자가 속한 지역사회에 대해 창조적으로 자유롭게 표현하도록 한다.
- 적합한 이미지나 상징을 사용하여 가족을 그림에 표시한다. 문화적 배경에 따라 핵가족을 그릴 수도 있고, 확대가족을 그릴 수도 있다. 내담자가 속한 문화에 따라 가족에 대한 표현이 다양하게 나타날 수 있다.
- 특정 이미지나 상징을 사용하여 내담자에게 영향력 있는 집단을 가계도에 그려 보도록 한다. 내담자는 학교, 직장, 친척, 이웃, 종교 집단 등을 그림에 표현할 수 있다.
- 그림에 포함된 내용 외에도 내담자의 인종, 거주지역의 특성, 사회계층 등 다른 요인들이 포함될 필요가 있는지 살펴본다. 지역사회 가계도를 통해 내담자의 맥락과 환경이 포괄적으로 나타나도록 한다.

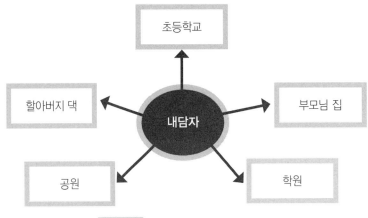

그림 9-1 지역사회 가계도: 도식 형태

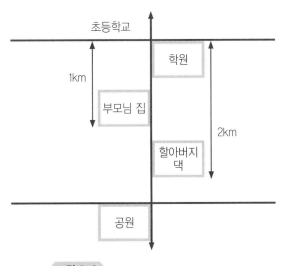

그림 9-2 지역사회 가계도: 지도 형태

3) 지역사회 가계도 분석하기

그림을 완성한 후, 내담자가 지역사회 가계도에 나타난 각 요소에 대해 이야기할 수 있도록 한다. "이 가계도에 대해 이야기해 주시겠어요?"와 같은 질문 등을 통해 내담자가 자신이 속한 지역사회에 대해 설명할 수 있는 시간을 준다. 다음의 대화는 상담자와 내담자가 지역사회 가계도에 대해 나눈 이야기를 요약한 내용이다.

상담자: ○○ 씨가 만든 가계도에 대해 이야기해 주겠어요?

내담자: 네. 제 가계도에는 할아버지 댁, 공원, 학교가 있어요. 부모님은 일로 많이 바쁘셨기 때문에 저는 어렸을 때 할아버지 댁에 많이 가 있었어요. 할아버지와 할머니는 항상 맛있는 음식을 챙겨 주시고 함께해 주셨던 기억이 있어요.

상담자: 할아버지와 할머니가 ○○ 씨에게는 안식처와 같은 곳이었네요.

내담자: 네. 그래요. 사실 그분들이 저를 키우신 셈이지요.

상담자: 공원이나 학교, 학원은 어땠나요?

내담자: 할아버지가 공원에 저를 데려가셔서 함께 낚시를 했던 기억이 있어요. 부모님 사이에 싸움이 자주 있었고, 저는 불안한 마음이 많았어요. 하지만 공원에 가면 굉장히 평화롭고 자유로운 느낌이 있었어요. 할아버지와 함께 공원에서 낚시를 하고 있으면 모든 고민이 잊혀지는 것 같았어요.

상담자: 평화롭고 자유롭다는 말을 다시 한번 소리 내서 말로 해 보겠어요?

내담자: 나는 평화롭고 자유롭다.

상담자: 이 말을 할 때 어떤 느낌이 드나요?

내담자: 마음이 편안해져요.

상담자: ○○ 씨가 스트레스를 받을 때 할아버지와 함께 공원에서 느꼈던 평화롭고 자유로웠던 감정이 좋은 자원이 될 수 있을 것 같아요.

내담자: 이번에 가계도를 그리면서 기억을 떠올리기 전까지는 할아버지와의 경험이 얼마나 좋았는지를 미처 생각하지 못했던 것 같아요.

상담자: ○○ 씨와 할아버지가 함께했던 감정이 항상 마음에 있다는 것을 기억하면 좋겠네요. 힘들거나 스트레스를 받았을 때 눈을 감고 이 공원을 떠올리면 좋을 것 같아요.

　상담자는 이와 같이 지역사회 가계도를 분석하면서 내담자의 지지 자원을 탐색하는 것이 중요하다. 내담자가 만든 지역사회 가계도는 가족 가계도와 함께 사용할 수 있다. 또한 지역사회 가계도를 상담실에 걸어 둠으로써 내담자에게 긍정적 자산과 지지 자원이 있음을 인식하도록 도울 수 있다.

제10장

문제 상황 다루기

문화적 배경이 다른 내담자와 관계를 맺고 상담을 진행하다 보면 다양한 문제 상황이 발생한다. 이 장에서는 그중에서도 ① 통역에서의 문제 상황, ② 자기개방을 주저하는 문제, ③ 아동·청소년 상담에서의 이슈, 그리고 마지막으로 ④ 그 외의 문제 상황에 대해서 다루었다.

1. 통역에서의 문제 상황 다루기

1) 통역사가 상담자나 내담자의 말을 잘 이해하지 못하는 경우

상담자나 내담자의 말을 통역하는 과정에서 통역사는 예상하지 못한 상황에 부딪히게 된다. 다음과 같은 문제 상황에서 통역사는 잠시 상담을 멈추게 하고 상담자나 내담자에게 문제 상황을 알리거나 질문을 통해 문제를 해결해 가야 한다.

먼저, 통역사가 상담자의 말에 대해 잘 이해하지 못할 때가 있다. 그러한 경우에는 상담을 멈추고 상담자에게 질문을 해야 하며, 개념을 명료하게 해야 한다. 또한 상담자가 내담자의 문화를 잘 이해하지 못하고 내담자에게 불쾌한 질문이나 말을 한다면, 통역사는 이때 역시 상담을 중지시키고 내담자가 속한 문화에서는 그런 말이 문제가 될 수 있음을 알려 주어야 한다. 예를 들어, 체면과 다른 사람의 평가를 중요하게 생각하는 문화권에 속한 내담자에게 상담 초기에 수치스러운 과거의 경험을 생각나게 하는 질문을 한다면, 통역사는 신뢰관계가 형성되기 전에는 이런 질문에 대해 쉽게 답을 하기 어렵다는 것을 알려 주는 것이 좋다.

또한 역으로 내담자가 사용한 표현을 알아듣지 못하는 경우도 발생할 수 있다. 이런 경우에도 통역사는 상담을 멈추고 이것에 대해 내담자에게 질문을 하거나 상담자에게 알려야 한다. 어떤 경우에는 내담자가 듣기 혹은 말하기 능력에 문제가 있거나 인지적인 문제가 있어서 말을 잘하지 못할 수도 있다. 이런 경우에는 상담이 제대로 이루어지기 어려우므로 통역사는 이러한 사실을 상담자에게 알려야 한다.

2) 통역사의 대리외상

전문적인 통역사는 내담자가 사용하는 억양을 똑같이 사용하고 내담자가 느끼는 감정을 함께 경험하며, 내담자의 감정과 동일한 감정을 상담자에게 전달하려고 노력한다. 내담자가 끔찍한 피해 경험을 이야기하는 경우, 통역사는 내담자가 느낀 공포와 좌절을 함께 느낄 수 있고 중립적인 입장을 유지하기 어려울 수 있다. 또한 통역사는 주로 자신이 통역하는 내담자와 같은 문화권에 속하기 때문에, 역사적으로 유사한 외상 경험을 공유하고 있을 수 있다. 만약 내담자와 비슷한 경험을 통역사가 가지고 있다면, 상담 내용은 통역사 자신의 과거 기억을 자극할 수 있다(Fontes, 2008/2016).

이와 같이 자신이 직접 경험하지 않았음에도 불구하고 다른 사람의 경험을 들으면서 간접적으로 외상을 경험하게 되는 것을 대리외상이라고 하는데, 통역사의 경우에는 이러한 대리외상의 위험에 노출될 수 있다. 상담 중에는 내담자에게 집중해야 함에도 불구하고, 내담자의 말을 통역하다가 자신의 외상 경험이 떠오르고 이것에 대해 이야기하고 싶어지는 상황이 발생할 수 있는 것이다. 따라서 통역사는 자신과 유사한 외상 경험을 가지고 있는 사람에 대한 통역은 가능한 한 자제하는 것이 좋으며, 통역 과정에서 적절하게 내담자와 경계선을 유지하도록 하는 훈련을 받아야 한다.

3) 훈련받지 못한 통역사의 문제

전문적인 훈련을 받지 못한 통역사는 다음과 같은 여러 가지 문제를 일으킬 수 있다. 먼저, 통역사를 구하기 어려운 상황 때문에 내담자의 가족이나 친구, 직장 동료 등이 통역사의 역할을 할 수 있다. 때로는 그 지역에서 잘 알려진 사람이 통역을 맡을 수도 있다. 이러한 경우 내담자는 자신이 이야기한 내용에 대해 비밀보장이 이루어질 수 있을지에 대해서 걱정하고 염려하며 이야기를 주저하게 된다.

또한 훈련받지 못한 통역사는 내담자나 내담자의 가족의 체면을 지킬 수 있도록 도와주려고 내담자의 이야기를 왜곡하거나 내담자에게 솔직하게 이야기하지 못하도록 강요할 수도 있다. 통역사가 이야기를 만들어 내거나 중요한 정보를 생략해 버리면, 제대로 된 상담을 진행하기 어려워진다.

때로는 내담자의 말이 혼란스러울 때 훈련받지 못한 통역사는 내담자가 말한 단어와 문장을 있는 그대로 통역하기보다는 내담자가 전달하고자 하는 의미를 해석하여 통역하려고 한다. 정리된 내용보다는 내담자의 말을 객관적이고 정확하게 통역하는 것이 중요한데, 통역사가 이러한 훈련을 받지 못하면 이와 같은 행동을 하게 된다. 그 외에도 훈련받지 못한 통역사는 비밀을 유지해야 한다는 규칙에 대해 잘 모르거나 이 규칙을 알면서도 위반하는 행동을 보일 수 있다.

특히나 미성년자에게 통역을 요청하면 아동이나 청소년이 접하지 말아야 할 정보들에 노출시킴으로써 통역을 담당한 아동이나 청소년이 피해를 입는 상황이 발생할 수 있다. 또한 아동이나 청소년이 통역을 하는 데 필요한 적절한 어휘를 모를 수도 있고 사건의 불쾌한 부분을 생략하고 지나치게 될 수도 있기 때문에, 아동이나 청소년에게 통역을 맡기는 것은 여러 가지 면에서 문제가 많다고 볼 수 있다.

훈련받지 못한 통역사와 함께 상담을 진행하는 것은 이와 같이 여러 가지 문제를 가져올 수 있다. 따라서 상담자는 반드시 공식적으로 훈련을 받은 통역사와 함께 상담을 진행하는 것이 중요하다. 이를 위해서 상담기관은 언어나 문화권별로 전문적인 통역사의 명단을 개발해 나가야 하며, 전문적인 통역사들과의 네트워크를 형성하고 협력 작업을 지속해 나갈 수 있도록 노력하는 과정이 필요하다.

2. 자기개방을 주저하는 문제 다루기

　자기개방을 쉽게 하지 않는 내담자들에 대해 상담자는 흔히 경계심이 많고 수동적이거나, 의심이 많고 편집적인 병리적 특성이 있다고 판단할 수 있다(Sue, Sue, Neville, & Smith, 2019). 그러나 이러한 판단은 내담자가 가지고 있는 문화적 특성을 고려하지 못한 것이며, 내담자에 대해 오해하는 것이 될 수 있다. 내담자가 속한 문화권의 특성에 따라 침묵을 긍정적으로 보거나 가족 이외의 사람들에게 자신의 문제를 노출하는 것을 꺼리기 때문에 자신의 이야기를 하는 것을 주저할 수 있다. 또는 성폭력이나 아동학대와 같은 문제를 이야기함으로써 주변 사람들에게 중대한 영향을 미칠까 봐 자기개방을 망설일 수도 있다. 따라서 다문화상담에서 내담자가 편안하게 노출하지 못할 때 어떠한 요인들이 자기개방에 영향을 미치는지 자세하게 살펴볼 필요가 있으며, 이에 대해 신중하게 대처해야 한다. 다음에서는 내담자의 자기개방을 방해하는 요인들에 대해 살펴보고, 자기개방을 촉진하기 위한 방법들에 대해 설명하였다.

1) 자기개방을 방해하는 요인들

(1) 자기개방에 대한 문화적 가치와 신념
　내담자가 자기개방이나 침묵 등에 대해 가지고 있는 가치나 신념, 또는 내담자가 속한 집단의 영향에 대한 생각이 자기개방을 주저하게 할 수 있다(Fontes, 2008/2016). 자세한 내용은 다음과 같다.

① 자기개방
　자기개방에 대한 문화적 가치나 신념 때문에 상담에서 솔직하게 자신의 이야기를 터놓고 말하는 것을 주저할 수 있다. 베트남 사람들은 법적인 권리가 위협을 받는다고 생각하기 때문에 개인적인 정보를 노출하는 것을 주저한다(Novak, 2005). 라틴계 문화와 동양권 문화에서는 수치스러운 일을 가족 이외의 외부 사람에게 이야기하지 않음으로써 가족의 평판을 지키고자 하는 경향이 크다(Kim & Ryu, 2005). 이와 같이 문화적 배경에서 오는 자기개방에 대한 신념 때문에 내담자는 상담에서 솔직하게 정보를 제공하는 것이 어려울 수 있다.

② 침묵에 대한 태도

침묵에 대한 태도도 문화적 배경에 따라 차이가 있다(Fontes, 2008/2016). 아랍 문화권에서 침묵은 피해야 할 것으로 생각하기 때문에 침묵이 생기지 않도록 하기 위해 같은 말을 반복하거나 틀에 박힌 문구를 이야기하는 경향이 있다. 반면, 일본이나 한국과 같은 동양 문화권에서는 적절하게 침묵을 지키는 것이 긍정적으로 평가된다. 또한 브라질, 그리스, 이탈리아, 아프리카계 미국 사람들은 표현에 있어서 신속함이 중요하기 때문에 말과 말 사이의 평균 시간이 짧다. 반면, 아시아, 아프리카 사람들은 말과 말 사이에 침묵이 있으며 조심스럽고 신중하게 표현하는 것을 중요하게 생각한다. 따라서 내담자가 자기개방을 주저하며 침묵을 보일 때, 내담자가 가지고 있는 문화적인 특성에 의해 조심스럽고 신중하게 표현하는 것일 수도 있다는 점을 기억해야 한다.

③ 집단의 영향에 대한 생각

내담자가 속한 집단이나 가족의 허락하에 정보를 제공할 수 있다고 생각하는 경우에 자신에 대한 이야기를 하는 것을 망설일 수 있다(Fontes, 2008/2016). 예를 들어, 10대 소녀의 경우 아버지의 허락을 받아야 자기개방을 할 수 있다고 생각하는 것이다. 또 다른 경우에는 정보가 한 개인에게 속한 것이 아니라 집단 전체와 관련된 정보라고 생각할 경우 자기개방을 망설일 수 있다. 즉, 다른 사람에게 영향을 미칠 수 있다고 생각되는 정보를 드러내야 하는 경우, 내담자는 솔직하고 편안하게 노출하기 어려워진다.

(2) 자기개방이 어려운 주제들

내담자가 이야기하고자 하는 내용이 자기개방을 하기 어려운 주제들일 경우 노출을 망설일 수 있다. 아동학대·방임, 파트너 폭력, 성폭행, 약물 남용 등의 내용은 내담자가 쉽게 이야기할 수 없는 주제들이다.

① 아동학대

아동학대는 쉽게 자기개방을 하기 어려운 주제 중 하나이다. 아동학대의 가해자는 대부분의 문화권에서 법적으로 처벌을 받으며, 아동들은 다른 보호시설로 옮겨진다. 이러한 과정에서 아동은 자신의 양육자가 감옥에 가는 것을 지켜보아야 하며, 가족을 잃는 경험을 하게 된다. 종종 가해자는 자신이 속한 민족집단에서 소외가 되기도 하고, 종교적으로 파문을 당할 수도 있다. 이러한 문제들 때문에 많은 경우 아동학대에 대해 있는 그대로 이야기하기가 어려운 것이다.

그런데 아동에 대한 신체적 학대와 훈육 간의 경계는 문화에 따라 차이가 있다. 어떤 문화에서는 잘못된 행동에 대한 적절한 처벌과 훈육으로 받아들여지는 것이 다른 문화에서는 학대로 여겨질 수 있다. 예를 들어, 어떤 문화에서는 아동을 때리는 것이 훈육 방법의 하나인 데 반해, 어떤 문화에서는 아동을 때린 후 몸에 흔적이 남는다면 학대로 여긴다.

따라서 내담자에게 신체적 학대에 대한 질문을 할 때 '학대'라는 단어를 사용하지 않는 것이 좋으며, 중립적이고 포괄적인 질문을 하는 것이 더 정확한 정보를 얻을 수 있는 방법이다. 예를 들면, 아동에게는 "엄마가 너한테 화가 많이 났을 때 어떤 일이 벌어졌니?" "네가 지금까지 받았던 벌 중에서 가장 안 좋았던 벌은 어떤 것이었니?"와 같은 질문을 던지는 것이다. 양육자에게도 비슷한 방식으로 "아이들한테 벌을 줄 때 어떻게 하시나요?" "아이에게 아주 심한 벌을 주었던 경우에 대해 말씀해 주세요."라고 질문한다.

② 파트너 폭력

파트너 폭력은 대표적으로 남성에 의한 여성 구타 또는 아내 구타를 포함하며, 그 외에도 여성에 의한 남성 구타, 동성애 관계에서의 파트너 간 폭력을 포함하는 중립적인 단어이다. 대부분의 사람들은 파트너의 폭력에 대해 자기개방을 하기 어려워한다. 특히 가족의 비밀을 다른 외부 사람들에게 알리기를 꺼리는 문화적 특성이 있을수록 이러한 경향은 더 높아진다. 가해자가 이민자이거나 신분이 불안정한 이주자일 경우 학대나 폭력 행동은 사회적 제재나 추방을 가져올 수도 있으므로, 피해자들은 이러한 사실을 밝히는 것을 더욱 두려워할 수 있다.

③ 성폭행

성폭행의 피해자는 성폭행에 대해 자기개방을 하면 자신이 속한 소집단 내에서 비난을 받거나 소외될 것에 대해 두려워하며, 부모나 친척이 자신을 거부할까 봐 두려워한다. 그러나 많은 난민캠프에서 성폭행이 일어나고 있으며, 때로는 일자리 등을 얻기 위해서 성폭행을 당하기도 한다.

성폭행은 가장 드러내기 어려운 주제이므로 신중하게 접근해야 하지만, 반드시 물어보아야 할 필요가 있는 항목이기도 하다. '강간'과 같은 단어를 직접적으로 사용하는 것은 피해야 하며, "당신이 허락하지 않았는데, 누군가가 성적으로 접촉한 적이 있나요?"와 같은 방식으로 질문하는 것이 좋다. 특히 내담자가 여성인 경우 남성 상담자나 통역사에게 성폭행 경험을 이야기하는 것은 어려우므로, 상황에 따라서는 여성 상담자에게 도움을 받는 것이 좋을 수 있다. 남성 내담자 중 때로는 자신이 동성애자로 보일까 봐 남성에게 성폭행을 당했다는 것을 이야기하기 어려워하는 내담자도 있을 수 있다.

④ 약물 남용

마약류의 사용 등 약물 남용에 대해 솔직하게 이야기하면, 현실적으로 법적 처벌을 받거나 직업의 기회를 잃어버릴 수 있다. 또한 약물 남용이 알려지면 사회적으로 낙인찍히는 결과를 가져올 수 있으며, 때로는 자신이 속한 가족 구성원이나 소수집단에서 소외되는 어려움이 생길 수 있다. 따라서 내담자가 약물 남용에 대한 문제를 터놓고 이야기하기는 쉽지 않다.

상담자는 약물 남용에 대해 알아볼 때 언어를 주의하여 사용해야 한다. '알코올 중독'이라는 단어를 사용하기보다는 '문제성 음주'나 '빈번한 음주'라는 표현을 하는 것이 좋다. 또한 약물 사용에 대해 질문할 때도 "약을 하시나요?"라고 묻기보다는 "병원에서 처방받은 약 이외에 다른 약물을 사용한 경우가 있다면 말씀해 주세요."라고 이야기하는 것이 자연스럽게 접근하기 좋은 질문이다.

2) 자기개방을 촉진하기 위한 방법

내담자가 편안하게 자신의 이야기를 하지 못하고 망설이거나 주저할 때, 상담자는 다양한 방법을 사용하여 내담자의 자기개방을 촉진할 수 있다(Fontes, 2008/2016).

(1) 주저하는 이유에 대해 살펴보기

내담자가 자기개방을 주저하는 경우, 먼저 상담자는 내담자가 이야기하는 것을 망설이는 이유에 대해 이해해야 한다. 내담자가 자기개방에 대해 가지고 있는 문화적 가치와 신념 때문인지, 솔직하게 이야기하기 어려운 주제들이기 때문인지, 또는 다른 어떤 이유들 때문에 편안하게 자신의 이야기를 하지 못하는 것인지 살펴보는 것이 필요하다. 특히 내담자가 자기개방을 주저하고 있는 이야기가 내담자를 이해하는 데 중요한 정보라고 생각된다면, 내담자가 망설이고 있다 하더라도 그것을 지속적으로 탐색해 나가야 한다. 즉, 이 주제를 이야기하기 어렵게 만드는 장벽은 무엇인지 살펴보고 이러한 방해 요인을 감소시킬 수 있는 방법을 찾아봄으로써 자기개방을 촉진해야 한다. 예를 들어, 내담자가 비밀보장에 대해 걱정하고 있다면 비밀보장에 대해 다시 설명하고 안심시키는 등의 대처가 필요하다.

(2) 라포 형성을 위한 반응 기술 사용하기

내담자가 편안하게 대화할 수 있도록 돕기 위해 유대와 친밀감을 형성하는 다양한 반응 기술을 사용할 필요가 있다. 폐쇄형 질문보다는 개방형 질문을 사용함으로써 내담자에게 상담에서 기대하는 바를 구체적으로 전달할 수 있다. 예를 들면, "그일이 일어난 상황에 대해 모두 이야기해 주세요. 중요하지 않게 생각되는 부분까지 모두 이야기해 주시면 좋겠습니다."라는 질문이나 "무슨 일이 일어났는지 전체적인 그림을 그릴 수 있도록 이야기해 주시면 좋겠습니다."라는 질문들을 통해 내담자가 일어난 사건이나 자신에 대해 많은 것을 개방할 수 있도록 도와야 한다. 또한 내담자가 이야기하기 어려운 주제에 대해 노출을 시도할 때 상담자는 자기개방에 대해 안심시키는 말을 통해 내담자가 말할 수 있도록 지지하고 격려할 수 있다. 예를 들면, "그런 이야기를 한다고 해서 ○○ 씨를 판단하고 이상하게 생각하거나 제가 충격을 받을까 봐 걱정하실 필요가 전혀 없습니다. 저는 이런 이야기를 내담자들과 많이 나누어 왔어요."라는 말을 통해 내담자를 안심시킬 수 있다.

(3) 예외에 대해 전달하기

먼저, 내담자가 침묵을 가치 있게 생각하며 신중하게 말하는 것이 중요하다고 생각하는 경향이 있다면, 상담은 내담자가 가지고 있는 신념에 대해 예외적인 경우가 되어야 함을 전달할 수 있다. "당신은 대부분의 상황에서 침묵을 지키거나 말을 신중하게 하는 것이 중요하다고 생각하고 계실 겁니다. 하지만 상담에서는 당신이 생각하고 느끼는 것에 대해 있는 그대로 이야기해 주신다면 훨씬 더 많은 도움을 받으실 수 있습니다."와 같이 이야기해 줌으로써 내담자가 적극적으로 자기개방을 할 수 있도록 촉진할 수 있다.

(4) 침묵에 대한 내담자의 느낌을 살펴보기

침묵에 대해 개입할 때 내담자가 침묵에 대해 어떤 느낌을 가지고 있는지 살펴보는 것이 필요하다. 내담자가 편안하게 느끼는 침묵이라면, 이것은 중요한 주제이기 때문에 내담자가 생각에 잠겨 있거나 감정이 올라와서 침묵을 지킬 수도 있다. 내담자가 편안하게 느끼는 침묵을 너무 빨리 깨뜨리거나 새로운 질문으로 넘어가는 것은 내담자에게 몰아가는 느낌이나 억지로 말을 해야 한다는 압박감을 줄 수 있다. 내담자가 침묵을 불편하게 느끼고 있다면 망설이고 주저하게 만드는 요인이 무엇인지 살펴봄으로써 자기개방을 촉진해야 한다.

(5) 끈기 있게 정보 얻기

상담자는 내담자의 문제를 해결하는 데 있어서 중요한 주제라고 생각한다면, 내담자가 노출하기 어려워하는 정보라 할지라도 끈기 있게 끝까지 탐색하는 것이 필요하다. 문화적으로 성에 대해 이야기하거나 권위 인물의 가해 행동에 대해 이야기하는 것을 금기시하기 때문에 내담자가 솔직하게 개방하지 못하는 경우가 있다. 이때 내담자가 자기개방을 불편해하기 때문에 상담자가 중간에 정보 수집을 포기하게 되면, 내담자는 더 많은 폭행이나 학대의 위험에 놓이게 된다.

그러나 상담자는 상황에 따라서 내담자의 문제를 모두 알게 되는 것이 진정으로 내담자의 유익을 위한 것인지 고민해 보아야 한다. 아동학대의 경우 학대 사실이 밝혀지면 아동은 가족을 잃게 되며, 가해자는 법적인 처벌을 받게 된다. 아동을 학대로부터 보호해야 하는 것이 상담자의 의무이지만, 때로 아동들은 학대 사실을 밝히고 나서 오히려 현실적으로 힘들어지는 경우도 있다. 따라서 상담자의 호기심이나 궁금증에 의해 내담자의 정보를 알고자 하는 것은 아닌지, 내담자의 정보를 자세하게 아는 것이 진정으로 내담자에게 유익한 것인지 등에 대한 윤리적인 딜레마에 관해 신중하게 고민해 보아야 한다.

(6) 자기개방의 어려움에 대해 지지하고 격려하기

상담이 진행되는 과정에서 내담자가 이야기하기 어려운 문제를 말하고 있다는 것을 격려하고 그것을 상담자가 이해하고 있음을 전달해 줄 필요가 있다. "말하기 어려운 이야기를 하는 것이 힘들다는 것을 압니다. 수고하셨습니다."라는 표현이나 "어려운 이야기들을 해 주셨는데, 지금까지 어떠신가요?"라는 질문들을 통해 내담자가 자신의 이야기를 하는 것에 대해 느끼는 어려움을 지지하고 격려해 주어야 한다.

(7) 내담자가 협박에 처해 있는지 점검하기

내담자가 비밀을 공개하는 것에 대해 협박을 받고 있는 상황인지 살펴보아야 한다. 아동학대나 성폭행의 경우, 사실대로 이야기했을 때 가족을 잃게 되거나 직장을 잃는 등의 해를 입을 것이라고 가해자가 협박하면 내담자는 쉽게 이야기를 꺼낼 수 없다. 만약 내담자가 협박을 받고 있다면, 내담자에게 비밀을 공개했을 때 벌어질 상황에 대한 객관적인 정보를 제공해 주고 현실적인 대처 방안들을 의논해야 한다.

(8) 말하기 어려운 주제에 대해 상담자 스스로 편안해지기

내담자가 이야기하기 어려운 주제들에 대해 상담자 역시 불편하거나 회피하고 싶은 마음을 가질 수 있다. 특히 학대나 성폭력 등의 사건에 대해 자세하게 아는 것을 두려워할 수 있다. 이러한 사실들을 알았을 때 상담자의 의무는 커지며, 대처해야 할 많은 사안이 발생하기 때문이다. 그러나 상담자가 이러한 주제들에 대해 더 편안하게 느낄수록 내담자의 닫힌 마음을 열 수 있는 능력이 커지며, 이를 통해 내담자가 자연스럽게 자신을 개방할 수 있을 것이다.

상담자는 다양한 훈련을 통해 내담자가 말하기 어려워하는 주제들에 대해 편안하게 대처할 수 있게 된다. 먼저, 어렵게 여겨지는 주제와 관련된 단어들에 대해 불편함이 생기지 않을 때까지 반복해서 말해 보는 연습을 해 보는 것이다. 여러 가지 다른 표현으로 질문을 하거나 진술문을 만들어 볼 수 있다. 또한 동료 상담자들의 녹화한 상담 장면을 보거나 사례보고서를 읽으면서 동료 상담자들에게서 대처 방법을 배울 수 있다. 말하기 어려운 주제에 대해 내담자가 이야기할 수 있도록 어떻게 돕는지, 내담자가 자기개방을 한 이후 어떻게 그 문제를 다루는지 관찰함으로써 많은 것을 배울 수 있다. 마지막으로, 비디오카메라 앞에서 다른 상담자들과 역할놀이를 해 보는 것도 좋은 훈련 방법 중 하나이다. 녹화한 역할놀이 내용에 대해 슈퍼바이저로부터 슈퍼비전을 받아 봄으로써 상담자 자신에 대한 인식을 높이고 적절한 개입 방법에 대한 지도를 받을 수 있다.

3. 아동 · 청소년 상담에서의 이슈 다루기

아동 · 청소년은 상담자와 연령이나 세대, 가치관의 차이가 크기 때문에 상담을 진행하면서 많은 문화적 차이를 느낄 수 있다. 더구나 인종이나 출신 국가가 다른 아동 · 청소년을 상담하는 일은 상담자에게 많은 도전과 해결해야 할 문제들을 던져 준다.

1) 아동상담의 이슈

문화적 배경이 다른 아동과 상담할 때 행동관찰에서의 오류, 아동이 보고하는 정보의 한계, 아동의 발달수준 평가에서의 문제, 보호자 및 관련자들의 의견 불일치, 자기개방을 주저하거나 망설이는 문제들이 나타나게 된다.

(1) 아동의 행동관찰에서의 오류
아동상담에서 중요한 부분을 차지하는 것이 행동관찰이다. 상담자와 다른 문화적 배경을 가지고 있는 아동의 행동을 관찰할 때, 중립적이거나 긍정적인 행동임에도 불구하고 부정적으로 해석하는 오류를 범할 수 있다. 또는 아동이 처한 상황(예: 문화적 차이에 대해 적응해 가고 있는 상황)으로 인해 나타난 부정적 행동에 대해 아동의 특성으로 잘못 판단할 수 있다. 따라서 상담자는 익숙하지 않은 문화권에 속한 아동의 행동을 관찰할 때 다음과 같은 측면을 고려하여 그 의미에 대해 신중하게 판단해야 한다(Fontes, 2008/2016).

첫째, 아동이 비사교적이라고 잘못 판단할 수 있다. 하지만 새롭고 낯선 환경에 적응해야 하는 상황이며 한국어 구사 능력이 부족한 경우, 아동의 행동은 위축되어 있거나 활발하지 못할 수 있다. 또한 자신과 다른 인종의 친구들에게서 거부당한다고 느끼거나 부적절감을 느끼고 있을 때 친구관계에서 무뚝뚝하거나 불친절하게 행동할 수 있다.

둘째, 한국어 능력이 부족하고 친구들과의 관계에서 소외되고 위축된 아동은 심각하게는 우울하게 보일 수도 있다. 상담자는 이러한 우울함이 상황에 의해서 일시적으로 나타나는 것인지, 내적·심리적 특성인지를 판단하는 것이 중요하다. 이러한 판단을 내릴 수 있는 중요한 기준은 같은 언어를 사용하는 사람들과의 상호작용이 어떠한지 살펴보는 것이다. 만약 가족이나 친척과 같이 같은 언어를 사용하는 사람들과의 대화에서 활발하고 적극적으로 행동한다면, 언어적인 능력이 부족하고 낯선 환경에 처해 있기 때문에 상황적으로 나타나는 일시적 우울이라고 볼 수 있다.

셋째, 문화적 배경이 다른 아동의 행동에 대해 산만하고 주의력이 없다고 잘못 판단할 수 있다. 그러나 한국어를 능숙하게 구사하지 못하는 경우 상담자나 교사의 지시사항을 제대로 이해하지 못할 수 있다. 지시사항을 명료하게 이해하지 못하면 기억하는 능력도 낮아지기 때문에, 상담자는 잘 잊어버리는 아동으로 판단하기 쉽다. 또한 문화적 배경이 다른 아동은 자신에게 익숙하지 않은 언어로 진행되는 대화에 지속적으로 주의를 집중하기가 어려우며, 쉽게 피로감을 느낄 수 있다.

넷째, 문화적으로 적절한 행동 기준을 몰라서 충동적이거나 과잉행동을 하는 것처럼 보일 수도 있다. 아동이 속한 문화권에서 친구가 어려움에 처했을 때 적극적으로 돕는 것이 중요하다는 가치를 가지고 있는 경우, 친한 친구를 도우려고 지나치게 적극적으로 행동할 때 충동적이라거나 과잉행동이라고 오해받을 수 있는 것이다.

다섯째, 상황에 따라서 아동이 규칙을 지키지 않는다거나 반항적이라고 잘못 판단할 수도 있는데, 아동의 행동은 문화적으로 적절한 행동 기준을 모르기 때문에 나타난 것일 수 있다. 또한 아동이 트라우마를 경험한 경우에도 반항적이거나 충동적인 행동을 한다고 오해할 수 있다. 한국으로 이주하기 이전의 삶이나 이주 과정에서 외상에 직면할 수 있는데, 특히 난민이나 위험한 지역에서 이탈한 경우 외상 증상을 나타낼 가능성이 높다. 아동이 배고픔, 신체적인 협박과 구타, 시체를 목격하는 것 등의 외상을 경험하였을 때 행동에 미치는 영향은 매우 크며, 특히 말을 하지 못하는 어린 유아의 경우 더 심각한 영향을 받는다. 따라서 충동적이거나 반항적인 행동을 하며 외상에 직면할 가능성이 있을 경우, 어떤 외상 경험을 했는지 자세하게 파악해야 하며, 외상 사건 이후 시간이 지남에 따라 아동의 행동 변화가 어떻게 나타나는지 살펴보아야 한다.

여섯째, 한국어를 능숙하게 사용하지 못하는 아동의 경우, 자신의 모국어를 잘 구사하는 사람이나 자신의 문화에 대해 잘 알고 있는 사람들에게 친밀감을 느끼고 그 사람들을 과도하게 챙김으로써 지나치게 사교적이라는 인상을 줄 수 있다. 이는 다른 관계에서 정서적 유대를 형성하기 어려운 아동들에게는 자신이 편안함을 느끼는 대상이 그만큼 자신의 생존을 위해서 중요한 존재이기 때문에 나타나는 현상이라고 볼 수 있다. 따라서 이런 경우에는 아동이 친밀감을 느끼는 사람에게 어떤 상황에서 얼마만큼 도움을 요청할 수 있는지 구체적인 행동 기준을 제시해 주는 것이 좋다.

일곱째, 아동이 속한 문화권의 특성에 따라 대화를 나눌 때 상대방과 거리를 두는 정도나 상대방과 신체를 접촉하는 정도가 달라질 수 있다. 따라서 아동이 지나치게 신체 접촉을 많이 하는 경우 이상한 아이로 취급하거나 그러한 행동이 잘못된 것이라는 식으로 지적하는 것은 아동의 수치심을 유발할 수 있으므로 주의해야 한다.

여덟째, 난민 아동과 같이 제대로 된 교육을 받지 못한 아동의 경우 물품을 정리 · 정돈하는 것이 어려울 수 있다. 정리하는 것이 중요하다는 교육을 받지 못했으며 주변의 거주 환경 역시 정돈되지 못한 상태이기 때문에, 정리 · 정돈의 중요성을 생각하지 못하며 정리정돈을 하는 방법도 알지 못하는 경우가 많다. 이러한 경우에는 자신의 소유물, 해야 할 과제들, 시간 등에 대해 관리하고 정돈하는 법을 가르쳐 주어야 하며, 이를 통해서 자신의 삶을 스스로 통제할 수 있다는 느낌을 가지게 해야 한다.

(2) 아동이 보고하는 정보의 한계

아동상담을 할 때 아동이 보고하는 정보들은 여러 가지 측면에서 한계가 있다는 것을 인식할 필요가 있다. 특히 아동은 내면적으로 괴로운 마음은 잘 표현하는 편이지만, 자신이 외현적으로 한 문제 행동에 대해서는 잘 보고하지 않는다. 다른 사람에게 피해를 준 행동에 대해 죄책감을 느끼고 있거나 감정을 조절하지 못하고 분출한 것에 대해 수치심이나 혼란스러움을 가지고 있기 때문에 외적 문제 행동은 노출하기가 쉽지 않은 것이다. 그러나 때로는 이와 상반되게 자신이 강한 사람으로 보이고 싶은 마음에 내적 괴로움은 표현하지 않고 외현적 문제 행동만을 보고하는 아동들도 있다.

또한 아동은 신체 상태가 기억하는 정도나 표현하는 내용에 영향을 미치며, 그 영향의 정도가 성인보다 더 크다. 배가 고프거나 피곤하거나 목이 마르거나 화장실에 가고 싶을 때 아동은 사건을 잘 기억하지 못하거나 상담에 집중하기 어렵다. 따라서 상담자는 아동의 신체 상태가 어떤지 잘 살펴보아야 하며, 필요에 따라 먼저 신체적 욕구를 충족하도록 도울 필요가 있다.

마지막으로, 아동은 성인에 비해 과거의 사건에 대해서 기억하는 능력이 부족하다. 따라서 상담자는 가정, 학교, 병원, 이전의 치료자로부터 아동에 대한 과거 정보를 파악해야 하며, 이와 관련된 다양한 서류를 미리 확보할 필요가 있다. 만약 한국으로 이주하기 이전의 정보를 얻기 어렵다면, 가족과의 자세한 상담을 통해서 아동의 발달사와 학교생활에 대한 객관적인 정보를 얻어야 한다.

(3) 아동의 발달수준 평가에서의 문제

아동이 한국어와 다른 언어를 동시에 사용하는 이중 언어 사용자인 경우 언어를 이해하고 사용하는 방식에 있어서 차이를 보인다. 예를 들어, 학교에서 사용하는 단어(예: 책상, 칠판)는 한국어로 알고 있고, 집에서 사용하는 단어(예: 침대, 소파)는 자신의 모국어로 알고 있는 경우가 있을 수 있다. 만약 이러한 이중 언어 사용자인 아동에 대해 한국어로만 발달수준을 평가한다면, 실제 아동의 역량보다 발달이 더 늦다고 잘못 판단할 수 있다. 따라서 이중 언어를 사용하는 아동이라 하더라도 가능한 한 통역사와 함께하여 발달수준에 대해 정확하게 평가를 진행하는 것이 필요하다.

또한 아동의 발달사에 대해 양육자에게 질문을 할 때 양육자가 질문의 내용에 대해 대답하기 어려워할 수 있다. 아동에게 중요한 변화가 일어났다고 보는 사건이 문화에 따라 차이가 있을 수 있기 때문이다. 어떤 문화권에서는 아동이 처음 웃었던 사건이 중요한 변화의 시점이라고 보지만, 처음 문장을 완성한 사건은 별 의미 없는 것으로 지나가 버리게 된다. 따라서 발달사에 대한 질문에 있어서 아동이 속한 문화에서 중요하게 보는 발달적 변화가 무엇인지를 알아보고, 이에 대해 질문하는 것이 필요하다.

(4) 보호자 및 관련자들의 의견 불일치

성인 상담과는 달리, 아동과 상담을 하는 경우에는 아동의 보호자 및 아동과 관련된 여러 사람이 상담에 참여하게 된다. 아동의 부모, 조부모, 친척, 교사, 사회복지사, 법정 후견인 등 다양한 사람이 상담에 참여하게 되며, 모든 사람이 상담실에서 상담에 직접 참여하는 것은 아니지만, 전화로 상담을 진행하거나 기록에 대한 동의를 얻게 된다. 이렇게 여러 사람이 상담에 참여하게 되면서 발생하는 가장 큰 문제 중 하나는 상담의 진행 과정이나 목표 등에 대해 서로 의견이 일치하지 않는 것이다(Bereiter, 2007). 예를 들면, 아동의 어머니는 아동이 상담을 받는 것에 대해 동의하였지만, 아버지는 상담을 받을 필요가 없으며 훈육만 제대로 한다면 문제가 생기지 않는다고 생각할 수 있다. 또는 부모는 상담을 받는 것에 동의하지만, 조부모는 부모가 아동을 잘못 키워서 생긴 문제이기 때문에 양육 방식만 바꾸면 된다고 생각하며 상담을 반대하는 경우도 있을 수 있다. 따라서 상담자는 상담과 연관된 모든 사람의 도움을 얻을 방법을 강구해야 한다. 특히 집단주의 문화에 속한 아동일수록 부모뿐만 아니라 친척과 아동이 속한 공동체로부터 도움을 받을 수 있는 방법들을 찾아보아야 한다.

(5) 아동이 자기개방을 망설이는 경우

아동이 한국어를 유창하게 사용하지 못하거나, 한국어를 능숙하게 구사할 수 있더라도 낯선 상황에서 자신의 이야기를 편안하게 하지 못할 수 있다. 아동이 말하기를 주저하거나 망설이면서 자기개방을 쉽게 하지 못한다면, 다양한 방법을 통해 자기개방을 촉진할 수 있다.

먼저, 아동에게 그림을 그리거나 도형을 그리면서 설명하게 하는 방법이 있다. 구체적인 절차는 다음과 같다. 첫째, 그림을 그리기 전에 먼저 말로 이야기를 한다. 둘째, 언제 어디서 누구에게 어떤 일이 일어났었는지 그림이나 도형을 그리게 한다. 셋째, 아동이 그린 그림이나 도형을 설명하게 한다. 아동이 그린 그림은 언어로 표현된 것을 보충하는 역할을 하도록 해야 하며, 언어적인 설명 없이 그림을 그리게 하는 것은 효과적이지 못하다. 그림을 그리게 하면 아동들은 더 자세하게 상황을 묘사하게 되며, 상담자와의 관계에서도 신뢰감이 향상되고 불안이 감소되는 효과가 있다(Faller, 2007). 또한 상담자는 아동의 상황을 객관적으로 정확하게 이해할 수 있으며, 주변 사람들 간의 관계와 상호작용에 대해서도 파악할 수 있다.

또한 아동이 사건에 대해 이야기할 때 인형이나 꼭두각시를 사용하게 할 수도 있다. 그림을 사용하는 경우와 마찬가지로 먼저 말로 설명하게 한 다음, 그 후에 인형을 사용해서 사건을 설명하도록 한다. 단, 이 방법을 사용하게 되면 아동이 인형을 가지고 상상력을 발휘하여 사건에 대해 이야기할 수도 있으므로 아동이 표현한 내용에 대해 조심스럽게 해석해야 한다.

2) 청소년상담의 이슈

청소년 시기는 아동기에서 성인기로 발달해 가는 과도기적 과정으로서 대부분의 청소년이 정체성을 탐색해 가는 과정에서 혼란과 갈등을 경험한다. 주류문화와 다른 문화적 배경을 가지고 있는 청소년들은 자신의 정체성을 발견하는 데 있어서 더 많은 혼란을 경험한다. 또한 청소년은 주류문화와 자신의 고유문화 사이에서 갈등을 경험한다. 즉, 친구들의 무리에 속하기 위해 주류문화에 동화되고자 노력하는 한편, 가정에서는 고유문화의 가치를 고수하는 부모와의 관계에서 어려움을 경험한다.

(1) 청소년의 문화적 정체성

청소년기는 자신의 정체성을 확립해 가는 시기이다. 한국의 주류문화와는 다른 문화적 배경을 가지고 있는 청소년들은 또래들과의 관계 속에서 자신의 정체성을 확립해 가기 위해 애쓴다. 또래들 사이에서 보편적으로 나타나는 옷차림, 말, 삶의 방식을 따라가고자 하며, 그래서 표면적으로는 자신이 원래 가지고 있는 문화나 인종적 특성이 있지만 내면적으로는 주류문화의 특성에 동화되는 경우가 많다. 다문화적 배경을 가진 청소년들은 보편적인 청소년들보다 정체성을 확립하는 데 있어서 혼란스러움과 갈등을 더 많이 경험하는 경향이 있다. 다문화상담에서 청소년의 문화적 · 인종적 배경에 대해 다룰 때 이러한 점을 기억하며 세심하고 주의 깊게 접근해야 할 필요가 있다.

(2) 청소년상담에서의 부모 참여 문제

상담에서 부모가 함께 참여했을 때 대부분의 청소년들은 이성교제 문제, 성 문제, 학교 성적 문제, 친구 문제 등에 대해 솔직하게 이야기하는 것이 어렵다. 특히 부모가 자신이 속한 문화권의 사람들만 친구로 사귀기 원한다거나, 한국으로 이주하기 전에 속했던 고유문화의 가치에 따라 청소년의 행동에 제한을 많이 두는 경우, 청소년은 더욱 자기개방이 어려워진다. 부모가 청소년과 함께 상담에 참여하기 원하더라도, 청소년을 더 잘 이해하고 파악하기 위해서는 개별적으로 만나는 것이 필요하다. 따라서 부모에게 개별적 상담의 필요성을 잘 설명해야 하며, 부모와 청소년 모두에게 비밀보장에 대한 원칙과 예외 사항에 대해서도 전달할 필요가 있다.

(3) 이민 세대에 따른 적응 정도의 차이

청소년이 이민자인 경우 이민 1세대인가, 2세대인가, 3세대인가에 따라 적응의 정도에 큰 차이가 있을 수 있다. 한국이 아닌 다른 나라에서 태어났고 어느 정도 성장한 후 한국으로 이주한 이민 1세대의 경우, 한국어를 유창하게 구사하지 못하는 문제, 새로운 문화에 적응해야 하는 문제 등 다양한 어려움을 극복해야 한다. 반면, 청소년은 한국에서 태어났으나 부모 중 한 명이 외국에서 태어난 이민 2세대, 청소년과 부모 모두 한국에서 태어난 이민 3세대의 경우에는 언어적인 문제나 문화적응 문제가 훨씬 줄어든다. 따라서 상담자는 청소년이 이민자인 경우 이민 세대를 파악하고 이것이 내담자에게 미친 영향에 대해서도 살펴보아야 한다.

4. 그 외의 문제 상황 다루기

다문화상담의 면접에서는 통역에서의 문제 상황, 자기개방을 주저하는 문제, 아동·청소년 상담에서의 이슈 외에도 다음과 같은 문제 상황이 발생할 수 있다. 상담자는 다문화상담에서 이러한 문제 상황들이 발생할 수 있음을 예측하고 대처 방법을 준비해 두어야 한다.

1) 상담자를 신뢰하지 못하는 문제

상담자와 문화적 배경이 다른 내담자의 경우, 처음 상담자를 만났을 때 상담자에게 마음을 열지 않으며 상담자의 역량과 전문성을 의심할 수 있다. "나는 당신과는 이야기하고 싶지 않아요."라고 말하거나, 팔짱을 끼고 시선을 마주치지 않는 등의 비언어적 행동을 통해 상담자를 거부할 수 있다. 이때 상담자는 방어적인 태도를 보이지 않도록 주의해야 하며, 침착하게 내담자가 상담자를 신뢰하지 못하는 이유가 무엇인지 들어 보아야 한다.

만약 내담자가 상담 이전에 해결해야 할 더 긴급한 다른 문제들(예: 거주지 문제, 신체상의 질병 등)이 있기 때문에 상담자에게 호의적이지 않은 태도를 보이는 것이라면, 관련된 기관의 다른 전문가나 직원에게 도움을 받도록 하는 것이 필요하다. 내담자의 해당 문제가 해결되고 나면 내담자는 훨씬 더 편안하게 상담에 임하게 된다. 또는 내담자가 상담자의 전문성이나 능력에 대해 신뢰하지 못하는 경우 상담자는 자신이 가지고 있는 자격증, 전문적인 훈련을 받은 것에 대한 수료증이나 각종 증명서 등을 제시하며 차분하게 자신의 경력과 전문성을 설명한다. 만약 상담자가 실습을 하고 있는 수련생이라면, 전문적 자격증을 갖춘 슈퍼바이저에게 정기적으로 슈퍼비전을 받고 있으며 슈퍼바이저와 함께 팀으로 내담자를 도와 갈 것이라는 점을 설명한다.

특히 상담자가 자녀를 키워 보지 않은 경우 부모들은 자신의 아이를 맡기는 것을 꺼려할 수 있다. 이러한 경우 자녀를 키워 보지는 않았지만 아동이나 청소년을 대상으로 상담을 진행한 경험이 많기 때문에 충분히 아동이나 청소년을 이해하고 필요한 전문적 개입을 할 수 있다는 점을 강조할 필요가 있다. 또는 사회경제적 수준이 낮은 내담자의 경우, 기득권을 가지고 있는 상담자는 사회에서 부당한 차별을 받는다는 것이 어떤 것인지 이해할 수 없을 것이라는 반응을 보이기도 한다. 이러한 경우 내담자의 생각을 무시하거나 간과해서는 안 된다. 충분히 그렇게 생각할 수 있다는 것을 인정해 주면서, 내담자의 관점을 이해하고 내담자의 어려움에 대해 공감하며 이를 도와주기 위해 최선의 노력을 다하고 있다는 것을 이야기해 준다.

2) 의사소통에서의 오해

상담자와 내담자 간의 문화적 차이는 의사소통에서 오해를 가져올 수 있다. 내담자가 생각을 정리하느라고 침묵을 하는 중인데, 상담자는 말이 끝났다고 생각하고 다른 주제의 이야기를 꺼낼 수 있다. 내담자의 저항적이거나 공격적인 말투가 문화적 차이에서 온 것임에도, 이를 병리적인 특성으로 잘못 진단할 수도 있다. 내담자의 문화적 맥락을 잘 이해하지 못하기 때문에 상담자가 무의식적으로 사용한 단어나 행동이 내담자에게 상처를 주거나 상담관계에 손상을 가져올 수도 있다. 특히 다음과 같은 영역에서 상담자와 내담자는 서로 다른 생각을 가지고 있을 수 있다.

(1) '예'에 대한 의미

직접적인 방식으로 의사소통을 하는 문화권의 사람들에게 있어서 '예'의 의미는 상대방의 말에 대해 이해했으며 동의하고 있음을 나타낸다. '예'는 말 그대로 '예'인 것이다. 그러나 간접적인 의사소통 방식을 선호하며 맥락을 중요하게 생각하는 문화권의 사람들에게 '예'는 다음과 같이 다양한 의미를 내포하고 있다(Sue et al., 2019).

- 예. 당신의 말을 알아들었습니다. (하지만 당신과 동의할 수도 있고 동의하지 않을 수도 있습니다.)
- 예. 당신의 말을 이해합니다. (하지만 내가 이해한 바를 실행할 수도 있고, 실행하지 않을 수도 있습니다.)
- 예. 이것이 당신에게 중요하다는 것을 알겠습니다. (하지만 이것에 대해 전적으로 동의하지는 않습니다.)
- 예. 동의합니다. (그리고 당신이 말한 바를 실행하겠습니다.)

따라서 내담자가 '예'라고 대답했을 때 이것이 권위를 가지고 있는 상담자에게 예의상 한 말인지, 아니면 진심으로 동의하고 수용한 것인지를 잘 살펴볼 필요가 있다.

(2) 시간에 대한 개념

만약 내담자가 반복해서 시간을 지키지 않는다면, 먼저 늦는 이유를 알아보아야 한다. 이동할 교통수단이 마땅치 않았거나 아이를 돌보아야 하는 등 갑작스러운 집안일이 생기는 것과 같은 실제적인 어려움 때문에 시간을 지키지 못한다면, 내담자가 늦지 않도록 현실적인 도움을 준다.

상담자와 문화적 배경이 다른 내담자의 경우, 때로는 시간에 대한 개념이 다르기 때문에 정해진 시간을 지키지 못하는 경우도 있다. 여러 나라에서 시간은 반드시 지켜야 하는 것이고 아껴서 사용해야 하는 것이다. 그러나 시간에 대해 보다 유동적이고 순환적으로 바라보는 문화권에서는 반드시 정해진 약속 시간에 가야 한다고 생각하지 않는 경향이 있다(Fontes, 2008/2016). 이러한 경우 내담자는 정확한 시간을 기록해 두지도 않으며, 구체적인 약속 시간보다는 그 전에 처리해야 할 일이 끝나면 그다음에 상담 약속에 가는 것으로 생각한다. 내담자가 정확하게 시간을 잘 지키기 원한다면, 상담자는 내담자에게 시간에 대해 기대하는 바가 무엇인지 명확하게 이야기해야 하며, 왜 시간을 엄수해야 하는지 설명하는 것이 필요하다.

3) 계층과 편견의 문제

상담자와 내담자 간 인종이나 출신 국가의 차이뿐만 아니라 사회계층의 차이 역시 상담관계를 형성하는 데 장애물이 될 수 있다. 때로는 상담자와 내담자의 인종이나 출신 국가가 같더라도 사회계층의 차이가 클 경우, 내담자는 상담자에게 거리감을 느낄 수 있다. 특히 다문화상담을 하는 경우 대체로 상담자보다 경제적으로 더 가난하거나 교육을 덜 받았거나 더 차별받고 있는 내담자와 상담을 하게 된다. 이렇게 사회계층이 낮은 사람들과 상담하는 상담자가 사회계층에 대한 자신의 편견을 인식하지 못하면 많은 부정적 결과를 가져올 수 있다. 먼저, 내담자의 입장에서 내담자가 가지고 있는 괴로움을 이해하고 공감하는 것이 어려우며, 이로 인해 내담자와의 유대관계가 잘 형성되지 않는다. 또한 내담자의 문제에 대해 객관적인 진단과 평가를 할 수 없고, 이로 인해 효과적인 상담 계획을 세우지 못하며, 결국 상담의 성과도 좋지 않게 된다.

가난한 사람들은 매일 생존과 관련된 문제들이 긴급하기 때문에 심리적 지원과 서비스는 중요하지 않다고 생각하거나, 설사 상담을 제공한다고 해도 그들에게 덜 중요하게 여겨질 수 있다고 생각할 수 있다. 그러나 가난한 사람들은 매일 먹을 음식과

거처할 곳에 대해 고민하기도 하지만, 누구와도 함께할 수 없는 외로움으로 인해서도 어려움을 겪고 있다는 것을 기억해야 한다(Smith, 2005). 따라서 상담자는 자신이 가지고 있는 사회계층에 대한 편견과 선입견이 무엇인지 인식할 필요가 있으며, 이것을 극복하고 내담자의 필요를 충족시킬 수 있는 방법들을 탐색해야 한다.

4) 상담 기록의 문제

상담자가 가지고 있는 편견은 상담에 대한 보고서를 작성하는 데에도 영향을 미친다. 상담자가 어떤 정보를 기록하고 어떤 정보를 버릴지에 대해 결정할 때에도 상담자의 주관이 개입되며, 내담자를 묘사하는 단어를 선택할 때에도 편견의 영향을 받게 된다.

(1) 어떤 언어로 메모할 것인가

상담 과정에 대해 간단하게 메모를 해 둔 자료는 녹음 혹은 녹화 자료에 문제가 생겼을 때나 녹음 혹은 녹화 자료를 미처 듣거나 보지 못했을 때 이후 상담 진행을 위해 매우 유용하게 사용될 수 있다. 따라서 상담자는 상담 도중 내담자의 이야기를 메모하거나, 상담이 종결된 직후 상담 내용에 대해 기록을 남겨 두는 것이 필요하다.

특히 다문화상담에서는 어떤 언어로 메모를 해야 할 것인가의 문제가 발생한다. 내담자가 이야기한 것을 생생하고 정확하게 기록하는 것이 중요하기에, 내담자의 모국어로 상담이 진행된 경우 내담자의 모국어로 기록하는 것이 좋다. 한국어로 상담이 진행된 경우에는 상담자가 내담자의 모국어를 전혀 모른다면 한국어로 기록해 둘 수밖에 없지만, 만약 상담자가 내담자의 모국어 표현을 알고 있다면 내담자의 언어도 함께 기록해 둔다. 이중 언어로 상담이 진행된 경우에는 내담자가 모국어로 표현했다면 모국어로, 한국어로 표현했다면 한국어로 내담자가 전달하고자 하는 바를 그대로 메모해 두는 것이 객관적이고 정확한 기록을 남겨 둘 수 있는 방법이다.

(2) 어떤 단어를 선택할 것인가

상담에 대한 기록을 남겨 둘 때 상담자가 선택하는 단어에는 상담자의 편견이 반영될 수 있다. 예를 들면, 내담자가 말을 하면서 계속 볼펜을 딸깍거리는 행동을 했을 때 상담자는 내담자에 대해 '초조하고 불안한' 등의 단어로 기록을 남길 수 있다. 우리가 어떤 단어를 선택하는가에 따라 상담 보고서를 읽는 사람들이 내담자에 대해 받는 느낌이 달라질 수 있으므로, 상담자는 단어를 선택하는 데 있어서 편견이 개입되지 않도록 최대한 객관적으로 내담자의 행동을 기술하는 것이 필요하다. 즉, '초조하고 불안한'이라는 표현보다는 '계속 볼펜을 딸깍거리는 행동을 함'이라는 표현이 내담자의 행동을 더 중립적으로 기록한 것이라고 볼 수 있다.

제4부

다문화상담에서의
사례개념화

다문화상담을 진행해 나가는 데 있어서 상담 면접 기술과 함께 상담자가 갖추어야 할 역량 중 하나가 사례개념화 기술이다. 제4부에서는 다문화상담에서의 사례개념화에 대한 이론적 모델을 설명하고 문화적으로 적절한 사례개념화의 과정을 기술함으로써 다문화상담을 효과적으로 진행할 수 있는 방법을 제시하였다.

먼저, 제11장에서는 사례개념화에 대한 개관을 다루었으며, 문화적으로 적절한 사례개념화의 필요성과 다문화상담 사례개념화의 이론적 모델들에 대해 설명하였다. 제12장과 제13장에서는 다문화상담 사례개념화의 네 가지 과정을 설명하고 이를 적용한 사례들을 제시하였는데, 제12장에서는 다문화상담에서의 '평가'와 '진단'을 설명하였으며, 제13장에서는 다문화상담에서의 '가설 설정'과 '상담 계획'에 대해 설명하였다. 마지막으로, 제14장에서는 다문화상담에서의 사례개념화 기술을 증진시키는 방법을 제시하기 위해 '슈퍼비전과 교육'에 대해 기술하였다.

제11장

다문화상담에서의 사례개념화

다문화상담에서의 사례개념화는 일반적인 상담에서의 사례개념화에 기반을 두고 있다. 따라서 이 장에서는 먼저 사례개념화에 관한 일반적인 내용을 다루었다. 즉, 사례개념화의 정의와 역할, 사례개념화의 요소 및 과정, 사례개념화의 교육과 훈련에 대해 설명함으로써 사례개념화가 무엇인지 이해할 수 있도록 하였다. 다음으로, 다문화상담에서의 사례개념화에 대해 다루기 위해 다문화상담에서 문화적으로 적절한 사례개념화가 왜 필요한지에 대해 설명하였다. 마지막으로, 다문화상담에서의 사례개념화에 대한 이론적 틀을 제시하기 위해 문화적으로 적절한 사례개념화의 모델들은 어떤 것들이 있는지를 살펴보았다.

1. 사례개념화에 대한 개관

1) 사례개념화의 정의와 역할

일반적으로 상담자가 갖추어야 할 상담 기술은 크게 상담자의 반응 기술과 사례개념화 기술로 나누어 볼 수 있다. 그중 상담자가 효과적이고 전문적인 상담을 제공하기 위해 반드시 숙지해야 할 기술 중의 하나가 사례개념화이다(손은정, 이혜성, 2002;

Ellis, Hutman, & Deihl, 2013). 사례개념화는 '사례개념화(case conceptualization)'라고 표기하기도 하고, '사례공식화(case formulation)'라고 표기하기도 한다. 사례개념화를 정의하기 위해 반드시 포함되어야 할 요소는 크게 세 가지로 나누어 생각해 볼 수 있다 (Eells, 2015; Sperry & Sperry, 2012/2016). 첫째, 내담자로부터 얻은 단편적인 정보를 통합하고 조직화한다. 둘째, 내담자의 문제 유발 및 유지 요인에 대한 가설을 설정함으로써 내담자의 부적응적 패턴을 이해하고 설명한다. 셋째, 이러한 이해를 근거로 상담 목표, 상담 전략 및 상담 개입을 계획한다. 따라서 사례개념화에 대한 정의에는 정보의 조직화, 내담자의 문제에 대한 설명과 이해(가설 설정), 상담 과정에 대한 안내와 계획이 포함된다고 볼 수 있다.

사례개념화는 상담에서 다음과 같은 다양한 역할을 수행함으로써 효과적인 상담을 이끌어 낸다. 첫째, 내담자가 이야기하는 다양한 정보를 효율적으로 조직하는 역할을 한다. 각 상담 회기에서 내담자는 많은 정보를 상담자에게 제공한다. 내담자의 여러 가지 이야기 중 의미 있는 정보가 무엇인지를 파악하기 어려우며, 내담자의 문제들이 어떻게 관련되어 있는지를 이해하기가 쉽지 않다. 사례개념화는 내담자가 제공하는 많은 정보를 효과적으로 조직화할 수 있도록 하며, 이를 통해 내담자를 심도 있게 이해할 수 있다(서경희, 김지현, 2008).

둘째, 사례개념화는 내담자에 대한 이해를 증진함으로써 상담자와 내담자 간의 관계를 형성하고 작업동맹을 강화한다. 내담자의 문제에 대해 충분하게 이해한 상담자는 내담자에게 더 정확하고 깊이 있는 공감을 할 수 있게 되며, 이를 통해 상담자와 내담자 간에 더욱 친밀한 유대관계를 형성하게 되고, 상담의 목표 및 과제에 대한 합의에도 쉽게 이를 수 있게 된다.

셋째, 사례개념화는 상담 계획의 근거를 제공함으로써 상담의 길잡이와 나침반 역할을 한다. 상담자는 사례개념화를 통해 상담 회기에서 목적 없이 방황하기보다는 분명한 초점을 가지고 개입할 수 있다. 특히 사례개념화를 통해 내담자의 문제를 깊이 있고 정확하게 이해하도록 도움으로써, 내담자의 핵심 문제와 가장 밀접하게 관련되어 있는 문제들에 초점을 맞출 수 있다(Hill, 2014). 사례개념화를 통해 내담자의 문제에 대한 개입 시기와 개입 전략을 선택할 수 있으며, 내담자의 행동을 예측할 수 있다. 또한 사례개념화는 비협조적인 내담자의 태도를 이해하고 다루며 상담 외적인 문제들에 대한 결정을 내리게 할 수 있도록 한다.

넷째, 상담자가 내담자와 사례개념화를 공유하면, 사례개념화는 내담자의 통찰과 변화를 촉진하는 치료 과정의 일부분으로 사용될 수도 있다(Liese & Esterline, 2015). 상담자가 내담자의 문제에 대해 사례개념화한 내용을 내담자에게 설명하고 이를 상담에 활용하면, 내담자에게는 보다 쉽게 자신에 대한 통찰이 일어날 수 있다. 사례개념화가 이렇게 다양한 역할을 수행한다는 점을 생각할 때, 내담자의 문제를 통합적이면서도 깊이 있게 이해하고 효과적인 상담 계획 및 전략을 수립하는 사례개념화 능력은 상담자가 반드시 갖추어야 할 전문 영역이라고 할 수 있다.

2) 사례개념화의 요소

상담자가 내담자의 문제에 대해 사례개념화를 할 때 어떤 요소를 포함시켜야 하는가? Sperry와 Sperry(2012/2016)가 제시한 사례개념화의 구성요소는 사례개념화에 필수적으로 포함해야 할 내용들이 무엇인지 잘 보여 주고 있다. 사례개념화가 무엇인지 막연하게 느껴지거나 사례개념화를 할 때 어떤 측면들을 포함해야 하는지 모호하게 느껴진다면, Sperry와 Sperry(2012/2016)가 제시한 사례개념화의 구성요소를 활용하는 것이 도움이 될 수 있다.

Sperry와 Sperry(2012/2016)는 사례개념화의 요소에 진단적 공식화, 임상적 공식화, 문화적 공식화, 상담개입 공식화의 네 가지가 포함된다고 보았다. 각 구성요소별로 자세한 내용은 〈표 11-1〉에 제시하였다. 먼저, 진단적 공식화에서는 내담자의 호소 문제가 무엇인지 진단하고 평가하며, 패턴을 활성화하여 호소 문제를 일으키는 자극인 촉발 요인에 대해 검토한다. 또한 내담자의 부적절하고 효과적이지 못한 지각, 사고, 반응 방식을 부적응적 패턴이라고 하는데, 이러한 부적응적 패턴을 알아봄으로써 내담자의 문제를 파악한다.

둘째, 임상적 공식화는 사례개념화의 핵심적인 구성요소로서, 내담자의 문제가 왜 발생하였고 어떻게 유지되고 있는지에 대해 상담자의 추론을 통해 원인을 설명하는 과정이다. 임상적 공식화에서는 부적응적 패턴을 설명할 수 있는 유발 요인과 부적응적 패턴을 강화하고 견고하게 하는 유지 요인으로 나누어 생각해 볼 수 있다. 임상적 공식화에서는 정신역동적 접근이나 인지행동적 접근과 같이 내담자에게 가장 적절하게 적용할 수 있는 이론적 틀을 통해서 내담자 문제의 원인을 추론해 볼 수 있다.

표 11-1 **사례개념화의 구성요소**

구성요소		설명
진단적 공식화	호소 문제	호소하는 문제와 촉발 요인에 대한 특징적인 반응
	촉발 요인	패턴을 활성화하여 호소 문제를 일으키는 자극
	부적응적 패턴	지각, 사고, 행동의 경직되고 효과가 없는 방식
임상적 공식화	유발 요인	부적응적 패턴을 설명할 수 있는 원인적 요인
	유지 요인	내담자의 패턴을 지속적으로 활성화하여 호소 문제를 경험하게 하는 자극
문화적 공식화	문화적 정체성	특정 민족집단에 대한 소속감
	문화적응과 문화적응 스트레스	주류문화에 대한 적응 수준과 심리사회적 어려움 등을 포함한 문화적응 관련 스트레스
	문화적 설명	고통, 질환, 장애의 원인에 대한 신념
	문화 대 성격	문화와 성격 역동 간의 상호작용 정도
상담개입 공식화	적응적 패턴	지각, 사고, 행동의 유연하고 효과적인 방식
	상담 목표	단기–장기 상담의 성과
	상담의 초점	적응적 패턴의 핵심이 되는 상담의 방향성을 제공하는 중요한 치료적 강조점
	상담 전략	보다 적응적인 패턴을 달성하기 위한 실행 계획 및 방법
	상담개입	상담 목표와 패턴 변화를 달성하기 위해 상담 전략과 관련된 세부 변화 기법 및 책략
	상담의 장애물	부적응적 패턴으로 인해 상담 과정에서 예상되는 도전
	문화적 상담개입	해당 사항이 있을 경우 문화적 개입, 문화적으로 민감한 상담, 또는 문화적으로 민감한 상담개입의 실행
	상담의 예후	상담을 하거나 하지 않을 경우에 따른 정신건강 문제의 경과, 기간, 결과에 대한 예측

출처: Sperry & Sperry (2012/2016).

셋째, 문화적 공식화는 문화가 어떤 역할을 하는지 살펴보는 과정이다. 내담자가 가지고 있는 문화적 정체성은 무엇인지, 문화적응 스트레스의 문제가 있는지, 자신이 가지고 있는 심리적 불편감이나 고통에 대해 어떤 방식으로 표현하고 설명하는지에 대해 살펴본다. 그리고 문화적 역동과 성격적 역동이 어느 정도 내담자의 문제에 영향을 주는지 평가한다. 문화적 역동의 영향이 거의 없으며 성격적 역동의 역할이 내담자의 문제에 크게 작용할 수도 있고, 문화적 역동이 성격적 역동에 비해 중요한 역할을 할 수도 있으며, 문화적 역동과 성격적 역동의 상호작용에 의해서 문제가 나타날 수도 있다.

마지막으로, 상담개입 공식화에서는 상담개입에 대한 전략을 수립한다. 구체적으로 내담자가 변화되어야 할 적응적 패턴과 상담 목표는 무엇인지 설정하고, 상담의 초점, 상담 전략, 상담개입에 대해 계획한다. 상담 목표란 상담을 통해 얻기 원하는 결과를 의미하며, 상담자와 내담자가 함께 합의하여 설정한다. 상담의 초점은 상담에서 핵심적으로 강조하는 점을 의미하며 상담의 방향성을 제시한다. 상담자가 어떤 이론적 접근을 선택하는가에 따라 상담의 초점이 달라질 수 있다. 예를 들어, 인지행동적 접근일 경우 부적응적 신념과 행동에 의해 유발되는 상황에 초점을 둔다면, 정신역동적 접근에서는 부적응적 패턴에 의해 문제가 나타나게 되는 대인관계 상황에 초점을 둘 것이다. 상담의 전략과 개입은 내담자가 적응적 패턴으로 변화할 수 있도록 돕기 위한 실행계획이다. 상담 전략 역시 상담자의 이론적 접근에 따라 인지행동적 접근의 인지적 재구조화를 사용할 수도 있고, 정신역동적 접근의 해석을 사용할 수도 있다.

상담개입 공식화에서는 그 외에도 상담 과정에서 일어나는 상황에 대해서도 예측해 본다. 상담의 장애물에 대한 예측에서는 내담자가 가지고 있는 부적응적 패턴이 상담에서 어떤 문제를 가져올지 예측해 보는 것이며, 상담의 예후에서는 상담을 했을 때와 하지 않았을 때의 경과에 대한 예측과 함께 내담자의 문제가 얼마나 심각하고 언제까지 지속될 것인지, 상담의 결과로 문제가 어느 정도 해결될 수 있을지에 대해서 예측해 보는 것을 포함한다. 또한 상담개입 공식화에서는 문화적 요소에 대해 상담개입이 필요한지에 대해서도 결정을 내린다. 내담자의 문제에서 문화적 역동이 중요한 역할을 하는 경우, 상담자는 문화적 상담개입을 고려해야 한다.

3) 사례개념화의 과정

앞에서 Sperry와 Sperry(2012/2016)가 제시한 사례개념화의 구성요소는 사례개념화에 포함되어야 할 내용에 대해 설명하고 있으나, 구체적으로 어떤 절차와 과정을

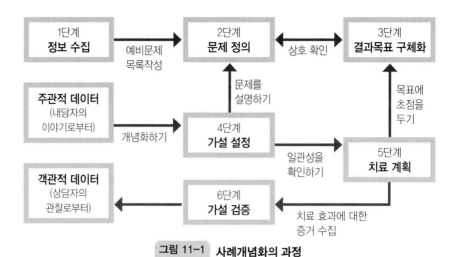

그림 11-1 사례개념화의 과정

출처: Ingram (2012).

통해서 사례개념화를 해야 하는지에 대한 세부적인 지침이 부족하다. Ingram(2012)
은 [그림 11-1]에서 제시한 바와 같이 사례개념화를 수행하기 위한 과정을 보다 세
부적으로 제시하고 있다. Ingram(2012)은 통합적인 관점에서 6단계의 사례개념화 절
차를 설명하고 있으며, 그 내용을 자세하게 살펴보면 다음과 같다.

　첫 번째 단계는 정보를 수집하는 단계이다. 이 단계에서는 내담자에 대한 주관적
데이터와 객관적 데이터를 수집하게 된다. 주관적 데이터는 내담자나 내담자의 가족
이 보고한 내담자의 증상, 증상의 시작, 일상생활에서의 기능의 손상, 약물 복용, 가
족의 역사 등에 대한 내용을 포함한다. 객관적 데이터는 상담자의 관찰, 검사 결과 등
을 통해 얻게 된 자료를 포함한다. 상담자는 내담자와 약속을 정하기 위해 전화를 하
는 순간부터 계속해서 내담자에 대한 정보를 수집한다. 초기에는 내담자의 문제를
파악하기 위해서 정보를 수집하지만, 나중에는 치료가 상담의 목표를 달성하는 데
효과적인지 평가하기 위해 정보를 수집한다. 정보를 수집할 때 주의해야 할 사항은
충분하고 포괄적인 데이터를 확보해야 한다는 것이다. 일부 내용에 대해서만 살펴
보거나 충분하지 못한 데이터를 얻으면, 그다음 단계인 문제 정의나 가설 설정이 어
려워질 수 있다. 또한 상담자는 정보를 수집할 때 편파적이지 않은 태도를 가져야 하
며, 자신의 가치, 문화적 편견, 일어날 수 있는 역전이 감정 등에 대해 인식하고 있어
야 한다.

　두 번째 단계는 문제를 정의하는 단계이다. 문제를 정의하기 위해 상담자는 먼저

예비적으로 **문제 목록**을 만들어 본다. 내담자가 초기에 이야기한 호소 문제, 임상적 관찰, 상담자의 질문을 통해 얻은 정보들을 토대로 문제 목록을 만든다. 이때 문제 목록은 내담자의 문제라고 생각되는 것들을 모두 포함하는 것이어야 한다. 예비적으로 만든 문제 목록들을 토대로 상담자의 임상적인 판단과 결정을 통해서 상담에서 다루어야 할 문제를 정의한다. 문제를 정의할 때 주의해야 할 사항은 구체적으로 명확하게 문제를 정의해야 하며, 상담을 통해 해결 가능한 목표와 연결될 수 있는 문제를 정의해야 한다는 것이다. 문제 정의 단계는 세 번째 단계인 결과목표 설정과 밀접한 관련이 있으며, 상담을 받은 결과 실제로 변화될 수 있는 구체적인 행동이나 생각, 감정을 문제로 정의하는 것이 중요하다.

　세 번째 단계는 **결과목표**를 세우는 단계이다. 결과목표는 상담에서 얻고자 하는 바를 말하며, 치료가 끝나는 시점의 실제 삶에서의 변화를 의미한다. 결과목표는 구체적이며 성취 가능한 것이어야 한다. 앞에서도 설명했지만, 문제를 정의하는 것과 결과목표를 구체화하는 것은 서로 양방향적인 과정이다. 문제를 정의하는 것은 목표를 구체화하도록 하지만, 때로는 먼저 목표를 분명하게 설정하는 것이 문제를 구체적으로 정의할 수 있도록 돕기도 한다. 상담의 목표는 치료 과정에서 계속적으로 수정된다. 하나의 목표가 달성되면 문제 목록에서 해당되는 문제가 지워지며, 새로운 문제가 나타나면 그것에 따른 새로운 결과목표가 구체화된다.

　네 번째 단계는 **가설**을 설정하는 단계이다. 여기에서 가설이란 내담자의 문제에 대한 잠정적인 이론적 설명을 의미한다. 가설을 설정하는 것은 사례개념화의 핵심적인 과정이다. 내담자의 심리적, 대인관계적, 행동적 문제가 왜 일어나게 되었으며 어떻게 유지되고 있는지 이론적으로 설명하는 것은 내담자의 문제를 깊이 있게 이해하도록 하며, 이후 치료적 개입의 방향을 설정하도록 돕는다. 가설 설정 단계에서는 먼저 내담자의 문제에 대해 모든 가능한 가설을 나열해 보고, 그중 내담자의 문제를 가장 적절하게 설명해 주는 가설들을 선택한다. 가설을 선택하는 과정에서는 그 가설을 지지해 주는 데이터가 충분한지 살펴볼 필요가 있으며, 내담자의 문제에 적절한 치료적 계획을 이끌어 낼 만한 가설인지 확인해 볼 필요가 있다.

　다섯 번째 단계는 **치료 계획**을 세우는 단계이다. 이 단계에서는 앞에서 설정한 가설에 근거하여 치료 계획이 수립되어야 한다. 가설 설정 단계에서 인지행동적 관점으로 내담자의 문제의 원인 및 유지 요인에 대해 설명하였다면, 치료 계획에서 내담자의 인지나 행동을 변화시키는 상담 기법이나 절차를 계획하게 된다. 또한 이 단계에서는 앞에서 설정한 결과목표를 달성하기 위해 각 내담자에게 적절한 상담 기법과 상담 절차를 계획하게 된다. 이를 위해 상담자는 결과목표에 이르기 위한 중간목표와 과정목표를 계획하는 것이 필요하다. 중간목표는 결과목표에 이르는 과정에서의 단기목표를 의미하며, 과정목표는 이론에 기반을 둔 상담 기법과 전략을 의미한다. 실제 사례에서 과정목표와 중간목표가 겹칠 수도 있다. 예를 들면, 상사나 동료에게 적절한 자기주장을 하는 것이 결과목표인 내담자의 경우, 상담 회기 내에서 상담자와 주장적인 행동을 연습해 보는 것이 상사에게 주장적인 행동을 하는 것의 중간목표가 될 수도 있고 회기 내의 상담 기법을 나타내는 과정목표가 될 수도 있다. 결과목표를 이루기 위해 사용할 수 있는 전략과 기법은 매우 다양하기 때문에, 상담자의 이론적 성향이나 역량, 내담자의 가치, 상담기관의 맥락 등을 고려하여 내담자에게 적절한 치료적 개입을 선택하는 것이 중요하다.

마지막으로, 여섯 번째 단계는 상담자가 설정한 사례개념화가 적절한 것인지 검증하기 위해 치료의 효과에 대한 증거를 수집하는 단계이다. 이 단계에서는 내담자가 상담을 시작하기 이전과 상담을 한 이후 내담자의 변화를 평가함으로써, 상담자가 설정한 가설과 치료적 개입이 효과적인지를 살펴보게 된다. 이전 단계에서 문제를 정의하고 결과목표를 구체적으로 설정할 때 치료의 효과를 제대로 평가할 수 있다. 상담이 진행된 결과, 내담자 기능의 향상, 기능의 악화, 변화하지 않음이라는 세 가지 효과가 나타날 수 있다. 상담자는 내담자가 회기 내에서 그리고 회기 밖의 일상생활에서 어떤 변화를 보이는지 면밀하게 관찰할 필요가 있으며, 상담자가 설정한 사례개념화가 적절한지 계속적으로 검증해 나가야 한다. 가설 검증 결과, 만약 내담자에게 진전이 없고 상담자가 설정한 가설이 적절하지 않게 보인다면 가설을 재설정해야 하며, 치료 계획도 수정하는 것이 필요하다.

4) 사례개념화의 교육과 훈련

(1) 개념도를 활용한 사례개념화 교육과 훈련

사례개념화는 상담 및 심리치료에 있어서 기초가 되는 필수적인 상담자의 기술이기 때문에, 이러한 기술을 어떻게 교육하고 훈련할 것인가가 중요하다. Liese와

표 11-2 가상적인 내담자의 문제와 그와 관련된 행동, 감정, 생각

문제	행동	감정	생각
우울	• 아내, 다른 가족관계, 친구들로부터의 회피 • 취미생활, 사회생활, 여가생활에 대한 회피	• 참을성이 없음 • 안절부절함 • 불행함 • 긴장감	• 내 인생은 형편없다. • 아무것도 되지 않는다. • 이런 것에 지친다.
분노, 공격성	• 매우 화난 행동 • 목소리를 높임 • 문을 쾅 닫음	• 화남 • 좌절됨 • 짜증이 남	• 종종 나는 울분을 터뜨릴 필요가 있다. • 사람들은 나를 열 받게 한다.
심각한 음주 문제	• 매일 밤 TV를 보면서 술에 취함 • 의식을 잃을 때까지 술을 마시는 경우가 빈번함	• 음주가 시작되기 전까지 스트레스로 인해 긴장함 • 첫 번째 잔을 마신 후 안도감을 느낌	• 나는 음주 문제를 가지고 있지 않다. • 나는 편안해지기 위해 술을 마신다.
흡연	• 아내가 여러 번 그만두기를 요청함에도 불구하고 하루에 담배 2갑을 피움	• 흡연 전까지 안절부절함 • 흡연 이후 안도감을 느낌	• 흡연에 대해 사람들이 신경 쓰지 않으면 좋겠다. • 내가 준비가 되면 담배를 끊을 것이다.
부부 문제	• 아내에 대한 분노 • 아내에게 목소리를 높임 • 술과 담배를 끊기를 거절함	• 아내가 비판적인 것에 대해 화가 남 • 아내가 떠나겠다고 위협할 때 분노함	• 나의 결혼생활은 형편없다. • 나의 아내는 항상 나에게 의존해서 무언가를 얻기 원한다.

출처: Liese & Esterline (2015).

Esterline(2015)은 슈퍼비전 장면에서 개념도를 활용함으로써 사례개념화를 훈련할 수 있는 방법을 제안하고 있다. 첫 번째 단계에서는 〈표 11-2〉에서 제시한 바와 같이, 상담자와 내담자가 함께 내담자의 문제에 대한 표(problem grid)를 작성하도록 한다. 상담자는 내담자에게 현재 가지고 있는 문제에 대해 다양한 질문을 할 수 있으며, 질문에 대한 내담자의 이야기를 들으면서 표의 첫 번째 열에 문제들을 나열한다. 그리고 두 번째 열, 세 번째 열, 네 번째 열에는 각 문제와 관련된 내담자의 행동, 감정, 생각을 기술한다. 이러한 과정을 통해 상담자와 내담자는 서로 간에 역동적으로 상호작용을 하게 되고, 내담자의 문제 행동을 구체적으로 파악할 수 있게 되며, 내담자는 자신의 생각과 감정의 차이가 무엇인지 알게 된다.

　두 번째 단계에서는 [그림 11-2]에서 제시한 바와 같이, 슈퍼바이저는 슈퍼바이지

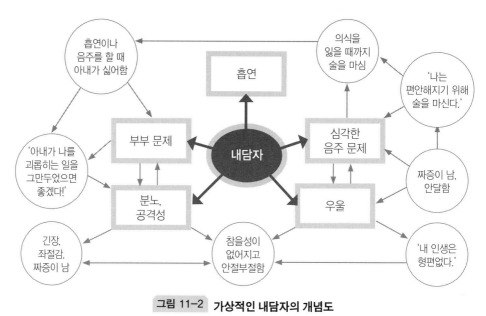

흡연이나
음주를 할 때
아내가 싫어함

흡연

의식을
잃을 때까지
술을 마심

'나는
편안해지기 위해
술을 마신다.'

'아내가 나를
괴롭히는 일을
그만두었으면
좋겠다!'

부부 문제

내담자

심각한
음주 문제

짜증이 남,
안달함

분노,
공격성

우울

긴장,
좌절감,
짜증이 남

참을성이
없어지고
안절부절함

'내 인생은
형편없다.'

그림 11-2 가상적인 내담자의 개념도

출처: Liese & Esterline (2015).

(상담자)에게 상담 회기에 내담자와 함께 작성한 표를 근거로 개념도(concept map)를 그리도록 과제를 내준다. 이때 슈퍼바이저는 내담자의 문제에 대한 표가 완성된 직후 슈퍼바이지의 마음속에 그 내용을 생생하게 기억하고 있을 때 개념도를 그리도록 지침을 준다. 개념도를 그리는 과정은 다음과 같다. 첫째, 중심에 원을 그리고 원 안에 내담자의 이름을 쓰도록 한다. 둘째, 내담자의 주요 문제들을 네모 상자 안에 적고, 상자들을 내담자의 이름이 쓰인 원을 중심으로 배열한다. 셋째, 내담자의 주요 문제들과 관련이 있는 행동, 감정, 생각을 원 안에 기술한 후 관련이 있는 네모 상자 근처에 배치한다. 넷째, 내담자의 주요 문제들, 행동, 감정, 생각, 문화적 · 환경적 요인들 간의 관계를 화살표로 연결한다.

개념도를 완성하는 과정을 통해 상담자는 내담자의 문제에 대해 가설을 생성하게 된다. 통합적인 관점에서 내담자의 문제의 원인과 유지 과정에 대해 가설을 세울 수도 있고, 특정한 이론적 관점을 가지고 가설을 설정할 수도 있다. 예를 들어, 통합적인 관점에서 우울로 인해 술을 많이 마시게 되고 술을 많이 마시면서 더 우울해지는 악순환이 반복되고 있다고 개념화할 수 있다. 인지행동치료 관점에서는 내담자의 역기능적 사고가 우울을 가져온다고 가설을 세울 수 있고, 정신분석치료 관점에서는 회피적 애착관계가 문제의 원인이 된다고 가설을 설정할 수도 있다.

내담자의 문제에 대한 표나 개념도는 내담자가 호소하는 문제의 수나 복잡성, 그리고 문제의 심각성에 따라 달라질 수 있다. 내담자가 호소하는 문제가 많고 복잡할수록 개념도 안에 내담자의 문제를 나타내는 네모 상자와 각 문제와 관련된 내담자의 감정, 생각, 행동을 나타내는 원이 많아질 수 있다. 단, 내담자의 문제에 대한 표의 모든 내용을 개념도에 포함시킬 필요는 없으며, 사례개념화와 관련되는 적절한 정보만을 개념도에 포함시키도록 해야 한다. 또한 개념도는 내담자가 새로운 정보를 제공하면 변화할 수 있으며 개념도에는 옳고 그름이 없다는 것을 상담자들로 하여금 알게 함으로써, 자유롭고 개방적인 태도로 개념도 과제에 임할 수 있도록 돕는 것이 필요하다.

세 번째 단계에서는 슈퍼비전 회기에서 슈퍼바이저와 슈퍼바이지가 완성한 개념도에 대해 토론하고 이를 수정·보완한다. 이 과정에서 슈퍼바이저는 피상적인 수준에서 깊이 있는 수준으로 사례개념화를 할 수 있도록 슈퍼바이지를 돕고, 보다 깊이 있는 사례개념화 내용을 슈퍼바이지에게 제공하는 것이 필요하다. 이를 위해 슈퍼바이저는 슈퍼바이지의 사고와 인지 발달을 촉진할 수 있는 질문을 던지거나 더 중요한 문제를 강조하여 표시할 수 있으며, 추가로 탐색이 필요한 빠진 정보들을 개념도에 포함시키거나 개념 간의 관계를 추가로 연결시킬 수 있다. 또한 슈퍼바이저는 슈퍼바이지가 내담자로부터 얻은 정보를 통합하여 문제의 원인을 추론할 수 있도록 돕기 위해 촉발 요인, 부적응적 패턴, 유발 요인, 유지 요인에 대해 추론할 수 있도록 돕는다(Sperry & Sperry, 2012/2016). 이때 슈퍼바이저는 자신의 이론적 성향에 따라 사례개념화의 내용을 다르게 제시할 수 있다. 즉, 인지행동적 접근을 사용하는 슈퍼바이저의 경우 연속적으로 일어나는 사고와 감정에 초점을 둔다면, 정신분석적 접근을 사용하는 슈퍼바이저는 내담자의 대인관계에서의 반응에 초점을 둘 수 있다.

네 번째 단계에서는 최종적으로 완성된 개념도를 내담자에게 보여 주고, 상담자와 내담자가 개념도에 대해 함께 이야기를 나눈다. 상담자는 내담자의 피드백을 통해서 사례개념화의 내용을 심화하거나 확장할 수 있으며, 내담자에게 사고와 감정의 차이와 같은 중요한 개념들을 교육할 수 있는 기회를 가지게 된다. 내담자는 상담자가 자신의 문제에 적극적인 관심을 보인다고 인식하여 상담자와의 관계를 잘 형성해 나가게 되고, 더 적극적으로 상담에 참여하게 되며, 자신의 문제에 대해 새롭게 통찰할 수 있는 기회를 얻는다. 만약 상담자가 완성한 개념도에 대해 내담자가 동의하지 않는다면, 두 사람이 함께 작업을 하면서 개념도를 재구조화하도록 한다.

(2) 칠판을 활용한 사례개념화의 교육과 훈련

그 외에도 Ellis 등(2013)은 내담자로부터 얻은 방대한 정보를 통합하는 훈련 방법으로 칠판을 활용한 사례개념화(Chalkboard Case Conceptualization: CCC)를 제안하였다. 칠판을 활용한 사례개념화의 중요한 기본 가정은 사례개념화 기술이 상담자의 인지 발달과 연관되어 있다는 것이다. 즉, 상담자의 인지 발달에 있어서의 복잡성, 정교성, 통합성, 포괄성, 그리고 편견의 정도에 따라 내담자를 이해하는 정도가 달라진다고 보았다. 칠판을 활용한 사례개념화는 사례개념화 훈련을 위한 일정한 틀을 제공하는데, 이 틀을 통해 슈퍼바이저들은 슈퍼바이지의 인지 발달이 어느 정도인지 파악할 수 있으며, 슈퍼바이지가 내담자의 문제에 대해 더 복잡하고 정교하게 사고할 수 있도록 돕는다. 또한 이 훈련 방법은 내담자의 문제를 이해하는 데 있어서 정보들 간의 관계를 연결시킬 수 있도록 도움으로써 통합적인 사례개념화 기술을 가질 수 있도록 한다.

칠판을 활용한 사례개념화 훈련 방법을 사용하기 위해서는 준비물이 필요한데, 칠판이나 큰 용지와 두 가지 이상의 색깔 있는 펜이 필요하다. 칠판을 활용한 사례개념화는 두 단계를 거쳐서 이루어진다. 첫 번째 단계는 정보 단계로서 보통 45~60분 정도의 시간이 소요되며, 두 번째 단계인 통합 단계는 30~45분 정도의 시간이 소요된다.

먼저, 정보 단계는 내담자에 대한 정보를 자세하고 구체적으로 파악하는 단계로서, 여덟 가지 세부적인 과정으로 구성된다. 첫째, 슈퍼바이지가 5분 정도의 시간 동안 내담자에 대한 기본적인 정보를 제시한다. 이때 슈퍼바이지는 슈퍼비전에서 얻고자 하는 것이 무엇인지를 함께 이야기한다. 둘째, 슈퍼바이지는 5~10분 동안 상담 회기의 오디오 녹음 자료 또는 비디오 녹화 자료를 제시한다. 이 과정을 통해서 슈퍼바이저와 슈퍼바이지 그리고 참여자들(집단 슈퍼비전의 경우)은 사례개념화에 보다 적극적으로 참여할 수 있게 되며, 활발하게 상호작용할 수 있게 된다. 셋째, 슈퍼바이저는 칠판을 활용한 사례개념화(CCC)의 기본 가정, 목적, 과정 등에 대해 슈퍼바이지에게 설명한다. 넷째, 슈퍼바이저는 사례개념화에 필요한 범주들의 제목 (예: 호소 문제, 의학적 문제/약물 복용, 발달단계, 지지체계, 강점, 문화적 다양성/맥락적 요인, 진로/직업 등)을 칠판의 위쪽에 적는다. 다섯째, 슈퍼바이지는 범주 각각에 해당하는 구체적인 정보들을 말하고, 슈퍼바이저는 슈퍼바이지가 말한 내용을 간략하게 축약하여 칠판에 적는다. 이때 슈퍼바이저는 슈퍼바이지가 이야기한 내용의 핵심이 잘 적혔는지 슈퍼바이지에게 확인할 필요가 있다. 또한 슈퍼바이지의 인지 발달 수준에 따라 슈퍼바이저가 슈퍼바이지에게 지시하는 정도를 조절할 수 있다. 즉, 슈퍼바이지가 초보 상담자인 경우 각 범주에 대해 모두 질문을 하고 답을 받는 형식을 취할 수 있으며, 숙련된 상담자일수록 융통성과 유연성을 가지고 이 과정을 진행할 수 있다. 여섯째, 슈퍼바이저와 슈퍼바이지는 칠판에 기록된 내용을 내담자와 상담 맥락에 더 적합하게 만들기 위해 범주의 제목을 더 추가하거나 수정하거나 통합할 수 있다. 일곱째, 각 범주별로 세부적인 정보가 모두 정리되면, 내담자가 가지고 있는 핵심적인 감정에 대해 표시하거나(예: 별표를 함), 내담자가 가지고 있는 감정의 층에 대해 추가적으로 적어 본다. 여덟째, 남은 시간 동안 슈퍼바이지는 칠판에 적힌 내용을 전반적으로 검토하면서 필요한 영역에 대해 정보를 추가한다.

그다음 단계인 통합 단계는 정보 단계에서 정리된 내담자의 문제들 간의 관계를 연결하고 통합하는 과정으로서, 여섯 가지의 세부적인 과정으로 구성된다. 첫째, 슈퍼바이지에게 칠판에 있는 정보들에 어떤 관련성이나 패턴이 있다고 보는지 질문한다. 슈퍼바이저는 정보 단계에서 사용했던 것과는 다른 색깔의 펜을 사용하여 가장 중요한 정보에 밑줄을 긋거나 선으로 정보 간의 관계를 연결한다. 또한 슈퍼바이지가 이야기하지 않았지만 중요한 패턴이나 통합적인 정보라고 생각되는 것들을 그림에 추가한다. 둘째, 상담자가 내담자로부터 더 얻기 원하는 빠진 정보가 무엇인지 살펴본다. 셋째, 지금은 분명하지 않지만 대안적으로 생각할 수 있는 관점이나 정보들 간의 관계에 대해 고려해 보는 질문을 함으로써 슈퍼바이지의 관점을 확장할 수 있도록 한다(예: 문화적 배경의 영향, 종교에 대한 훈육 방식 등). 넷째, 슈퍼바이지가 정보들을 통합하는 능력과 인지 발달을 촉진할 수 있는 질문들을 던진다. 다섯째, 어떤 슈퍼바이지들의 경우에는 많은 정보로 인해 압도당하기도 하고 혼란스러워하기도 한다. 따라서 내담자의 문제들의 우선순위를 매기도록 하며 이 문제들을 어떻게 다룰 것인지 슈퍼바이지와 체크해 간다. 여섯째, 조직화한 정보들을 치료 계획과 연결하여 생각해 보도록 한다(예: 치료 목표, 치료 전략, 개입 방법, 예후 등).

(3) 두 가지 훈련 방법의 비교

개념도를 활용한 사례개념화에서는 슈퍼바이지가 귀납적 추론을 훈련하도록 돕는다. 즉, 내담자로부터 얻은 정보들을 바탕으로 개념도를 그려 보게 하고, 그러한 개념도를 통해서 내담자의 문제를 통합할 수 있도록 돕는다. 반면, 칠판을 활용한 사례개념화에서는 슈퍼바이지가 연역적 추론을 통해 사례개념화를 훈련할 수 있도록 촉진한다. 즉, 사례개념화에 필요한 범주들을 슈퍼바이저가 먼저 칠판에 제시하고 각 범주에 해당하는 구체적인 정보들을 슈퍼바이지가 말하도록 하는 것이다.

또한 개념도를 활용한 사례개념화 훈련 방법은 상담 장면과 슈퍼비전 장면을 연결시키면서 사례개념화를 훈련하고 있다는 점이 특징적이다. 사례개념화 과정에 내담자가 함께 참여하도록 함으로써 내담자가 적극적으로 상담에 관여하게 하며 자신의 문제를 통찰할 수 있도록 돕고 있다는 점에서 의의가 있다고 볼 수 있다.

두 가지 방법은 슈퍼바이저와 슈퍼바이지, 내담자의 역량과 상황에 따라 적절하게 선택하여 사용할 수 있을 것이다. 내담자가 자신의 문제에 대해 객관적으로 볼 수 있는 능력이 있으며 슈퍼바이저가 세부적인 정보들을 파악하고 통합할 수 있는 능력이 어느 정도 갖추어진 경우에는 개념도를 활용한 사례개념화 훈련 방법이 효과적일 수 있을 것이다. 반면, 슈퍼바이저의 세부적인 지시와 교육이 필요한 경우에는 칠판을 활용한 사례개념화 훈련이 사례개념화의 구체적인 과정과 방식을 배워 가는 효과적인 방법이 될 수 있을 것이다.

2. 문화적으로 적절한 사례개념화의 필요성

다문화상담에서 문화적 배경이 다른 내담자를 이해하고 적절한 상담 계획을 수립하기 위해서는 문화적 요소를 충분히 고려한 사례개념화 능력이 상당히 중요하다고 볼 수 있다(Constantine, Miville, Kindaichi, & Owens, 2010; Lee, Sheridan, Rosen, & Jones, 2013). 사례개념화에서 문화적 요소를 고려하는 것이 왜 필요한가에 대해 다음과 같은 관점에서 생각해 볼 수 있다.

첫째, 문화는 인간의 모든 경험을 관통하고 있으며, 포괄적이고 다차원적인 개념이다(Ridley & Kelly, 2007). 그러므로 인종이나 종족뿐만 아니라 나이, 사회경제적 지위, 성적 지향, 성 정체성, 종교, 직업, 교육수준과 같은 다양한 문화적 요소가 사람들의 경험을 특징짓는다. 따라서 사례개념화에서는 각 개인을 독특하게 표현하도록 하는 문화적 구성요소들을 포괄적으로 살펴보아야 할 필요가 있다. 다만, 문화의 영향은 유사한 문화적 배경의 사람들에게서도 다양하게 나타날 수 있기 때문에, 각 내담자의 문제에 문화가 어떤 방식으로 영향을 미쳤는지 구체적으로 파악하는 것이 필요하다.

둘째, 사례개념화에서 문화적 요소를 고려하지 않는다면, 내담자의 문제에 대해 제대로 이해하지 못하게 되고 효과적이지 못한 상담을 계획하게 되기 때문이다(Eells, 2015). 실제로 다문화상담에서 상담자가 문화적 요소를 중요하게 여기지 않고 내적·심리적 요인에만 초점을 두는 경우 사회적 차별이나 억압과 같은 외적 요인에 대해 무시하게 된다(임은미, 구자경, 2019; Constantine et al., 2010). 이로 인해 사례개념화 과정에서 문화적 배경에 대한 정보 탐색이 이루어지지 못하며, 내담자의 문제에 대해 과도하게 병리적으로 판단을 하거나, 반대로 내담자의 문제를 과소평가하는 결과를 가져올 수 있다. 때로는 상담자가 겉으로 문화적 배경이 다른 내담자에 대한 고정관념을 드러내지 않더라도, 무의식적으로 소수인종의 내담자에게 사회적 적응에 대해 더 낮은 기준을 적용할 수 있으며, 그들의 어려움이 단지 소수인종에 속했기 때문에 발생한 것이라고 판단하는 오류를 범하기도 한다(Gushue, 2004). 사례개념화에서 문화적 요소를 고려하지 않으면 내담자 문제에 대한 진단뿐 아니라 문제의 원인에 대해서도 해석의 오류를 범하게 되며, 결국 효과적인 상담 전략을 계획하지 못하게 된다(Constantine et al., 2010).

셋째, 사례개념화에서 문화적 요소를 고려해야 하는 이유는 문화적인 요소를 고려한 심리치료가 그렇지 않은 경우보다 더 효과적이기 때문이다. 메타분석을 통해 문화적 요소를 고려한 심리치료와 그렇지 않은 심리치료를 비교한 연구에서 문화적 요소를 고려한 심리치료의 효과가 더 높은 것으로 나타났다(Benish, Quintana, & Wampold, 2011). 그중에서도 내담자가 심리적 문제를 설명하는 신념(예: 어떤 심리적 증상을 경험하는지, 심리적 문제의 원인은 무엇이라고 생각하는지, 심리적 증상의 경과는 어떠하다고 보는지, 이러한 문제를 경험함으로써 얻게 되는 결과는 무엇이라고 생각하는지, 이러한 문제를 위한 적절한 심리치료는 무엇이라고 보는지)은 개인의 경험이나 개인이 속한 문화에 의해 형성되는데, 이러한 내담자의 신념에 적절한 심리치료를 제공하는 것이 문화적 요소를 고려한 심리치료의 효과를 가져오는 데 가장 중요한 역할을 하였다(Benish et al., 2011).

넷째, 선행연구들에서 상담자의 일반적인 상담 역량이나 일반적인 사례개념화 능력은 다문화상담 역량이나 다문화상담에서의 사례개념화 능력과 차이가 있었으며 (임은미, 강혜경, 구자경, 2018; Lee & Tracey, 2008), 상담자의 다문화상담 역량은 치료에서 중요한 결과를 가져왔다(Dillon et al., 2016; Owen, Imel, Adelson, & Rodolfa, 2012). 즉, 백인 내담자보다 소수인종의 내담자가 중도 탈락이 더 많았고, 이러한 중도 탈락에 대해 상담자의 역할이 상당히 중요한 것으로 나타났다(Owen et al., 2012). 또한 상담자의 다문화적 역량은 상담자 간 유의한 차이가 있었고, 내담자가 상담자의 다문화상담 역량이 높다고 인식한 집단은 그렇지 않은 집단보다 내담자 안녕감의 향상 수준이 더 높은 것으로 나타났다(Dillon et al., 2016). 따라서 상담자가 다문화상담 역량을 어느 정도 가지고 있는가는 문화적으로 다른 내담자를 효과적으로 상담하기 위해서 상당히 중요한 요소라고 볼 수 있다. 상담자의 다문화상담 역량에는 여러 가지가 포함된다(Duckworth, 2009). 즉, 문화적으로 다른 내담자에 대해 어떤 요소를 고려해야 하는지 아는 지식, 내담자가 속한 특정 집단에서 경험하는 대인관계적 · 사회적 특징을 아는 지식, 내담자가 속한 집단 안에 있을 때와 집단 밖에 있을 때 어떠한 경험을 하는지 아는 지식, 마지막으로 내담자가 속한 특정 집단의 상담 및 심리치료에 대한 태도와 관여 정도를 아는 지식 등이 포함된다. 상담자는 이와 같은 다문화상담 역량과 관련된 다양한 지식을 사례개념화에 적용할 수 있는 능력이 필요하다. 상담자의 다문화상담에서의 사례개념화에 대한 역량은 문화적으로 다른 내담자와 좋은 관계를 형성하며 긍정적인 상담 결과를 가져올 수 있다.

다섯째, 다문화상담에서의 사례개념화가 필요한 이유는 문화적 요소가 내담자의 문제와 증상을 유발하거나 유지하는 요인이 될 수 있기 때문이다(Eells, 2015, p. 60). 문화적응 스트레스(acculturative stress)나 사회의 고정관념에 의한 차별 혹은 억압을 예로 들 수 있다. 문화적응 스트레스란 새로운 문화에 적응하는 것과 연관된 스트레스를 의미한다. 이주민(예: 국제결혼 이주자, 외국인 근로자, 북한이탈주민, 또는 외국인 유학생)은 새로운 문화에 적응하기 위해서 자신의 가치, 태도, 행동, 정체성 등을 바꾸어야 한다는 압박감을 느끼게 되며, 언어능력의 부족으로 인한 의사소통의 어려움, 문화적 관습의 차이 등을 경험하게 된다. 이러한 문화적응 스트레스는 불안이나 우울, 소외감, 신체증상, 정체성의 혼란 등의 결과를 가져올 수 있다. 또한 고정관념에 의한 위협감(stereotype threat), 즉 사회적으로 가지고 있는 부정적인 고정관념을 내면화하여 위협감을 느끼며 자신을 취약하게 만드는 경향 역시 내담자의 문제를 유발하거나 유지하는 요인이 될 수 있다. 고정관념에 의한 위협감은 소수인종의 학업성취를 떨어뜨리고, 자아존중감에 손상을 가져오며, 불안, 동기 저하, 부정적인 진로선택을 초래한다.

결국 문화적 배경이 다른 내담자를 대상으로 상담을 진행할 때 상담자의 문화적으로 적절한 사례개념화를 할 수 있는 역량은, 내담자의 문제에 대해 제대로 된 진단과 상담 계획을 설정하게 하며, 더 나은 치료 효과를 가져온다는 것을 알 수 있다. 특히 다문화상담 사례개념화 능력은 일반적인 사례개념화 능력과는 차이가 있다는 결과를 살펴볼 때, 다문화상담에 있어서 문화적으로 적절한 사례개념화의 요소가 무엇인지 이해하고 이를 적용하려는 상담자의 노력이 매우 중요하다고 볼 수 있다.

3. 문화적으로 적절한 사례개념화의 모델

사례개념화에서 문화적 요소를 고려하는 모델들은 다양하게 제시되어 왔다. 기존 심리치료이론에서 문화적 요소를 포함시키고자 하는 시도들이 이루어졌으며(Ivey, D'Andrea, & Ivey, 2012/2015), 사례개념화를 위한 모델 안에 문화적 요소가 포함되기도 했다(Ingram, 2012; Sperry & Sperry, 2012/2016). 또한 내담자의 문화적 특징을 평가하고 구체화하며 통합하기 위한 새로운 틀이 제시되기도 했다(American Psychiatric Association, 2013: Lewis-Fernández & Díaz, 2002; Weatherford & Spokane, 2013).

1) 기존 심리치료이론과 문화적 요소

먼저, 기존의 상담 및 심리치료 이론들에서는 제기된 문화적인 요소들이 무엇인지 살펴보면 다음과 같다. 첫째, 정신분석적 이론에서는 과거 경험을 개인적인 삶에서 일어난 사건으로만 보는 것이 아니라 문화적 맥락의 하나인 가족이라는 관점에서 살펴보기 시작했다(Ivey et al., 2012/2015). 개인은 가족을 통해 문화를 처음으로 경험하게 되며, 개인이 가족을 통해 경험한 문화는 무의식의 발달에 중요한 영향을 미친다. 또한 개인의 현실에 대한 사회적 구성개념은 개인무의식보다 더 넓은 사회적 맥락을 포함하고 있는 가족을 통해 형성된다. 따라서 상담자는 가족과 문화적인 맥락에서 내담자의 문제를 이해하고, 내담자의 문제의 원인이 되는 문화적 배경 요인들을 변화시킬 수 있도록 돕는 것이 필요하다.

둘째, 최근 인지행동치료에서는 자신과 타인의 관점뿐만 아니라 문화적인 맥락 안에서 개인의 사고와 행동을 기술하고자 하였다. 특히 Ellis는 기존의 REBT 모델에 맥락 또는 문화(Contextual and cultural: C)를 추가하여 REBCT(Rational-Emotive-Behavior-Contextual Therapy) 모델을 제안함으로써 내담자의 생각과 행동을 보다 넓은 사회적 맥락에서 개념화하였다(Ivey et al., 2012/2015). REBCT 상담자들은 내담자가 개인적으로 가지고 있는 사고와 행동의 변화를 촉진할 뿐만 아니라, 보다 넓은 사회문화적 맥락 안에 있는 환경적 방해 요인을 제거하려고 노력한다.

셋째, 일반적으로 다문화상담이 차이에 초점을 맞추는 경향이 있으나, 인본주의 관점에서 다문화상담을 강조한 Vontress(1995)는 타인과 관계를 맺고 함께하고자 하는 인간의 공통된 특징에 주목하였다. 따라서 인본주의 관점에서 다문화상담은 내담자-상담자 관계에 있어서 공감과 긍정적 존중을 바탕으로 하되, 문화적 독특성을 존중하는 방식으로 내담자와 함께해야 함을 강조하였다(Vontress, 1995). 또한 내담자의 영적 · 종교적 영역을 내담자의 문화를 이해하는 데 중요한 측면으로 보았다. 따라서 정서적으로 힘겨워하는 내담자들과 상담할 때 인본주의적 관점에서 내담자를 이해하는 동시에 이들의 영적인 측면을 살펴보는 것은 내담자의 사고뿐 아니라 신체적 기능까지 개선할 수 있다.

2) 사례개념화 모델 안에 포함된 문화적 요소

최근 사례개념화에 대한 다양한 모델이 제시되었는데, 상담자의 다문화상담 역량이 강조됨에 따라 이러한 모델에는 문화적 요소들이 반드시 포함되어 있다. Sperry와 Sperry(2012/2016)는 사례개념화에 대해 네 가지 요소를 제시하였는데, 그중 문화적 공식화라는 요소를 제안하였다. 문화적 공식화에서는 내담자의 문제의 유발 및 유지 요인이 문화적 특징에서 오는 것인지를 추론한다. 구체적으로 문화적 공식화에서는 내담자의 문화적 정체성, 문화적응 스트레스, 고통이나 장애에 대해 내담자가 어떤 방식으로 설명하는지를 살펴보아야 하며, 내담자의 문제가 문화적 역동과 성격적 역동 중 어떤 요인의 영향을 받은 것인지 알아보아야 한다.

Ingram(2012)은 통합적인 관점에서의 사례개념화 과정에 대한 모델을 제시하였는데, 내담자의 문제에 대한 정보 수집 과정에서 편견이 없는 상담자의 개방적인 자세를 강조하였다. 또한 가설 설정 과정에서 내담자 문제의 원인으로 설명되는 30가지의 이론적 가설들 중 문화적 요인에 대한 가설들을 포함시킴으로써 내담자의 문제의 원인이 문화적 요인에 의해 나타난 것인지 살펴보아야 할 필요성을 제시하였다.

3) 문화적으로 적절한 사례개념화를 위한 새로운 모델

앞에서 설명한 바와 같이 기존의 상담 및 심리치료 이론들 및 일반적인 사례개념화의 모델들에서는 문화적 맥락에 대한 중요성을 제시하고 있음에도 불구하고 다음과 같은 한계점을 가지고 있다(Constantine et al., 2010). 첫째, 기존의 상담 이론들은 자율성이나 독립과 같은 서구 문화의 관점을 지나치게 강조하고 있다. 둘째, 내담자의 변화를 가져올 수 있는 사회맥락적 요인들을 과소평가하고 있거나, 이러한 요인에 대한 체계적인 접근이 부족하다. 이러한 한계점을 극복하고 다문화상담 사례에 대해 보다 체계적이고 통합적인 사례개념화 틀을 제시하고 있는 모델이 문화적 공식화 모델과 다문화 사례개념화 모델이다.

(1) 문화적 공식화 모델

문화적 공식화 모델은 DSM-IV의 준비 과정에서 개발되었고, DSM-V에서 새롭게 개정되었다(American Psychiatric Association, 2013; Lewis-Fernández & Díaz, 2002). 문화적 공식화 모델은 내담자의 문화적 특징에 대한 정보를 평가할 수 있도록 몇 가지 영역을 제공함으로써 문화적 맥락에서 사례를 개념화하고자 하는 모델이다. 이 모델은 개인의 문화적 정체성, 고통에 대한 문화적 개념화, 심리사회적 환경 및 기능 수준과 연관된 문화적 특징, 상담자와 내담자의 관계에 대한 문화적 특징, 전반적인 문화적 평가의 다섯 가지 영역으로 구성되어 있다(American Psychiatric Association,

2013; Lewis-Fernández & Díaz, 2002). 각 영역별로 자세하게 살펴보면, 먼저 개인의 문화적 정체성에서는 내담자가 문화적으로 어느 집단에 소속감을 느끼는지, 문화적 적응의 정도나 언어능력은 어느 정도인지, 성장 과정에서의 문화적 요인은 무엇인지에 대해 평가한다. 고통에 대한 문화적 개념화에서는 내담자가 고통이나 증상을 표현하는 방식은 어떠한지, 내담자가 소속감을 느끼는 문화적 참조집단에서는 내담자 문제의 원인과 증상에 대해 어떻게 인식하고 받아들이는지, 과거에 전문적인 심리치료를 받은 경험이 있는지, 현재 전문적 개입에 대해 어떤 태도를 가지고 있는지를 살펴본다. 심리사회적 환경 및 기능 수준과 연관된 문화적 특징에서는 스트레스 유발 요인, 사회적 자원, 내담자의 현재 기능 수준에 대해 평가한다. 상담자와 내담자의 관계에 대한 문화적 특징에는 상담자와 내담자 간의 사회적 지위와 문화적 차이, 그리고 내담자와 상담자 간의 차이로 인해 나타나는 내담자의 치료에 대한 반응이 포함된다. 마지막으로 전반적인 문화적 평가에서는 내담자의 문제에 영향을 미치는 문화적 특징들이 무엇인지 종합적으로 살펴본다. 이와 같이 문화적 공식화 모델은 다섯 가지 영역에 걸쳐서 내담자의 문화적 특징을 평가할 수 있는 포괄적이고 체계적인 틀을 제시하고 있다.

(2) 다문화 사례개념화 모델

다문화 사례개념화는 다양한 문화적 특성을 가진 내담자가 증가함에 따라 다문화상담 역량(Multicultural Counseling Competence)이 강조되는 배경에서 출발하였다(Sue et al., 1992). 다문화상담을 수행하기 위한 능력을 갖추기 위해서 상담자는 다문화에 대한 인식, 다문화 지식, 다문화상담 기술이 필요하며, 이러한 요소들을 잘 구비했을 때 효과적인 다문화상담을 진행할 수 있다(Sue, 2001). 다문화상담 역량에 대한 연구들에서는 상담자들이 다문화상담을 얼마나 효과적으로 진행하고 있는지 알아보기 위해 다문화상담 역량에 대한 조작적 정의와 함께 이를 평가하기 위한 자기보고식 척도들을 개발하였으며, 이러한 척도들은 대체로 다문화상담에 대한 인식이나 민감성, 다문화상담에 대한 지식, 다문화상담 기술의 하위 요인들로 구성되어 있다(D'Andrea & Daniels, 1991; Sodowsky, Taffe, Gutkin, & Wise, 1994; Sue, 2001). 그러나 이러한 자기보고식 척도들은 사회적 바람직성과 연관이 높은 것으로 나타나, 상담자가 보고하는 다문화상담 역량이 실제적인 능력인지에 대해 의문이 제기되었다

(Constantine & Ladany, 2000). 이에 상담자의 다문화상담 역량을 객관적으로 파악하고자 하는 노력이 이루어졌다. 즉, 상담자에게 지문으로 제시된 다문화상담 사례를 읽거나 비디오로 상영되는 다문화상담 사례를 시청하게 하고, 내담자의 문제의 원인과 치료 전략에 대해 사례개념화를 하도록 지시한 뒤, 사례개념화 내용에 대해 양적인 평가를 실시하거나 평정자로 하여금 질적인 내용을 평가하게 하였다(Lee & Tracey, 2008; Neville, Spanierman, & Doan, 2006; Weatherford & Spokane, 2013). 이와 같이 객관적인 자료로서 상담자의 다문화상담 역량을 파악하기 위해 다문화 사례개념화 모델이 제시되었다.

앞에서 제시된 문화적 공식화 모델이 다문화 배경을 가진 내담자를 평가하기 위한 포괄적이고 체계적인 틀을 제시하고 있다면, 다문화 사례개념화 모델에서는 **통합적 복잡성 모델**에 근거하여 내담자를 평가하여 얻은 자료들을 구체화하고 통합하는 상담자의 역량을 강조하고 있다. 통합적 복잡성은 **구체화**(differentiation)와 **통합**(integration)의 두 가지 차원으로 구성되어 있다(Tetlock & Suedfeld, 1988). 구체화는 아이디어를 얼마나 다양하게 많이 도출하느냐를 의미하며, 통합은 파악한 구성요소들을 얼마나 유기적으로 연결하는가를 의미한다. 통합적 복잡성 개념을 사례개념화에 적용해 보면, 구체화와 통합의 두 가지 차원에서 복잡성이 높을수록 효과적인 사례개념화라고 볼 수 있다(Constantine & Ladany, 2000; Lee & Tracey, 2008). 따라서 다문화 사례개념화에서도 일반적인 사례개념화와 마찬가지로 내담자의 문제의 원인에 대한 이해(etiology)와 **치료에 대한 계획**(treatment plan)의 두 가지 영역에 대해 사례개념화가 이루어진다. 또한 통합적 복잡성 모델에 근거해 볼 때 인지적으로 복잡한 사례개념화를 하는 것이 필요하다. 이를 위해 구체화 차원에서는 내담자의 문제에 있어서 문화적인 요소를 다양하게 파악하는 것이 필요하고, 통합 차원에서는 파악한 문화적 구성요소들을 서로 연결함으로써 유기적으로 만드는 것이 중요하다(Constantine & Ladany, 2000; Lee et al., 2013). 결국 다문화적으로 전문적인 (multiculturally competent) 상담자는 사례개념화에서 문화적 요인을 자세하게 구체화하며 파악한 문화적 요인들을 잘 통합함으로써 문화적 요소들이 내담자 문제의 원인에 미치는 영향을 이해하고 문화적으로 적절한 치료를 제공해야 한다.

또한 앞에서 제시된 문화적 공식화 모델이 내담자가 경험하는 고통이나 고통의 표현에 영향을 미치는 문화적 요인들을 탐색하고 평가하는 것에 초점이 있다면, 다문화 사례개념화는 상담자가 가지고 있는 편견이나 고정관념이 치료나 상담자와 내담자 간의 인종적-문화적 역동에 미치는 영향에 관심을 두고 있다(Shea, Yang, & Leong, 2010). 이와 관련된 선행연구들에서 상담자가 가지는 편견이나 인종차별적 행동은 내담자에 대한 평가 및 진단에 왜곡을 가져올 뿐만 아니라 내담자와의 관계 형성을 어렵게 하는 것으로 밝혀졌다. 즉, 상담자가 내담자에 대한 편견이나 고정관념으로 각인된 경우 자신과 다른 인종의 내담자에 대해 더 적대적으로 인식하였으며(Abreu, 1999), 상담자가 인종에 대해 개방적이지 못한 태도를 가지게 되면 내담자에 대한 공감이 낮아질 뿐만 아니라 내담자 문제해결에 대한 책임에서 사회맥락적 요소들을 고려하지 못하는 오류를 범하게 되는 것으로 나타났다(Burkard & Knox, 2004). 또한 인종과 관련한 미묘한 차별(racial microaggression)이 많을수록 상담자와 내담자 간의 **작업동맹** 형성이 어려웠으며, 결국 내담자로 하여금 상담자가 사례개념화 및 반응 기술에 있어서 다문화적으로 전문적인 상담을 제공하지 않는다고 지각하도록 하였다(Constantine, 2007). 따라서 상담자는 사례개념화를 하는 데 있어서 먼저 자신이 가지고 있는 편견이나 고정관념에 대해 인식해야 하며, 그러한 편견이 내담자와의 관계 형성에 어떠한 영향을 미치는지, 그리고 내담자를 평가하는 데 있어서 오류를 가져오고 있는 것은 아닌지 살펴보는 **자기성찰** 과정이 필요하다.

제12장

평가와 진단

상담자는 평가를 통해서 내담자의 호소 문제를 이해하고 상담에서 다루어야 할 문제들을 파악한다. 또한 진단을 통해 내담자의 문제를 조직화하여 명명하게 된다. 이 장에서는 다문화상담에서 사례개념화의 첫 번째와 두 번째 과정에 해당하는 평가와 진단에 대해 어떻게 접근해야 할지 설명하였다. 평가 과정에서는 다문화상담에서의 평가의 요소와 평가에서 주의해야 할 점에 대해 다루었다. 진단에서는 진단의 문화적 차이, 진단에서 고려해야 할 문화적 요인들과 진단에서 주의해야 할 점에 대해 기술하였다. 이 장의 마지막에서는 다문화상담 사례를 제시함으로써 다문화상담에서의 평가와 진단에 대한 이해를 도왔다.

1. 다문화상담에서의 평가

1) 다문화상담에서의 평가의 요소

다문화상담에서 상담자는 내담자가 나타내는 여러 가지 문제(예: 낮은 자존감, 친밀감을 형성하는 데 있어서의 어려움, 직업적인 성취를 이루는 데 있어서의 어려움)가 내담자가 가지고 있는 문화적 특징으로 인해 나타나는 것인지 알아보아야 한다. 내담자가

표 12-1 다문화상담에서 평가의 요소

평가의 요소	세부 내용
문화적 정체성	정체성의 문화적 요소: ADDRESSING
	문화적 정체성의 방식: 동화, 분리, 주변화, 통합
	정체성 발달 과정에서의 문화적 요소
문화적응 스트레스	언어 능력: 언어적 선호도, 언어 이용 방식
	정신건강 상태: 혼란, 불안, 우울
	소외와 비주류에 대한 감정, 정체성의 혼란
문화적 요인과 연관된 심리사회적 환경	사회적 스트레스 유발 요인
	사회적 자원
	기능 수준에 대한 평가
상담자와 내담자의 관계에 대한 문화적 특징	상담자와 내담자 간의 사회적 지위의 차이와 문화적 차이
	내담자와 상담자 간의 차이로 인해 나타나는 내담자의 치료에 대한 반응
전반적인 문화적 평가	내담자의 문제에 영향을 미치는 문화적 특징들

가지는 문화적 특징에 대해 평가하기 위해 살펴보아야 할 요소들은 내담자의 문화적 정체성, 문화적응 스트레스, 문화적 요인과 연관된 심리사회적 환경, 상담자와 내담자의 관계에 대한 문화적 특징, 전반적인 문화적 평가이다(〈표 12-1〉 참조).

(1) 문화적 정체성

문화적 정체성이란 문화적 맥락 안에서 개인이 자신을 어떻게 정의하는가를 의미한다(Lonner & Ibrahim, 2002). 문화적 정체성은 나이, 민족, 인종, 성, 종교, 사회경제적 지위와 같은 개인의 모든 특징과 연관되어 있다. 또한 문화적 정체성은 개인이 어떻게 생각하고 느끼는지, 그리고 무엇을 선택하고 행동하는지에 영향을 준다(Choudhuri, Santiago-Rivera, & Garrett, 2012/2015). 내담자가 경험하는 다양한 문화적 정체성을 이해하게 되면 내담자가 어떤 가치를 중시하며 세상을 어떻게 인식하고 있는지, 내담자가 특정한 상황에서 어떤 행동을 할 것인지, 다른 사람들이 내담자를 어떻게 대우하는지를 이해할 수 있게 된다. 다음과 같은 요소들을 중심으로 내담자의 문화적 정체성을 평가할 수 있다.

① 정체성의 문화적 요소

내담자의 문화적 정체성을 이해하기 위해서는 다각적인 관점에서 내담자의 문화적 특징을 알아보아야 한다. Hays(2008/2010)는 개인의 문화적 요소를 평가하기 위해 다음과 같이 ADDRESSING 모델을 제안하였다.

- A-나이와 세대 요인(Age and generational influence): 내담자의 나이와 세대가 내담자에게 미친 영향은 무엇인가?
- D-발달적 장애(Developmental disabilities): 내담자 또는 내담자의 부모, 자녀, 배우자는 선천적 장애를 가지고 있는가? 그러한 장애가 내담자에게 미친 영향은 무엇인가?
- D-후천적 장애(Disabilities acquired later in life): 내담자 또는 내담자의 부모, 자녀, 배우자는 후천적 장애(사고 등으로 인한 장애)를 가지고 있는가? 그러한 장애가 내담자에게 미친 영향은 무엇인가?
- R-종교와 영적 지향(Religion and spiritual orientation): 내담자는 어떤 종교적 환경에서 성장하였는가? 현재는 어떤 종교생활을 하고 있는가?
- E-민족적 · 인종적 정체성(Ethnic and racial identity): 아시아계, 라틴계, 아프리카계 등 내담자는 자신이 어떤 민족 또는 인종에 속해 있다고 생각하는가?
- S-사회경제적 지위(Socioeconomic status): 직업, 교육수준, 수입, 거주지 등으로 측정되는 사회경제적 지위는 어떠한가? 내담자의 성장 환경에서 부모는 어떤 사회경제적 지위를 가졌는가?
- S-성적 지향(Sexual Orientation): 양성애, 동성애, 이성애 등으로 나뉠 수 있는 성적 지향 중 내담자가 선호하는 성향은 무엇인가?
- I-토착유산(Indigenous heritage): 내담자는 토착유산을 가지고 있는가?
- N-국적(National origin): 내담자의 국적은 무엇이며, 그것이 현재 내담자에게 어떤 영향을 미치는가?
- G-성(Gender): 여성, 남성, 또는 성전환자 중 어떤 정체성을 가지고 있는가? 그것이 내담자에게 미치는 영향은 무엇인가?

내담자의 정체성의 문화적 요소를 파악하기 위해서 상담자는 내담자에게 이와 관

표 12-2 정체성의 문화적 요소를 이해하기 위한 질문

문화적 요소	바람직하지 못한 질문	좋은 질문
민족적 · 인종적 정체성	• 어느 민족입니까?	• 당신의 문화유산 혹은 배경에 대해 말씀해 주시겠어요?
종교와 영적 지향	• 종교가 무엇입니까?	• 어린 시절 종교 교육은 어떠했습니까? • 현재의 종교생활은 어떤지 말씀해 주시겠어요?
발달적 장애, 후천적 장애	• 당신에게 무슨 일이 일어났나요?	• 장애를 경험해 보거나 그런 사람을 돌보아 준 적이 있습니까? • 장애가 지금 해결해야 할 당면 문제라고 생각합니까?
성	• 당신의 성별을 이야기해 주세요.	• 당신의 문화와 가족에서 여자아이(또는 남자아이)로 자란다는 것은 어떤 의미였습니까?
성적 지향	• 결혼하셨나요?	• 현재 당신에게 파트너가 있습니까? • 지금까지 경험했던 의미 있는 친밀한 관계에 대해 말씀해 주시겠어요?

출처: Hays (2008/2010).

련된 질문을 할 수 있다. 이때 상담자는 내담자가 공격적으로 느끼지 않도록 질문하는 것이 중요하다. 〈표 12-2〉에서는 바람직하지 못한 질문과 좋은 질문의 예를 제시하였다.

② 문화적 정체성의 방식

상담자는 문화적 정체성을 평가할 때 내담자가 원래 속했던 문화(original culture)와 현재 속한 주류문화(host culture)가 무엇인지 알아보고, 이러한 문화에 어떤 방식으로 관련되어 있는지 살펴보아야 한다(American Psychiatric Association, 2013; Lewis-Fernández & Díaz, 2002). 문화접변 모델에서는 개인이 원래 가지고 있는 고유문화와 현재 사회를 지배하고 있는 주류문화에 대해 다양한 방식으로 반응할 수 있다고 보았다. 즉, 외국인 노동자나 결혼이주여성의 경우 자신이 원래 속했던 국가나 민족의 고유문화와 새롭게 접하게 된 한국의 문화에 대해 각기 다른 태도를 나타낼 수 있다. 문화접변 모델에서는 이러한 태도들을 네 가지 방식으로 나누어 설명하였다(Organista, Marin, & Chun, 2010).

첫째, 동화(assimilation) 방식에서는 자신의 고유문화의 가치와 관습을 거부하고 현재 주류문화를 완전하게 흡수하고자 한다. 이러한 상태에 있는 사람은 주류문화에서의 인정을 목표로 하기 때문에 고유문화를 고수하고 있는 가족이나 지역사회로부터 배척을 당할 수 있고, 주류문화로부터는 인정을 받지 못하는 문제가 발생할 수 있다.

둘째, 분리(separation) 방식은 주류문화를 거부하면서 자신의 고유문화적 가치와 정체성을 유지하는 경우이다. 이러한 사람들은 자신의 가족이나 지역사회에서는 적응적일 수 있지만, 주류문화에 잘 적응하지 못해서 결국 자신이 속한 협소한 사회에만 의존하는 경향이 있다.

셋째, 주변화(marginalization) 방식은 고유문화와 주류문화를 모두 거부하는 경우이다. 이러한 사람들은 적응적으로 기능하거나 사회적으로 수용받는 경험을 하기 어려우며, 문화적 정체성이 약할 수 있다.

넷째, 통합(integration) 방식은 주류문화와 고유문화 모두에 소속감을 가지고 있으며 두 문화의 가치와 정체성 간에 유연한 균형을 유지하는 경우이다. 이러한 사람들은 변화하는 문화적 맥락에 대해 적응적으로 행동하는 경향이 있다.

③ 정체성의 발달
백인이 주류에 속하는 문화에서 흑인이나 유색인종은 소수민족으로서 문화적 정체성의 발달 과정을 거치게 된다. Cross(1995)와 Helms(1995)는 백인 중심의 사회에서 흑인과 유색인종의 정체성의 발달 과정에 대해 개념화하였다. 이러한 모델은 우리나라와 다른 문화적 배경을 가진 내담자들을 평가할 때 그들이 어떤 단계에 있는지 살펴볼 수 있는 참조 틀을 제공해 주고 있다.

Cross(1995)와 Helms(1995)가 제시한 정체성 발달 모델은 다음과 같다. 첫째, 흑인의 만남 전 단계(preencounter)와 유색인의 순응(conformity) 상태는 자신들의 민족적·인종적 집단원을 낮게 평가하며, 자신이 속한 집단을 비난하는 경향이 있다. 사회의 인종차별주의와 관련된 문제에 대해 인식이 부족하고, 백인을 우수한 사람으로 바라본다.

둘째, 흑인의 만남(encounter)과 유색인의 부조화(dissonance) 상태에서는 자신이 백인들과 동등하지 않다는 것을 깨닫게 하는 사건들을 경험한다. 이러한 깨달음은 혼란을 일으킨다. 이러한 경험들을 억압을 통해 대처하게 되면서 많은 불안이 발생할 수 있다.

셋째, 몰입/출현(immersion/emersion) 상태는 자신의 고유문화에 완전히 몰입하며 백인 문화에 대한 거부를 나타낸다. 백인에 대해 강한 분노와 반감을 가지며, 인종 차별 문제에 대해 민감한 각성 상태의 특징을 보인다.

넷째, 내면화(internalization) 상태는 마지막 단계로서 새로운 안도감을 경험하고 자기확신을 세우며, 지배문화와의 갈등을 해결하려고 애쓰는 단계이다. 억압과 인종차별주의와 싸우는 행동에 대한 보다 넓은 이해를 가지게 되며 통합된 정체성을 수용하는 것이 특징이다.

(2) 문화적응 스트레스

문화적응이란 한 개인이 자신의 원래 고유문화에서 다른 새로운 문화로 적응해 가는 과정을 의미한다. 원래 가지고 있던 문화로부터 벗어나 다른 문화에 새롭게 적응하는 것은 여러 가지 문제를 일으키고 스트레스가 될 수 있는데, 이를 문화적응 스트레스라고 한다. 문화적 정체성, 차별, 문화적 가치의 차이, 언어능력의 부족과 같은 문제들이 문화적응 스트레스를 야기할 수 있다(Sperry & Sperry, 2012/2016). 문화적응 과정에서 발생하는 스트레스로는 혼란, 불안, 우울 등과 같은 정신건강 문제, 소외와 비주류(marginality)의 감정, 정체성 혼란 등이 있다. 문화적응 스트레스는 세대 간 차이에서 나타나기도 하는데, 이민을 온 부모의 자녀들이 부모보다 더 적응을 잘 하는 경우 부모와 자녀 간 문화적응의 차이로 인해 서로 간에 갈등이 야기되기도 한다.

상담자는 문화적응 스트레스를 평가할 때 특히 내담자의 언어에 대해 주의를 기울일 필요가 있다. 내담자의 언어적 능력, 언어적 선호도, 이용 방식 등에 대해 살펴보아야 한다. 특히 자신의 증상과 관련된 경험을 표현할 때 내담자는 주로 어떤 언어를 사용하는지 살펴보아야 한다. 내담자가 현지어 사용이 어려우며 모국어를 사용하여 자신의 증상을 표현할 경우, 현재 속한 문화에 적응하는 데 한계가 있었음을 예측할 수 있다.

문화적응의 수준은 내담자의 자기평가 또는 상담자의 평가도구로 측정할 수 있다. 상담자의 평가도구 중 하나인 간편문화적응척도(Brief Acculturation Scale; Burnam, Hough, Karno, Escobar, & Telles, 1987)는 내담자의 언어(출신지 언어 대 주류사회의 언어), 세대(1~5세대), 사회적 활동(출신지 활동 대 주류사회 친구에 대한 선호도)의 세 문항으로 이루어져 있으며, 5점 리커트 척도이다. 이 척도를 통해 상, 중, 하의 세 수준으로 내담자의 문화적응 정도를 평가할 수 있다. 또는 내담자의 문화적응 스트레스를 평가하기 위해 대학생을 위한 자기보고식 평가 척도나 청소년을 위한 자기보고식 척도를 사용할 수 있다(Hovey & King, 1996; Sandhu & Asrabadi, 1994).

(3) 문화적 요인과 연관된 심리사회적 환경

내담자의 문화적 요인과 연관된 심리사회적 환경은 내담자의 증상이나 기능에 지속적으로 영향을 미칠 수 있다(American Psychiatric Association, 2013: Lewis-Fernández & Díaz, 2002). 첫째, 상담자는 사회적 스트레스 유발 요인에 대한 평가에서는 내담자의 문화적 배경이 어떤 방식으로 스트레스의 원인이 되거나 스트레스에 영향을 미치는지 살펴보아야 한다. 특히 내담자의 외상 경험이 무엇이며, 그것이 계속되는 대인관계에서 어떻게 영향을 미치는지 평가하는 것이 필요하다. 둘째, 상담자는 내담자가 다른 사람들로부터 받는 사회적 지지의 양과 질에 대해 살펴본다. 내담자가 소속된 종교활동 집단이나 친척들로부터 어떤 정서적, 도구적, 정보적 지지를 받고 있는지 평가해야 한다. 특히 앞에서 설명한 바와 같이 내담자가 주류문화와 고유문화 사이에서 어떤 문화적 정체성의 방식을 가지고 있느냐에 따라 사회적 지지와 수용을 받을 수 있는 환경이 달라지므로, 문화적 정체성 방식에 따른 심리사회적 환경의 특성을 살펴보아야 한다. 셋째, 상담자는 기능 수준에 대한 평가에서는 문화적 요소와 연관된 심리사회적 환경이 내담자의 기능 수준이나 손상 수준에 어떻게 영향을 미치는지 살펴보아야 한다.

(4) 상담자와 내담자의 관계에 대한 문화적 특징

상담자와 내담자 간의 관계에서 어떤 문화적 특징이 나타나는지 살펴보는 것은 상담의 진행 과정에서 나타나는 장애물 및 효과를 예측할 수 있도록 한다(American Psychiatric Association, 2013: Lewis-Fernández & Díaz, 2002). 상담자와 내담자 간의 관계에서 나타나는 문화적 특징을 평가하기 위해서는, 첫째, 내담자와 상담자 간의 관계에서 어떤 문화적 차이와 사회적 지위의 차이가 있는지 평가해야 한다. 인종이나 민족의 차이뿐만 아니라 성, 나이, 사회경제적 지위 등 다양한 요소를 살펴볼 필요가 있다. 둘째, 내담자와 상담자 간의 문화적, 언어적, 사회적 지위의 차이로 인해 내담자가 문제를 표현하는 방식이나 치료에 대한 반응이 어떻게 달라지는지 살펴보아야 한다. 상담자와 내담자 간에 문화적·사회적 차이가 있을 때, 상담자가 언어적·비언어적으로 내담자의 반응을 이끌어 내기 위한 개입을 어떻게 하는가에 따라 내담자의 증상에 대한 묘사나 문제의 원인에 대한 귀인이 달라진다. 따라서 내담자와 문화적 배경이 다른 상담자는 내담자의 반응에 면밀한 주의를 기울여야 하며, 내담자의 문화에 대해 개방적인 자세를 가지고 관계를 형성하도록 노력을 기울일 필요가 있다.

(5) 전반적인 문화적 평가

지금까지 다문화상담에서 평가의 요소에 대해 설명한 내용을 요약하면, 앞서 제시된 〈표 12-1〉과 같다. 전반적인 문화적 평가에서는 앞에서 평가한 문화적인 특징들이 어떻게 진단과 치료에 영향을 미칠지에 대해 요약한다. 상담자는 문화적 배경이 다른 내담자를 평가할 때 이러한 요소들을 포괄적으로 살펴보아야 할 뿐만 아니라 내담자의 현재 호소 문제나 다루어야 할 문제와 밀접한 관련이 있는 핵심적이고 중요한 문화적 특징에 대해서는 초점을 두고 면밀하게 살펴보아야 한다. 내담자의 전반적인 문제를 결정짓는 문화적 요인의 역할에 대해 특히 강조해서 알아보아야 한다.

2) 평가에서 주의해야 할 사항

사례개념화에서 평가 단계는 내담자로부터 정보를 수집하면서 내담자의 문제에 대해 파악하는 단계이다. 평가 단계에서는 내담자와의 관계에서 존중과 신뢰를 형성해야 하며, 특히 다문화상담에 있어서 다음과 같은 점들을 주의해야 할 필요가 있다(Hays, 2008/2010).

첫째, 상담자는 자신이 가지고 있는 편견이나 선입관에 대해 면밀하게 자기점검을 해야 한다(Ingram, 2012). 상담자의 세계관, 가치, 기대는 문화적 배경이 다른 내담자를 평가하는 데 영향을 미칠 수 있으므로, 상담자는 이러한 점을 인식하고 있어야 한다. 특히 내담자에게 부정적인 영향을 미칠 수 있는 상담자의 태도나 신념에 대해 인식할 수 있어야 한다.

둘째, 내담자가 가지고 있는 문화적 규준 때문에 질문 방식에 따라 말문을 열기 어려워할 수 있으며, 질문의 내용에 따라서도 내담자가 대답하기 어렵다고 느낄 수 있다. 예를 들면, 간접적인 의사소통 방식이 바람직하다고 여기는 문화적 규준을 가지고 있는 내담자의 경우 상담자의 직면적이고 직접적인 방식의 질문에 대해 대답하기를 꺼릴 수 있다(Park & Kim, 2008). 또한 자신의 감정을 있는 그대로 표현하는 것은 좋지 않다는 문화적 가치를 가지고 있는 내담자의 경우 감정에 대한 질문에 응답하기 어려울 수 있다(Chen & Danish, 2010). 따라서 상담자는 내담자에게 정보를 수집하기 위한 질문을 할 때, 내담자가 가지고 있는 문화적 배경에 따라 어떤 방식으로 질문을 하는 것이 적절한지, 그리고 어떤 질문을 대답하기 꺼려하는지 인식할 필요가 있다.

셋째, 내담자에 대한 이해를 높이기 위해 내담자가 경험해 온 역사적·문화적 사건을 인식하는 것이 필요하다(Hays, 2008/2010). 내담자의 인생에서 일어난 역사적·문화적 사건을 알게 되면 내담자에 대해 더 깊이 이해할 수 있게 된다. 내담자에게 중요했던 문화적·역사적 사건을 이해하기 위해서는 첫 면담이 끝난 후 내담자의 문화에 대해 연구하고 공부하는 시간이 필요하다. 예를 들어, 제2차 세계대전을 경험한 72세의 일본계 미국인 남성의 경우, 이 내담자를 이해하기 위해 역사적 사건에 대한 여러 가지 질문을 던질 수 있다(Hays, 2008/2010). 그는 제2차 세계대전 당시 미국인으로서 군에 복무했을까? 만약 미국인으로서 군에 복무했다면, 당시 군 부대 내에서는 적군의 나라에서 온 일본계 미국인을 어떻게 대했을까? 1964년에 미국의 법적 구성원에게 특정한 권리, 특권, 의무, 혜택과 함께 사회적 지위 또는 입장을 부여하는 시민권에 대한 법령이 법제화되었을 때, 젊은 청년이었던 내담자는 취업과 진로 등에서 어떤 영향을 받았을까? 미국에서는 1967년까지 여러 주에서 다른 인종과의 결혼이 불법이었는데, 그것이 그의 결혼에 어떤 영향을 미쳤을까? 이와 같이 내담자의 문화에서 중요한 사건에 대한 상담자의 지식이 크면 클수록 관련된 질문을 더 많이 할 수 있다. 이와 관련된 모든 질문을 내담자에게 직접 할 필요는 없지만, 상담자가 이러한 질문들에 대해 생각해 보면 내담자의 문제에 대한 사례개념화를 확장시키며, 내담자의 문제에 대해 보다 깊이 있게 공감할 수 있다. 내담자의 인생에서 중요한 역할을 한 문화적·역사적 사건을 고려할 수 있는 좋은 방법은 개인 사건에 대한 생애사 그래프에 사회문화적 사건들을 [그림 12-1]과 같이 함께 기록하는 것이다.

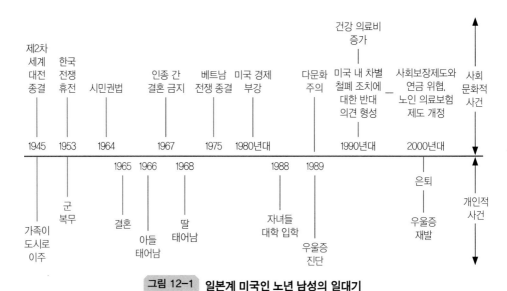

그림 12-1 일본계 미국인 노년 남성의 일대기

출처: Hays (2008/2010).

넷째, 다문화상담에서 내담자가 선호하는 언어를 사용하여 상담을 진행하는 것이 좋다. 그러나 상담자가 내담자의 언어에 능통하지 않다면 내담자의 언어를 유창하게 구사하는 다른 상담자에게 의뢰하거나 유능한 통역사와 함께 상담을 진행하는 것이 바람직하다. 내담자는 모국어가 아닌 제2언어를 사용하여 자신이 가지고 있는 문제를 효율적으로 표현하기가 쉽지 않으며, 때로는 상담자와 내담자 간에 오해를 불러일으킬 수도 있다. 따라서 상담자가 내담자의 모국어에 능숙하지 못할 때, 내담자가 편안한 마음으로 정확하고 구체적으로 자신의 어려움을 이야기하도록 돕기 위해서는 통역사의 역할이 중요하다. 통역사와 함께 상담을 진행할 경우에는 먼저 누구를 통역사로 선택할지 충분한 고민이 필요하다. 내담자의 가족을 통역사로 두는 경우 내담자나 통역사에게 이중관계로 인한 부담을 줄 수 있으므로 삼가야 한다. 또한 내담자와의 첫 만남이 이루어지기 하루나 이틀 전에 미리 통역사와 예비 모임을 하는 것이 좋다. 통역사가 상담에 대한 전문가가 아닐 경우, 예비 모임을 통해 통역사에게 상담 내용의 비밀보장, 심리적 문제에 대한 개념이나 어휘에 대해 설명한다.

다섯째, 내담자의 비언어적 반응의 의미에 대해서 주의를 기울일 필요가 있다. 상담자와의 물리적 거리를 얼마나 두는가, 의자를 정리하는 태도, 시선 접촉 등과 같은 비언어적 반응은 문화에 따라 차이가 있으므로, 이러한 비언어적 반응의 의미에 대해 상담자가 주의하여 해석할 필요가 있다.

여섯째, 내담자의 **문화적 강점과 자원**을 찾도록 주의를 기울여야 한다. 내담자가 상담자와 문화적 배경이 다른 경우, 문화적으로 관련된 장점이나 자원을 인식하는 것이 어려울 수 있다. 그러나 내담자가 자신의 긍정적 자원을 인식하는 것은 문제와 직접적인 관련성이 없더라도 내담자의 기분을 좋게 만들고 상담의 효과를 높인다. 내담자에게 자신의 장점과 자원에 대해서 질문하는 방법을 통해 내담자의 긍정적인 면을 탐색해 볼 수 있다. 내담자가 자신의 장점에 대해 직접 이야기하는 것을 꺼리는 문화적 규준을 가진 경우라면 상담자가 관찰한 것을 이야기해 줄 수도 있으며, 내담자가 다른 사람들로부터 들은 것들에 대해 이야기하도록 할 수도 있다.

마지막으로, 문화는 복잡하고 다양하며 역동적이다. 따라서 상담자는 자신이 내담자의 문화에 대해 알고 있는 지식이 제한된 것임을 인식하고, 자신이 돕고 있는 개개인의 특별한 상황을 이해하려고 노력해야 한다. 특정 문화에 대한 선입관을 가지고 내담자의 문제를 일반화하여 평가하는 오류를 범하지 않도록 해야 한다. 특히 하나의 문화 안에도 종교나 거주지, 출생지 등으로 인해 다양한 복잡성이 존재한다. 따라서 상담자는 내담자가 속한 참조집단의 특성에 대한 지식과 내담자의 특별한 구체적 상황에 대한 정보를 함께 통합하여 내담자의 문제를 평가할 필요가 있다.

사례

이 사례는 한국의 결혼이주여성에 대해 이춘복(2010)이 구술생애사로 일대기를 펴낸 책을 기반으로 하고 있다.

김*옥은 43세 중국 조선족 결혼이주여성이다. 중국 계동현 탄광촌에 주로 거주하였으며, 한족 초·중·고등학교를 졸업하였다. 고등학교 졸업 후 23세에 첫 남편과 결혼하고 득남하였으나, 26세에 사별을 하게 되고 아들은 시댁에서 키우게 되었다. 다시 친정으로 돌아와 이런저런 일을 하던 중 한국 남자를 소개받아 40세에 현 남편과 결혼하게 되었다.

남편과 결혼하여 한국에 들어온 후 한국 사회 적응에 많은 어려움을 경험하였다. 조선족이기는 하지만 한족 학교를 다녔기 때문에 한국말을 거의 하지 못하였고, 음식이나 인간관계에 있어서 중국과는 다른 차이를 느끼게 되었다. 중국에서는 해 보지 않은 농사일을 하는 것이 어려웠고, 다른 사람의 일에 너무 간섭을 많이 하는 시골 문화도 적응하기 어려웠다. 중국어에는 존칭이 없기 때문에 한국어의 존칭어를 잘 쓰지 못하는 경우 시어머니는 화를 내었으며, 특히 한국 음식을 잘하지 못하는 것에 대해 시어머니가 심한 말과 욕을 많이 하였다. 남편은 초등학교를 졸업하였으며, 무뚝뚝하고 말이 없는 편이라서 대화를 나누기가 어려웠고, 시어머니와의 갈등에 대해 시어머니에게 대들지 말라고 했다. 특히 화가 많이 나면 폭력을 행사하기도 했다. 결국 시어머니와의 심한 갈등으로 김＊옥은 집을 나와 다문화센터를 찾아 상담을 신청하였다.

〈생각해 볼 질문〉

다문화상담에서 평가해야 할 요소들을 중심으로 내담자의 문제를 평가해 보자.

- 문화적 정체성
- 문화적응 스트레스
- 문화적 요인과 연관된 심리사회적 환경
- 상담자와 내담자의 관계에 대한 문화적 특징
- 전반적인 문화적 평가

2. 다문화상담에서의 진단

1) 진단의 문화적 차이

진단은 내담자나 그 가족이 여러 가지 증상으로 인해 혼란스러웠던 상황을 명확히 이해하도록 도와주며, 문제를 없애거나 문제의 영향을 줄일 수 있는 구체적인 대처 방법들을 제공해 준다(Hays, 2008/2010). 또한 상담자가 내담자에 대해 어떤 심리적 장애를 진단하게 되면, 상담자는 그 장애와 연관된 경험적인 지식들(예: 원인, 촉발 요인, 유지 요인, 심리적 기제, 치료 방법 등)을 내담자와 즉각적으로 연관시킬 수 있게 된다(Eells, 2015). 따라서 진단 과정은 사례개념화에서 효과적인 상담을 계획하기 위해 필수적인 과정이라고 볼 수 있다.

그런데 심리적 장애에 대한 진단 기준은 사회적으로 합의된 구성체이다. 즉, 사회가 정상으로 보는 행동이 무엇이고 비정상으로 보는 행동이 무엇인지에 따라 심리적 장애에 대한 범주와 진단 기준이 세워진 것이다. 따라서 서구 사회에서 사회적 합의에 의해 만들어진 진단 기준이 다른 문화에 속한 사람들에게도 동일하게 적용될 수 있는지에 대해 다양한 논란이 있어 왔다(Canino & Alegria, 2008).

이러한 논란과 관련하여 진단에 있어서 문화적 차이가 있는지를 살펴본 선행연구의 결과들은 다음과 같다. 먼저, 조현병의 경우 여러 문화에 걸쳐 보편적으로 나타났지만, 발병 추이, 증상, 효과적인 치료법에는 차이가 있었다(Kleinman, 1998). 우울

중에 있어서도 비서구 사회의 경우 신체화 증상으로 나타나는 경향이 있었고 덜 심각하며 비교적 짧은 기간 동안 나타났다(Al-Issa, 1995). 청소년의 반항행동에 있어서 문화 간에 차이가 있는지 알아본 연구에서는 앵글로 문화에서는 외적이고 직접적인 행동으로 성인의 요구에 대해 거절하는 방식을 나타내는 데 반해, 타이 문화에서는 무관심한 반응을 보이거나 망설이거나 복종하기를 싫어하는 신호를 보내는 방식으로 반항행동이 나타났다(Weisz, McCarty, Eastman, Suwanlert, & Chaiyasit, 1997). 또한 홍콩의 아동 및 청소년들은 다른 서구 국가에 비해 과잉행동을 나타내는 비율이 2배 정도 높게 나타났는데, 이러한 결과에 대해 분노, 공격성 등의 강렬한 감정을 억압하는 중국 문화권에서는 감정을 표현하는 대신 행동적으로 문제가 많이 나타나는 것으로 해석해 볼 수 있다(Ho et al., 1996).

심리적 장애의 증상에 있어서 문화적 차이가 있는지 살펴본 연구뿐만 아니라 심리적 장애의 보호 요인 및 위험 요인, 그리고 심리적 장애의 경과에 있어서 문화적 차이가 있는지 탐색하는 연구가 이루어졌다. 연구 결과, 보호 요인(예: 좋은 가족 관계)이 높게 나타난 국가가 그렇지 않은 국가보다 심리적 장애의 비율이 낮았으며 (Bird et al., 2006), 하나의 인종집단 내에서도 경제적 수준이 높은 지역이 그렇지 않은 지역보다 심리적 장애의 유병률이 더 낮았다(Bird et al., 2007).

이러한 결과들을 종합해 볼 때, 핵심적 장애는 문화와 상관없이 보편적이며 심리적 장애의 증상의 내용이나 보호 요인 자체에는 큰 차이가 없음을 알 수 있다. 그러나 심리적 장애의 증상의 정도나 증상을 표현하는 방식, 심리적 장애의 유병률에는 문화적 차이가 있음을 확인할 수 있다(Canino & Alegria, 2008; Choudhuri et al., 2012/2015).

2) 진단에서 고려해야 할 문화적 요소

앞에서 살펴본 바와 같이 진단 기준을 적용하는 데 있어서 심리적 장애에 대한 문화적 차이가 크지 않음에도 불구하고, 심리적 장애의 증상을 표현하는 방식에는 문화적 차이가 나타난다. 따라서 상담자는 내담자와 내담자의 가족이나 내담자와 관계를 맺고 있는 사람들이 내담자의 증상에 대한 이해 및 원인에 대한 해석을 하는 방식에 있어서 어떠한 문화적 요인이 있는지 탐색할 필요가 있다. 문화적 요인은 내담자의 인지적, 신체적, 대인관계적 측면에 영향을 미침으로써 고통에 대한 경험을 만들어 낸다. 또한 문화적 요인은 증상에 대한 표현 방식, 원인에 대한 인식, 심각성의 정도에 대한 판단, 치료 방법의 선택, 결과에 대한 기대 등을 형성하도록 한다. 따라서 상담자는 내담자가 나타내는 심리적 장애에 대한 진단을 할 때 다음과 같은 다섯 가지 측면을 살펴볼 필요가 있다(American Psychiatric Association, 2013; Canino & Alegria, 2008; Lewis-Fernández & Díaz, 2002).

첫째, 내담자의 증상을 문화적 맥락 안에서 해석하기 위해 평소 생활, 친구관계, 가족관계에 대해 질문해야 한다. 이를 통해 내담자가 속한 문화에서는 무엇을 비정상이라고 생각하며 어떠한 행동을 정상적인 것으로 간주하는지 알 수 있다. 예를 들어, 청소년이 '집을 나가는 행동'이 학대의 상황에서 이루어졌는지, 지지적인 가족관계에서 이루어졌는지에 따라 다른 관점에서 평가할 수 있기 때문에 내담자가 처한 맥락을 이해하는 것이 필요하다.

둘째, 고통이나 증상을 표현하는 데 주로 사용하는 관용구나 표현들을 알아보아야 한다. 즉, 내담자가 자신의 고통을 이해하고 표현하는 방식에 어떤 문화적 요인이 영향을 미치는지 살펴보아야 한다. 관용적으로 사용하는 어떤 표현들은 매우 포괄적이어서 특정한 증상을 의미한다기보다는 고통에 대한 다른 표현 방식이라고 볼 수 있다. 그 예로, 고통을 '운명'이라고 보거나 '영적인 시험'으로 보는 것, 고통을 해부학적으로 '신경'이 아픈 것에서 비롯된 것으로 표현하는 것 등을 들 수 있다. 또는 문화적 요인은 특정한 심리적 장애에 대한 범주나 증상을 표현하는 데 영향을 미치기도 한다. 내담자는 자신이 가지고 있는 심리적 장애에 대한 범주를 완전히 인식하지 못하고 있다하더라도 상담자와 내담자 간에 심리적 장애에 대한 범주가 다르다는 것을 인식하고 있으므로, 상담자는 내담자가 가지고 있는 범주를 파악하는 것이 필요하다.

셋째, 내담자가 자신이 속했다고 인식하는 **문화적 참조집단**(reference group)의 규범에 비추어 볼 때, 내담자의 증상이 어떤 의미가 있으며 어느 정도로 심각하다고 볼 수 있는지 평가해야 한다. 먼저, 대인관계에서 의사소통을 할 때 내담자의 증상이 다른 사람에게 어떻게 해석되며 어떤 역할을 하는지 살펴보아야 한다. 내담자의 문제가 다른 사람에게 어떻게 받아들여지는가에 따라 내담자의 증상이 나아질 수도 있고, 더 심각하게 병리적이 될 수 있기 때문이다. 또한 증상의 심각성을 평가할 때 문화적 규범을 반드시 고려해야 한다. 그렇게 하지 않을 경우 내담자의 문화에서는 정상적인 행동에 대해 과잉진단을 내리거나 반대로 내담자의 문제를 과소평가하여 정상행동으로 진단하는 극단적인 실수를 범할 수 있다.

넷째, 내담자 문제의 원인과 증상에 대해 내담자와 문화적 참조집단이 어떻게 설명하고 있는지 알아보아야 한다. 심리적 장애가 어떻게 나타나게 되었다고 보는지, 그 원인은 무엇이라고 생각하는지, 왜 지금 이 시점에서 이런 방식으로 문제가 나타났다고 보는지, 치료 후에는 어떤 결과가 나타날 것이라고 기대하는지 등에 대해 살펴보아야 한다. 일반적으로 내담자들은 문제의 원인에 대한 자신의 생각과 어긋나는 치료는 받지 않으려는 경향이 있기에, 내담자와 가족들이 상담자가 제시하는 치료 과정을 따르도록 돕기 위해서는 이러한 과정이 반드시 필요하다.

다섯째, 전문적인 치료와 일반적인 돌봄에 대한 과거의 경험과 현재의 선호도에 대해 알아보아야 한다. 내담자의 문화적 정체성이 전문적인 치료를 받도록 하는 데 어떤 역할을 했는지, 현재와 미래의 상담에 대해 어떤 기대를 가지게 하는지 살펴보아야 한다. 대체적으로 내담자가 자신의 문제의 원인에 대해 어떻게 생각하느냐에 따라 내담자가 전문적인 도움을 구하는 방식이 달라진다. 즉, 내담자가 가지고 있는 문제나 심리적 장애에 대한 문화적인 인식이나 해석은 전문적인 도움을 받을 것인가의 여부에 대한 결정 또는 언제 도움을 요청할 것인가에 대한 결정뿐만 아니라 어떤 치료를 받을 것인가에 대한 결정에도 영향을 준다. 예를 들면, 내담자가 문제의 원인이 가족 간의 불화라고 생각하는 경우 자녀와의 관계 개선을 위한 가족상담은 선호할 수 있으나 병리적인 관점에서의 치료는 거부할 수 있다. 지금까지 설명한 다문화상담의 진단에서 고려해야 할 문화적 요소들을 정리해 보면 〈표 12-3〉과 같다.

표 12-3　다문화상담의 진단에서 고려해야 할 문화적 요소

요소	세부 내용
일상적인 생활	평소 생활, 친구관계, 가족관계
증상의 표현 방식	고통이나 증상을 표현하는 데 주로 사용하는 관용구나 표현
	심리적 장애에 대한 범주
증상의 의미와 심각성	문화적 참조집단의 규준에 비추어 볼 때 증상의 의미와 심각성
증상의 원인에 대한 해석	내담자 문제의 원인에 대해 내담자와 내담자의 문화적 참조집단이 설명하는 방식
치료에 대한 태도	전문적인 치료와 일반적인 돌봄에 대한 과거의 경험과 현재의 선호도

사 례

　　이 내용은 Choudhuri, Santiago-Rivera와 Garrett(2012/2015, p. 300)의 사례연구에서 제시된 글로리아의 사례에서 인용하였다.

　　멕시칸 혈통의 미국 이민 1세대인 글로리아는 27세 여성으로 밤에 잠을 잘 자지 못하고, 극도의 피곤과 신경과민 및 식욕부진으로 의사를 찾아갔다. 의사는 그녀의 병에 대해 신체적인 이상이 없다고 결론짓고 그녀를 정신보건 서비스로 의뢰했다. 글로리아는 마지못해 정신보건 서비스를 제공하는 지역사회기관의 상담자를 만났다. 그녀에게 상담 과정은 생소했고, 의사의 의뢰가 혼란스러웠다. 그녀는 상담자를 만날 시간이 없다고 생각했다. 그녀는 전일제 근무, 어린 두 명의 아이를 돌보고 가정을 꾸려 나가는 것 등에 대한 책임을 다하는 데 그녀의 대부분의 시간을 보내야 한다고 생각했다.

　　2년제 대학에서 회계학을 전공한 글로리아는 대학 졸업 이후 바로 조지와 결혼했고, 바로 아이를 가지기로 결심했다. 조지는 그의 봉급으로 아이들을 키우기에 충분하다고 주장하면서, 그녀가 전일제로 근무하는 것을 원하지 않았다. 글로리아 또한 아이들과 더 많은 시간을 보내기 위해서 시간제로 근무했다. 조지와 글로리아는 가족에 매우 높은 가치를 두고 있었고, 자녀들에게 멕시코의 전통을 가르치면서 아이들을 키우고 싶어 했다. 이들은 2개의 방이 있는 도시의 쾌적한 아파트에 살아왔다.

　　그러나 최근 남편과의 이혼으로 글로리아는 수입이 상당히 감소되는 상황에 놓이게 되었다. 이혼 후 조지는 재정 지원을 거의 하지 않았기 때문에 글로리아는 집세, 세금, 식료품비를 마련하기 위해 전일제 직장을 구해야만 했다. 이혼 전의 생활을 유지하는 것은 점점 어려워졌다. 그녀는 회계 보조원으로 전일제 근무를 했으나, 제때 세금을 내는 데 어려움이 있었다. 그녀의 새로운 직장에서 제공하는 의료보험 혜택은 매우 제한적이었다. 그래서 아이가 소아과에 갔을 때 보험료로 커버되지 않는 금액을 직접 부담해야 했다. 그녀는 이러한 모든 상황에 압도되었지만 그러한 느낌들을 감추려고 노력했다.

〈생각해 볼 질문〉
다문화상담의 진단에서 고려해야 할 요소들을 중심으로 내담자의 문제에 대해 진단을 내려 보자.
- 일상적인 생활
- 증상의 표현 방식
- 증상의 의미와 심각성
- 증상의 원인에 대한 해석
- 치료에 대한 태도

3) 진단에서 주의해야 할 사항

다문화상담에서 진단을 내릴 때 다음과 같은 사항에 주의할 필요가 있다.

첫째, 성격장애에 대한 진단 시 특별한 주의가 필요하다(Hays, 2008/2010). 성격장애는 개인이 속한 문화의 기대에서 현저하게 벗어난 내적 경험과 행동이 지속적으로 나타나는 것이며 그 행동이 타인에게 어려움을 야기하는 것이므로, 성격장애에 대한 구체적인 기준은 주어진 시기의 특정 문화에서 형성된 가치에 의해 설정된다. 따라서 상담자는 성격장애에 대해 진단을 내릴 때 문화적인 요소를 함께 고려해야 한다. 예를 들어, 편집성 성격장애의 경우 내담자가 가지는 불신, 의심, 공포가 적절한지를 결정하기 위해서는 문화적인 영향을 고려해야 한다. 의심, 공포, 불안은 지속적으로 인종차별과 억압적인 상황에 노출된 사람들에게는 현실적이고 정상적인 반응일 수 있기 때문이다. 성격장애에 대해 정확하게 진단하기 위해서는 상담자는 내담자의 행동이 내담자가 속한 문화적 가치로부터 현저하게 벗어난 것인지를 판단할 수 있을 만큼 내담자의 문화에 대해 충분히 알 필요가 있다.

둘째, 다양한 출처로부터 얻은 포괄적인 정보를 사용하여 신중하게 진단을 내리도록 한다(Eells, 2015). 이를 위해, 먼저 내담자로부터 포괄적이고 광범위한 정보들을 얻는 것이 필요하다. 내담자와 면접을 할 때 상담자가 판단한 내담자의 두드러진 문제에 대해 성급하게 진단을 내리려는 태도를 삼가야 한다. 문화적 배경이 다른 상담자는 내담자가 문제라고 생각하는 것들을 자신의 기준으로 문제가 아니라고 판단할 수도 있으며, 문화적 배경이 다른 상담자에게 내담자가 초기에는 언급하지 않는 문제가 있을 수도 있기 때문이다. 또한 내담자가 속한 문화와 가치를 잘 이해하기 위해서는 내담자의 자기보고뿐만 아니라 오랜 기간 동안 다양한 상황에서 내담자를 알아 왔던 사람들로부터 정보를 얻는 것도 필요하다. 그 외에도 의사나 이전의 심리치료자와의 면담, 검사 결과 등을 종합적으로 사용할 수 있다.

셋째, 내담자에게 명확하고 이해 가능한 진단 언어를 사용해야 한다. 문화에 따라 고통이나 증상을 표현하는 방식이 달라지며, 증상의 의미에 대한 해석에 있어서도 차이를 보인다. 따라서 상담자는 내담자가 속한 문화에서 이해할 수 있는 방식으로 진단에 대해 설명하는 것이 필요하다.

넷째, 진단은 내담자에게 유익함을 줄 수도 있지만 해를 끼칠 수도 있다는 사실을 기억해야 한다(Eells, 2015). 어떤 사람들은 진단을 받게 되면, 자신이 더 이상 도덕적으로 문제가 있는 사람이라거나 충분히 노력하지 않았다는 생각에서 벗어날 수 있게 되기 때문에 안도감을 느끼기도 한다. 그러나 또 다른 경우에는 진단을 받음으로써 오히려 자신에 대해 손상된 느낌을 가지게 되고 병리적 진단으로 자신에게 라벨을 붙이게 된다. 특히 심리적 장애나 상담 및 심리치료에 대해 부정적인 관점이나 낙인의 태도를 가지고 있는 문화에 속한 내담자일수록 이런 경향이 더 커질 수 있으므로, 상담자는 진단을 내리고 진단명에 대해 내담자에게 설명할 때 이러한 면에 주의를 기울일 필요가 있다.

다섯째, 상담자는 자신의 문화적 정체성을 내담자와 나눌 필요가 있다(Canino & Alegria, 2008). 진단 과정은 상담자와 내담자 간의 문화적 정체성과 사회적 지위의 차이의 영향을 받게 된다. 상담자와 문화적 배경이 다른 내담자를 상담할 때, 상담자가 먼저 자신의 사회문화적 배경에 대한 정보(예: 나이, 인종, 국적, 교육수준 등)를 나누면 서로 간에 신뢰의 분위기를 형성하는 데 도움을 주며, 이는 내담자가 공개해야 할 정보가 무엇인지에 대한 모델이 되기도 한다.

여섯째, 상담자는 진단을 내리는 데 있어서 내담자의 언어적 또는 비언어적 표현에 대한 자신의 해석이 적절한지 다른 사람에게 자문을 구하는 것이 필요하다 (Canino & Alegria, 2008). 내담자의 문화에 대해 전문적인 지식이 있는 사람은 상담자가 내담자의 증상과 행동에 대해 적절한 해석을 했는지 확실하게 점검해 줄 수 있다. 문화에 따라 얼굴 표정이나 말의 어투 등이 의미하는 바가 달라지기 때문에 상담자는 이런 부분에 대해서도 주의를 기울일 필요가 있다.

3. 사례연구

앞에서 제시한 다문화상담에서의 평가와 진단의 원리와 요소들을 실제로 적용해 보기 위해 구체적인 사례를 살펴보고자 한다. Lewis-Fernández와 Díaz(2002)는 문화적 요소를 평가한 사례로서 다음과 같은 예를 제시하였다.

푸에르토리코의 49세 미망인인 내담자는 정신병적 증상이 동반된 주요우울장애와 만성적인 충동적 자살 경향성으로 3년간 입원생활을 한 후 미국 북동부 지역의 병원에서 외래치료를 받았다. 짧은 기간 동안 부분적으로 회복된 경험을 제외하고는, 몇 년 동안 계속해서 만성적인 슬픔, 갑작스러운 울음, 쾌락 불감증, 정신운동

지연, 자살 경향성, 반복되는 죄책감, 수면 · 식욕 · 흥미 · 에너지 · 집중력의 감소 등이 나타났다. 또한 그녀는 안절부절못함, 신경과민, 떨림, 괴로움, 심각한 두통 등으로 고통을 느끼고 있었다. 정신병적 증상으로는 혼자 있을 때 환청이 들리고, 그림자가 어른거리며, 누군가가 자기 뒤에 있다고 느꼈다. 이전의 외상 경험(첫 번째 남편의 학대, 두 번째 남편의 살인)에도 불구하고 외상 후 스트레스 장애가 있다는 사실을 부인하였다. 우울 에피소드가 처음 나타난 것은 32세경이었으며, 최근의 에피소드가 일어나기 전에 우울 에피소드가 몇 번 반복되어 나타났다.

내담자는 푸에르토리코의 시골 마을에서 태어났으며, 초등학교 5학년까지 학교를 다녔다. 그녀의 아버지는 미국의 농촌에서 이주 노동자로 일할 때 알코올 중독에 빠졌으며, 술에 취하면 내담자의 어머니에게 언어적인 학대와 함께 신체적인 위협을 가하였다. 내담자는 자신에게는 부모가 신체적 학대나 성적 학대를 하지 않았다고 보고하였으며, 단지 어머니가 정서적으로 차가웠다고 불만을 이야기하였다.

내담자는 16세에 결혼을 하였고 여섯 명의 자녀를 낳았으나, 그중 한 명이 3개월이 되었을 때 폐렴으로 사망하였다. 남편은 알코올 중독에 빠졌으며, 내담자를 신체적 · 정서적으로 학대하였다. 남편의 학대가 심해지자 내담자는 결혼생활을 끝내고, 두 번째 남편과 함께 31세에 미국 동부 지역으로 이주하였다. 미국으로 이주할 때 그녀의 자녀들 중 네 명을 친척들에게 남겨 두고 떠났는데, 이로 인해 내담자의 부모는 미국으로의 이주를 반대하였다. 5년 뒤 내담자는 남편이 길거리에서의 싸움에서 살인을 저지른 뒤 푸에르토리코로 다시 돌아왔다. 그녀와 함께 미국으로 이주했던 아들은 11년 뒤 지역의 약물 남용 치료 프로그램에 참여하게 되었다. 이때 내담자는 너무 소원해졌다고 느껴진 아들과 가까워지기 위해 다시 미국의 동부 해안 도시로 이주하였다. 이 아들과 다른 자녀들과의 갈등은 내담자의 증상을 악화시켰다.

입원치료, 항우울제, 항정신병약의 복용은 내담자의 증상을 약간 나아지게 하였으나 정신병적 증상에는 변화가 없었다. 라틴계 병원으로 옮겨진 뒤, 그녀의 정신병적 증상은 푸에르토리코 사람이 혼란스러울 때 나타내는 표현으로서 정상적인 반응이라는 평가가 다시 이루어졌고, 항정신병약은 더 이상 투여하지 않았다. 가족치료를 위한 평가를 하는 동안 내담자는 항우울제를 계속 복용하고 있었으며, 아들과 계속 갈등 가운데 있었고, 신경계의 공격(ataque de nervios)이라는 라틴계인들에게 흔히 나타나는 증상을 보였다. 신경계의 공격은 강렬한 정서, 급성 불안 증상, 통제감의 상실, 해리 경험, 자신과 타인을 향한 공격적인 행동으로 나타난다. 내담자 역시 해리 증상이 나타났으며, 항우울제를 충동적으로 과다복용하였다. 내담자는 단기간 입원치료를 하게 되었고, 모든 약물 투여를 중단하였다.

개인상담, 가족치료, 집단치료 등 집중적인 심리치료를 받게 되었고, 가족관계가 좋아지면서 증상이 현저하게 호전되었다. 외래진료에서 내담자의 오랜 기간 동안의 기질적인 증상에 대해 경계선 성격장애라는 진단을 받게 되었다. 몇 달 후 치료의 회기를 점차 줄여 나갔고, 나중에는 일주일에 한 번씩 지지적인 심리치료를 참여하였으며, 한 달에 한 번씩 병원을 방문하였다. 내담자는 이후 약을 복용하지 않은 상태에서 8년 동안 주요우울장애와 자살 경향성이 재발하지 않았으나, 주기적으로 진단 기준에는 해당하지 않는 우울, 불안, 해리 증상, 신체화 증상이 나타났다. 내담자는 계속 그림자를 인식하거나 자신의 이름이 불리는 환청을 들었지만 이러한 경험은 일시적인 것이었으며, 심리적 장애나 현실 지각에 있어서 문제가 생기지 않았다.

앞의 사례에 대해 평가와 진단의 다양한 요소를 적용하여 내담자의 문화적 특징을 설명하였다. 먼저, 다문화상담에서의 평가 요소에 해당하는 내담자의 문화적 정체성, 문화적응 스트레스, 문화적 요인과 연관된 심리사회적 환경, 상담자와 내담자의 관계에 대한 문화적 특징, 전반적인 문화적 평가를 중심으로 내담자의 문화적 특징에 대하여 평가하였다. 또한 진단에서 고려해야 할 문화적 요인들을 중심으로 이 사례의 문화적 특징들을 설명하였다.

1) 평가 요소별 분석

(1) 문화적 정체성

① 정체성에서의 문화적 요소
내담자에게 있어서 중요한 요소 중 하나는 성 역할 정체성이다. 어머니는 여성으로서 아버지에게 언어적·신체적 학대를 당하였고, 내담자는 그러한 어머니를 모델링하여 자신도 수동적이고 피학적인 여성으로서의 성 역할 정체성을 형성하게 되었다. 그로 인해 첫 번째 남편에게 학대를 받았으나 상당한 기간 동안 그 관계를 끊지 못하였다.

또한 내담자의 사회경제적 지위가 낮았던 것도 주의해서 살펴보아야 할 특징 중의 하나이다. 초등학교 5학년 이후로는 동생들을 돌보기 위해 학교를 다니지 못했다. 이는 내담자가 자신에 대해 부정적이고 낮은 평가를 가지게 하였으며, 사회에 적응해 나가는 데 어려움을 초래하였다.

② 문화적 정체성의 방식

내담자는 미국에 이주하였으나 다시 자신의 고향으로 돌아갔다. 미국에 이주한 동기는 남편의 폭력과 같은 어려운 상황을 피하기 위한 것이었으나, 내담자는 미국 주류사회에 적응하지 못하였다. 이와 같은 점들을 고려해 볼 때, 내담자는 자신의 정체성을 푸에르토리코에 두고 있음을 알 수 있다. 문화적 정체성의 방식에 있어서는 분리 상태로 볼 수 있다. 즉, 주류문화인 미국의 문화를 거부하면서 자신의 고유 문화인 푸에르토리코 문화를 유지하고 있으며, 주류문화인 미국에 잘 적응하지 못해서 결국 자신이 속한 협소한 사회에 의존하는 경향이 있었다.

③ 정체성 발달 과정에서의 문화적 요소

내담자의 성장 과정을 살펴보면, 내담자는 학교를 일찍 그만두었고 시골 마을에 살면서 가까운 친척들과의 제한된 인간관계를 가질 수밖에 없었다. 이러한 환경은 내담자의 정체성 형성에 있어서 아버지의 학대와 어머니의 정서적 냉소로 인한 부정적인 영향을 더 강화하는 역할을 했을 것이다. 또한 동생들을 돌보는 엄마의 역할을 했던 내담자는 성인 아이로서 성장하였으며, 이것은 그녀가 속한 문화에서는 흔히 있는 일이었다. 31세에 자녀들을 고향에 남겨 두고 미국으로 이주하면서 내담자는 사회문화적으로 당연하게 여겨지는 엄마로서의 역할을 잃게 되고, 이로 인해 내담자는 정서적으로 보상받을 수 있는 여건을 상실하게 되며, 결국 심리적 증상이 나타났을 수 있다.

(2) 문화적응 스트레스

① 정신건강 상태

내담자는 주류문화인 미국 사회에 적응하는 것이 어려웠으며, 미국으로 이주한 후 32세경부터 우울증 에피소드가 나타나게 된다. 정서적으로 우울과 불안, 안절부절못하는 증상들을 경험하며 매우 불안정한 정신건강 상태를 보였다.

② 언어능력

내담자는 상담 장면에서 영어의 유창성이 부족하여 영어를 거의 사용하지 않았으며, 주로 스페인어를 사용하여 자신의 증상을 표현하였으므로, 통역을 통해 치료를 진행하였다. 따라서 내담자의 언어 능력의 부족으로 인해 미국 사회에서 얻을 수 있는 기회가 제한적이었으며 미국 사회의 적응이 어려웠을 것이라는 점을 알 수 있다.

(3) 문화적 요인과 연관된 심리사회적 환경

① 사회적 스트레스 유발 요인

내담자의 심리사회적 환경은 여러 가지 스트레스를 유발하였다. 먼저, 내담자가 미국으로 이주한 후 사회문화적으로 당연하게 여기는 전통적 가치인 부모의 역할을 상실했을 때 그것에 대한 죄책감과 부담감이 매우 컸을 것이며, 이것이 내담자의 증상 유발에 중요한 역할을 했을 것이다. 또한 삶에서의 여러 가지 외상과 부정적 경험(아버지의 학대, 첫 번째 남편의 학대, 두 번째 남편의 살해, 아이의 죽음, 미국에서의 차별, 실직)은 내담자로 하여금 우울과 불안, 혼란과 충격을 가져다주었을 수 있다.

② 사회적 지원

라틴계 친구들 몇 명, 자신이 속한 지역사회센터의 돌보미들 등 내담자의 사회적 지지체계는 매우 빈약하였다. 상담자는 집단치료를 포함한 여러 방법을 통해 내담자의 사회적 관계망을 넓힐 수 있도록 조력하였으나, 내담자의 성격적 특성으로 인해 관계를 형성하도록 돕기가 쉽지는 않았다.

③ 기능 수준에 대한 평가

내담자는 증상이 나아지기 전까지 자신의 병은 치료되지 못하고 계속 진행될 것이라고 보았으며 계속 악화될 것을 두려워하였다. 치료 결과, 내담자는 그녀가 두려워하는 만큼 증상이 심화되지 않았음을 확인할 수 있었으나, 자신이 통제할 수 있는 수준보다 더 큰 스트레스를 경험하게 되면 재발이 일어나게 될 가능성이 있다는 것을 인식하게 되었다. 제한된 교육수준, 영어 능력의 한계, 나이, 구직 기술의 부족 등으로 직업을 구하는 데 여러 가지 제한이 있었으며, 결국 내담자는 정부로부터 지원을 받아서 생활하였다.

(4) 상담자와 내담자의 관계에 대한 문화적 특성

내담자가 라틴계 외래병원으로 의뢰되기 전까지, 상담자와 내담자 간의 문화적 차이로 인해 내담자는 진단과 치료 과정에서 오류를 경험하였다. 먼저, 상담자는 내담자의 문화에 대한 이해의 부족으로 인해 푸에르토리코 사람들에게 정상적으로 나타나는 '신경계의 공격' 반응을 정신병적 증상으로 잘못 진단함으로써, 약물처방을 하였다. 그로 인해 내담자는 심리치료보다는 약물에 더 많이 의존하게 되었고, 치료에 진전이 없는 결과를 가져왔다.

또한 상담자와 내담자의 언어의 차이는 서로 간의 관계를 형성하는 데 어려움을 가져왔다. 스페인어를 사용하는 상담자를 연결하는 것이 어려웠기 때문에 영어를 사용하는 상담자가 통역을 통해 대화를 진행하였으며, 이러한 과정에서 내담자는 자신의 생각과 감정을 상담자에게 충분하게 전달하기 어려웠다.

(5) 전반적인 문화적 평가

전반적인 평가에서는 내담자의 진단과 치료에 영향을 미칠 문화적 요소들에 대해 요약해서 제시하게 된다. 이 사례의 내담자는 푸에르토리코에 대한 문화적 정체성을 가지고 있으며, 수동적이고 피학적인 여성으로서의 정체성을 보이고 있고, 제한된 교육 기회를 가졌으며, 사회경제적 수준이 낮다. 또한 스페인어를 사용하며, 미국 문화에 대한 적응이 잘되지 않았고, 자신의 고유문화를 유지하는 분리 상태의 문화정체성 방식을 취하고 있다. 성장하면서 내담자가 경험한 어머니에 대한 아버지의 학대, 그리고 부모로서의 역할을 감당한 성인 아이의 경험은 이후 내담자가 자신에 대한 생각을 형성하는 데 중요한 역할을 했다. 또한 첫 번째 남편의 학대와 두 번째 남편의 살인, 자녀들과의 계속되는 갈등은 내담자의 심리적 증상을 촉발하였다. 무엇보다 전통적인 가치에서 당연하게 여겨지는 엄마로서의 역할을 할 수 없었던 시기로 인해, 자녀와 소원하게 되었고, 그 이후 계속되는 자녀들의 문제와 갈등은 내담자에게 중요한 스트레스 요인이 되었다.

2) 진단에서 고려해야 할 문화적 요인

(1) 고통이나 증상을 표현하는 데 주로 사용하는 관용구나 표현

내담자의 증상에 대해 내담자와 내담자가 속한 사회에서 '신경계의 공격'이라고 표현하였다. 신경계의 공격은 우울, 불안, 해리 경험, 신체화, 그리고 드물게는 정신병적 증상을 표현하는 관용구로서, 푸에르토리코인들에게는 전형적인 표현 방식이다. 이 관용구는 유전적으로 가지고 태어났거나 성장하면서 얻게 된 해부학상의 신경과 신경체계가 변형된 것을 의미한다. 이 내담자의 경우에는 신경계의 공격이 성격적인 병리와 연관이 되어 있었지만, 대체적으로 많은 푸에르토리코인은 성격적인 결함 없이 단순한 우울이나 불안 증상들을 경험하게 된다.

(2) 문화적 규범에서 볼 때 내담자의 증상의 의미와 심각성의 정도

내담자의 증상이 발현되었을 때 내담자가 속한 사회에서는 심각한 신경계의 이상이 있다고 보았다. 왜냐하면 격렬한 분노, 해리, 충동적인 자살 경향성과 성격적인 문제가 나타났기 때문이다. 내담자를 상담했던 치료자와 내담자가 속한 사회 간에 내담자의 증상의 의미와 심각성의 정도에 대한 판단에 있어서 관점의 차이가 있었다. 먼저, 내담자를 외래병원에서 치료했던 상담자는 성격적인 병리적 특성이 문제의 원인이며 우울증을 유발한다고 보았지만, 내담자가 속한 사회에서는 신경계의 왜곡으로 인한 결과로 성격적인 병리적 특성이 나타나게 되는 것이라고 보았다. 또한 내담자가 입원했을 당시 치료자는 내담자의 지각의 왜곡(예: 환청 등)을 정신병적 증상이라고 심각하게 진단하였으나, 내담자가 속한 사회에서는 신경계의 공격으로 인한 정상적인 반응이라고 보았다는 점도 차이가 있다.

(3) 내담자 문제의 원인과 증상에 대한 문화적 설명

내담자와 내담자가 속한 문화에서는 만성적으로 해결되지 않은 가족과의 갈등이 신경계의 왜곡을 가져왔고, 그것이 여러 가지 증상을 유발하였다고 보았다. 즉, 남편에 의한 신체적 학대, 부모의 거절, 미국에 이주하면서 자녀들과 떨어져 있게 된 것, 그리고 그것으로 인한 그녀 자신에 대한 분노와 자녀들과의 계속되는 갈등 등이 내담자의 문제의 원인이 된다는 것이다. 따라서 내담자의 문제를 치료하는 과정에서, 가족과의 관계가 회복되는 것이 증상을 완화할 수 있는 중요한 요소라고 보았다.

(4) 전문적인 치료에 대한 과거의 경험과 현재의 선호도

처음 우울증 에피소드가 급성으로 짧게 나타났을 때 내담자는 심리치료를 받지 않았으며, 그녀의 제한된 사회적 지지체계를 의지하거나 민간요법을 사용하였다. 최근 우울 증상이 심해지면서 내담자는 대인관계 문제로 인해 신체적 반응이 일어나는 것이라고 보고 내과 의사를 찾아갔으며, 내과 의사가 내담자를 정신과 병동으로 의뢰하였다. 그 이후 내담자는 다양한 치료를 경험하였는데, 내담자의 문화적 특징과 성격적 요소로 인해 어떤 치료는 수용하였으나 어떤 치료는 거절하였다. 즉, 가족치료와 같이 가족과의 관계 회복이라는 자신의 관점과 일치하는 개입은 적극적으로 수용하였으나, 내적 성격의 변화를 목적으로 하는 집단치료와 같은 개입은 심하게 저항하였다. 내담자는 자신의 신경계의 이상이 완전하게 좋아질 수는 없다고 생각하였으며, 재발이 되지 않기 위해서는 치료자와 주기적으로 만남을 가지면서 상태를 확인하는 것이 최선이라고 느꼈다.

제13장
가설 설정과 상담 계획

상담자는 평가와 진단을 통해 내담자로부터 정보를 수집하고 내담자의 문제를 파악하게 된다. 평가와 진단이 이루어진 후, 상담자는 가설 설정을 통해 내담자의 문제의 원인에 대해 설명하는 과정을 거치게 되며, 이 가설을 바탕으로 상담을 계획하게 된다. 이 장에서는 다문화상담에서 사례개념화의 세 번째와 네 번째 단계에 해당하는 가설 설정과 상담 계획을 어떻게 다루어야 하는지 설명하였다.

1. 다문화상담에서의 가설 설정

가설 설정 단계에서는 내담자의 문제에 대한 원인을 설명한다. 즉, 상담자의 추론을 통해 내담자 문제의 유발 및 유지 요인이 무엇인지 밝힌다. 이를 위해 상담자는 다양한 상담 및 심리치료 이론들, 경험적인 연구 결과들, 그리고 상담자의 전문성을 활용하게 된다. 특히 다문화상담에서 문화적으로 적절한 가설을 설정하기 위해서는 다양한 이론과 경험적 연구 결과 외에도 다음과 같은 점들을 고려하는 것이 필요하다.

1) 다문화상담에서의 가설 설정 과정

첫째, 내담자의 문제와 문화적 요인들 간의 연관성을 살펴보아야 한다. 즉, 내담자의 원인을 설명하는 데 있어서 문화적 요인들이 어떤 역할을 하는지, 그리고 문화적 역동이 내담자의 문제를 유발하고 유지하고 있는지 살펴보아야 한다. 이때 내담자의 사회적 스트레스 요인들, 사회적 지지, 현재 기능 수준에 대해 문화적으로 적절한 해석을 하는 것이 중요하다. 이를 위해 Sperry와 Sperry(2012/2016)는 내담자가 표현하는 단어와 관용적 표현들을 주의 깊게 들을 것을 권유한다. 고통을 표현하기 위해 사용하는 단어와 관용구를 통해 문제를 경험하고 있는 이유가 나타나기 때문이다. 상담자는 고통이나 손상의 원인에 대한 내담자의 생각(예: 신의 시험, 신체증상 호소 등)을 이해함으로써 문화적 요소가 내담자의 문제를 유발하는 데 어떤 역할을 하는지 추론할 수 있게 된다.

둘째, 상담자는 문화적 역동을 가설 설정에 포함시켜야 하는 경우와 제외시켜야 하는 경우가 언제인지를 구분할 수 있어야 한다. 즉, 모든 내담자에게 문화가 중요한 요소가 아니라는 점을 기억해야 하며, 또한 문화적 요소를 무시하는 실수를 범해서도 안 된다(Sue, 1998). 이를 위해 내담자의 성격적 역동과 문화적 역동이 어느 정도 내담자의 문제에 영향을 미치고 있는지 평가해 보아야 하며, 문화적 역동과 성격적 역동의 상호작용을 평가해야 할 필요가 있다(Eells, 2015; Sperry & Sperry, 2012/2016). 만약 내담자가 문화적응 수준이 높다면 문화적 역동은 내담자의 문제에 거의 영향을 주지 않으며 성격적 역동이 중요한 역할을 한다고 볼 수 있다. 반면, 내담자의 문화적응 수준이 낮다면 성격적 역동보다는 문화적 역동의 영향이 클 것이며, 이러한 경우에는 문화적 요인에 대한 가설이 중요한 역할을 한다. 때로는 성격적 역동과 문화적 역동이 유사한 정도로 내담자의 문제에 기여하는 경우도 있다. 이런 경우에는 상담자가 문화적 역동과 성격적 역동의 상호작용을 잘 파악하는 것이 중요하다.

2) 문화적 역동에 대한 가설 설정에 관한 결정

그렇다면 문화적 역동이 내담자의 문제에 어느 정도 영향을 미칠 때 우리는 문화적 역동에 대한 가설 설정을 할 수 있을까? 내담자의 문제에 대한 가설 설정에서 문화적 요인들을 포함시켜야 하는 경우는 다음과 같은 내적 요소와 외적 요소들이 내담자의 문제에 나타났을 때라고 볼 수 있다(Ingram, 2012).

(1) 내적 요소

평가와 진단 과정에서 내담자가 다음과 같은 내적 특징들을 나타낸다면, 상담자는 내담자의 문제에 대해 문화적 역동에 대한 가설을 설정할 필요가 있다.

① 문화에 기반한 증상

내담자에게 특정 문화에서만 독특하게 나타나는 증상들이 있을 때 문화적 역동에 대한 가설을 설정할 필요가 있다. 이를 위해 상담자는 문화에 기반한 증상들에 대한 지식이 있어야 하며, 상담 과정에서 내담자가 이러한 증상들을 나타낼 때 그것을 인식할 수 있어야 한다. 문화에 기반한 증상들은 다양한 방식으로 나타날 수 있다. 먼저, 특정 문화에서만 독특하게 증상으로 여겨지는 경우도 있고(예: 통제가 되지 않는 과격한 행동), 일반적으로는 비정상적 행동이지만 특정 문화에서는 병리적으로 보지 않는 경우도 있다(예: 영혼들과 대화를 나누는 것). 또한 증상을 설명하는 방식에 있어서 문화적 영향이 있을 수 있으며(예: 한국의 '화병'), 어느 문화에서나 보편적으로 나타나지만 증상의 강도나 증상이 표현되는 방식이 문화마다 다양하게 나타나는 경우도 있다(예: 우울증). 따라서 상담자는 내담자가 표현하는 증상들이 문화적으로 어떤 의미가 있는지 면밀하게 살펴볼 필요가 있다. 〈표 13-1〉에서는 DSM-5에 설명되어 있는 문화에 기반한 증후군들을 제시하였다.

표 13-1 문화에 기반한 증상들

증상명	대상	특징
아타케 데 네르비오스 (Ataque de nervios)	라틴계 사람들	'신경발작'이라는 의미임. 급성 불안, 분노 또는 슬픔, 통제 불가능한 비명, 고함치기, 발작적인 울음, 경련, 머리로 뻗치는 가슴의 열감, 언어적으로나 신체적으로 공격적으로 변하는 것을 포함하여 감정의 격렬한 동요를 보임. 해리성 경험(예: 이인증, 비현실감), 기절 삽화, 자살 가장 행위는 부분적으로 나타나는 특징임
다트 증후군 (Dhat syndrome)	남아시아의 젊은 남성들	불안, 피로, 허약, 체중감소, 발기부전, 다양한 신체증상 호소, 우울 기분 등의 여러 증상을 호소하지만, 실제로는 정신적 고통에 대한 문화적 설명임

캘캡 (Khyâl cap)	캄보디아	어지럼증, 심계항진, 호흡 부족, 손발이 차가워지는 것과 같은 공황 발작 증상, 불안 및 자율신경적 각성(예: 이명과 목쓰림) 등의 기타 증상이 있음. 신체적 기능의 이상이 전혀 없는 상태에서 다트의 소실에 대한 정신적 고통과 불안을 호소함
쿠풍기시사 (Kufungisisa)	짐바브웨의 쇼나족	'지나치게 많이 생각하기'라는 의미. 불안, 우울, 신체 문제의 원인으로 간주됨(예: 나는 지나치게 많이 생각하기 때문에 심장이 아프다). 대인관계와 사회적 어려움에 대한 직접적인 표현이며, 걱정을 떨쳐 내기 위한 심각한 고민이 포함됨
말라디 문 (Maladi Moun)	아이티 공동체	'인간적으로 초래된 질병' '보내진 아픔'이라는 의미임. 다른 사람에 대한 질투나 증오에서 병이 생길 수 있다고 가정함. 대인관계에서 느끼는 질투와 악의로 인한 우울, 사회적 혹은 학업적 실패, 일상 활동을 수행하는 것에 대한 무능력 등이 있음
네르비오스 (Nervios)	미국과 중남미 라틴계	스트레스적인 인생 경험과 어려운 삶의 환경에 취약해진 일반적 상태를 가리킴. 정서적 고통, 신체적 손상, 과민성 및 기능 불능의 광범위한 증상 범주를 포함함. 가장 일반적인 증상은 두통, 신경쇠약, 위장장애, 수면 문제, 신경과민, 쉽게 우는 것, 집중 불능, 떨림, 저릿함, 마레오스(때때로 현기증을 동반한 어지러움증)을 포함함
션징 슈아이뤄 (Shenjing Shuairuo)	중국	'신경쇠약'의 개념을 통합하는 문화증후군. 약함(예: 정신적 피로), 정서(예: 골치 아픈 느낌), 흥분(예: 기억력 증가), 긴장성 두통(예: 두통), 수면(예: 불면증)의 다섯 가지 증후군 중 적어도 세 가지 이상이 나타남. 중요한 유발 요인은 일 또는 가정 관련 스트레스 요인, 체면의 손실, 급성적인 실패감을 포함함
수스토 (Susto)	미국 내 라틴계, 멕시코, 중앙아메리카, 남아메리카	불행과 정신적 고통에 대한 표현임. 공포스러운 사건으로 영혼이 신체를 떠나게 되면서 사회적 역할 기능 수행이 어려워지며 불행과 병을 일으킨다고 봄. 수스토를 가진 것으로 보고되는 사람들에게 나타나는 증상은 식욕 이상, 부적절하거나 과도한 수면, 꿈이나 수면에서 겪는 문제, 슬픈 느낌, 낮은 자존감이나 불결, 대인관계 민감성, 어떤 것을 하고자 하는 동기의 부족 등이 있음. 신체형 증상으로는 근육 동통과 통증, 신체 말단 냉기, 창백함, 두통, 복통, 설사 등이 있음
다이진 교후쇼 (Taijin kyofusho)	일본	다이진 교후쇼는 '대인공포장애'를 의미함. 사회적 관계 속에서 자신의 외모와 동작이 다른 사람들에게 부적절하거나 불쾌할 것이라는 확신이나 느낌, 생각으로 인하여 대인관계 상태를 기피하거나 불안한 특징을 보이는 문화적 증후군임

출처: American Psychiatric Association (2013).

② 문화적응 스트레스

문화적응 스트레스는 문화적 충격으로 인해 나타나는 스트레스이다. 자신의 원래 문화와 다른 문화에서의 삶은 많은 스트레스, 문제들, 도전들을 가져온다. 대체적으로 이민자들보다는 난민들의 경우 그 어려움은 훨씬 더 크다. 내담자가 원래 속했던 자신의 문화에 대한 향수와 그리움, 통제감의 상실, 적응 초기에 할 수 있는 일이 아무것도 없는 것으로 인한 무능력감, 고유의 관습과 생활방식을 잃어버린 데서 오는 상실감, 문화 간 차이에 대한 과대평가 등을 나타낼 때 상담자는 문화적응에서 어려움을 경험하고 있음을 인식해야 하며, 가설 설정에서 문화적 역동을 고려할 필요가 있다. 또는 원래 속했던 문화에서보다 직업에서의 지위를 상실한 것, 주류문화의 구성원들에 의해 일에서 소외되는 것, 새로운 문화권으로 오기 전 가지고 있던 기대와 지금 현실의 차이가 있을 때에도 문화적 역동을 고려한 가설 설정이 필요하다.

또한 문화적응 스트레스는 세대 간에 차이를 나타내기도 한다. 주류문화에서 태어났거나 어린 나이에 이민을 온 2세대나 1.5세대의 경우 1세대에 비해 훨씬 더 빠른 속도로 문화에 적응하는 경향이 있다. 이들은 가정에서 조부모, 부모와의 관계와 학교에서의 친구들과의 관계에서 의사소통 방식이나 관계를 맺는 방식을 다르게 해야 한다는 도전에 직면하게 된다. 또한 문화적응 수준에 있어서 부모와 자녀의 세대 간 차이는 언어 사용법, 데이트, 통행금지, 진로 계획, 원가족 문화의 의식과 규범을 지키는 것 등에 대해 세대 간 갈등을 일으킬 수 있다.

경험적 연구 결과에 따르면, 문화적응 스트레스가 높을수록 심리적 부적응이 높았으며, 사회문화적 능력은 문화적응 스트레스의 부정적 효과를 감소시키는 것으로 나타났다. 여기에서 사회문화적 능력이란 주류문화와 효과적으로 상호작용할 수 있는 의사소통 능력이나 사회적 규범에 대한 지식과 기술 등이 포함된다(Wu & Mak, 2012). 따라서 상담 과정에서 내담자가 사회문화적 능력을 향상시키도록 돕는 것은 문화적응 스트레스의 부정적 효과를 감소시킬 수 있는 좋은 개입 방법이 될 것이다.

③ 문화적 정체성과 관련된 갈등

내담자들은 낮은 자아존중감, 친밀한 관계 형성에서의 어려움, 가족 안에서의 갈등, 직업적 성공을 성취하는 데 있어서의 어려움과 같은 문제들을 상담에 가지고 온다. 인종, 성, 민족에 대한 문화적 정체성과 관련된 갈등들이 앞에서 열거한 내담자의 문제와 연관을 가지고 있다면, 문화적 역동에 대한 가설 설정을 검토할 필요가 있다.

특히 내담자의 정체성 발달과정에서 문화적 요소의 영향을 살펴봄으로써 환경적 요인이 성격 형성에 어떤 영향을 미쳤는지 규명할 수 있다(Lewis-Fernández & Díaz, 2002). 사람들은 사회문화적으로 정상적이라고 여겨지는 특성들을 개인의 성격적 특성으로 통합하는 경향이 있다. 성격 발달에 중요한 역할을 하는 성 역할, 가족관계의 특성, 가족 안에서 개인에게 주어지는 역할, 사회적 경험, 정서 표현에 대한 사회적 기준 등은 개인이 속한 사회문화에 따라 다양하게 나타난다. 따라서 내담자가 속한 사회와 문화의 가치와 기준은 성격 발달에 중요한 영향을 미칠 수 있으므로, 상담자는 내담자의 정체성 형성에 있어서 사회문화적 요소들이 어떤 역할을 하는지 살펴보아야 한다.

내담자의 문화적 정체성 발달을 이해하기 위해서 구분된 단계에 따라 발달 과정을 설명하는 발달 과정 모델을 참고할 수도 있지만(Cross, 1995; Helms, 1995), 더 유연하고 역동적인 구성주의적 관점을 취할 수도 있다(Yi & Shorter-Gooden, 1999). 구성주의적 관점은 내담자가 문화적 정체성에 대한 자신의 이야기(self-story)를 만들어 가도록 하며, 내담자의 독특한 정체성을 존중하고 내담자의 성장과 유연한 적응을 증진하도록 돕는다.

④ 문화적 압력이 스트레스의 원인이 되는 경우

내담자들은 자신이 속한 문화적 집단에서의 가치나 규범들에 의해서 스트레스를 받게 되기도 한다. 예를 들면, 정해진 시기와 방법에 따라 결혼을 해야 한다거나, 가업을 이어받아야 한다거나, 아기를 낳지 않음으로써 부모에게 손주를 보지 못하게 하는 것에 대해 죄책감을 느끼는 것 등을 들 수 있다. 이러한 문화적 압력이 내담자가 호소하는 문제와 밀접한 연관이 있을 때 문화적 요소에 대한 가설 설정을 검토해 보아야 한다. 만약 상담자와 내담자 간에 문화적으로 유사한 경우 문화적 가치를 쉽게 이해할 수 있다는 이점이 있지만, 내담자가 어려움을 겪고 있는 규범이나 가치에 대해 당연하게 받아들여야 하는 것이라고 보는 것은 문제가 될 수 있다.

(2) 외적 요소에 대한 가설

내담자의 문제가 사회적 불평등에서 비롯된 경우 내담자를 병리적으로 진단해서는 안 된다. 다음에서 외적인 사회문제들이 어떤 방식으로 내담자의 삶에 영향을 미치게 되는지 몇 가지 예를 제시하였다. 내담자가 다음과 같은 사회적 현상들을 경험했다면, 상담자는 내담자에 대해 외적 요소에 대한 가설 설정을 고려해야 한다.

① 인종차별주의와 편견

인종차별주의와 그 외의 다양한 편견은 지속적인 스트레스의 원인이 된다. 특히 인종차별주의는 만성적인 취약성과 불안함을 유발하며 아동학대만큼이나 정신건강에 위험을 가져오는 요인이다. 인종차별주의의 가장 심각한 결과는 외부의 차별을 자신 안에 내면화함으로써 자신에 대해 평가절하하는 것이다. 개인의 인종 정체감을 이해하기 위해서 억압의 영향을 무시해서는 안 된다. 특히 주류문화에 속한 상담자들은 문화적 배경이 다른 내담자들이 상담자를 주류문화에 속한 특권을 가지고 있는 사람으로 보고 있다는 사실을 인식해야 한다. 내담자의 피부색, 옷차림, 어투 등에 의해 차별당하거나 소외당한 경험이 있다면, 내담자의 문제에 대해 외적 요소에 대한 가설 설정이 필요하다.

여기에서 내담자가 받는 차별에는 현저하고 두드러진 차별뿐만 아니라 미묘한 차별들도 포함된다. 미묘한 차별(microaggressions)이란 의도적으로 또는 의도하지 않게 적대적, 경멸적, 부정적 편견을 가지는 것이며, 일상생활에서 평범하게 언어적, 행동적, 환경적으로 그 집단을 모욕하거나 차별하는 행위를 의미한다. 상담자는 주류문화와 다른 문화적 배경을 가진 사람들이 경험하는 기회의 상실, 부정적인 메시지, 불신의 태도와 같은 일상생활에서의 차별, 소외, 억압의 영향에 대해 깨어 있어야 할 필요가 있다.

② 가난과 빈곤

가난하고 빈곤한 상황에서 성장하게 되면, 거리에서의 폭력, 불법적인 약물 복용, 부정적인 역할 모델 등에 노출되게 되며, 직업을 가질 가능성이 낮아지고, 학교에서 교사들도 이들에게 기대 수준을 높게 가지지 않는다. 상담자는 가난과 빈곤이 내담자의 성격 형성 및 내담자의 현재 문제에 어떤 영향을 미쳤는지 살펴보고, 이러한 외적 요소를 가설 설정에 포함시킬 필요가 있다.

사 례

이 내용은 Choudhuri, Santiago-Rivera와 Garrett(2012/2015, p. 31)의 사례연구에서 제시된 수지의 사례에서 인용하였다.

16세의 베트남계 미국 청소년인 수지는 대부분의 학생이 유럽계 미국 학생으로 구성된 고등학교에 다니고 있다. 그녀의 부모는 1970년대 후반 미국으로 이주하였고, 수지는 미국으로 이주한 후 한참 뒤에 태어났다. 수지에게는 오빠가 있었지만, 오빠는 수지가 태어나기 전에 사망했다. 수지의 가족은 빨래방을 소유하여 운영하고 있으며, 수지는 방과 후 대부분의 시간을 빨래방에서 일손을 도우며 보낸다. 수지는 현재 일주일에 두 번 피아노 과외를 받고 있다. 수지는 친구들의 권유에 상담교사를 찾아오게 되었다.

수지는 슬프다고 고백한다. 학교에서 시간을 함께 보낼 친한 친구가 많지 않고 방과 후에는 놀 시간이 없다. 수지의 모든 친구는 아시아계 여학생뿐이다. 수지는 아버지의 반대 때문에 다른 또래들처럼 남자친구를 사귈 수 없다. 수지 또한 자신은 남자친구를 사귀지 않을 거라고 말하면서 그렇게 말하는 자신 또한 이해하기 어렵다고 말한다. 수지는 피아노 과외 수업을 좋아하는데, 젊은 러시아계 여성인 피아노 선생님이 자신을 이해하는 유일한 사람이라고 말한다. 수지는 상담 중 대부분의 시간을 울 것 같은 기분을 느꼈지만 도대체 왜 그런지 이유를 생각해 내지 못했다. 수지는 부모님이 자신에 대해 걱정하고 있고 공부를 더 열심히 하라고 재촉한다고 말한다. 수지는 부모님이 매우 보수적이라고 여기고 있고, 부모님과 다투고 싶지 않으며, 미국인으로서 자신의 삶이 어떠한 것인지 부모님은 이해하지 못한다고 느끼고 있다.

〈생각해 볼 질문〉
다음 사례에서 문화적 역동에 대한 가설 설정이 필요한가? 어떤 면에서 문화적 요인에 대한 가설 설정이 필요하다고 생각하는가?

③ 남녀 차별

상담자는 남녀 간에 불평등한 힘의 분배와 지위의 차이를 이해할 필요가 있다. 페미니스트 운동은 삶의 모든 영역에서 여성들이 경험하는 불이익(예: 직업에 대한 열망의 차이, 결혼에서의 차이, 직업 기회의 차이, 임금의 차이 등)에 대한 저항으로 생겨나게 되었다. 상담자는 남성 역시 남성적이지 않은 것에 대한 선택을 했을 때(예: 집에서 아이를 돌보는 경우, 여성들이 주류인 직업에 종사하는 경우) 남녀 차별적인 사회문화적 편견에 의해 고통을 당할 수 있음을 인식해야 한다.

2. 다문화상담에서의 상담 계획

다문화상담에서는 평가와 진단 그리고 가설 설정에서뿐만 아니라 상담 계획에서도 문화적 요인을 고려하는 것이 상담의 효과를 높이는 데 필수적이다. 메타연구에서는 상담자가 다문화상담에 대해 능숙할수록 내담자의 상담에 대한 만족도가 높아지고 작업동맹도 잘 형성되며 전반적인 상담 수행 정도가 높아지는 것으로 나타났다(Tao, Owen, Pace, & Imel, 2015). 이러한 결과는 문화적으로 적절한 치료를 제공하는 상담자가 그렇지 않은 상담자에 비해 더 우수하다는 것을 보여 준다.

이 절에서는 상담 및 치료적 개입을 계획하는 데 있어서 문화적 요소를 적절하게 포함시키기 위해 필요한 정보들을 제시하였다. 먼저, 문화적 개입을 실시할 것인지 아니면 일반적인 상담을 진행할 것인지를 결정할 수 있는 기준을 제시하였으며, 문화적 상담개입의 접근 방법에는 어떤 종류가 있는지 설명하였다. 그 외에도 특정 문화에 더 효과적인 치료 모델은 무엇인지, 상담자와 내담자의 매칭은 어떻게 하는 것이 효과적인지에 대한 내용을 포함하였다.

1) 문화적 개입에 대한 결정

상담에 대해 계획하는 과정에서 상담자는 내담자가 현재 나타내고 있는 문제(예: 정서조절의 어려움, 대인관계에서의 문제, 진로 결정에서의 어려움 등)에 대해 **문화적 개입**을 할 것인지 결정해야 한다. Sperry와 Sperry(2012/2016)는 다음과 같은 기준으로 문화적 개입을 선택할 것인지 결정할 수 있다고 제안하고 있다.

첫째, 내담자의 문화적 정체성이 주류문화와 일치하고 문화적응 수준이 높으며, 선입관·인종차별 또는 편견과 관련된 징후가 분명하게 나타나지 않으면, 일반적인 상담개입을 주요 상담 방법으로 선택할 수 있다. 그러나 상담이 진행되면서 추후에 문화적 개입이 필요할 수도 있음을 상담자는 인식하고 있어야 한다.

둘째, 내담자의 문화적 정체성이 주류문화와 일치하고 문화적응 수준이 높은데 선입관·인종차별 또는 편견과 관련된 징후가 있으면, 문화적 특성과 관련이 있는 내담자 문제의 해결을 위해 문화적 상담개입을 고려해야 한다. 또한 문화적 문제와 관련이 없는 문제의 경우에는 일반적인 상담개입을 함께 활용할 수 있다.

셋째, 내담자가 고유의 민족적 배경을 동일시하는 정체성을 가지고 있으며 문화적응 수준이 낮다면, 문화적 상담개입을 고려해야 한다. 이런 경우에는 내담자의 문제와 관련된 핵심적인 가치관 및 문화적 특성에 대해 논의를 해야 하며, 내담자의 문화를 잘 알고 있는 전문가와 협업하거나 다른 전문가에게 의뢰할 필요가 있다.

넷째, 내담자의 문화적 정체성이 주류문화와 일치하고 문화적응 수준이 높으나 그 가족의 문화적응 수준이 낮은 경우, 즉 내담자의 호소 문제가 주로 세대 간 문화적 차이에 관한 것이라면, 내담자와 가족에게 문화적 상담개입을 고려해야 한다. 만약 해결해야 할 긴급한 위기 상황이 있다면, 먼저 위기에 대처할 수 있는 일반적인 상담개입을 계획한다. 위기의 정도가 줄어들거나 위기 상황이 사라진 후에 문화적 상담개입을 고려해야 한다.

2) 문화적 상담개입의 접근 방법

상담자가 문화적 개입을 실시하기로 결정하였다면, 어떤 문화적 개입을 해야 할지 선택해야 한다. 문화적 개입의 접근 방법은 크게 세 가지로 구분해 볼 수 있다. 고유의 전통 치료, 문화적으로 민감한 상담, 문화적으로 민감한 상담을 위한 다양한 기법을 활용하는 방법이다.

(1) 고유의 전통 치료

고유의 전통 치료에서는 내담자의 신념, 관습, 태도, 역사적 배경에 대해 전통적 치유 방법과 경로를 통하여 접근한다. 몇 가지 예를 들자면, 먼저 일본의 모리타(Morita) 치료는 사회적으로 지나치게 수줍어하는 증상부터 조현병에 이르기까지 광범위한 문제에 널리 이용되고 있다. 모리타 치료에서는 먼저 내담자가 침대에서 충분한 휴식을 취하도록 한 후 집단 활동을 통해 현실에 점진적으로 적응하도록 돕는다. 이 과정에서 내담자는 계속해서 일기를 쓰고, 치료자는 그 일기를 검토하며 내담자의 인지적인 왜곡을 수정한다. 치료자는 내담자의 비현실적이고 비합리적인 신념을 계속 유지하려는 성향을 수정하는 데 초점을 맞춘다. 또한 내담자가 보다 바람직하며 합리적인 태도와 신념을 가지도록 도움으로써 내담자가 지나치게 불안해하는 경향을 수정한다(Sansone, 2005).

또한 NTU 치료는 아프리카계 미국인에게 효과적으로 사용되는 접근 방법이며, 응구조 사바(Nguzo Saba)라는 아프리카 모델에 근거하고 있다. NTU라는 단어는 모든 물질적 현상을 구성하고 있는 정신적인 본질을 의미한다. 영적인 면에 초점을 두고 있으며, 내담자가 관계에서의 자연스러운 조화를 재발견하도록 도움으로써 치료를 이루어 간다. 치료는 조화, 인식, 정렬, 실현, 통합의 단계를 거쳐 진행된다(Mclean & Marini, 2003).

호오포노포노(hóoponópono)는 하와이 원주민이 개발한 가족치료이다. 기도, 논의, 고백, 회개, 서로 손해를 배상해 줌, 그리고 용서의 과정을 통해 관계를 바로 세우는 형식을 갖춘 가족 모임이다. 이 치료에서는 해결해야 할 문제를 놓고 가족이 정직하고 진실한 마음으로 함께 모인다. 치료자나 가족 중 연장자가 모임을 인도하며, 모임의 인도자는 참가자들에게 질문을 던지고 모임에 방해가 되는 감정을 통제하도록 함으로써 논의를 이끌어 간다. 모임의 인도자는 모든 것이 서로 연결되어 있다는 로카히(Lokahi) 가치와 개인, 가족, 자연, 영적 세상 사이의 균형감각을 강조한다. 상담자가 훈련을 받고 호오포노포노를 이끌 수 있으며, 가족 중 연장자가 치료자와 함께 이 치료법을 준비할 수 있다. 하와이에서는 이 치료법을 약물 남용 프로그램에 통합하여 실행해 오고 있다(Gaughen & Gaughen, 1996).

그 외에 쿠엔토(Cuento) 치료는 옛날이야기를 통해 가족주의와 개인주의 같은 문화적 특성을 포함하고 있는 요인들을 다루는데, 이것은 푸에르토리코 아동들에게 효과적인 방법으로 활용되었다(Costantino, Malgady, & Rogler, 1986). 옛날이야기의 등장인물들은 정서적·행동적으로 기능적인 모델로 제시되며, 사회의 도덕적인 가치를 나타낸다. 쿠엔토 치료는 옛날이야기 속에 나타난 기능적 모델과 가치를 통해 치료 효과를 가져오게 된다.

(2) 문화적으로 민감한 상담

문화적으로 민감한 상담이란 기존 서구에서 만들어진 심리치료적 개입을 특정 내담자의 문화적 특성에 맞게끔 수정하거나 변화시킨 치료를 의미한다. 문화적으로 민감한 치료자는 내담자의 세계관과 인종적·민족적 특성에 대한 이해를 치료에 통합함으로써 내담자의 독특한 문화적 배경에 적합한 상담 기술과 상담 과정을 발전시켜 나간다(Ingram, 2012).

인지행동치료의 경우 문화적으로 민감한 상담을 계획하기 위해서는 다음의 사항들을 기억해 둘 필요가 있다(Hays, 2008/2010). 먼저, 내담자의 외부적인 것이 문제가 되는지, 내부적인 것이 문제가 되는지를 먼저 평가해야 한다. 사회적이고 문화적인 것을 포함하는 외부적인 것이 문제가 되는 경우라면 먼저 환경에 대한 개입을 계획하는 것이 필요하다. 예를 들어, 성전환 내담자와 상담할 때 상담자는 가정과 직장에서의 차별, 양육권 상실, 합법적인 결혼의 어려움, 주변의 비난과 조롱 등과 같은 객관적인 외부 문제를 인식하고 있어야 한다. 또한 장애자와의 상담에서도 장애를 가진 사람들에 대한 차별과 사회에서의 부정적인 태도를 인식할 필요가 있다.

만약 내담자의 문제가 내부적인 것이라면 인지적 재구성이 필요하다. 합리적 정서적 행동치료(Rational-Emotive-Behavioral Therapy: REBT)의 경우, 내담자의 비합리적 신념을 합리적 신념으로 변화시키고자 한다. 여기에서 합리적 신념 역시 문화의 영향을 받는 것임을 인지할 필요가 있다. 어떤 생각이 합리적인가 그렇지 않은가는 문화에 따라 다른 판단이 내려질 수 있음에도 불구하고, 주류문화에서는 많은 소수집단의 믿음을 이상하고 비합리적인 것으로 보는 경향이 있다. 만약 상담자가 내담자의 문화에 대해 잘 알지 못한다면, 내담자의 신념이 내담자가 속한 문화에서는 합리적인데도 불구하고 상담자는 비합리적이라고 판단할 수도 있음을 유의해야 한다.

(3) 문화적으로 민감한 상담을 위한 다양한 기법

문화적으로 민감한 상담을 실시하기 위해 다양한 기법을 활용할 수 있다. 표현예술치료나 놀이치료는 언어적 장애물이 있는 내담자에게 매우 유용하다. 또한 집단상담, 부부상담, 가족상담도 다양한 문화에 속한 사람들에게 효과적으로 활용할 수 있다.

① 표현예술치료

먼저, **표현예술치료**는 미술, 음악, 운동, 춤, 연극을 통합해서 치료를 진행하기 때문에 상담자와 내담자의 언어가 다를 경우 유용하게 활용할 수 있다. 표현예술치료를 통해 내담자와 쉽게 상호작용을 주고받을 수 있으며, 내담자의 반응을 이끌어 낼 수 있다. 또한 직접적인 시선 접촉을 불편해하거나 시선 접촉을 적절하지 않은 것으로 보는 문화에 속한 내담자의 경우, 예술활동을 통해 내담자 스스로 직접 작업하고 성찰할 수 있는 활동을 제공해 주기 때문에 효과적으로 상담을 진행할 수 있다(Hays, 2008/2010).

내담자가 만든 작품을 상담자가 인정해 주는 것이 내담자와 치료관계에 긍정적인 영향을 줄 수 있다. 내담자가 그린 그림에 대해 관심을 가져 주고 인정해 주는 과정을 통해 내담자들은 자기 자신에 대해서도 관심을 가지게 된다. 단, 내담자의 작품에 대해 상담자가 그 의미를 해석하는 것을 피하는 것이 좋으며, 내담자가 직접 자신의 작품을 해석하도록 함으로써 상담자와 내담자가 문화적으로 다를 때 발생할 수 있는 문제들을 예방할 수 있다.

또한 미술매체를 사용할 경우 상담자는 내담자에게 이용 가능한 미술매체 유형을 설명하고 사용법을 보여 주며 다양한 도구(예: 색연필, 끝이 뾰족한 매직 마커, 파스텔, 아크릴, 오일 등)를 제공해 주는 것이 필요하다. 다양한 매체는 융통성과 유연성을 가지고 있으며 사용하기 편리하므로 다양한 감정을 이끌어 낼 수 있기 때문이다.

② 놀이치료

아동은 추상적으로 생각하는 능력이 부족하기 때문에 언어를 사용하여 자신의 감정과 생각을 표현하는 데 한계가 있다. 따라서 놀이치료는 아동이 자연스럽게 자신의 흥미, 관심사, 느낌을 표현할 수 있도록 돕는 역할을 한다.

놀이치료를 다문화상담에서 활용하기 위해서는 치료 환경 및 치료 과정에서 문화적인 요소를 고려하는 것이 필요하다(O'Connor, 2005). 먼저, 치료 환경에 있어서 특정 문화를 반영하는 장난감과 문화중립적인 장난감을 함께 구비해야 한다. 아동이 확대 가족에 속한 경우에는 다른 민족과 성을 가진 인형의 수를 충분히 준비해야 한다. 또한 다양한 종교를 상징할 수 있도록 돕기 위해 여러 가지 종교적 전통과 명절을 기념하는 장식들을 준비한다.

놀이치료를 진행하는 방식에 있어서 부모가 어떤 문화에 속해 있는가에 따라 치료에 대한 기대가 달라질 수 있다. 한국을 포함한 아시아계 부모들은 서구 문화권에 속한 부모와는 달리 활동적이고 목표지향적인 접근을 기대할 수 있으며, 매 회기 치료 과정에서 일어난 일들을 부모에게 이야기해 주기를 원할 수 있다. 또한 자신의 생각을 직접적이고 적극적으로 표현하는 것을 무례한 행동으로 보기 때문에 상담자가 아동에게 그러한 표현 방식을 지지하고 격려하는 것에 대해 선호하지 않을 수 있다.

이와 같이 문화에 따라 놀이치료에 대한 기대가 달라지므로, 상담자는 치료 과정에서 부모와 아동이 속한 문화적인 배경을 이해하고 그들의 문화적인 선호를 인식할 필요가 있으며, 아동과 그 가족의 필요, 그들이 속한 공동체 사이에서 균형을 잡을 수 있도록 돕는 것이 필요하다.

③ 가족상담

가족관계를 중요하게 생각하는 문화에 속한 내담자들은 가족상담을 선호하는 경우가 많다. 가족상담을 진행할 때, 힘이 가족 안에서 어떻게 조직화되고 있는지 그 방식을 찾는 것이 중요하다(Hays, 2008/2010). ADDRESSING 모델을 사용하여 가족 안에서 힘의 형성과 역할에 대해 파악할 수 있다. ADDRESSING 모델에 대한 자세한 내용은 제12장을 참조하기 바란다.

특히 내담자가 수직적 문화에 속하는 경우, 상담자는 가족 안의 권력 구조를 평가하고 권위를 가진 연장자의 리더십에 도전하지 않는 것이 좋다. 또한 상담의 과정에서는 직접적이고 지시적이며 문제에 초점을 맞춘 접근법을 사용하는 것이 바람직하다(Kim, 1985).

④ 부부상담

부부상담에서 상담자는 부부 사이의 갈등이 세계관과 가치관의 차이에서 발생할 수 있음을 인식할 필요가 있다(Hays, 2008/2010). 부부간의 갈등의 원인을 문화적 특성에서 기인한 것으로 보게 된다는 것은 특정 행동이 내담자의 가정교육이나 자라난 문화에서 비롯되었다는 것을 인정하게 되는 것이다. 이러한 과정을 통해 내담자는 죄책감이 줄어들게 되고, 그러한 행동을 지속할지 아닐지를 의식적으로 결정할 수 있게 된다. 이와 같이 문화적 요인을 고려하게 되면, 부부간의 차이를 인정하고 변화를 가져오는 데 효과적일 수 있다. 또한 파트너에 대해서도 파트너가 자라 온 가족과 문화의 관점에서 상대방을 이해할 수 있게 되고, 파트너를 더 잘 수용할 수 있게 된다.

⑤ 집단상담

문화적으로 다양한 문화적 배경을 가진 집단원으로 구성된 집단의 경우 다른 관점을 가진 사람들과의 상호작용을 통해 자신과 다른 세계관과 가치를 이해하게 되고 성장하게 된다(Hays, 2008/2010). 다양한 구성원을 통해 더 넓은 관점을 보게 되며, 문제해결에 초점이 있을 때 다양한 구성원으로부터 더 많은 잠재적 해답을 제공받을 수 있다. 그러나 구성원들이 다양하면 서로 간 차이점도 크기 때문에 집단에서 갈등을 야기하기도 한다. 집단에서는 실제 사회집단에서 일어나는 억압과 차별적인 상황이 그대로 복제되어 나타날 수 있기 때문에, 상담자는 특히 집단 안에서 소수문화에 속한 개인에 대해 주의를 기울여야 한다. 소수문화에 속한 집단원이 집단상담자나 집단 구성원으로부터 무관심이나 차별을 경험하면 오히려 집단상담에 대한 역효과를 가져올 수 있다.

3) 특정 문화에 더 효과적인 치료 모델

선행연구들에 의하면, 문화에 따라 상담에 대한 기대나 효과가 달라질 수 있다. 따라서 상담자는 특정 문화적 배경을 가진 내담자에 대해 비교적 효과적이라고 알려진 치료 전략을 고려할 필요가 있다. 그러나 내담자가 특정 문화적 배경을 가지고 있다고 해서 다른 치료적 모델을 무조건 배제하는 것은 적절하지 못하다.

(1) 직접적이고 해결중심적인 치료

아시아인들이나 아랍계 미국인들의 경우, 치료자에게 전문가의 역할을 기대하며, 충고를 제공하고 과제를 제시하는 등 해결에 초점을 둔 치료를 기대하는 것으로 나타났다. 따라서 인지행동적 치료나 다른 지시적인 접근들이 더 효과적일 수 있다(Zane, Morton, Chu, & Lin, 2004).

(2) 강점에 근거한 치료

아프리카계 미국인 가족과 상담을 진행하는 경우 치료적 관계를 잘 형성하기 위해 가족 안에 있는 강점을 탐색하는 것이 필요하다. 강한 가족 간의 유대, 종교적 세계관, 자녀 양육의 가치에 대한 전승, 사회적인 차별에서 생존하기 위한 가족들 간의 대화 등의 긍정적인 측면에 대해 강조하는 것은 좋은 치료 전략이 될 수 있다(Stevenson & Renard, 1993). 또한 아시아인들은 체면에 민감하기 때문에 강점에 초점을 두며, 수치심으로부터 보호하기 위해 약점을 재구성할 수 있는 방법들을 찾는 것이 필요하다(Ingram, 2012).

4) 상담자와 내담자의 매칭

다문화상담을 계획할 때 어떤 상담자에게 사례를 배정하는 것이 효과적일지 결정 해야 한다. 선행연구에 의하면, 상담자와 내담자가 같은 민족으로 매칭되었을 때 중 도탈락이 적었으며 더 많은 상담 회기를 가졌다(Sue, 1998). 그러나 같은 민족으로 매칭되었다고 해서 상담 결과가 더 좋아지지는 않았으며, 상담자와 내담자 간에 치 료 목표에 대한 합의가 잘 이루어진 경우 더 좋은 상담 결과를 가져왔다. 또 다른 연 구에서도 상담자와 내담자 간 같은 인종을 매칭하는 것은 치료 결과에 영향을 미치 지 않았다. 그러나 어떤 인종집단의 경우에는 자신의 문화를 이해하지 못하는 상담 자와는 신뢰관계를 발전시키거나 이해받았다는 느낌을 가지기 어려웠다(Karlssoon, 2005). 따라서 상담자와 내담자가 꼭 같은 인종으로 매칭되어야 치료가 효과적으로 이루어진다고 이야기하기는 어렵지만, 상담자와 내담자의 문화적 배경이 유사한지 다른지에 따라 상담자는 각각 다른 노력들을 해야 한다는 것을 기억할 필요가 있다 (Ingram, 2012).

먼저, 상담자와 내담자가 같은 문화적 배경을 가지고 있는 경우 내담자와 라포를 형성하기는 쉬울 수 있으며, 부정적이거나 긍정적인 전이가 더 잘 나타날 수 있다. 그러나 내담자와 유사하다는 가정하에 필요한 정보를 수집하지 않는 위험을 가져올 수 있다.

상담자와 내담자가 다른 문화적 배경을 가지고 있는 경우에는 치료자가 라포를 형성하고 내담자와 신뢰를 형성하기 위해서 특별한 노력을 기울여야 한다. 예를 들 어, 아시아계 내담자의 경우 신뢰 형성을 위해서는 높은 수준의 공식적인 상담 과정 이 필요하다. 반면에 청소년들은 치료자가 편안한 옷차림을 하고 덜 공식적으로 말 할 때 라포가 더 증가할 것이다. 또한 때로는 치료자는 문화적으로 민감한 상담을 진 행하고자 노력하지만, 부주의함 때문에 내담자의 불신을 강화시킬 수도 있다는 점 을 항상 인식하고 있어야 한다.

이 내용은 Choudhuri 등(2012/2015, p. 94)의 사례연구에서 제시된 알렉산드라의 사례에서 인용하였다.

　알렉산드라는 푸에르토리코 섬에서 태어나 뉴욕시의 브롱크스에서 자란 48세 여성이다. 그녀의 부모님은 푸에르토리코에서 만나 결혼했으며, 알렉산드라가 태어난 지 1년 후 1950년대 중반 미국으로 이민을 왔다. 처음 몇 해는 그들 가족에게 시련이었다. 그들은 영어를 거의 몰랐으며 뉴욕의 긴 겨울에 적응하느라 고생했고, 아버지는 안정된 일자리를 갖지 못했다. 시간이 지난 후 부모님은 현대식 집을 살 수 있었고 안정된 직장도 얻었다. 그들은 또한 알렉산드라의 대학 학비를 지원해 주었다. 그들 가족은 이웃에 많은 친구들이 있었다. 알렉산드라의 가정은 엄격했지만, 알렉산드라는 사랑을 많이 받으며 자랐다. 아버지는 16세까지 데이트를 허락하지 않았으며, 저녁 11시 이후 귀가하는 것을 허락하지 않았다. 아버지는 알렉산드라의 친구 관계에 민감하여 알렉산드라가 라틴계 친구들하고만 친하게 지내기를 원했다. 그 가족이 처음 미국에 왔을 때 공공연한 차별을 경험하면서 아버지는 미국인을 믿지 않았다. 부모님은 기독교를 믿고 주일마다 교회에 갔다.

　19세가 되면서 알렉산드라는 푸에르토리코인인 엔릭과 결혼을 했고, 1년 후에 첫째 아들을 낳고 몇 년 후 둘째 딸을 낳았다. 엔릭은 2년제 학위를 땄으며, 큰 옷가게에서 외판원으로 일했다. 알렉산드라는 여러 해 동안 보조교사로 일했으며, 아이들이 큰 후에 교사 자격증을 취득하여 학교로 돌아갔다. 그녀는 현재 사회를 가르치는 교사로 일하고 있으며, 자신의 직업을 즐기며 자신의 성공을 자랑스러워한다. 그녀는 미국 사람들은 푸에르토리코에 대해 안 좋은 이미지를 가지고 있다고 생각하기 때문에 모든 것에 최선을 다할 필요가 있다고 믿었다. 자녀 중 한 명은 4년제 대학에 들어가서 집을 떠났고, 다른 한 명은 군대에 입대하여 외국에서 체류하고 있다.

　알렉산드라와 엔릭은 20년 동안 행복한 결혼생활을 하였으나, 최근 2년 사이에 변화들이 생겼다. 알렉산드라의 어머니가 갑자기 돌아가시게 되었고, 엔릭이 직장을 잃으면서 짜증이 급격하게 늘었다. 게다가 최근에 엔릭이 불륜 사실을 고백하면서 이혼을 요구하였다. 알렉산드라는 엔릭에게 집을 나가라고 요구했고, 현재 두 사람은 따로 살고 있다. 알렉산드라는 몸무게가 급격하게 빠지고 밤에 잠을 못 자거나 지속적으로 울고, 기력을 잃어 우울증의 증세를 보이고 있다. 그녀는 자주 직장에 나가지 않았다. 학교 교장은 그녀에게 주의를 주면서 상담자를 만나서 그녀의 문제를 해결하는 데 도움을 받기를 원했다. 그녀의 직업 수행이나 정신상태, 가족의 위기 등으로 인해 알렉산드라는 당황하고 힘들어서 결국 상담자를 찾게 되었다.

〈생각해 볼 질문〉

1. 이 사례에서 알렉산드라에게 문화적 개입이 필요한가? 어떤 면에서 문화적 개입에 대한 상담 계획이 필요하다고 생각하는가?
2. 알렉산드라에게 가장 적합한 문화적 개입 방법은 무엇이라고 생각하는가?

3. 사례연구

앞에서 제시한 다문화상담에서의 가설 설정과 상담 계획의 원리를 실제로 적용해 보기 위해 사례를 살펴보도록 하겠다.

1) 첫 번째 사례

Sperry와 Sperry(2012/2016)는 시인, 작가, 극작가, 영화 제작자로 활동하고 있는 실존 인물인 앤트원 피셔(Antwone Fisher)에 대해 다음과 같이 문화적 역동에 대한 가설을 설정하고 상담을 계획하였다.

(1) 사례

앤트원은 20대 중반의 아프리카계 미국인이며 해군이다. 그는 유능한 군인이지만, 성격이 급하고 최근에는 별것 아닌 동료의 도발에 다른 해군 요원들을 때렸다. 앤트원은 인종차별 때문에 그들을 때릴 수밖에 없었다고 주장하였으나, 부대 사령관은 그를 강등시키고, 부대 정신과 의사에게 상담을 받도록 명령하였다. 앤트원은 처음에는 상담 받기를 거부했지만, 그 의사를 시험해 본 후 협력하기로 했다.

상담 과정에서 그는 고통스러운 어린 시절을 이야기했다. 그의 아버지는 격분한 여자친구에게 살해당했고, 아버지의 여자친구들 중 한 명이었던 그의 어머니는 감옥에서 그를 낳았다고 했다. 어머니는 마약 밀거래 혐의로 기소되었다. 그 이후 그는 아프리카계 미국인 가족에 위탁보호되었는데, 그곳에서 양어머니에게 무시와 정서적, 언어적, 신체적 학대를 당했고, 양어머니의 성인 딸에게 성적 학대를 당했다. 앤트원은 그 가정의 세 입양 소년 중 한 명이었다. 양어머니는 거들먹거리며 그 셋을 감둥이라고 불렀고, 그들에게 자신이 원하는 것을 모두 하도록 강요하였다. 한번은 양어머니가 정신을 잃을 때까지 그를 때렸다. 그 이후 그는 양어머니가 주변에 있으면 공포로 움츠러들었다. 양어머니는 앤트원의 친구 제시를 멸시했는데, 성적 학대를 당한 후 앤트원이 제시에게 달려가면 제시는 그를 정서적으로 진정시키고 지지해 주었기 때문에 앤트원에게는 가장 친한 친구였다. 그러나 제시는 편의점을 털다가 총에 맞아 죽었다. 15세가 되었을 때 그는 양어머니가 그를 꾸짖기 시작하자 폭

력을 더 이상 견딜 수가 없어서 그를 때리려고 든 신발을 붙잡고 양어머니를 위협하
였다. 양어머니는 그를 거리로 내쫓아 버렸다.

부대 정책에 따라 정신건강클리닉의 상담은 단기로 이루어졌으며, 최대 3회기까
지 진행할 수 있었다. 세 번째 회기에서 정신과 의사는 상담이 끝남을 알려 주며 앤
트원에게 그의 진짜 가족을 찾으라고 권했고, 그것이 앤트원의 문제를 종결하는 데
중요한 과정이라고 하였다. 격분한 앤트원은 의사에게 대들며, 그의 삶에서 제시와
정신과 의사를 포함한 모든 사람이 자신을 버렸다고 소리 질렀다. 처음으로 앤트원
은 제시와 정신과 의사가 자신을 버리는 것 같아 화가 났음을 인정할 수 있었다. 그
는 자신의 가족을 찾는 것이 필요하다는 것을 깨달았다. 많은 노력과 끈기로 그는 마
침내 아버지의 가족과 어머니를 찾아서 만났고, 양어머니와 양어머니의 딸과도 직
면하였다.

(2) 가설 설정

앤트원의 경우 문화적 요인과 성격적 요인이 함께 작용하여 현재 문제를 유발했
다고 볼 수 있다. 앤트원의 문화적 정체성은 아프리카계 미국인으로서의 정체성을
가지고 있으며, 정체성 발달 단계에서 백인에 대한 분노와 거부감을 나타내는 만남
(혹은 부조화) 상태에 있다고 볼 수 있다. 문화적응 스트레스의 측면에서 본다면 매우
높은 문화적응 스트레스가 있다고 볼 수 있으며, 특히 앤트원은 자신의 문제가 아프
리카계 미국인 입양 가족의 인종차별적 비하와 학대, 백인 동료와 상사의 인종차별
의 결과라고 생각하고 있다.

(3) 상담 계획

앤트원의 문제에 대해서 성격적 역동과 문화적 역동에 대한 개입을 함께 실시하
는 것이 필요하다. 문화적 역동 차원에서는 먼저 외부의 편견에 대한 경험을 다루어
야 할 필요가 있다. 여기에서 편견은 백인 동료와 백인 상관들의 편견뿐만 아니라 흑
인에 대한 흑인의 편견도 포함된다. 앤트원을 입양했던 흑인 가족의 편견과 학대는
그들의 조상들에게서 대물림된 자기혐오라는 관점에서 볼 수 있도록 도와주어야 한
다. 또한 이러한 외부의 편견이 내면의 정체성을 형성하는 데 영향을 미침으로써 이
러한 자기혐오가 자신 안에 형성될 수 있었음을 보게 해 줄 필요가 있다. 앤트원에게

는 인종에 대한 편견을 분석하고 설명하는 책과 기사를 활용하는 독서치료가 유용한 매체가 될 수 있다.

2) 두 번째 사례

두 번째 사례는 Choudhuri 등(2012/2015, p. 132)의 사례연구에서 제시된 카라의 사례에서 인용하였다.

(1) 사례

카라는 32세 여성으로 대학 도서관의 사서이다. 그녀는 캘리포니아의 새너제이에서 태어나 성장했고, 현재도 같은 곳에 살고 있다. 그녀의 어머니는 일본계 미국인 1세대이며, 그녀의 아버지는 아일랜드계 미국인이다. 카라는 세 자녀 중 첫째이며, 여동생과 남동생이 있다. 카라는 무엇이 자신의 외모에 영향을 주었는지에 대해 늘 궁금해하였다. 자기 여동생은 키가 크고 마르고 백인같이 보인다고 보고하였다. 카라는 늘 그녀의 체중, 검은 눈, 검은 피부 때문에 고민해 왔다. 그녀의 가족은 인근 지역의 성당에 다니며, 그 지역에는 주로 아일랜드계 미국인 공동체들이 있다. 그러나 그녀가 성장함에 따라 카라의 가족은 성당에 잘 출석하지 않았고, 비록 그들은 가톨릭 교인이었지만 카라는 자신을 행실이 바르지 않은 사람이라고 생각하였다.

카라는 일로 인해 스트레스를 많이 받아 왔다. 왜냐하면 예산이 부족하여 함께 일할 동료들이 적어, 그녀가 해야 할 일이 많았기 때문이다. 그녀는 아침에 침대에서 일어나는 것도 힘들다고 이야기한다. 그녀는 3개월 만에 체중이 16kg이 늘어났고, 저녁에 많이 먹게 되며, 그냥 의자에 앉아 TV만 보게 된다고 말한다. "나는 물론 배가 고픈 것은 아니에요. 하지만 계속 음식을 먹게 돼요."라고 이야기한다. 그녀는 많이 운다. 친구와 가족으로부터도 사회적으로 자신을 고립시킨다. 일에 집중하기가 어렵고, 직장에서 많은 실수를 한다. 매일 취할 정도로 술을 많이 마신다.

최근 직장 동료들과 이야기를 나누던 중 백인 동료 한 명이 어느 여성에 대해 "그녀는 부자인 백인 남자와 결혼했지만 눈초리가 치켜 올라간 중국인일 뿐이야."라고 말했다. 그리고 나서 카라에게 "화내지 마. 나는 너를 아시아인으로 보지 않아."라고 말했다. 카라는 어색하게 웃으며 "괜찮아."라고 말하였다.

카라는 아프리카계 미국인 타일러와 결혼한 지 6년이 되었다. 그러나 그녀는 2개월 전에 집을 나와 현재 남편과는 떨어져 지내고 있다. 거의 2년 동안 카라는 남편이 의심스러웠다. 그는 척추지압사인데 종종 일 혹은 직장 연수를 이유로 늦게 들어오거나 들어오지 않았다. 카라는 남편이 그동안 여러 여자와 관련되어 있다는 것을 알고 있었다고 말했다.

최근 신체검사에서 카라의 내과 의사는 체중이 많이 늘어난 것과 더불어 혈압이 상승하였다고 이야기했다. 또한 카라는 잦은 두통을 호소한다. 카라는 의사에게 울먹이며 일과 집에서의 문제를 털어놓았다. 의사는 카라에게 우울증 진단을 내렸고, 항우울제를 처방하였으며, 카라에게 상담을 받을 것을 권유하였다.

(2) 가설 설정

카라의 경우 역시 문화적 요인과 성격적 요인이 함께 작용하여 현재 문제를 유발했다고 볼 수 있다. 카라는 문화적 정체성에 있어서 많은 갈등을 나타내고 있다. 먼저 자신이 일본계 미국인이고 피부색이 검은 것에 대해 부정적으로 인식하고 있으며 열등감을 느끼고 있다. 또한 여성으로서의 정체감에 있어서도 부정적인 이미지를 가지고 있다. 그녀는 체중과 체형에 대한 고정관념이 있으며, 자신은 매력적이지 못하다고 여기고 있다. 남편의 외도에 대해서도 매력적이지 못한 자신 때문에 일어난 일이라고 생각하고 있다.

성격적으로는 결함이 있는 존재라고 생각하는 부적응적 도식이 있다. 그래서 종교적으로도 자신을 행실이 바르지 않은 사람이라고 인식하며 자신에게 주어진 외모 등에 대해서도 매우 부정적으로 바라보고 있다.

또한 외적으로는 남녀에 대해 차별하거나 아시아인을 차별하는 외적 차별과 억압을 경험하고 있다. 이러한 차별과 억압은 현저하고 두드러지게 나타난다기보다는 의도하지 않은 미묘한 차별의 방식으로 나타나고 있다.

(3) 상담 계획

카라의 문제에 대해서도 성격적 역동과 문화적 역동에 대한 개입을 함께 실시하는 것이 필요하다. 문화적 역동 차원에서는 먼저 문화적 정체성에 대해 다루어야 한다. 상담자에게 자신의 피부색에 대한 느낌을 표현하고 그것을 수용할 수 있도록 돕는 것이 필요하다. 또한 여성에 대해 가지고 있는 왜곡된 기준에 대해 살펴보고 자신에 대한 이미지를 새롭게 형성하도록 도와야 한다. 또한 외부의 편견에 대해서도 다룰 필요가 있다. 자신이 동양계 미국인으로서 그리고 여성으로서 경험하는 차별과 억압이 무엇인지 개방적으로 논의하고, 이러한 차별과 억압이 자신의 정체성을 형성하는 데 어떠한 영향을 미쳤는지 인식하도록 도울 필요가 있다.

제14장

슈퍼비전과 교육

지금까지 평가, 진단, 가설 설정, 상담 계획을 중심으로 다문화상담 사례개념화의 과정들에 대해 설명하였다. 이 장에서는 다문화상담의 사례개념화 기술을 상담자에게 교육하는 것에 대해 다루고자 한다. 상담자가 문화적 요소를 충분히 고려할 수 있도록 다문화상담에 대한 기술을 훈련함으로써 상담자의 다문화상담 역량을 강화하는 것은 현저하게 증가하고 있는 다문화 내담자들에게 효과적인 상담을 제공하기 위한 필수적인 과정이라고 볼 수 있다. 한국의 대학원 과정에서 다문화상담과 관련된 체계적인 교과과정과 훈련 과정은 거의 부재한 상황이다(김혜영, 심혜원, 2014). 또한 다문화상담을 실시하고 있는 현장 전문가들은 개입 범위에 대한 혼란, 문화 차이로 인한 장벽 등 여러 가지 어려움을 경험하고 있으나, 이에 대한 적절한 교육이나 자문을 받지 못하고 있다(위주원, 최한나, 2015). 따라서 다문화상담의 질적 개선과 다문화상담자들의 성장을 위해 상담자 교육을 위한 기초적인 자료가 제공되어야 할 필요가 크다.

선행연구에 의하면, 상담자들은 대학원에서의 교과목, 슈퍼비전, 상담 경험, 개인적인 학습 등을 통해서 다문화상담에 대한 지식을 얻고 훈련을 받는 것으로 나타났다(Benuto, Singer, Newlands, & Casas, 2019). 이들 중 슈퍼비전은 내담자의 개별적인 문화적 특성을 고려할 수 있도록 하며 상황에 적절한 구체적인 다문화상담 기술에 대한 가이드를 받을 수 있도록 돕기 때문에, 상담자들에게 있어서 가장 만족도가 높은 활동으로 나타났다(Benuto et al., 2019). 이러한 결과를 통해 슈퍼비전이 수련생들에게 다문화상담에 대한 구체적인 기술과 내담자에 대한 개별적인 접근을 가능하게 하는 가장 좋은 도구라는 것을 알 수 있다.

따라서 이 장에서는 슈퍼비전에서 어떻게 상담자의 다문화상담 사례개념화 기술을 향상시킬 수 있을지에 대한 자료들을 제시하고자 하였다. 이를 위해, 첫째, 다문화적 슈퍼비전 모델을 제시하였다. 둘째, 다문화상담 기술의 교육을 담당하는 슈퍼바이저가 갖추어야 할 다문화상담 역량에 대해 설명하였다. 셋째, 슈퍼비전에서 활용할 수 있는 다문화상담 사례개념화의 훈련 과정을 단계별로 제시하였다.

1. 다문화적 슈퍼비전 모델

기존의 슈퍼비전 모델이나 이론들도 슈퍼비전에서 문화적 요소를 통합할 필요가 있다는 것을 언급하고는 있으나, 다문화적 요소를 통합하는 과정을 체계화하지는 못하였다(Inman & DeBoer Kreider, 2013). 최근 다문화적 슈퍼비전 모델로 제시된 평가에 대한 다문화적 슈퍼비전 모델(Multicultural Assessment Supervision Model: MASM)과 반억압적 대인관계 발달의 경험적 모델(Heuristic Model of Nonoppressive Interpersonal Development: HMNID)에서는 문화적 요소가 슈퍼비전에서 어떤 방식으로 다루어져야 하는지를 구체적이고 체계적인 방식으로 설명하고 있다(Allen, 2007; Inman & DeBoer Kreider, 2013; Ladany & Bradley, 2010/2013).

1) 평가에 대한 다문화적 슈퍼비전 모델

평가에 대한 다문화적 슈퍼비전 모델은 평가자(상담자)와 내담자 간의 문화적 배경이 다르거나, 슈퍼바이저와 슈퍼바이지 간의 문화적 배경이 다를 때, 또는 평가에 사용된 척도가 평가를 받는 내담자와는 다른 문화에서 개발된 것일 때 적용할 수 있는 모델이다(Allen, 2007). 일반적인 슈퍼비전과 비교한 연구 결과, 평가에 대한 슈퍼비전에서는 정서적인 인식보다는 구체적인 기술에 대한 지도가 많이 이루어진다는 점을 고려할 때(Decato, 2002), 다문화상담에서 평가에 대한 슈퍼비전에서는 일반적

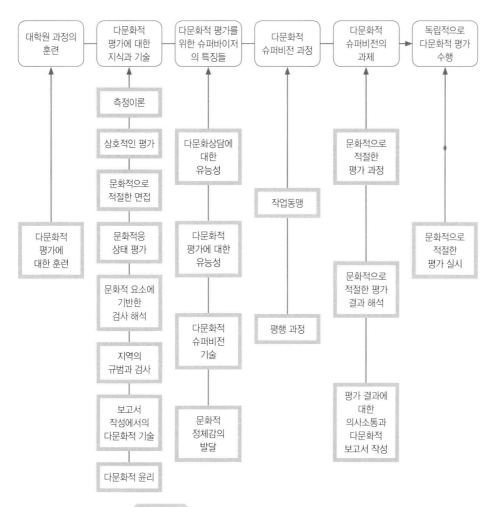

출처: Allen (2007).

그림 14-1 평가에 대한 다문화적 슈퍼비전 모델

인 슈퍼비전과는 다른 요소들이 다루어져야 함을 알 수 있다.

평가에 대한 다문화적 슈퍼비전을 통해 슈퍼바이지는 초보적인 실습생에서 자율성을 지닌 전문가로 성장해 간다. 처음에는 검사를 실시하는 활동에서 시작하여 점차 검사에서 얻은 복잡한 정보들을 통합하고 조직화하는 능력을 가지게 된다. 특히 대학원 과정에서의 평가에 대한 훈련은 슈퍼비전을 통해 실제 현장에서 구체적으로 활용할 수 있는 역량으로 변화하게 된다. 따라서 다문화적 평가에 대한 슈퍼비전 모델에서는 [그림 14-1]에서 보는 바와 같이, 대학원 과정에서의 평가에 대한 훈련이 실제 현장에서 활용할 수 있는 실천적 역량으로 변화해 가는 과정을 제시하였다. 모델의 구체적인 내용은 다음과 같다.

(1) 다문화적 평가에 대한 지식과 기술 영역

평가에 대한 다문화적 지식은 다음의 여덟 가지 영역을 포함하며, 슈퍼바이저는 먼저 슈퍼바이지가 각 영역에서 어느 정도의 유능성을 가지고 있는지 평가해야 한다.

첫째, 측정이론(measurement theory)에는 심리검사나 심리측정에 대한 지식과 같이 평가에서 알아야 할 일반적인 지식이 포함된다. 다문화적 평가에서는 다른 문화에 속한 사람들에게 동일한 평가도구들과 규준을 사용하는 경우 문화적인 요소들이 얼마나 많은 영향을 미치는지에 대해 개념적으로 이해하는 것이 매우 중요하다.

둘째, 상호적인 평가(collaborative assessment)란 내담자가 적극적으로 평가 과정에 참여함으로써 역량과 통제력을 강화할 수 있는 평가가 이루어지도록 하는 것이다. 특히 다문화적 평가에서는 문화적인 차이를 극복하고 평가자와 내담자 간에 신뢰를 형성하는 기회를 만드는 것이 중요하다. 이를 위해서는 내담자가 평가에 대해 과거에 가지고 있는 부정적 또는 긍정적 경험을 다루는 것이 필요하다.

셋째, 문화적으로 적절한 면접(culturally appropriate interviewing)을 위해서는 문화적 맥락 안에서 한 개인을 이해하고 신뢰관계를 형성하는 태도가 중요하다. 즉, 문화적으로 적절한 면접을 위해서는 대인관계 상호작용이 특정 문화 안에서 어떻게 이루어지는지, 특정 문화에서 비언어적 단서들의 의미가 무엇인지, 특정 문화에서의 언어적인 습관이나 뉘앙스는 무엇인지 등에 대한 이해가 필요하다.

넷째, 문화적응 상태 평가(acculturation status assessment)는 동화, 분리, 주변화, 통합과 같은 문화적응 상태, 또는 문화적 정체감 중 내담자가 어디에 해당하는지 평가하는 것을 의미한다. 문화적응 상태나 문화적 정체감은 자기보고식 척도나 인터뷰의 방법을 통해 평가할 수 있다.

다섯째, 문화적 요소에 기반한 검사 해석(culturally grounded test interpretation)은 문화적응과 문화적 정체감 상태가 어떤 방식으로 검사의 해석에 영향을 미치는지 이해하는 것이다. 예를 들면, 부족 문화에 대해 강한 동일시를 하는 아메리칸 인디언의 경우 미네소타 다면적 인성 검사(Minnesota Multiphasic Personality Inventory: MMPI)의 임상척도 중 우울 점수의 의미가 다른 미국인들과 차이가 있으므로, 이러한 점을 검사 결과 해석에서 유념할 필요가 있다. 즉, 남자의 경우는 일반적인 우울과 유사한 증상들이 나타나지만, 14세 이전의 여자의 경우 높은 우울 점수는 반사회적 증상들과 연관이 있었다.

여섯째, 지역의 규범과 검사(local norms and tests)는 문화적으로 차이가 있는 내담자와 작업하는 상담자는 검사 결과에 대한 해석에 있어서 특정 지역의 규범을 근거로 결과를 해석해야 함을 의미한다. 특히 특정 문화에 적절한 해석 공식을 개발해 가기 위해서 자신의 임상적 경험을 지속적으로 성장시켜 나가야 한다.

일곱째, 보고서 작성에서의 다문화적 기술(multicultural report writing skills)은 문화적 정보를 통합하여 구체적으로 묘사하고 특정 문화에 적합한 해석에 대한 보고서를 작성하는 것을 의미한다. 다문화적 평가에 대한 보고서에는 다음과 같은 요소들이 포함되어야 한다. 즉, ① 편견을 가져올 수 있는 잠재적으로 혼란스러운 요인들에 대한 탐색, ② 문화적 정보들과 그것에 대한 해석, ③ 평가자와 내담자 간의 관계의 질, ④ 제한점과 발견점을 요약해서 제시하는 것이 필요하다.

여덟째, 다문화적 윤리(multicultural ethics)에서는 윤리적 기준에 영향을 미치는 맥락적 요인, 윤리적 기준을 평가에 적용하기 위한 인지적·행동적 지침들, 윤리적 결정에 영향을 미치는 개인적 요인들과 같은 일반적인 면담에서의 윤리에 대한 지식을 포함한다. 또한 평가자 자신의 가치, 태도, 경험, 사회적 맥락이 어떻게 자신의 윤리적 행동, 해석, 선택에 영향을 미치는지 알고 있어야 한다. 특히 다른 문화적 맥락에는 윤리적 기준을 다르게 적용할 수 있는 역량이 요구된다.

(2) 슈퍼바이저의 역량

다문화적 평가에 있어서 슈퍼바이저는 다음과 같은 역량들을 갖추는 것이 필요하다. 첫째, 다문화상담과 심리치료에 대한 유능성을 갖추고 있어야 한다. 둘째, 평가에 대한 다문화적 지식과 기술에 대한 여덟 가지 영역에 관해 충분한 지식과 기술을 가지고 있어야 한다. 셋째, 슈퍼바이저와는 다른 문화적 배경을 가진 슈퍼바이지를 효과적으로 슈퍼비전할 수 있어야 한다. 넷째, 슈퍼바이저의 인종 정체감의 발달 역시 중요하다. 슈퍼비전에서는 슈퍼바이저와 슈퍼바이지 간의 정체감이 상호작용을 통해 영향을 주고받기 때문이다.

(3) 평가에 대한 다문화적 슈퍼비전 과정

작업동맹(working alliance)은 상담에 대한 선행연구들에서 과정 변인으로 매우 중요하게 다루어지고 있는 변인이다. 다문화적 평가에서 슈퍼바이저와 슈퍼바이지의 인종 정체감의 수준은 슈퍼비전 작업동맹을 유의하게 예측하였다. 따라서 슈퍼비전 작업동맹과 나아가 상담에서의 작업동맹을 강화하기 위해서는 슈퍼바이저와 슈퍼바이지의 문화적 정체감이 중요한 요소가 될 수 있다.

특히 평가에 대한 다문화적 슈퍼비전에서는 상담관계의 특성이 슈퍼비전 관계에 영향을 미치기도 하고 반대로 슈퍼비전 관계의 특성이 상담관계에 영향을 미치기도 하는 평행 과정(parallel process)에 대해서도 유념해야 한다. 슈퍼바이저가 문화적 이슈를 어떻게 다루었는가, 슈퍼바이저가 평가에 대한 서비스를 제공하는 데 있어서나 평가에서 얻은 정보를 해석하는 데 있어서 문화적 요소들을 얼마나 고려했는가가 평가자와 내담자 간의 관계에 모델링이 될 수 있다.

(4) 평가에 대한 다문화적 슈퍼비전의 과제

평가에 대한 다문화적 슈퍼비전에서 슈퍼바이저는 다음과 같은 과제들을 다루어야 할 필요가 있다.

① 문화적으로 적절한 평가 과정

문화적으로 적절한 평가가 이루어지기 위해서 평가 회기가 시작되기 이전에 먼저 슈퍼바이저는 슈퍼바이지의 문화적 배경에 대해 탐색해야 하며, 평가 과정을 협력적으로 진행할 수 있도록 계획하는 것을 도와야 한다. 만약 슈퍼바이저와 슈퍼바이지 모두 내담자의 문화에 대해서 잘 알지 못한다면, 다른 영역의 전문가나 지역 구성원으로부터 자문을 받을 수 있다. 언어가 다를 경우에는 통역사를 구해야 하며, 통역사와의 사전 만남을 통해서 평가 회기를 계획해야 한다.

② 문화적으로 적절한 평가 결과 해석

평가 결과에 대한 해석에 있어서 평가로부터 얻은 정보들을 바탕으로 문화적 요소들을 체계적으로 통합해야 한다. 문화적응 스트레스나 문화적 정체감과 같은 요소들이 결과에 대한 해석에 미치는 영향을 충분히 살펴보아야 한다. 특정 집단에 대해 평가도구를 사용하는 것이 적합한지에 대한 선행연구들이 있다면 참고해야 한다.

③ 평가 결과에 대한 의사소통과 다문화적 보고서 작성

평가 결과에 대해 상호 협조적으로 의사소통하는 것은 다문화적 평가에서 중요한 과업 중 하나이다. 평가 결과에 대해 내담자에게 피드백을 주는 회기 이전에 슈퍼비전을 실시하는 것이 좋으며, 이때 문화적으로 적절한 해석을 하는 방식에 대해 계획하는 시간을 가지는 것이 필요하다. 또한 다문화적 보고서를 작성할 때 처음에는 슈퍼바이저가 슈퍼바이지와 공동으로 작성하는 것이 좋다. 점차 슈퍼바이지가 성장함에 따라 슈퍼바이저는 슈퍼바이지가 작성한 내용을 검토하고 건설적인 방향으로 피드백을 주거나, 완성된 보고서를 수정해 주는 작업을 할 수 있다.

(5) 문화적으로 적절한 평가 실시

지금까지 살펴본 바와 같이 평가에 대한 다문화적 슈퍼비전은 슈퍼바이지의 지식, 기술, 태도들이 임상 현장에서 실제적인 행동으로 적용되고 일반화되는 발달적 과정이다. 처음에는 슈퍼바이저가 집중적으로 사례에 대한 슈퍼비전을 실시하고 지식을 전달하게 되며, 점차 슈퍼바이지가 독립적으로 평가를 실시할 수 있게 된다.

2) 반억압적 대인관계 발달의 경험적 모델

기존의 슈퍼비전에서 정체성의 문제는 주로 인종 정체성이나 성 정체성을 중심으로 다루어져 왔으며, 다양한 인구통계학적 변인을 고려하지는 못했다. 반억압적 대인관계 발달의 경험적 모델은 모든 인구통계학적 변인(예: 인종, 민족성, 성, 성적 지향, 장애, 사회경제적 지위)에 대해 슈퍼바이저가 자기 자신, 슈퍼바이지, 내담자를 이해하도록 돕기 위한 틀을 제공하고자 하였다(Ladany & Bradley, 2010/2013). 또한 슈퍼바이저와 슈퍼바이지가 어떤 과정을 통해 다문화적 이슈에 대해 발달해 가는지, 그리고 슈퍼바이저와 슈퍼바이지 간의 상호작용 방식이 슈퍼비전과 상담에 미치는 영향은 무엇인지에 대해 설명하였다(Inman & DeBoer Kreider, 2013).

(1) 사회적으로 억압받고 있는 집단과 사회적으로 기득권을 가진 집단

이 모델에 의하면 사람들은 사회적으로 두 집단 중에 하나에 속한다. 첫 번째는 사회적으로 억압받고 있는 집단(Socially Oppressed Group: SOG)이며, 미국 사회에서의 예를 들자면 여성, 유색인, 게이/레즈비언/양성애자, 장애인, 노동자 계층이 이 집단에 속한다. 두 번째는 사회적으로 기득권을 가지고 있는 집단(Socially Privileged Group: SPG)이며, 미국 사회에서의 예를 들자면 남성, 백인, 이성애자, 유럽계 미국인, 신체적 비장애인, 중산층부터 상류층이 이 집단에 속한다. 이러한 분류에 따르면, 한 사람이 사회적으로 억압받고 있는 집단(SOG)과 사회적으로 기득권을 가지고 있는 집단(SPG)에 동시에 속할 수 있다. 30대 이성애자 백인 여성의 경우, 성적 지향이나 인종에 있어서는 사회적으로 기득권을 가지고 있는 집단(SPG)에 속하지만, 여성이라는 사회적으로 억압받고 있는 집단(SOG)에 속하기도 한다.

(2) 대인관계 기능 도구

이 모델에서는 우리가 대인관계 기능 도구(Means of Interpersonal Functioning: MIF)라고 부르는 단계를 거쳐서 발달한다고 본다. 인구통계학적 변인 자체가 한 사람의 생각이나 느낌, 그리고 행동을 설명하는 것이 아니라 한 사람이 자신을 어떻게 인식하고 다른 사람과 어떤 방식으로 상호작용하는가가 중요하다고 보는 입장이다. 대인관계 기능 도구에는 네 가지 단계가 있다.

① 적응 단계

첫 번째 단계는 적응 단계이다. 억압적인 사회 환경에 대한 안주하고 무관심하며 순응하는 태도를 보인다. 사람들 간의 문화적 차이에 대해 피상적으로 이해하는 수준을 보이며, 특정 문화적 집단에 대한 고정관념을 보이기도 한다. 또한 사회적인 상황이 얼마나 차별적이고 억압적인지 잘 알지 못하며, 이에 대한 정서적 인식도 부족하다. 이 단계에 속한 사람들은 자신이 살고 있는 사회적 맥락에 대해서는 적응적이지만 개인의 내적 기능과 대인관계 기능은 부적응적이며, 그 결과로 억압적인 현상이 계속해서 유지된다.

적응 단계에 있는 슈퍼바이저는 슈퍼바이지가 다문화적 관심과 역량을 드러내는 것을 묵살하거나 최소화시키며, 내담자에 대해서 잘못된 고정관념이나 편견을 근거로 접근한다. 슈퍼비전에서 억압과 관련된 문제들이 나타나면 불안해지며, 자신이 슈퍼바이저로서 다문화적 역량을 많이 갖추고 있다고 잘못 인식하는 경향이 있다. 또한 사회적으로 기득권을 가진 슈퍼바이지에게 대놓고 억압적 신념을 드러내며, 사례개념화에 있어서도 다양한 문화적 요인을 구체화하고 유기적으로 통합하는 능력이 부족하다.

적응 단계에 있는 슈퍼바이지는 슈퍼비전에서 또는 내담자와의 상담 장면에서 다문화적 문제들에 대해 관심과 주의를 기울일 가능성이 적으며, 다양한 인구통계학적 변인을 고려할 가능성이 적다. 또한 환경이 내담자에게 미치는 영향을 간과하여 문제의 원인을 내담자에게로 돌리는 경향이 크며, 슈퍼바이지와 내담자와의 관계에서 나타나는 다문화적 문제들을 인식하거나 이해하지 못할 가능성이 많다.

② 부조화 단계

두 번째 단계는 **부조화 단계**이다. 이 단계에서는 의식적인 부조화를 경험할 가능성이 있으며, 억압과 특권에 대한 이전의 신념이 자신들이 접하게 된 사건에 부적합하고 불일치하며 모순된다고 느끼게 된다.

부조화 단계에 있는 슈퍼바이저들은 슈퍼비전에서 다문화적 이슈에 주의를 기울일 가능성이 별로 없으며, 주의를 기울인다 하더라도 최소한의 관심을 기울일 뿐이다. 슈퍼바이저는 자신의 문화적 배경과 가치들을 탐색하기 시작할 수 있지만, 자신의 편견을 검토하는 것은 너무 위협적이라고 생각한다.

부조화 단계에 있는 슈퍼바이지들은 다문화적 이슈를 어느 정도 알고 있을 가능성이 있지만, 슈퍼바이저가 다문화적 이슈를 중요하게 생각하지 않는다고 느끼거나 슈퍼비전에서 권력의 차이가 크다고 느낄 때에는 이에 대한 이야기를 꺼낼 가능성이 별로 없다. 사례개념화에 인구통계학적 정보를 포함시킬 가능성이 있지만, 정보를 구별하거나 통합하는 능력은 부족하다.

③ 탐색 단계

세 번째 단계는 **탐색 단계**이다. 이 단계에서는 사회적으로 억압받는 집단이나 사회적으로 기득권을 가진 집단의 구성원이 된다는 것이 무슨 의미인지를 적극적으로 탐색한다. 억압적인 상황을 뒤늦게 알아차림으로써 분노를 느끼기도 하고, 예전에는 억압적인 상황을 알아차리지 못한 채 죄책감과 수치심을 가지고 있었다는 것에 대해 분노를 느끼기도 한다. 여기에서의 분노는 억압적인 상황이 지속되는 데 있어서 자신이 어떤 역할을 하는지 숙고하기도 한다. 사회적으로 억압받고 있는 집단(SOG)에 속한 사람은 같은 집단의 다른 구성원과 연대를 형성한다. 사회적으로 기득권을 가지고 있는 집단에 속한 사람은 자신의 특권에 대해서 신중하게 생각하게 된다.

탐색 단계에서의 슈퍼바이저들은 슈퍼비전에서 다문화적 이슈에 주의를 기울이며, 다문화적 인식을 촉진하는 과정에 훈련생이 적극적으로 참여하게 한다. 통찰을 불러일으키려는 과도한 열정 때문에 적응 단계나 부조화 단계의 슈퍼바이저들의 저항을 가져올 수도 있다. 슈퍼바이저들은 자신과 슈퍼바이지 간의 문화적 차이에 대해 탐색하며, 개방적인 태도로 사례개념화에 대해 접근하지만, 구체적인 개입 전략이 분명하지 않아서 혼란을 가져오기도 한다.

탐색 단계에서의 슈퍼바이지들은 다문화적 이슈를 탐색하는 것에 대해 개방적이다. 그들은 때로는 다문화적 이슈를 지나치게 강조할 수 있고, 내담자의 문제를 개념화하는 데 있어서 개인적 이슈와 다문화적 이슈를 통합하는 것이 어려울 수 있다.

④ 통합 단계

네 번째 단계는 **통합** 단계이다. 이 단계에서는 다문화적 이슈에 대해 진실성 있게 이해하며, 억압적 사건에 대해 인식하고, 억압적 상호작용에 대해 통찰하는 특성을 나타낸다. 이 단계에 이른 사람들은 억압받는 집단을 위한 활동에 참여하는 등 억압을 방지하는 활동에 헌신하며, 다양한 집단의 구성원에게 정확하게 공감하는 능력이 있다.

통합 단계의 슈퍼바이저는 자신과 슈퍼바이지의 유사점과 차이점을 논의하고 처리할 수 있는 능력이 있으며, 이는 슈퍼바이지가 내담자와 상호작용하는 방식에 대한 모델이 된다. 슈퍼바이저는 슈퍼비전에서 다문화적 이슈를 적절하게 그리고 효율적으로 다룰 수 있게 된다. 슈퍼바이저는 슈퍼바이지가 내담자의 권리를 보호할 수 있는 기술을 개발하도록 돕고, 슈퍼비전에서 권력을 건설적으로 사용하며, 다른 단계에 있는 훈련생들과 다양성에 대해서 논의하는 것을 촉진할 수 있다.

통합 단계에 있는 슈퍼바이지들은 다양한 인구통계학적 변인을 고려하여 통합적인 관점에서 내담자의 문제를 개념화할 수 있으며, 내담자가 사회적으로 억압받는 집단에 속하였든지 아니면 기득권을 가진 집단에 속하였든지 간에 내담자의 감정에 정확하게 공감할 수 있다. 또한 슈퍼비전에서 자신의 편견에 대해 지속적으로 탐색하고 도전하고, 내면화된 자신의 편견이 내담자에게 어떤 영향을 미칠 것인지에 대해 인식하며, 역전이로부터 나온 편견과 내담자의 전이 감정을 구별할 수 있게 된다.

(3) 슈퍼비전 관계 양식

슈퍼바이저와 슈퍼바이지가 각각 어떤 발달단계에 속해 있느냐에 따라 슈퍼바이저와 슈퍼바이지 간의 대인관계 상호작용이 달라질 수 있다. 만약 슈퍼바이저와 슈퍼바이지가 적응 단계나 부조화 단계에 있으면 지연된 단계에 있다고 간주하며, 탐색이나 통합 단계에 있으면 발달된 단계에 있다고 본다.

슈퍼바이저와 슈퍼바이지 대인관계 상호작용의 역동은 크게 네 가지로 나누어 볼 수 있다. 첫째, 슈퍼바이저가 슈퍼바이지보다 발달된 단계에 있을 때 일어나는 **진보적 상호작용**이 있다. 예를 들면, 슈퍼바이저는 통합 단계인데 슈퍼바이지는 적응 단계인 경우 슈퍼바이저가 더 발달된 단계에 있는 것이다. 둘째, 슈퍼바이저와 슈퍼바이지가 유사하게 비교적 발달된 단계에 있을 때 일어나는 **병행 촉진 상호작용**이 있다. 예를 들면, 슈퍼바이저는 탐구 또는 통합 단계인데, 슈퍼바이지 역시 탐구 또는 통합 단계를 나타내는 경우이다. 셋째, 슈퍼바이저와 슈퍼바이지가 지연된 발달단계에 있을 때 나타나는 **병행 지연 상호작용**이 있다. 예를 들면, 슈퍼바이저는 적응 또는 부조화 단계에 있으며 슈퍼바이지 역시 적응 또는 부조화 단계에 있는 경우이다. 넷째, 슈퍼바이지가 슈퍼바이저보다 발달된 단계에 있을 때 나타나는 **퇴행적 상호작용**이 있다. 예를 들면, 슈퍼바이저는 적응 단계에 있는데 슈퍼바이지는 통합 단계에 있는 경우이다.

두 사람 모두 발달된 단계에 위치한 병행 촉진 상호작용에서는 슈퍼바이지의 다문화적 역량을 촉진시키기 위해 슈퍼바이저와 슈퍼바이지가 서로 협력할 가능성이 높다. 진보적 상호작용 역시 슈퍼바이저가 슈퍼바이지의 다문화적 역량을 향상시킬 수 있지만 때로는 슈퍼바이지의 저항을 일으킬 수도 있다. 병행 지연적 관계나 퇴행적 관계는 슈퍼비전 동맹을 약화시키며, 슈퍼바이저가 다문화 이슈를 무시하거나 간과함으로써 슈퍼바이지의 다문화적 역량에 부정적 영향을 미칠 가능성이 있다.

상담 결과에 미치는 영향의 측면에서 살펴보았을 때 슈퍼바이저와 슈퍼바이지의 상호작용 방식은 슈퍼비전과는 다른 패턴을 보일 수 있다. 슈퍼비전 장면과 마찬가지로, 슈퍼바이저와 슈퍼바이지가 병행 촉진 상호작용을 할 때 상담 작업동맹이 높아지며 내담자의 참여도 증진되는 등 가장 좋은 상담 성과를 거둘 수 있을 것이다. 반면, 슈퍼비전 장면과는 달리, 슈퍼바이지의 다문화적 역량이 더 높아서 슈퍼바이저와 퇴행적 상호작용을 하는 경우가 진보적 상호작용이나 병행 지연 상호작용을 하는 경우보다 더 긍정적인 상담 결과를 가져올 수 있다. 진보적 상호작용이나 병행 지연 상호작용을 하는 슈퍼바이지들은 문화적 이슈들에 대한 발달 정도가 낮은 단계에 머물러 있기 때문이다.

2. 슈퍼바이저가 갖추어야 할 다문화상담 역량

1) 다문화상담 역량

다문화상담에 대한 유능성을 의미하는 개념으로 다문화상담 역량(multicultural counseling competence)을 들 수 있다. 다문화상담 역량이란 다문화에 대한 인식, 다문화 지식, 다문화상담 기술을 의미하며, 이러한 요소들을 잘 구비했을 때 효과적인 다문화상담을 진행할 수 있다(Sue, 2001). 실제로 다문화상담 역량에 대한 연구들에서는 상담자들이 다문화상담을 얼마나 효과적으로 진행하고 있는지 알아보기 위해 다문화 수행 능력에 대한 조작적 정의와 함께 이를 평가하기 위한 자기보고식 척도들을 개발하였으며, 이러한 척도들은 대체로 다문화상담에 대한 인식이나 민감성, 다문화상담에 대한 지식, 다문화상담 기술의 하위 요인들로 구성되어 있다(D'Andrea & Daniels, 1991; Sodowsky, Taffe, Gutkin, & Wise, 1994; Sue, 2001).

사례개념화를 교육하는 역할을 담당하는 슈퍼바이저는 다문화상담 역량을 갖출 필요가 있다. 만약 슈퍼바이저가 다문화상담 역량을 충분하게 가지고 있지 않다면 슈퍼바이지들에게 제대로 된 교육을 제공하기 어려우며, 다문화상담에 대한 교육의 효과도 미미할 수 있기 때문이다. 실제로 슈퍼바이저의 다문화상담 역량에 대한 연구에서 슈퍼바이저가 다문화상담 역량이 높을수록 슈퍼바이지의 다문화상담 사례개념화 능력이 높아지며 슈퍼바이저와 슈퍼바이지 간의 작업동맹과 슈퍼비전에 대한 만족도 역시 높아지는 것으로 나타났다(Inman, 2006). 따라서 슈퍼바이저의 다문화상담 역량은 슈퍼바이지의 다문화상담 역량 및 슈퍼비전 과정에 중요한 역할을 하므로, 슈퍼바이저는 다양한 문화에 대한 인식이나 민감성, 다문화상담에 대한 지식, 다문화상담의 기술을 충분히 갖추고 있어야 함을 알 수 있다.

여기에서 슈퍼바이저의 문화적 민감성이란 내담자와 슈퍼바이지의 인종과 문화적 차이에 대해 인식하고 관심을 보이며 문화적 맥락 안에서 내담자와 슈퍼바이지의 문제를 다루는 것을 의미한다(Burkard et al., 2006). 슈퍼바이저의 문화적 민감성은 슈퍼바이지가 문화적 특징이 내담자의 문제에 어떤 영향을 미치는지 탐색하도록 도와주는 것, 슈퍼바이지의 문화적 특징이 내담자에 대한 인식에 미치는 영향을 살펴보도록 도와주는 것, 슈퍼바이저가 자신의 문화적 경험을 슈퍼바이지에게 개방하는 것의 형태로 나타난다. 이러한 슈퍼바이저의 문화적 민감성은 슈퍼바이지의 문화적 민감성에 대한 모델링의 역할을 하며(Jain & Aggarwal, 2020), 슈퍼바이지가 상담 과정에서 문화적으로 민감한 상담을 할 수 있도록 돕는 긍정적인 효과를 가져올 뿐만 아니라 슈퍼비전 관계와 슈퍼비전 만족도도 향상시키는 것으로 나타났다(Burkard et al., 2006). 슈퍼바이저가 문화적으로 민감한 슈퍼비전을 제공하기 위해서는 슈퍼바이지가 가지고 있는 신념이나 가치, 주관적 경험을 해석하는 방식, 슈퍼비전에 대한 기대와 욕구, 의사소통 방식 등에 관해서 개방적으로 논의하는 것이 필요하다(Garrett et al., 2001).

또한 슈퍼바이저가 다문화상담에 대한 충분한 지식과 기술을 갖추고 있을 때 슈퍼바이지에게 문화적으로 적절한 개입을 안내할 수 있다(Jain & Aggarwal, 2020). 슈퍼바이저는 슈퍼바이지가 내담자의 문화에 적절한 심리치료이론과 기법이 무엇인지 이해할 수 있도록 도와주어야 한다. 예를 들면, 대부분의 개인주의 문화에서는 개인적인 욕구와 동기가 중요한 데 반해, 집단주의 문화에서는 자신이 속한 집단 속에서 자신의 존재감을 확인하는 경향이 있다. 따라서 집단주의 문화에 속한 내담자가 가족에게 부담이 되는 것에 대해 힘들어할 때, 내담자가 가족으로부터 자신의 생각과 감정을 분리하는 것이 어려운 문화적 특징을 가지고 있다는 것을 슈퍼바이지가 이해하고 이에 대한 적절한 개입을 할 수 있도록 도와줄 필요가 있다(Jain & Aggarwal, 2020).

2) 다문화상담에 대한 문화적 겸손

앞서 설명한 다문화상담에 대한 역량의 관점은 몇 가지 한계점을 가지고 있다 (Patallo, 2019). 첫째, 집단주의와 같이 동일한 문화적 배경을 가지고 있는 사람들이 라 할지라도 각 개인에 따라 다른 특징을 나타낼 수 있다. 즉, 어떤 사람은 집단주의 문화 속에서 성장했으나 개인주의 성향이 높은 반면, 어떤 사람은 집단주의에서 강 조하는 가치를 그대로 자신의 것으로 내면화했을 수 있다. 그러나 이러한 다양성에 도 불구하고 문화적 역량의 관점은 동일한 문화적 범주에 속한 사람들의 개별적 특 성을 간과하고 고정관념을 형성하게 한다. 둘째, 문화적 정체성에 대해 지나치게 단 순화한 고정된 관점을 가지게 한다. 셋째, 슈퍼바이저와 슈퍼바이지 그리고 상담자 와 내담자 간의 힘의 차이에 대해 충분하게 검토하기 어렵게 하는 제한점이 있다.

이러한 한계에 따라 최근 다문화상담에 대한 역량으로 문화적 겸손(cultural humility)이 강조되고 있다. 문화적 겸손은 각기 다른 문화적 특성을 가지고 있는 개인 에게 그 사람의 독특한 문화적 특징에 대해 충분히 알지 못한다는 태도로 개방적인 자세를 가지는 것이다(Patallo, 2019). 예를 들면, 개인이 집단주의 문화적 배경을 가 지고 있다 하더라도 그 사람이 가지고 있는 독특한 문화적 정체성이나 문화적 특징 은 알 수 없다는 것을 전제하고 이에 대해 개방적으로 살펴보는 것이다. 문화적 겸손 은 '알지 못한다'라는 것이 자연스러운 것이며, 이는 내담자나 슈퍼바이지의 문화적 특징에 대한 자기인식의 성장을 위해 필요한 핵심적인 과정이라고 보고 있다. 슈퍼 비전에서 문화적 겸손을 사용하는 것은 문화적 역량을 높이며 슈퍼비전 관계를 강 화하고 슈퍼바이지가 제공하는 피드백을 더 잘 수용할 수 있도록 돕는다는 결과가 최근의 연구에서 나타났다(Watkins, Hook, Mosher, & Callahan, 2019).

따라서 이러한 결과들을 종합해 볼 때, 슈퍼바이저가 문화적으로 효과적인 슈퍼 비전을 제공하기 위해서는 문화적 역량으로 제시한 요소들(다문화상담에 대한 인식이 나 민감성, 다문화상담에 대한 지식, 다문화상담 기술)과 함께 슈퍼바이지나 내담자의 문 화적 특징에 대해 알지 못한다는 개방적인 자세로 임하는 문화적 겸손을 함께 통합하 여 사용하는 것이 필요하다고 볼 수 있다.

3) 다문화상담 사례개념화와 관련된 특성

이와 같이 다문화상담에 대한 문화적 역량과 문화적 겸손의 관점 외에도 다문화상담 사례개념화와 관련된 경험적 연구 결과들을 통해 슈퍼바이저가 갖추어야 할 특성이 무엇인지 추론해 볼 수 있다. 지금까지 다문화상담 사례개념화와 관련이 있는 요인들에 대한 경험적 연구들은 크게 세 가지 방향으로 이루어져 왔다.

첫째, 상담자가 가지는 편견이나 인종차별적 행동은 내담자에 대한 평가 및 진단에 왜곡을 가져올 뿐만 아니라 내담자와의 관계 형성을 어렵게 하는 것으로 밝혀졌다. 즉, 내담자에 대한 편견이나 고정관념으로 각인된 경우 자신과 다른 인종의 내담자에 대해 더 적대적으로 인식하였으며(Abreu, 1999), 치료자가 인종에 대해 개방적이지 못한 태도를 가지게 되면 내담자에 대한 공감이 낮아질 뿐만 아니라 내담자 문제해결에 대한 책임에서 사회맥락적 요소들을 고려하지 못하는 오류를 범하게 되는 것으로 나타났다(Burkard & Knox, 2004). 또한 상담자가 문화적 배경이 다른 내담자에게 미묘한 차별(racial microaggression)이 많을수록 상담자와 내담자 간의 작업동맹 형성이 어려웠으며, 결국 내담자로 하여금 상담자가 사례개념화 및 반응기술에 있어서 다문화적으로 전문적인 상담을 제공하지 않는다고 지각하도록 하였다(Constantine, 2007). 인종에 대한 태도와 다문화상담 사례개념화 능력에 대한 연구에서는 인종에 대한 편견이 낮으며 인종에 대해 개방적인 태도를 가지고 있을수록 다문화상담 사례개념화 능력이 높아졌다(Neville et al., 2006). 따라서 슈퍼바이저는 인종에 대해 자신이 가지고 있는 편견이나 선입관을 충분히 인식해야 하고, 그러한 편견이 슈퍼바이저와 슈퍼바이지와의 관계와 슈퍼바이지와 내담자 간의 관계 형성에 어떠한 영향을 미치는지 생각해 볼 수 있어야 하며, 슈퍼바이저가 슈퍼바이지나 내담자를 평가하는 데 있어서 오류를 가져오고 있는 것은 아닌지를 고찰할 수 있는 자기성찰 능력이 필요하다.

특히 슈퍼바이저와 슈퍼바이지의 인종정체감 수준에 따른 다문화상담 사례개념화의 능력에 대한 연구 결과를 주목하여 볼 필요가 있다(Constantine et al., 2005). 이 연구에서는 슈퍼바이저가 슈퍼바이지보다 높은 수준의 인종정체감을 가지고 있거나 슈퍼바이저와 슈퍼바이지 모두 높은 수준의 인종정체감을 가지고 있는 경우 슈퍼바이지의 다문화 사례개념화 능력이 높았다. 반면, 슈퍼바이저가 슈퍼바이지보다 더 낮은 수준의 인종정체감을 가지고 있거나 슈퍼바이저와 슈퍼바이지가 모두 낮은 수준의 인종정체감을 가지고 있는 경우에는 슈퍼바이지의 다문화상담 사례개념화 능력이 낮게 나타났다. 이러한 결과를 통해 슈퍼바이지가 자신보다 더 낮은 수준의 인종정체감을 가지고 있거나 자신과 비슷하게 낮은 수준의 인종정체감을 가지고 있는 슈퍼바이저에게 교육을 받는 경우 다문화상담 사례개념화의 능력이 향상되기 어렵다는 것을 알 수 있다. 따라서 슈퍼바이저는 자신의 문화에 대해 수용하고 자신이 속하지 않은 다양한 문화에 대해서 존중하는 높은 수준의 인종정체감을 형성할 필요가 있다.

또한 선행연구들은 주로 인종에 대한 편견이나 인종정체감을 중심으로 이루어졌지만, 문화적 정체성에는 인종 외에도 종교, 성, 성적 지향, 장애 등 다양한 요소가 포함되어 있다(Hays, 2008/2010), 문화적 정체성은 개인이 생각하고 느끼고 행동하는 방식에 영향을 준다(Choudhuri et al., 2012/2015). 따라서 슈퍼바이저는 인종 외에도 성에 대한 편견이나 장애에 대한 편견 등 문화적 정체성을 구성하는 다양한 요소들에 대해서 자신의 편견이나 선입관을 인식하고 이것에 대해 개방적인 태도를 가지는 것이 필요하다고 볼 수 있다.

둘째, 다문화에 대한 훈련이나 교육이 다문화상담 사례개념화 능력과 어떤 관계가 있는지에 대한 연구가 이루어졌다. 다문화에 대한 노출이 많을수록(Weatherford & Spokane, 2013) 그리고 다문화상담에 대한 교육과 훈련을 많이 받을수록 다문화상담 사례개념화 능력이 높아졌다(Lee & Tracey, 2008). 한국이 다문화 사회로 변화해 가면서 최근에 들어서야 다문화상담에 대한 관심과 연구가 활발해졌다는 점을 고려해 볼 때(김현아, 이자영, 2013; 이소연 등, 2018), 이전에 상담전문가로서의 교육을 마친 슈퍼바이저는 다문화에 대한 노출도 많지 않았으며, 다문화에 대한 훈련이나 교육을 받지 못했을 가능성이 크다. 따라서 슈퍼바이저는 자신의 다문화상담 역량을 강화하기 위해 적극적인 태도를 가지고 스스로 다문화에 대한 접촉의 기회를 늘려 가야 하며, 다문화상담에 대한 교육과 훈련을 자발적으로 발굴하고 학습하는 기회를 가져야 한다.

셋째, 성격적인 요인들에 대한 연구에서는 5요인 성격 특성 중 개방성이 다문화상담 사례개념화 능력을 유의하게 예측하는 것으로 나타났다(Weatherford & Spokane, 2013). 따라서 슈퍼바이저는 다문화상담에 대해서만 국한해서 개방적인 태도를 가지는 것이 아니라 일상적인 삶의 전반적인 영역에서도 개방적인 태도와 관점을 가지는 것이 중요하다고 볼 수 있다.

3. 슈퍼비전에서 다문화상담 사례개념화의 훈련 과정

지금까지 다문화적 슈퍼비전 모델을 제시하였으며, 다문화상담의 교육을 담당하는 슈퍼바이저에게 요구되는 다문화상담 역량에 대해 살펴보았다. 다음으로는 슈퍼비전에서 다문화상담 사례개념화의 훈련을 어떻게 해 나갈 수 있는지 구체적인 과정을 설명하였다.

1) 다문화상담 사례개념화의 훈련 요소

효과적인 사례개념화가 이루어지기 위해서는 두 가지 요소가 구비되는 것이 중요하다(Sperry & Sperry, 2012/2016). 첫째, 사례개념화의 내용에는 내담자 문제의 원인에 대해 이해하고 설명할 수 있는 설명력이 있어야 한다. 둘째, 내담자와의 상담 과정이 어떤 식으로 전개될 것인가에 대한 예측력이 있어야 한다. 즉, 내담자 문제의 원인에 대한 이해(etiology)와 상담 과정에 대한 치료 전략(treatment strategy)은 사례개념화의 중요한 두 가지 영역이라고 볼 수 있다(Eells, 2007). 따라서 슈퍼비전에서 다문화상담 사례개념화에 대해 다루는 과정에서도 일반적인 사례개념화와 마찬가지로 내담자의 문제의 원인에 대한 이해와 치료에 대한 전략의 두 가지 영역을 중심으로 사례개념화를 훈련해야 한다.

또한 사례개념화에 대한 통합적 복잡성 모델에서는 구체화와 통합의 두 가지 차원에서 사례개념화에 대해 설명하고 있다(Constantine & Ladany, 2000; Lee, Sheridan, Rosen, & Jones, 2013). 구체화 차원에서는 사례개념화를 할 때 내담자의 문제를 가능한 한 다양하게 파악하는 것이 필요하다고 말하고 있다. 통합 차원에서는 파악한 구성요소들을 서로 연결시킴으로써 유기적으로 만드는 것이 중요하다고 강조하고 있다. 따라서 이러한 통합적 복잡성 모델을 다문화상담에 적용해 본다면, 다문화상담에 유능한(multiculturally competent) 상담자는 사례개념화에서 문화적 요인을 자세하고 구체적으로 파악해야 한다. 또한 상담자가 이해한 문화적 요인들을 유기적으로 통합하는 것이 필요하다. 이를 통해 문화적 요소들이 내담자 문제의 원인에 미치는 영향을 이해하고 문화적으로 적절한 치료를 제공해야 한다.

결국 다문화상담 사례개념화의 수준을 살펴보기 위해서는 내담자 문제의 원인에 대한 이해와 치료 전략이라는 두 가지 영역에 대해서 문화적 요인을 얼마나 자세하게 구체화하였는가(differentiation)와 문화적 요인을 얼마나 잘 통합하였는가(integration)를 알아볼 수 있다(Lee & Tracey, 2008). 따라서 슈퍼비전 과정에서도 내담자 문제의 원인에 대한 이해와 치료 전략이라는 두 가지 영역에서 내담자의 문제에 있어서 문화적 요소들을 구체적으로 파악하며, 이를 유기적으로 잘 통합할 수 있도록 도와줄 필요가 있다. 다음의 다문화상담 사례개념화의 훈련 과정에 대한 설명에서는 내담자 문제의 원인에 대한 이해와 치료 전략, 구체화와 통합능력이라는 훈련 요소들을 중심으로 슈퍼비전 과정에서 슈퍼바이지의 다문화상담 사례개념화 능력을 향상시킬 수 있도록 돕는 방법을 제시하였다.

2) 다문화상담 사례개념화의 훈련 과정

상담자가 내담자를 상담 장면에서 만났을 때 가장 중요한 목표는 내담자가 가진 전반적인 문제를 해결하고 내담자가 성장할 수 있도록 돕는 것이며, 내담자의 문화적 특성에 대한 탐색과 개입은 그러한 목표를 성취하기 위해 거쳐야 할 과정 중 하나이다(임은미, 구자경, 2019; McAuliffe et al., 2013). 그러므로 다문화상담 사례개념화의 교육과 훈련은 전체적인 사례개념화 교육과 훈련이라는 틀에서 생각하는 것이 필요하다. 즉, 슈퍼비전에서 다문화 사례개념화의 교육과 훈련을 위해서는 일반적인 사례개념화 교육을 위해 제안된 방법들을 활용할 수 있을 것이다. 따라서 다음의 내용에서는 다문화상담 사례개념화의 훈련 과정을 설명하기 위해 일반적인 사례개념화 교육 방법으로 제시된 절차들을 사용하였다. 구체적으로 제11장의 '사례개념화의 교육과 훈련'에서 다루었던 개념도를 사용하는 방법(Liese & Esterline, 2015)과 사례개념화 구성요소(Sperry & Sperry, 2012/2016), 그리고 슈퍼비전에서 내담자의 정보를 통합하는 방법(Ellis, Hutman, & Deihl, 2013)을 사용하여 각각의 과정에서 문화적 요인을 파악하고 통합하는 절차를 기술하였다. 또한 앞에서 설명한 다문화상담 사례개념화 훈련 요소를 중심으로 슈퍼비전 과정을 설명하였다. 즉, 내담자 문제의 원인에 대한 이해와 상담 계획이라는 두 가지 영역에서 구체화와 통합능력을 향상시킬 수 있는 방법들을 제시하였다.

⑴ 내담자 문제의 원인에 대한 이해

먼저, 슈퍼바이지가 내담자의 문제의 원인에 대한 이해에 관한 사례개념화 작업을 수행하도록 돕기 위해서는 몇 가지 단계를 사용할 수 있다. 다음의 내용에서는 개념도 과제 수행에서 제시한 단계들과 함께 제12장과 제13장에서 설명한 평가, 진단, 가설 설정, 상담계획의 사례개념화 과정을 통합하여 내담자 문제의 원인을 이해하도록 훈련할 수 있는 포괄적인 단계를 제안하였다(Liese & Esterline, 2015).

첫 번째 단계에서는 상담자와 내담자가 함께 문제 목록을 완성한다. 그리고 〈표 14-1〉에서 제시한 바와 같이 내담자는 상담자와 함께 각각의 문제와 관련된 자신의 행동, 감정, 생각을 적어 보도록 한다. 이때 문화적 요소에 대한 사례개념화를 위해 행동, 감정, 생각이라는 항목과 더불어 문화적 · 환경적 요인을 추가하여 생각해 보고 적어 보도록 한다. 이러한 과정을 통해 상담자와 내담자는 문화적 요인이 어떤 방식으로 내담자의 현재 문제와 연관되는지에 대한 정보를 얻게 된다. 이 과정에서는 특히 문제를 구체적으로 파악하기 위해 상담자와 내담자가 가능한 한 상세하게 각 항목에 대한 내용을 완성해야 하며, 내담자의 여러 가지 다양한 문제를 포함하는 포괄적인 목록을 완성하는 것이 중요하다.

두 번째 단계에서는 첫 번째 단계에서 얻은 자료를 바탕으로 슈퍼바이저는 수련생인 상담자에게 개념도를 그리는 과제를 부여한다. 이때 상담자는 〈표 14-1〉의 정보를 모두 개념도에 나타낼 필요는 없으며, 내담자의 문제를 개념화하는 데 필요한 요소들을 중심으로 [그림 14-2]와 같은 개념도를 그린다.

이 과정에서 다문화상담 사례개념화를 위해서 〈표 14-2〉에서와 같이 제12장에서 제시한 다문화상담의 평가 요소들(예: 개인의 문화적 정체성, 문화적응 스트레스, 문화적 요인과 연관된 심리사회적 환경, 상담자와 내담자의 관계에 대한 문화적 특징, 전반적인 문화적 평가)에 대해 설명하고, 상담자인 슈퍼바이지가 각 평가 요소에 대해 내담자의 정보를 정리하는 과제를 부여한다. 그리고 문화적 요소에 대한 사례개념화를 위해 문화적 · 환경적 요인이 어떤 방식으로 다른 문제들과 연관되는지 개념도에 그림으

표 14-1 **내담자의 문제 목록과 그와 관련된 행동, 감정, 생각, 문화적 · 환경적 요인**

문제	행동	감정	생각	문화적 · 환경적 요인
우울	• 아내, 다른 가족관계, 친구들로부터의 회피 • 취미생활, 사회생활, 여가생활에 대한 회피	• 참을성이 없음 • 안절부절함 • 불행함 • 긴장감	• 내 인생은 형편없다. • 아무것도 되지 않는다. • 이런 것에 지친다.	• 사람들이 외국인 노동자라는 이유로 나를 대하는 태도가 다르다.
분노, 공격성	• 매우 화난 행동 • 목소리를 높임 • 문을 쾅 닫음	• 화남 • 좌절됨 • 짜증이 남	• 종종 나는 울분을 터뜨릴 필요가 있다. • 사람들은 나를 열 받게 한다.	• 직장 내에서 차별로 인해 임금이나 근무여건이 열악하다.
심각한 음주 문제	• 매일 밤 TV를 보면서 술에 취함 • 의식을 잃을 때까지 술을 마시는 경우가 빈번함	• 음주가 시작되기 전까지 스트레스로 인해 긴장함 • 첫 번째 잔을 마신 후 안도감을 느낌	• 나는 음주 문제를 가지고 있지 않다. • 나는 편안해지기 위해 술을 마신다.	• 내가 경험하는 차별 때문에 나는 술을 마실 수밖에 없다.
흡연	• 아내가 여러 번 그만두기를 요청함에도 불구하고 하루에 담배 2갑을 피움	• 흡연 전까지 안절부절함 • 흡연 이후 안도감을 느낌	• 흡연에 대해 사람들이 신경 쓰지 않았으면 좋겠다. • 내가 준비가 되면 담배를 끊을 것이다.	
부부 문제	• 아내에 대한 분노 • 아내에게 목소리를 높임 • 술과 담배를 끊기를 거절함	• 아내가 비판적인 것에 대해 화가 남 • 아내가 떠나겠다고 위협할 때 분노함	• 나의 결혼생활은 형편없다. • 나의 아내는 항상 나에게 의존해서 무언가를 얻기 원한다.	• 아내만은 자신을 이해해 주기를 바라지만, 실제로는 그렇지 못하다.

출처: Liese & Esterline (2015)의 사례를 수정 · 보완함.

로 나타내도록 한다.

　세 번째 단계에서는 슈퍼비전 회기에서 슈퍼바이저와 슈퍼바이지가 함께 상담자인 슈퍼바이지가 완성한 개념도에 대해 토론하고 이를 수정 · 보완한다. 다문화상담 사례개념화를 위해 슈퍼바이지가 정리해 온 다문화상담에서의 평가 요소별 내담자의 문화적 특징에 대해 슈퍼바이저가 피드백을 제공하며, 개념도에 추가로 포함되

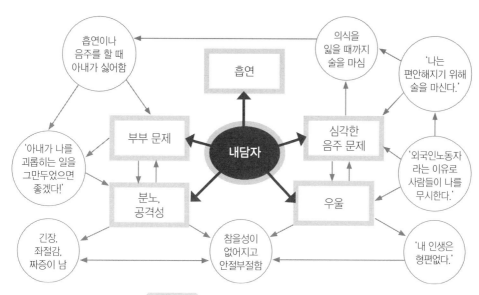

그림 14-2 내담자의 문제에 대한 개념도

출처: Liese & Esterline (2015).

어야 할 요소가 없는지 살펴본다. 또한 이 단계에서 슈퍼바이저는 진단에서 고려해야 할 문화적 요소들을 슈퍼바이지와 함께 살펴본다. 즉, 고통이나 증상을 표현하는데 있어서 내담자가 주로 사용하는 문화적 관용구나 표현들은 없는지, 내담자가 속한 문화적 규범에서 볼 때 내담자의 증상의 의미와 심각성의 정도는 어떠한지, 내담자 문제의 원인과 증상에 대해 내담자가 속한 문화에서는 어떤 방식으로 설명하고 있는지 알아볼 필요가 있다. 특히 이 단계에서는 슈퍼바이지가 내담자의 문화적 특성에 대해 가지고 있는 편견이나 선입관이 있는지, 슈퍼바이지의 편견이나 선입관이 상담 과정에 어떤 영향을 미쳤는지에 대해서도 살펴보도록 해야 한다(Burkard & Knox, 2004; Shea, Yang, & Leong, 2010).

네 번째 단계에서는 슈퍼바이저와 슈퍼바이지가 함께 내담자의 문제의 원인에 대해 추론함으로써 가설을 설정하는 시간을 갖는다. 내담자의 문제를 유발한 요인은 무엇이라고 생각하는지, 유지 요인은 어떤 것들인지에 대해 함께 토론해 본다. 이러한 시간을 통해 내담자의 문제의 원인에 대해 이해하고 내담자에게 있어서 중요하게 다루어야 할 문제가 무엇인지를 명확하게 한다. 이 단계에서 다문화상담 사례개념화를 훈련하기 위해서는, 첫째, 내담자의 원인을 설명하는 데 있어서 문화적 요인들이 어떤 역할을 하는지 살펴보도록 한다. 문화적 역동이 모든 내담자에게 유발 요

표 14-2 **다문화상담에서의 평가 요소별 내담자의 문화적 특징**

평가 요소	하위 영역	내담자의 문화적 특징
문화적 정체성	문화적 참조집단	• 필리핀에서 태어났으며 30세에 한국으로 옴. 필리핀을 자신의 중요한 참조집단으로 여기고 있음
	성장 과정에서의 문화적 요인	• 폭력적인 가정에서 성장. 아버지는 엄마를 노예 취급하며 폭력을 행사함. 가족 간의 대화는 이루어지지 못했으며, 내담자가 자신의 감정이나 생각을 표현할 기회를 가지지 못함
문화적응 스트레스	문화적 적응 정도	• 과거 필리핀에서의 적응 정도도 높지 않았으며, 현재 한국 문화에 대한 적응 정도도 낮음
	언어능력	• 아주 간단하고 쉬운 말은 이해할 수 있으나 복잡한 문장은 이해하는 데 한계가 있으며, 한국어를 사용해서 자신의 감정과 생각을 표현하는 것은 어려움
문화적 요인과 연관된 심리사회적 환경	스트레스 유발 요인	• 직장에서 차별이나 무시를 당하고 있음
	사회적 자원	• 종교단체에서 만난 몇몇 친구의 지지가 있지만 한계가 있다고 느낌
	기능 수준에 대한 평가	• 과도한 음주 후 회사에 자주 지각하거나 결근하여 상사로부터 몇 차례 경고를 받음
상담자와 내담자의 관계에 대한 문화적 특징	상담자와 내담자 간의 사회적 지위와 문화적 차이	• 상담자는 한국 사회의 상류층의 자유롭고 편안한 가정에서 성장하였고 높은 수준의 교육을 받았음 • 사회적 지위나 성장 배경에 있어서 내담자와 상담자 간에 많은 차이를 보임 • 상담자가 내담자에 대해 가지는 편견으로 인해 내담자의 적응 수준에 대한 기대가 낮을 수 있음
	내담자와 상담자 간의 차이로 인해 나타나는 내담자의 치료에 대한 반응	• 내담자는 상담자의 반응에 대해 거리감을 느낌 • 내담자와 상담자 간의 사회적 지위와 문화적 차이로 인해 내담자는 소극적이고 부정적인 태도로 상담에 임함
전반적인 문화적 평가	내담자의 문제에 영향을 미치는 문화적 특징들	• 폭력적인 가정에서 성장하여 자신의 감정에 대한 인식과 표현이 부족함 • 언어적 의사소통 능력이 부족하며 한국 문화에 대한 적응 정도도 낮음 • 직장에서 외국인 노동자로서 받는 무시와 차별이라는 환경적 스트레스를 경험하고 있음

인이 될 수는 없지만 내담자에게 나타나는 문화적 요소를 과소평가해서도 안 되기 때문에(Sue, 1998), 내담자의 성격적 역동과 문화적 역동이 어떤 방식으로 내담자의 문제를 유발하고 있는지 면밀하게 살펴보아야 한다. 둘째, 내담자가 가지고 있는 문제가 문화에 기반한 증상들이나 문화적응 스트레스와 같은 내적 특징에 의한 것인지, 차별과 편견이나 가난과 빈곤과 같은 외적 문제들에 의한 것인지 알아보아야 한다. 문화적 요소에 대한 가설을 설정할 때 내적 문제가 유발 요인인지 외적 문제가 원인인지에 따라 상담개입이 달라질 수 있기 때문이다.

다섯 번째 단계에서는 최종적으로 완성된 개념도에 대해 상담자와 내담자가 함께 이야기를 나눈다. 상담자는 내담자의 피드백을 통해서 보다 정확하게 내담자의 문제에 대해 사례개념화를 할 수 있으며, 필요한 부분은 수정할 수 있다. 이 단계에서 상담자는 문화적 · 환경적 요인이 내담자의 문제에 미치는 영향을 함께 토론할 필요가 있으며, 특히 상담자와 내담자의 문화적 차이가 상담 과정에 미칠 영향에 대해 개방적으로 논의하는 것이 필요하다. 이러한 과정을 통해 상담자와 내담자는 서로의 관점에 대해 이해할 수 있게 되며, 상담자와 내담자 간의 관계 형성에 많은 도움을 받게 된다.

앞에서 설명한 슈퍼비전에서 내담자의 문제의 원인에 대한 이해를 훈련하기 위한 다섯 가지 단계에 대해 내용을 정리하여 〈표 14-3〉을 제시하였다. 이 표는 각 단계별로 참여자, 일반적인 사례개념화 훈련 과정, 문화적 요소에 대한 사례개념화 훈련 과정을 중심으로 구성하였다.

(2) 상담 계획

다음으로 슈퍼바이지가 상담 계획에 대한 사례개념화 작업을 수행하도록 돕기 위해서도 몇 가지 단계를 사용할 수 있다. 다음의 내용에서는 사례개념화 구성요소와 개념도 수행과제에서 제시한 단계들(Liese & Esterline, 2015; Sperry & Sperry, 2012/2016), 그리고 제13장에서 설명한 상담 계획에 대한 내용을 통합하여 상담 계획을 훈련할 수 있는 포괄적인 단계를 제안하였다.

첫 번째 단계에서는 상담개입 공식화의 구성요소 중 하나인 상담 목표에 대해 상담자와 내담자가 합의를 통해 결정하도록 한다. 이때 이전에 내담자의 문제의 원인에 대한 이해를 위해 그린 개념도를 바탕으로 내담자가 상담에서 이루고자 하는 구

표 14-3   슈퍼비전에서 내담자의 문제의 원인에 대한 이해를 위한 훈련 과정

단계	참여자	일반적인 사례개념화 훈련 과정	문화적 요소에 대한 사례개념화 훈련 과정
1단계	상담자, 내담자	문제 목록 만들기	• 문화적 · 환경적 요인에 대한 문제 파악하기
2단계	상담자	개념도 그리기	• 다문화상담의 평가 요소 정리하기 • 개념도에 문화적 요소 포함시키기
3단계	슈퍼바이저, 슈퍼바이지	개념도 수정 · 보완하기	• 다문화상담의 진단 요소 파악보기 • 문화에 대한 편견이나 선입관 살펴보기
4단계	슈퍼바이저, 슈퍼바이지	가설 설정 (원인에 대한 추론)	• 문화적 역동과 성격적 역동의 역할 살펴보기 • 내적 원인인지 외적 원인인지 파악하기
5단계	상담자, 내담자	완성된 개념도에 대한 논의 최종적으로 개념도 수정, 보완	• 상담자와 내담자의 문화적 차이에 대해 개방적으로 논의하기

체적인 결과가 무엇인지 합의하도록 한다. 개념도에 나타난 내담자의 문제가 구체적일수록 상담 목표도 명확해질 수 있다.

문화적 요소에 대한 상담 목표를 설정하기 위해서 상담자는 먼저 내담자에게 문화적 개입이 필요한지 판단해야 한다. 예를 들어, 내담자의 문화적 정체성이 주류 문화와 일치하고 문화적 적응 수준이 높다면 일반적인 상담개입이 적절할 것이다. 그러나 내담자가 자신이 속했던 이전 문화와 자신을 동일시하고 문화적 적응 수준이 낮다면 문화적 개입을 고려해야 한다(Sperry & Sperry, 2012/2016).

두 번째 단계에서는 상담개입 공식화의 구성요소인 상담 전략 및 상담개입, 상담의 장애물, 상담의 예후라는 각각의 영역에 대해 상담자가 숙고하도록 하고 이에 대한 구체적인 내용을 작성하는 과제를 부여한다. 상담 전략 및 상담개입은 상담 목표를 달성하고 내담자가 적응적인 패턴을 형성하도록 돕기 위한 계획을 의미한다. 상담 전략이 보다 포괄적인 실행 계획이라면, 상담개입은 각 상담 전략에 대한 구체적이고 세부적인 기법과 전술을 가리킨다. 상담의 장애물은 내담자가 가지고 있는 부적응적 패턴이 지각, 약속 변경, 내담자가 개방을 꺼리는 행동과 같이 상담 장면에서의 도전과제로 나타날 것에 대한 가능성을 의미한다. 상담의 예후는 상담의 경과, 문제의 지속기간과 심각성, 문제의 결과에 대한 예측을 나타낸다.

　만약 상담 계획을 위한 첫 번째 단계에서 문화적 개입을 하기로 결정했다면, 어떤 문화적 개입을 할 것인지, 상담 계획 과정에서 세운 다른 개입들과 어떻게 통합시킬 것인지 계획해야 한다. 상담 전략 및 상담개입 방법으로는 모리타 치료나 호오포노포노와 같은 고유의 전통 치료를 사용할 수도 있고, 기존의 심리치료적 개입을 특정 내담자의 문화적 특성에 맞게끔 수정하거나 변화시킨 문화적으로 민감한 상담개입을 활용할 수도 있다. 또한 구체적이고 세부적인 기법으로는 표현예술치료, 놀이치료, 가족상담 등에서의 문화적으로 적절한 상담을 위한 다양한 기법을 활용할 수 있다. 이러한 문화적 상담을 위한 전략과 기법에 대한 내용은 제12장에서 자세하게 설명하였다.

　세 번째 단계에서는 슈퍼바이지가 작성해 온 상담 목표, 상담 전략 및 상담개입, 상담의 장애물, 상담의 예후, 문화적 상담에 대해 슈퍼바이저는 적절한 피드백을 제공한다. 이 과정에서 슈퍼바이저는 수련생에게 보다 적절한 상담 목표를 제시하거나 대안적인 상담 전략에 대해 생각해 보도록 할 수 있다(Ellis et al., 2013). 이 단계에서는 슈퍼바이저가 어떤 이론적 관점을 가지고 있는가에 따라서 제안할 수 있는 상담 전략과 구체적인 개입 방법이 달라질 수 있을 것이다(Sperry & Sperry, 2012/2016). 특히 상담의 장애물이나 상담의 예후에 대해 피드백을 제공할 때, 슈퍼바이저는 상담자와 내담자 간의 문화적 차이가 상담관계와 상담 과정에 미칠 영향에 대해 충분히 고려할 수 있도록 도와야 한다.

　앞에서 설명한 슈퍼비전에서 상담 계획을 훈련하기 위한 세 가지 단계에 대한 내용을 정리하여 〈표 14-4〉를 제시하였다. 이 표에서는 각 단계별로 참여자, 일반적인 사례개념화 훈련 과정, 문화적 요소에 대한 사례개념화 훈련 과정을 중심으로 구성하였다.

표 14-4 슈퍼비전에서 상담 계획을 위한 훈련 과정

단계	참여자	일반적인 사례개념화 훈련 과정	문화적 요소에 대한 사례개념화 훈련 과정
1단계	상담자, 내담자	• 상담 목표를 합의하여 설정하기	• 문화적 개입 여부에 대해 결정하기
2단계	상담자	• 상담 전략 및 상담개입, 상담의 장애물, 상담의 예후에 대해 숙고하기	• 어떤 문화적 개입을 할지 선택하기
3단계	슈퍼바이저, 슈퍼바이지	• 슈퍼바이저가 피드백 제공하기	• 상담자와 내담자 간의 문화적 차이가 미칠 영향에 대해 살펴보기

참 / 고 / 문 / 헌

권태환, 홍두승, 설동훈(2009). 사회학의 이해(제2판). 서울: 다산출판사.

김현아, 이자영(2013). 다문화 현장전문가가 인식하는 다문화 내담자의 주요 문제와 특성. 재활심리연구, 20(2), 337-368.

김혜영, 심혜원(2014). 다문화아동상담 교육실태 및 상담자 역량에 관한 연구. 청소년학연구, 21(12), 339-373.

문화콘텐츠기술연구원 다문화콘텐츠연구사업단(2009). 한국사회의 소수자들: 결혼이민자. 서울: 도서출판 경진문화.

박정은, 정서진, 남궁미(2020). 트랜스젠더와 젠더비순응 내담자의 상담 경험. 한국심리학회지: 상담 및 심리치료, 32(3), 1499-1526.

변상우(2020). 상담자의 사회계층 편향성과 내담자 사회계층 배경에 따른 내담자 평가와 역전이 반응. 한국심리학회지: 상담 및 심리치료, 32(1), 147-172.

서경희, 김지현(2008). 사례개념화 상담자 자가평가 척도 개발. 한국심리학회지: 상담 및 심리치료, 20(3), 657-673.

손은정, 이혜성(2002). 상담자 발달 수준별 사례 개념화의 차이: 개념도를 통한 인지구조를 중심으로. 한국심리학회지: 상담 및 심리치료, 14(4), 829-843.

위주원, 최한나(2015). 한국사회 다문화상담자가 지각하는 어려움과 극복방안에 대한 개념도 연구. 아시아문화연구, 40, 87-130.

이나빈, 안현의(2016). 생태체계이론에 기반한 재난피해자들의 외상 후 스트레스 장애 관련변인 메타분석. 한국심리학회지: 일반, 35(4), 525-562.

이소연, 서영석, 김재훈(2018). 사회정의에 기초한 진로상담 및 직업상담: 상담자 역할과 상담자 교육에 대한 시사점. 한국심리학회지: 상담 및 심리치료, 30(3), 515-540.

이윤주(2001). 상담 사례개념화 요소목록 개발 및 수퍼비전에서 중요하게 지각되는 사례개념
　　화요소 분석. 한국심리학회지: 상담 및 심리치료, 13(1), 79-93.

이춘복(2010). 파란과 곡절 그리고 희망: 중국조선족 출신 결혼이민자의 일대기. 경기: 경진.

임은미, 강혜경, 구자경(2018). 일반 상담역량, 다문화 상담역량, 사회정의 옹호 상담역량의 구
　　조적 관계 및 잠재집단 탐색. 상담학연구, 19(5), 209-232.

임은미, 구자경(2019). 다문화 사회정의 상담. 서울: 학지사.

임은미, 정성진, 김은주(2009). 국내 다문화 연구와 다문화 상담 연구의 현황. 상담학연구,
　　10(3), 1291-1304.

정안숙(2015). 현대한국사회에서 공동체심리학의 역할: 공동체심리학의 핵심 가치를 중심으
　　로. 한국심리학회지: 일반, 34(3), 667-683.

최가희(2018). 사회정의와 상담심리의 역할. 한국심리학회지: 상담 및 심리치료, 30(2), 249-
　　271.

Abreu, J. M. (1999). Conscious and nonconscious African American stereotypes: Impact
　　on first impression and diagnostic ratings by therapists. *Journal of Consulting and*
　　Clinical Psychology, 67(3), 387-393.

Adams, M., Bell, L., & Griffin, P. (1997). *Teaching for diversity and social justice: A source*
　　book. NY: Routledge.

Adams, M., & Zúñiga, X. (2016). Getting started: Core concepts for social justice education.
　　In M. Adams, L. A. Bell, D. J. Goodman, & K. Y. Joshi (Eds.), *Teaching for diversity*
　　and social justice (4th ed., pp. 95-130). New York, NY: Routledge.

Al-Issa, I. (Ed.). (1995). *Handbook of culture and mental illness: An international*
　　perspective (pp. 3-64). Madison, CT: International University Press.

Allen, I. L. (1984). Male sex roles and epithets for ethnic women in American slang. *Sex*
　　Roles, 11, 43-50.

Allen, J. (2007). A multicultural assessment supervision model to guide research and
　　practice. *Professional Psychology: Research and Practice, 38*(3), 248-258.

Allen, J., & Laird, J. (1991). *Feminist approach for men in family therapy.* New York: NY:
　　Harrington Park Press.

American Psychiatric Association (2013). *Diagnostic and Statistical Manual of Mental*
　　Disorders (5th ed.). Washington, DC: American Psychiatric Publishing.

American Psychological Association (2003). Guidelines on multicultural education,
　　training, research, practice, and organizational change for psychologists. *American*
　　Psychologist, 58(5), 377-402.

American Psychological Association (2015). Guidelines for Psychological Practice with

Transgender and Gender Nonconforming People. *American Psychologist, 70*(9), 832-864.

American Psychological Association (2017). Multicultural Guidelines: An Ecological Approach to Context, Identity, and Intersectionality. Retrieved from: http://www.apa.org/about/policy/multicultural-guidelines.pdf.

American Psychological Association (2019). *Publication manual of the American Psychological Association* (7th ed.). Washington, DC: American Psychological Association.

Archer, D., Iritani, B., Kimes, D. D., & Barrios, M. (1983). Face-ism: Five studies of sex differences in facial prominence. *Journal of Personality and Social Psychology, 45,* 725-735.

Arredondo, P., Toporek, R., Brown, S. P., Jones, J., Locke, D. C., Sanchez, J., & Stadler, H. (1996). Operationalization of the multicultural counseling competencies. *Journal of Multicultural Counseling and Development, 24*(1), 42-78.

Atkinson, D. R., & Hackett, G. (1998). Counseling diverse populations (2nd ed.). Boston: McGraw-Hill.

Atkinson, D. R., Morten, G., & Sue, D. W. (1993). *Counseling American minorities: A cross-cultural perspective* (4th ed.). Madison, Wisconsin: Brown & Benchmark.

Balsam, K. F., & Mohr, J. J. (2007). Adaptation to sexual orientation stigma: A comparison of bisexual and lesbian/gay adults. *Journal of Counseling Psychology, 54*(3), 306-319.

Beale, R. L., Thompson, M. C., & Chesler, M. (2001). Training peer facilitators for intergroup dialogue leadership. In D. Schoem & S. Hurtado (Eds.), *Intergroup dialogue: Deliberative democracy in school, college, community and workplace* (pp. 227-246). MI: University of Michigan Press.

Bell, A. (2010). *Storytelling for social justice: Connecting narrative and the arts in antiracist teaching.* New York: Routledge.

Bell, A. (2016). Theoretical foundations for social justice education. In M. Adams, L. A. Bell, D. J. Goodman, & K. Y. Joshi (Eds.), *Teaching for diversity and social justice* (3rd ed., pp. 3-26). New York, NY: Routledge.

Bell, A., Funk, M. S., Joshi, K. Y., & Valdivia, M. (2016). Racism and white privilege. In M. Adams, L. A. Bell, D. J. Goodman, & K. Y. Joshi (Eds.), *Teaching for diversity and social justice* (3rd ed., pp. 133-181). New York, NY: Routledge.

Bellah, R. M., Madsen, R., Sullivan, W. M., Swidler, A., & Tipton, S. (1996). *Habits of the heart: Individualism and commitment in American life.* Berkeley: University of California Press.

Bemak, F., & Chung, R. C.-Y. (2021). Contemporary refugees: Issues, challenges, and a culturally responsive intervention model for effective practice. *The Counseling Psychologist, 49*(2), 305-324.

Benish, S. G., Quintana, S., & Wampold, B. E. (2011). Culturally adapted psychotherapy and legitimacy of myth: A direct-comparison meta-analysis. *Journal of Counseling Psychology, 58*(3), 279-289.

Benuto, L. T., Singer, J., Newlands, R. T., & Casas, J. B. (2019). Training culturally competent psychologists: Where are we and where do we need to go? *Training and Education in Professional Psychology, 13*(1), 56-63.

Bereiter, J. (2007). Psychiatric evaluation of children and adolescents: It takes time. *Psychiatric Times, 24*(6), 69.

Berg, J. H., & Wright-Buckley, C. (1988). Effects of racial similarity and interviewer intimacy in a peer counseling analogue. *Journal of Counseling Psychology, 35*(4), 377-384.

Bird, H. R., Davies, M., Duarte, C. S., Shen, S., Loeber, R., & Canino, G. J. (2006). A study of disruptive behavior disorders in Puerto Rican Youth: II. Baseline prevalence, comorbidity, and correlations in two sites. *Journal of American Academy of Child and Adolescent Psychiatry, 45*(9), 1042-1053.

Bird, H. R., Shrout, P. E., Davies, M., Canino, G., Duarte, C. S., Shen, S., & Loeber, R. (2007). Longitudinal development of antisocial behaviors in young and early adolescent Puerto Rican children at two sites. *Journal of the American Academy of Child and Adolescent Psychiatry, 46*(1), 5-14.

Blumenfeld, W. J. (2013). Introduction: Heterosexism. In M. Adams, W. J. Blumenfeld, C. Castaneda, H. W. Hackman, M. L. Peters, & X. Zúñiga (Eds.), *Readings for diversity and social justice* (3rd edition, pp. 373-379). New York: Routledge.

Bohm, D. (1996). *On dialogue.* New York: Routledge.

Bond, L. A., & Hauf, A. M. C. (2007). Community-based collaboration: An overarching best practice in prevention. *The Counseling Psychologist, 35*(4), 567-575.

Bonilla-Silva. E. (2013). *Racism without racists* (4th ed.). Lanham, MD: Rowman and Littlefield.

Borgman, A. L. (2009). LGB allies and Christian identity: A qualitative exploration of resolving conflicts and integrating identities. *Journal of Counseling Psychology, 56*(4), 508-520.

Bowleg, L. (2013). Once you've blended the cake, you can't take the parts back to the main ingredients: Black gay and bisexual men's descriptions and experiences of intersectionality. *Sex Roles, 68*(11), 754-767.

Bowleg, L., Teti, M., Malebranche, D. J., & Tschann, J. M. (2013). It's an uphill battle everyday: Intersectionality, low-income Black heterosexual men, and implications for HIV prevention research and interventions. *Psychology of Men & Masculinity, 14*(1), 25-34.

Brewster, M. E., & Moradi, B. (2010). Perceived experiences of anti-bisexual prejudice: Instrument development and evaluation. *Journal of Counseling Psychology, 57*(4), 451-468.

Bronfenbrenner, U. (1979). *The ecology of human development.* Cambridge, MA: Harvard University Press.

Brooks, D. (2000). *Bobos in paradise: The new upper class and how they got there.* New York: Simon & Schuster.

Brooks, G. R. (1998). *A new psychotherapy for traditional men.* San Francisco, CA: Jossey-Bass.

Brooks, G. R. (2001). Masculinity and men's mental health. *Journal of American College Health, 49,* 285-297.

Brown, S., Parham, T., & Yonker, R. (1996). Influence of a cross-cultural training course on racial identity attitudes of white women and men: Preliminary perspectives. *Journal of Counseling and Development, 74,* 510-516.

Brown, T. (2002). A proposed model of bisexual identity development that elaborates on experiential differences of women and men. *Journal of Bisexuality, 2*(4), 67-91.

Burkard, A. W., & Knox, S. (2004). Effect of therapist color-blindness on empathy and attributions in cross-cultural counseling. *Journal of Counseling Psychology, 51*(4), 387-397.

Burkard, A. W., Johnson, A. J., Madson, M. B., Pruitt, N. T., Contreras-Tadych, D. A., Kozlowski, J. M., Hess, S. A., & Knox, S. (2006). Supervisor cultural responsiveness and unresponsiveness in cross-cultural supervision. *Journal of Counseling Psychology, 53*(3), 288-301.

Burnam, M. A., Hough, R. L., Karno, M., Escobar, J. I., & Telles, C. A. (1987). Acculturation and lifetime prevalence of psychiatric disorders among Mexican Americans in Los Angeles. *Journal of Health and Social Behavior, 28*(1), 89-102.

Burnes, T. R., & Manese, J. E. (2008). Social justice in an accredited internship in professional psychology: Answering the call. *Training and Education in Professional Psychology, 2*(3), 176-181.

Burnes, T. R., & Singh, A. A. (2010). Integrating social justice training into the practicum experiences for psychology trainees: Starting earlier. *Training and Education in Professional Psychology, 4*(3), 153-162.

Caldwell, J. C., & Vera, E. M. (2010). Critical incidents in counseling psychology professionals' and trainees' social justice orientation development. *Training and Education in Professional Psychology, 4*(3), 163-176.

Calzo, J. P., Masyn, K. E., Austin, S. B., Jun, H. J., & Corliss, H. L. (2017). Developmental latent patterns of identification as mostly heterosexual versus lesbian, gay, or bisexual. *Journal of research on adolescence, 27*(1), 246-253.

Canino, G., & Alegria, M. (2008). Psychiatric diagnosis: Is it universal or relative to culture? *Journal of Child Psychology and Psychiatry, 49*(3), 237-250.

Capodilupo, C. M. (2014). Clinical applications with women. In D. W. Sue, M. E. Gallardo, & H. A. Neville (Eds.), *Case studies in multicultural counseling and therapy* (pp. 159-172). Hoboken, NJ: Wiley.

Carbado, D. W. (2018). Patriarchy, the system: An it, not a he, a them, or an us. In M. Adams, W. J. A. Blumenfeld, D. C. H. Catalano, K. S. DeJong, H. W. Hackman, L. E. Hopkind et al. (Eds.), *Readings for diversity and social justice* (4th ed., pp. 362-373). New York, NY: Routledge.

Catalano, D. C. J., & Griffin, P. (2016). Sexism, heterosexism, trans* oppression: An integrated perspective. In M. Adams, L. A. Bell, D. J. Goodman, & K. Y. Joshi (Eds.), *Teaching for diversity and social justice* (3rd ed., pp. 183-211). New York, NY: Routledge.

Catalano, D. C. J., Blumenfeld, W. J., & Hackman, H. W. (2018). Sexism, heterosexism, trans* oppression: Introduction. In M. Adams, W. J. A. Blumenfeld, D. C. H. Catalano, K. S. DeJong, H. W. Hackman, L. E. Hopkind et al. (Eds.), *Readings for diversity and social justice* (4th ed., pp. 341-353). New York, NY: Routledge.

Chambers, D., Bratini, L., & Smith, L. (2014). Clinical applications with people in poverty. In D. W. Sue, M. E. Gallardo, & H. A. Neville (Eds.), *Case studies in multicultural counseling and therapy* (pp. 217-230). Hoboken, NJ: Wiley.

Chan, S., & Lee, E. (2004). Families with Asian roots. In E. W. Lynch & M. J. Hanson (Eds.), *Developing cross-cultural competence* (pp. 219-298). Baltimore: Brookes.

Chang, D. F., & Berk, A. (2009). Making cross-racial therapy work: A phenomenological study of clients' experiences of cross-racial therapy. *Journal of Counseling Psychology, 56*, 521-536.

Chaves, A. P., Diemer, M. A., Blustein, D. L., Gallagher, L. A., DeVoy, J. E., Casares, M. T., & Perry, J. C. (2004). Conceptions of work: The view from urban youth. *Journal of*

Counseling Psychology, 51(3), 275-286.

Chen, E. C., Thombs, B. S., & Costa, C. I. (2003). Building connection through diversity in group counseling: A dialogue perspective. In D. B. Pope-Davis, H. L. K. Coleman, W. M. Liu, & R. Toporek (Eds.), *Handbook of multicultural competencies in counseling and psychology* (pp. 456-477). Thousand Oaks, CA: Sage.

Chen, J. C., & Danish, S. J. (2010). Acculturation, distress disclosure, and emotional self-disclosure within Asian populations. *Asian American Journal of Psychology, 1*(3), 200-211.

Cheryan, S., & Bodenhausen, G. V. (2000). When positive stereotypes threaten intellectual performance: The psychological hazards of "model minority" status. *Psychological Science, 11*(5), 399-402.

Choi, G., Mallinckrodt, B., & Richardson, J. (2015). Effects of international student counselors' broaching statement about language and cultural differences on client perceptions of the counselor. *Journal of Multicultural Counseling and Development, 43*(1), 25-37.

Choi, S., & La, S. (2019). Multicultural counseling in South Korea: Exploration and development of culture-specific competence indicators. *The Counseling Psychologist, 47*(3), 444-472.

Choi, S.-C., Han, G., & Kim, C.-W. (2007). Analysis of cultural emotion: Understanding of indigenous psychology for universal implications. In J. Valsiner & A. Rosa (Eds.), *The Cambridge handbook of sociocultural psychology* (pp. 318-342). Cambridge, England: Cambridge University Press.

Choi-Misailidis, S. (2010). Multiracial-Heritage Awareness and Personal Affiliation (M-HAPA): Understanding identity in people of mixed-race descent. In J. G. Ponterotto, J. M. Casas, L. A. Suzuki, & C. M. Alexander (Eds.), *Handbook of multicultural counseling* (3rd ed., pp. 301-312). Los Angeles, CA: Sage.

Choudhuri, D. D., Santiago-Rivera, A., & Garrett, T. L. (2015). 다문화 상담 (*Counseling & Diversity*). (오인수 역). 서울: 박학사. (원저는 2012년에 출판).

Cole, E. R., & Omari, S. R. (2003). Race, class, and the dilemmas of upward mobility for African Americans. *Journal of Social Issues, 59*(4), 785-802.

Connell, R. W. (2008). Change among the gatekeepers: Men, masculinities, and gender equity in the global arena. In J. Z. Spade & C. G. Valentine (Eds.), *The kaleidoscope of gender: Prisms, patterns, and possibilities* (pp. 531-547). Thousand Oaks, CA: Pine Forge Press.

Constantine, M. G. (2001). Independent and interdependent self-construals as predictors of multicultural case conceptualization in counselor trainees. *Counseling Psychology Quarterly, 14*(1), 33-42.

Constantine, M. G. (2007). Racial microaggressions against African American clients in cross-racial counseling relationships. *Journal of Counseling Psychology, 54*(1), 1-16.

Constantine, M. G., & Ladany, N. (2000). Self-report multicultural counseling competence scales: Their relation to social desirability attitudes and multicultural case conceptualization ability. *Journal of Counseling Psychology, 47*(2), 155-164.

Constantine, M. G., Hage, S. M., Kindaichi, M. M., & Bryant, R. M. (2007). Social justice and multicultural issues: Implications for the practice and training of counselors and counseling psychologists. *Journal of Counseling and Development, 85*(1), 24-29.

Constantine, M. G., Miville, M. L., Kindaichi, M. M., & Owens, D. (2010). Case conceptualizations of mental health counselors-Implications for the delivery of culturally competent care. In M. M. Leach & J. D. Aten (Eds.), *Culture and the therapeutic process-A guide for mental health professionals* (pp. 99-115). New York: Routledge.

Constantine, M. G., Warren, A. K., & Mivile, M. L. (2005). White racial identity dyadic interactions in supervision: Implications for supervisees' multicultural counseling competence. *Journal of Counseling Psychology, 52*(4), 490-496.

Cook, B. L., Doksum, T., Chen, C. N., Carle, A., & Alegría, M. (2013). The role of provider supply and organization in reducing racial/ethnic disparities in mental health care in the U.S. *Social Science & Medicine, 84*, 102-109.

Copeland, G. A. (1989). Face-ism and prime-time television. *Journal of Broadcasting and Electronic Media, 33*, 209-214.

Costantino, G., Malgady, R. G., & Rogler, L. H. (1986). Cuento therapy: A culturally sensitive modality for Puerto Rican children. *Journal of Consulting and Clinical Psychology, 54*(5), 639-645.

Courtenay, W. H. (1998). College men's health: An overview and a call to action. *Journal of American College Health, 46*, 279-290.

Cross, W. (1971). Negro-to-black conversion experience: Toward a psychology of black liberation. *Black World, 20*, 13-27.

Cross, W. (1991). *Shades of black: Diversity in African American identity.* Philadelphia: Temple University Press.

Cross, W. (1995). The psychology of Nigrescence: Revisiting the cross model. In J. G. Ponterotto, J. M. Casas, L. A. Suzuki, & C. M. Alexander (Eds.), *Handbook of multicultural counseling* (pp. 93-122). Thousand Oaks, CA: Sage.

D'Andrea, M., & Daniels, J. (1991). Exploring the different levels of multicultural psychotherapy training in therapist education. *Journal of Psychotherapy and Development, 70*(1), 78-85.

D'Andrea, M., Daniels, J., & Heck, R. (1991). Evaluating the impact of multicultural counseling training. *Journal of Counseling & Development, 70*(1), 143-150.

Day, S. (2008). *Theory and design in counseling and psychotherapy.* UK: Routledge.

Day-Vines, N. L., Wood, S. M., Grothaus, T., Craigen, L., Holman, A., Dotson-Blake, K., & Douglass, M. J. (2007). Broaching the subjects of race, ethnicity, and culture during the counseling process. *Journal of Counseling and Development, 84,* 401-409.

Decato, C. M. (2002). A quantitative method for studying the testing supervision process. *Psychological Reports, 90*(1), 137-138.

Decker, K. M., Manis, A. A., & Paylo, M. J. (2016). Infusing social justice advocacy into counselor education: Strategies and recommendations. *The Journal of Counselor Preparation and Supervision, 8*(3). http://dx.doi.org/10.7729/83.1092

Diener, M. A., & Ali, S. B. (2009). Integrating social class into vocational Psychology: Theory and practice implications. *Journal of Career Assessment, 17*(3), 247-265.

Dillon, F. R., Odera, L., Fons-Scheyd, A., Sheu, H., Ebersole, R. C., & Spanierman, L. B. (2016). A dyadic study of multicultural counseling competence. *Journal of Counseling Psychology, 63*(1), 57-66.

Dorland, J. M., & Fischer, A. R. (2001). Gay, lesbian, and bisexual individuals' perceptions: An analogue study. *The Counseling Psychologist, 29*(4), 532-547.

Dovidio, J. F., & Gaertner, S. L. (2000). Aversive racism and selection decisions: 1989 and 1999. *Psychological Science, 11*(4), 315-319.

Downing, N. E., & Roush, K. L. (1985). From passive-accepeance to active commitment: A model of feminist identity development for women. *The Counseling Psychologist, 13*(4), 695-709.

Duckworth, M. P. (2009). Cultural awareness and culturally competent practice. In W. O'Donohue & J. E. Fisher (Eds.), *General principles and empirically supported techniques of cognitive behavior therapy* (pp. 63-76). Hoboken, NJ: Wiley.

Duncan, M. C. (1990). Sports photographs and sexual differences: Images of women and men in the 1984 and 1988 Olympic Games. *Sociology of Sports Journal, 7,* 22-43.

Eells, T. D. (2007). History and current status of psychotherapy case formulation. In. T. D. Eells (Ed.), *Handbook of psychotherapy case formulation* (2nd ed., pp. 3-32). New York, NY: Guilford Press.

Eells, T. D. (2015). *Psychotherapy case formulation.* Washington, DC: American

Psychological Association.

Elliott, K. P., & Hunsley, J. (2015). Evaluating the measurement of mental health service accessibility, acceptability, and availability in the Canadian community health service. *American Journal of Orthopsychiatry, 85*(3), 238-242.

Ellis, M. V., Hutman, H., & Deihl, R. M. (2013). Chalkboard case conceptualization: A method for integrating clinical data. *Training and Education in Professional Psychology, 7*(4), 246-256.

Ellsworth, P. C. (1994). Sense, culture and sensibility. In S. Kitayama & H. R. Markus (Eds.), *Emotion and culture* (pp. 23-50). Washington, DC: American Psychological Association.

Essed, P. (1991). *Understanding everyday racism: An interdisciplinary theory.* New Buru Park, CA: Sage.

Evangalen, J. (2008, May 16). Middle class privileges. https://educationandclass.com/2008/05/16/middle-class-privilege/

Falconnier, L., & Elkin, I. (2008). Addressing economic stress in the treatment of depression. *American Journal of Orthopsychiatry, 78*(1), 37-46.

Faller, K. (Ed.). (2007). *Interviewing children about sexual abuse: Controversies and best practice.* New York: Oxford University Press.

Fassinger, R. E., & Richie, B. S. (1997). Sex matters: Gender and sexual orientation in training for multicultural counseling competency. In D. B. Pope-Davis & H. L. K. Coleman (Eds.), *Multicultural counseling competencies* (pp. 83-110). Thousand Oaks, CA: Sage.

Flick, D. L. (1998). *From debate to dialogue: Using the understanding process to transform our conversations.* Boulder, CO: Orchid Publications.

Fontes, L. A. (2016). 다문화 상담 면접 기법: 다문화 면담의 준비 과정에서 보고서 작성까지 *(Interviewing clients across cultures: A practitioner's guide).* (강영신 역). 서울: 학지사. (원저는 2008년에 출판).

Fox, D. R. (2003). Awareness is good, but action is better. *The Counseling Psychologist, 31*(3), 299-304.

Fredrickson, B. L., & Roberts, T.-A. (1997). Objectification theory: Toward understanding women's lived experiences and mental health risks. *Psychology of Women Quarterly, 21*(2), 173-206.

Friedman, M. R., Dodge, B., Schick, V., Herbenick, D., Hubach, R., Bowling, J., Goncalves, G., Krier, S., & Reece, M. (2014). From bias to bisexual health disparities: Attitudes toward bisexual men and women in the United States. *LGBT health, 1*(4),

309-318.

Garrett, M. T., Borders, L. D., Crutchfield, L. B., Torres-Rivera, E., Brotherton, D., & Curtis, R. (2001). Multicultural superVISION: A paradigm of cultural responsiveness for supervisors. *Multicultural Counseling and Development, 29*(2), 147-158.

Gartner, R. B. (1999). *Betrayed as boys: Psychodynamic treatment of sexually abused men.* New York: Guilford Press.

Gaughen, K. J. S., & Gaughen, D. K. (1996). The Native Hawaiian (Kanaka Maoli) client. In P. B. Pedersen & D. C. Locke (Eds.), *Cultural and diversity issues in counseling* (pp. 33-36). Greensboro School of Education, University of North Carolina at Greensboro. (ERIC Document Reproduction Service No. ED400486).

Giles, H., & Niedzielski, N. (1998). Italian is beautiful, German is ugly. In L. Bauer & P. Trudgill (Eds.), *Language myths* (pp. 85-93). New York: St. Martins Press.

Gnilka, P. B., O'Hara, C., & Chang, C. Y. (2018). Social justice counseling. In D. G. Hays & B. T. Erford (Eds.), *Developing multicultural competence: A system approach* (3rd ed., pp. 66-91). Boston, MA: Pearson.

Good, G. E., Thomson, D. A., & Brathwaite, A. D. (2005). Men and therapy: Critical concepts, theoretical frameworks, and research recommendations. *Journal of clinical psychology, 61*(6), 699-711.

Goodman, D. J. (2011). *Promoting diversity and social justice: Educating people from privileged groups* (2nd ed.). New York, NY: Routledge.

Goodman, L. A., Liang, B., Helms, J. E., Latta, R. E., Sparks, E., & Weintraub, S. R. (2004). Training counseling psychologists as social justice agents: Feminist and multicultural principles in action. *The Counseling Psychologist, 32*(6), 793-837.

Goodspeed-Grant, P., Mackie, K. L., & Abraham, J. (2020). Social class. In G. McAuliffe (Ed.), *Culturally alert counseling: A comprehensive introduction* (3rd ed., pp. 317-347). Thousand Oaks, CA: Sage.

Gramlich, E. M. (2007). *Subprime mortgages: America's latest boom and bust.* Washington, DC: Urban Institute Press.

Grant, J. (2006). Training counselors to work with complex clients: Enhancing emotional responsiveness through experiential methods. *Counselor Education and Supervision, 45*(3), 218-230.

Greene, B. A. (1990). What has gone before: The legacy of racism and sexism in the lives of black mothers and daughters. In L. S. Brown, & M. P. P. Root (Eds.), *Diversity and complexity in feminist therapy* (pp. 207-230). New York: Haworth Press.

Greenspan, M. (1983). *A new approach to women and therapy.* New York: McGraw- Hill.

Grossman, A. H., & D'Augelli, A. R. (2006). Transgender youth: Invisible and vulnerable. *Journal of Homosexuality, 51*(1), 111-128.

Grothaus, T., McAuliffe, G., & Danner, M. (2020). Social justice and advocacy. In G. McAuliffe (Ed.), *Culturally alert counseling: A comprehensive introduction* (3rd ed., pp. 41-62). Thousand Oaks, CA: Sage.

Gundel, B. E., Bartholomew, T. T., & Scheel, M. J. (2020). Culture and care: An illustration of multicultural processes in a counseling dyad. *Practice Innovations, 5*(1), 19-31.

Gushue, G. V. (2004). Race, Color-blind racial attitudes, and judgments about mental health: A shifting standards perspective. *Journal of Counseling Psychology, 51*(4), 398-407.

Gutierrez, F. J. (1982). Working with minority counselor education students. *Counselor Education & Supervision, 21,* 218-226.

Hall, J. A. (1984). *Nonverbal sex differences: Commuication accuracy and expression style.* Baltimore, MD: Johns Hopkins University Press.

Hardiman, R., Jackson, B. W., & Griffin, P. (2007). Conceptual foundations. In M. Adams, L. A. Bell, & P. Griffin, (Eds.), *Teaching for diversity and social justice* (2nd ed., pp. 35-66). New York, NY: Routledge.

Harrell, S. P. (2000). A multidimensional conceptualization of racism-related stress: implications for the well-being of people of color. *The American Journal of Orthopsychiatry, 70*(1), 42-57.

Harro, B. (2018). The cycle of liberation. In M. Adams, W. J. Blumenfeld, C. R. Castanneda, H. W. Hackman, M. L. Peters, & X. Zúñiga (Eds.), *Readings for diversity and social justice* (2nd ed., pp. 52-58). New York: Routledge.

Harvey, J. H., Orbuch, T. L., Chwalisz, K. D., & Garwood, G. (1991). Coping with sexual assault: The roles of account-making and confiding. *Journal of Traumatic Stress Studies, 4,* 515-530.

Hays, P. A. (2010). 문화적 다양성과 소통하기: 다문화상담의 이해 (*Addressing cultural complexities in practice: Assessment, diagnosis, and therapy,* 2nd ed.). (방기연 역). 경기: 한울. (원저는 2008년에 출판).

Helms, J. E. (1995). An update of Helm's white and people of color racial identity models. In J. G. Ponterotto, J. M. Casas, L. A. Suzuki, & C. M. Alexander (Eds.), *Handbook of multicultural counseling* (pp. 181-198). Thousand Oaks, CA: Sage.

Helms, J. E., & Cook, D. A. (1999). *Using race and culture in counseling and psychotherapy.* Boston, MA: Allyn & Bacon.

Herek, G. M. (2009). Hate crimes and stigma-related experiences among sexual minority adults in the United States: Prevalence estimates from a national probability sample. *Journal of interpersonal violence, 24*(1), 54-74.

Hill, C. E. (2014). *Helping skills: Facilitating exploration, insight, and action* (4th ed.). Washington, DC: American Psychological Association.

Hill, C. E., & Kearl, H. (2011). *Crossing the line: Sexual harassment at school.* Washington, DC: American Association of University Women.

Ho, T. P., Leung, P. W., Luk, E. S., Taylor, E., Bacon-Shone, J., & Mak, F. L. (1996). Establishing the constructs of childhood behavioral disturbances in a Chinese population: A questionnaire study. *Journal of Abnormal Child Psychology, 24,* 417-431.

Holmes, G. R., Offen, L., & Waller, G. (1997). See no evil, hear no evil, speak no evil: Why do relatively few male victims of childhood sexual abuse receive help for abuse-related issues in adulthood? *Clinical Psychology Review, 17,* 69-88.

Holroyd, J. (2015). Implicit bias, awareness and imperfect cognitions. *Consciousness and Cognition, 33,* 511-523.

Hovey, J. D., & King C. A. (1996). Acculturative stress, depression, and suicidal ideation among immigrant and second-generation Latino adolescents. *Journal of the American Academy of Child and Adolescent Psychiatry, 35*(9), 1183-1192.

Ingram, B. L. (2012). *Clinical case formulations: Matching the integrative treatment plan to the client.* NJ: John Wiley & Sons, Inc.

Inman, A. G. (2006). Supervisor multicultural competence and its relation to supervisory process and outcome. *Journal of Marital and Family Therapy, 32*(1), 73-85.

Inman, A. G., & DeBoer Kreider, E. (2013). Multicultural competence: Psychotherapy practice and supervision. *Psychotherapy, 50*(3), 346-350.

Ip, K. I., Miller, A. L., Karasawa, M., Hirabayashi, H., Kazama, M., Wang, L., Olson, S. L., Kessler, D., & Tardif, T. (2021). Emotion expression and regulation in three cultures: Chinese, Japanese, and American preschoolers' reactions to disappointment. *Journal of Experimental Child Psychology.* Advanced online publication.

Ivey, A. (2008). Review of handbook for social justice in counseling psychology: Leadership, vision, and action. *Cultural Diversity and Ethnic Minority Psychology, 14*(1), 83-84.

Ivey, A. E. (1977). Cultural expertise: Toward systematic outcome criteria in counseling and psychological education. *Personnel & Guidance Journal, 55*(6), 296-302.

Ivey, A. E., D'Andrea, M. J., & Ivey, M. B. (2015). 상담이론과 실제: 다문화 관점의 통합적 이해 *(Theories of counseling and psychotherapy: A multicultural perspective,* 7th ed.).

(김병석, 김지현, 최희철, 선혜연 공역). 서울: 학지사. (원저는 2012년에 출판).

Ivey, A. E., Ivey, M. B., & Zalaquett, C. P. (2017). 상담의 기술: 다문화 시대의 상담역량 강화 (*Intentional interview and counseling: Facilitating client development in a multicultural society*). (방기연, 김희수, 박현주, 이수진 공역). 서울: Cengage Learning. (원저는 2014년에 출판).

Ivey, A. E., Ivey, M. B., Myers, J. E., & Sweeney, T. J. (2005). *Developmental counseling and therapy: Promoting wellness over the lifespan*. Belmont, CA: Wadsworth, Cengage Learning.

Jack, D. C. (1991). *Silencing the self: Women and depression*. New York: Harper Perennial.

Jackson, M., & Grant, D. (2004). Equity, access, and career development: Contextual conflicts. In R. Perusse & C. E. Goodnough (Eds.), *Leadership, advocacy, and direct service strategies for professional school counselors* (pp. 125-153). Belmont, CA: Brooks/Cole.

Jain, A., & Aggarwal, P. (2020). What would be most helpful for us to talk about? Trainee perspectives on culturally effective supervision in the USA and India. *Journal of Psychotherapy Integration, 30*(1), 84-92.

Jewell, L. M., & Morrison, M. A. (2010). "But there's a million jokes about everybody . . .": prevalence of, and reasons for, directing negative behaviors toward gay men on a Canadian university campus. *Journal of Interpersonal Violence, 25*(11), 2094-2112.

Johnson, A. (2018). *Privilege, power, and difference*. New York, NY: McGraw-Hill.

Karlssoon, R. (2005). Ethnic matching between therapist and patient in psychotherapy: An overview of findings, together with methodological and conceptual Issues. *Cultural Diversity and Ethnic Minority Psychology, 11*(2), 113-129.

Kaschak, E. (1992). *Engendered lives: A new psychology of women's experience*. New York: Basic Books.

Katz, J. (2018). Violence against women is a men's issue. In M. Adams, W. J. Blumenfeld, C. R. Castanneda, H. W. Hackman, M. L. Peters, & X. Zúñiga (Eds.), *Readings for diversity and social justice* (4th ed., pp. 425-429). New York, NY: Routledge.

Kaufman, C. (2003). *Ideas for action: Relevant theory for radical change*. Cambridge, MA: South End Press.

Kegan, R. (1998). *In over our heads: The mental demands of modern life*. Cambridge, MA: Harvard University Press.

Kenney, K. R., & Kenney, M. E. (2009). Counseling multiple heritage couples and families. In R. C. Henriksen Jr. & D. A. Paladino (Eds.), *Counseling multiple heritage individuals, couples, and families* (pp. 111-124). Alexandria, VA: American Counseling Association.

Kidd, S. A., & Kral, M. J. (2005). Practicing participatory action research. *Journal of Counseling Psychology, 52*(2), 187-195.

Kim, B-L., & Ryu, E. (2005). Korean families. In M. Mcgoldrick, J. Giordano, & N. Garcia-Preto (Eds.), *Ethnicity and family therapy* (pp. 349-362). New York: Guilford Press.

Kim, S. C. (1985). Family therapy for Asian Americans: A strategic-structural framework. *Psychotherapy: Theory, Research, Practice, Training, 22*(2S), 342-348.

Kiselica, M. S. (2004). When duty calls: The implications of social justice work for policy, education and practice in the mental health professions. *The Counseling Psychologist, 32*(6), 838-854.

Kitayama, S., & Markus, H. R. (1994). *Emotion and culture.* Washington, DC: American Psychological Association.

Kiviruusu, O., Huurre, T., Haukkala, A., & Aro, H. (2013). Changes in psychological resources moderates the effect of socioeconomic status in distress symptoms: A 10 year follow-up among young adults. *Health Psychology, 32*(6), 627-636.

Kleinman, A. (1998). *Rethinking psychiatry.* New York: Free Press.

Knox, S., Burkard, A. W., Johnson, A. J., Suzuki, L. A., & Ponterotto, J. G. (2003). African American and European therapists' experiences of addressing race in cross-racial psychotherapy dyads. *Journal of Counseling Psychology, 50,* 466-481.

Knudson-Martin, C. (2003). Gender and biology: A recursive framework for clinical practice. *Journal of Feminist Family Therapy, 15,* 1-21.

Korman, M. (1974). National conference on levels and patterns of professional training in psychology: The major themes. *American Psychologist, 29*(6), 441-449.

Kraus, M. W., Piff, P. K., & Keltner, D. (2009). Social class, sense of control, and social explanation. *Journal of Personality and Social Psychology, 97*(6), 992-1004.

Kraus, M. W., Piff, P. K., Mendoza-Denton, R., Rheinschmidt, M. L., & Keltner, D. (2012). Social class, solipsism, and contextualism: How the rich are different from the poor. *Psychological Review, 119*(3), 546-572.

Ladany, N., & Bradley, L. J. (2013). 상담 수퍼비전 *(Counselor supervision).* (유영권, 안유숙, 이정선, 은인애, 류경숙, 최주희 공역). 서울: 학지사. (원저는 2010년에 출판).

Ladany, N., Inman, A. G., & Constantine, M. G. (1997). Supervisee multicultural case conceptualization ability and self-reported multicultural competence as functions of supervisee racial identity and supervisor focus. *Journal of Counseling Psychology, 44*(3), 284-293.

LaFromboise, T., Coleman, H., & Gerton, J. (1993). Psychological impact of biculturalism: Evidence and theory. *Psychological Bulletin, 114*(3), 395-412.

Lee, D. L., & Tracey, T. J. G. (2008). General and multicultural case conceptualization skills: A cross-sectional analysis of psychotherapy trainees. *Psychotherapy Theory: Research, Practice, Training, 45*(4), 507-522.

Lee, D. L., Sheridan, D. J., Rosen, A. D., & Jones, I. (2013). Psychotherapy trainees' multicultural case conceptualization content: Thematic differences across three cases. *Psychotherapy, 50*(2), 206-212.

Lew, M. (1988). *Victims no longer: Men recovering from incest and other sexual child abuse.* New York: Nevraumont Publishing.

Lewis, J., Arnold, M. S., House, R., & Toporek, R. L. (2002). ACA Advocacy Competencies. Advocacy Task Force, American Counseling Association. Retrieved from http://www.counseling.org/resources/html.

Lewis, M. (1992). *Shame: The exposed self.* New York: Free Press.

Lewis-Fernández, R., & Díaz, N. M. S. W. (2002). The cultural formulation: A method for assessing cultural factors affecting the clinical encounter. *Psychiatric Quarterly, 73*(4), 271-295.

Liddle, B. J. (1996). Therapist sexual orientation, gender, and counseling practices as they relate to ratings on helpfulness by gay and lesbian clients. *Journal of Counseling Psychology, 43*(4), 394-401.

Liese, B. S., & Esterline, K. M. (2015). Concept Mapping: A supervision strategy for introducing case conceptualization skills to novice therapists. *Psychotherapy, 52*(2), 190-194.

Lin, Y. L. (2017). Co-occurrence of speech and gestures: A multimodel corpus linguistic approach to intercultural interaction. *Journal of Pragmatics, 117,* 155-167.

Lisak, D. (2005). Male survivors of trauma. In G. E. Good & G. R. Brooks (Eds.), *The new handbook of psychotherapy and counseling with men: A comprehensive guide to settings, problems, and treatment approaches* (Rev. & abridged ed., pp. 147-158). San Francisco: Jossey-Bass.

Liu, W. M. (2001). Expanding our understanding of multiculutralism: Developing a social class worldview model. In D. Pope-Davis & H. K. Coleman (Eds.), *The intersection of race, class, gender in multicultural counseling* (pp. 127-170). Thousand Oaks, CA: Sage.

Liu, W. M., Ali, S. R., Soleck, G., Hopps, J., Dunston, K., & Pickett Jr. T. (2004). Using social class in counseling psychology research. *Journal of Counseling Psychology,*

51(3), 3-18.

Liu, W. M., Soleck, G., Hopps, J., Dunston, K., & Pickett, Jr. T. (2004). A new framework to understand social class in counseling: The social class worldview model and modern classism theory. *Journal of Multicultural Counseling and Development, 32*(2), 95-122.

Lonner, W., & Ibrahim, F. A. (2002). Appraisal and assessment in cross-cultural counseling. In P. B. Pedersen, J. G. Draguns, W. J. Lonner, & J. E. Trimble (Eds.), *Counseling across cultures* (pp. 355-379). Thousand Oaks, CA: Sage.

Lorber, J. (2018). "Nught to his day": The social construction of gender. In M. Adams, W. J. A. Blumenfeld, D. C. H. Catalano, K. S. DeJong, H. W. Hackman, L. E. Hopkind et al. (Eds.), *Readings for diversity and social justice* (4th ed., pp. 354-359). New York, NY: Routledge.

MacCluskie, K. (2012). 현대 상담기술: 통합된 이론, 다문화주의 그리고 자각 *(Acquiring counseling skills)*. (홍창희, 이숙자, 정정화, 정민 공역). 서울: 학지사. (원저는 2010년에 출판).

Mallinckrodt, B., & Helms, J. E. (1986). Effect of disabled counselors' self-disclosures on client perceptions of the counselor. *Journal of Counseling Psychology, 33*, 343-348.

Mallinckrodt, B., Miles, J. R., & Levy, J. J. (2014). The scientist-practitioner-advocate model: Addressing contemporary training needs for social justice advocacy. *Training and Education in Professional Psychology, 8*(4), 303-311.

Marger, M. (1999). *Social inequality: Patterns and processes.* Mountain View, CA: Mayfield Publishing Company.

McAuliffe, G. (2020). Culture and diversity defined. In G. McAuliffe (Ed.), *Culturally alert counseling: A comprehensive introduction* (3rd ed., pp. 3-22). Thousand Oaks, CA: Sage.

McAuliffe, G. (2020). Culture: Clarification and complications. In G. McAuliffe (Ed.), *Culturally alert counseling: A comprehensive introduction* (3rd ed., pp. 23-40). Thousand Oaks, CA: Sage.

McAuliffe, G., Gomez, E., & Grothaus, T. (2013). Conceptualization race and racism. In G. McAuliffe (Ed.), *Culturally alert counseling: A comprehensive introduction* (2nd ed., pp. 89-124). Thousand Oaks, CA: Sage.

McAuliffe, G., & Grothaus, T. (2020). The practice of culturally alert counseling. In G. McAuliffe (Ed.), *Culturally alert counseling: A comprehensive introduction* (3rd ed., pp. 509-532). Thousand Oaks, CA: Sage.

McAuliffe, G., Grothaus, T., & Gomez, E. (2020). Conceptualization race and racism. In G.

McAuliffe (Ed.), *Culturally alert counseling: A comprehensive introduction* (3rd ed., pp. 77-106). Thousand Oaks, CA: Sage.

McAuliffe, G., Kim, B. S. K., & Park, Y. S. (2020). Ethnicity. In G. McAuliffe (Ed.), *Culturally alert counseling: A comprehensive introduction* (3rd ed., pp. 63-76). Thousand Oaks, CA: Sage.

McCarthy, J. F., Blow, F. C., Valenstein, M., Fisher, E. P., Owen, R. R., Barry, K. L., Hudson, T. J., & Ignacio, R. V. (2007). Veterans affairs health system and mental health treatment retention among patients with serious mental illness: Evaluating accessibility and availability barriers. *Health Research and Educational Trust, 42*(3), 1042-1060.

McCarthy, P. R., & Betz, N. E. (1978). Differential effects of self-disclosing versus self-involving counselor statements. *Journal of Counseling Psychology, 25*, 251-256.

McGoldrick, M., Giordano, J., & Garcia-Preto, N. (2005). *Ethnicity and family therapy*. New York: Guilford Press.

McIntosh, P. (1988). White privilege and male privilege: A personal account of coming to see correspondences through work in women's studies. In M. L. Anderson & P. H. Collins (Eds.), *Race, class and gender: An anthology* (pp. 76-87). Belmont, CA: Wadsworth.

McIntosh, P. (2003). White privilege: Unpacking the invisible knapsack. In S. Plous (Ed.), *Understanding prejudice and discrimination* (pp. 191-196). New York, NY: McGraw-Hill.

Mclean, R., & Marini, I. (2003). Counseling issues and approaches working with families of African American gay male members with HIV/AIDS. *Journal of Family Psychotherapy, 14*(1), 9-21.

McNamara, K., & Rickard, K. M. (1989). Feminist identity development: Implications for feminist therapy with women. *Journal of Counseling & Development, 68*(2), 184-189.

Minton, J., Shell, J., & Solomon, L. Z. (2004). A comparative study of values and attitudes of inner-city and middle class postpartum women. *Psychological Reports, 95*, 235-249.

Mio, J. S., Barker-Hackett, L., & Tumambing, J. (2012). *Multicultural psychology: Understanding our diverse communities* (3rd ed.). New York: Oxford University Press.

Miville, M. L., Gelso, C. J., Pannu, R., Liu, W., Touradji, P., Holloway, P., & Fuertes, J. (1999). Appreciating similarities and valuing differences: The Miville-Guzman Universality-Diversity Scale. *Journal of Counseling Psychology, 46*(3), 291-307.

Mohr, J., & Fassinger, R. (2000) Measuring dimensions of lesbian and gay male experience, *Measurement and Evaluation in Counseling and Development, 33*(2), 66-90.

Motulsky, S. L., Gere, S. H., Saleem, R., & Trantham, S. M. (2014). Teaching social justice in counseling psychology. *The Counseling Psychologist, 42*(8), 1058-1083.

Nadal, K. L., Rivera, D. P., & Corpus, M. J. H. (2010). Sexual orientation and transgender microaggressions. In Sue, D. W. (Ed.), *Microaggressions and marginality: Manifestation, dynamics, and impact* (pp. 217-240). New Jersey: John Wiley & Sons.

Neville, H., Spanierman, L., & Doan, B. (2006). Exploring the association between color-blind racial ideology and multicultural counseling competencies. *Cultural Diversity and Ethnic Minority Psychology, 12*(2), 275-290.

Notestine, L. E., & Leeth, C. (2020). Gender. In G. McAuliffe (Ed.), *Culturally alert counseling: A comprehensive introduction* (3rd ed., pp. 349-370). Thousand Oaks, CA: Sage.

Novak, T. T. (2005). Vietnamese. In J. G. Lipson & S. L. Dibble (Eds.), *Culture and clinical care* (pp. 446-460). San Francisco: UCSF Nursing Press.

O'Connor, K. (2005). Addressing diversity issues in play therapy. *Professional Psychology: Research and Practice, 36*(5), 566-573.

O'Neil, J. M. (2008). Summarizing 25 years of research on men's gender role conflict using the Gender Role Conflict Scale: New research paradigms and clinical implications. *The Counseling Psychologist, 36*(3), 358-445.

Ohman, A. (1993). Fear and anxiety as emotional phenomena: Clinical phenomenology, evolutionary perspectives, and information-processing mechanisms. In M. Lewis & J. M. Harvland (Eds.), *Handbook of emotions* (pp. 511-536). New York: Guilford.

Oliver, M. L., & Shapiro, T. M. (2018). Race, wealth, and equality. In M. Adams, W. J. Blumenfeld, D. C. Catalano, K. S. DeJong, H. W. Hackman, L. E. Hopkins et al. (Eds.), *Readings for diversity and social justice* (4th ed., pp. 185-191). New York, NY: Routledge.

Organista, P. B., Marin, G., & Chun, K. M. (2010). *The psychology of ethnic groups in the United States.* Thousand Oaks, CA: Sage.

Owen, J., Imel, Z., Adelson, J., & Rodolfa, E. (2012). 'No-show': Therapist racial/ethnic disparities in client unilateral termination. *Journal of Counseling Psychology, 59*(2), 314-320.

Park, Y. S., & Kim, B. S. K. (2008). Asian and European American cultural values and communication styles among Asian American and European American college students. *Cultural diversity and Ethnic Minority, 14*(1), 47-56.

Patallo, B. J. (2019). The multicultural guidelines in practice: Cultural humility in clinical training and supervision. *Training and Education in Professional Psychology, 13*(3), 227-232.

Pedersen, P. B. (1990). The multicultural perspective as a fourth force in counseling. *Journal of Mental Health Counseling, 12*(1), 93-95.

Pedersen, P. B., & Marsella, A. J. (1982). The ethical crisis for cross-cultural counseling and therapy. *Professional Psychology, 13*(4), 492-500.

Perunovic, W. Q. E., Heller, D., & Rafaeli, E. (2007). Within-person changes in the structure of emotion: The role of cultural identification and language. *Psychological Science, 18*(7), 607-613.

Pew Research Center (2014). Wealth inequality has widened along racial, ethnic lines since end of Great Recession. Retrieved from https://www.pewresearch.org/fact-tank/2014/12/12/racial-wealth-gaps-great-recession/

Pierce, C. M. (1995). Stress analogs of racism and sexism: Terrorism, torture, and disaster. In C. V. Whillie, P. P. Reiker, B. M. Kramer, & B. S. Brown (Eds.), *Mental health, racism and sexism* (pp. 277-293). Pittsburgh: University of Pittsburgh Press.

Ponterotto, J., & Pedersen, P. B. (2003). *Preventing prejudice: A guide for counselors, educators and parents.* Newbury Park, CA: Sage.

Pope-Davis, D. B., & Coleman, H. L. K. (Eds.). (1997). Multicultural aspects of counseling series (Vol. 7). *Multicultural counseling competencies: Assessment, education and training, and supervision.* Thousand Oaks, CA: Sage Publications.

Pope-Davis, D. B., & Ottavi, T. M. (1994). The relationship between racism and racial identity among White Americans: A replication and extension. *Journal of Counseling & Development, 72*(3), 293-297.

Ramirez Stege, A. M., Brockberg, D., & Hoyt, W. T. (2017). Advocating for advocacy: An exploratory survey on student advocacy skills and training in counseling psychology. *Training and Education in Professional Psychology, 11*(3), 190-197.

Rawlings, E. I., & Carter, D. K. (1977). *Psychotherapy for women.* Springfield, IL: Charles C Thomas.

Ridley, C. R., & Kelly, S. M. (2007). Multicultural considerations in case formulation. In T. D. Eells (Ed.), *Handbook of psychotherapy case formulation* (2nd ed., pp. 33-64). New York, NY: Guilford Press.

Robinson, D. T., & Morris, J. R. (2000). Multicultural counseling: Historical context and current training considerations. *The Western Journal of Black Studies, 24*(4), 239-253.

Rochlen, A. B., & Hoyer, W. D. (2005). Marketing mental health to men: Theoretical and practical considerations. *Journal of Clinical Psychology, 61*, 675-684.

Ronzio, C. R., Guagliardo, M. F., & Persaud, N. P. (2006). Disparity in location of urban mental service provider. *American Journal of Orthopsychiatry, 76*(1), 37-43.

Root, M. P. P. (1996). *The multiracial experience: Racial borders as the new frontier.* Thousand Oaks, CA: Sage.

Rosenthal, L. (2016). Incorporating intersectionality into psychology: An opportunity to promote social justice and equity. *American Psychologist, 71*(6), 474-485.

Sanchez, D., Del Prado, A., & Davis, C. (2010). Broaching ethnicity competently in therapy. In J. A. E. Cornish, B. A. Schreier, L. I. Nadkarni, L. H. Metzger, & E. R. Rodolfa (Eds.), *Handbook of multicultural counseling competencies* (pp. 93-116). Hoboken, NJ: Wiley.

Sandhu, D. S., & Asrabadi, B. R. (1994). Development of an Acculturative Stress Scale for international students: Preliminary findings. *Psychological Reports, 75*(1), 435-448.

Sansone, D. (2005). Morita therapy and constructive living: Choice theory and reality therapy's Eastern family. *International Journal of Reality Therapy, 25*(1), 26-29.

Savage, C. (2012, July 12). Wells Fargo will settle mortgage bias charges. The New York Times. Retrieved from https://www.nytimes.com/2012/07/13/business/wells-fargo-to-settle-mortgage-discrimination-charges.html.

Schmitt, J. P., & Hancey, R. (1979). Social class and psychiatric treatment: Application of a decision-making model to use patterns in a cost-free clinic. *Journal of Consulting and Clinical Psychology, 47*(4), 771-772.

Schoem, D., & Hurtado, S. (2001). *Intergroup dialogue: Deliberative democracy in school, college, community, and workplace.* MI: University of Michigan Press.

Settles, I. H. (2006). Use of an intersectional framework to understand Black women's racial and gender identities. *Sex Roles, 54*(9-10), 589-6011.

Shea, M., Yang, L. H., & Leong, F. T. L. (2010). Loss, psychosis, and chronic suicidality in a Korean American immigrant man: Integration of cultural formulation model and multicultural case conceptualization. *Asian American Journal of Psychology, 1*(3), 212-223.

Sheets, R. L. Jr., & Mohr, J. J. (2009). Perceived social support from friends and family and psychosocial functioning in bisexual young adult college students. *Journal of Counseling Psychology, 56*(1), 152-163.

Shepard, D., & Harway, M. (Eds.). (2012). *Engaging men in couples therapy* (Vol. 11). New York, NY: Routledge.

Shiota, M. N., & Kalat, J. W. (2012). *Emotion.* Wadsworth, CA: Cengage Learning.

Sinclair, S. L. (2006). Object lessons: A theoretical and empirical study of objectified body consciousness in women. *Journal of Mental Health Counseling, 28*, 48-68.

Slade, E. P. (2003). The relationship between school characteristics and the availability of mental health and related health services in middle and high schools in the United States. *The Journal of Behavioral Health Services & Research, 30*(4), 382-392.

Smith, L. (2005). Psychotherapy, classism, and the poor: Conspicuous by their absence. *American Psychologist, 60*(7), 687-696.

Sodowsky, G. R., Taffe, R. C., Gutkin, T. B., & Wise, S. L. (1994). Development of the multicultural psychotherapy inventory: A self-report measure of multicultural competencies. *Journal of Psychotherapy Psychology, 41*(2), 137-148.

Sophie, J. (1982). Counseling lesbians. *Personnel and Guidance Journal, 60*, 341-345.

Sorsoli, L., Kia-Keating, M., & Grossman, F. K. (2008). "I keep that hush-hush": Male survivors of sexual abuse and the challenges of disclosure. *Journal of Counseling Psychology, 55*(3), 333-345.

Spanierman, L. B., & Smith, L. (2017). Roles and responsibilities of White allies: Implications for research, teaching, and practice. *The Counseling Psychologist, 45*(5), 606-617.

Sperry, L., & Sperry, J. (2016). 상담실무자를 위한 사례개념화: 이해와 실제 (*Case conceptualization: Mastering this competency with ease and confidence*). (이명우 역). 서울: 학지사. (원저는 2012년에 출판).

Steele, C. (2010). *Whistling Vivaldi: And other clues to how stereotypes affect us.* New York, NY: W. W. Norton & Company.

Stevenson, H. C., & Renard, G. (1993). Trusting ole' wise owls: Therapeutic use of cultural strengths in African-American families. *Professional Psychology Research and Practice, 24*(4), 433-442.

Sue, D. W. (2001). Multidimensional facets of cultural competence. *The Psychotherapy Psychologist, 29*(6), 790-821.

Sue, D. W. (2018). Microaggressions, marginality, and oppression: An introduction. In M. Adams, W. J. Blumenfeld, D. C. Catalano, K. S. DeJong, H. W. Hackman, L. E. Hopkins et al. (Eds.), *Readings for diversity and social justice* (4th ed., pp. 22-26). New York, NY: Routledge.

Sue, D. W., & Sue, D. (2011). 다문화 상담: 이론과 실제 (*Counseling the culturally diverse*). (하혜숙, 김태호, 김인규, 이호준, 임은미 공역). 서울: 학지사. (원저는 2008년에 출판).

Sue, D. W., & Torino, G. C. (2005). Racial-cultural competence: Awareness, knowledge and skills. In R. T. Carter (Ed.), *Handbook of racial-cultural psychology and counseling* (pp. 3-18). Hoboken, NJ: Wiley.

Sue, D. W., Arredondo, P., & McDavis, R. J. (1992). Multicultural psychotherapy competencies and standards: A call to the profession. *Journal of Psychotherapy and Development, 20*(2), 64-88.

Sue, D. W., Bernier, J. E., Durran, A., Feinberg, L., Pedersen, P., Smith, E. J., & Vasquez-Nuttal, E. (1982). Position paper: Cross-cultural counseling competencies. *The Counseling Psychologist, 10*(2), 45-52.

Sue, D. W., Sue, D., Neville, H. A., & Smith, L. (2019). *Counseling the culturally diverse: Theory and practice* (8th ed.). Hoboken, NJ: John Wiley & Sons, Inc..

Sue, S. (1998). In search of cultural competence in psychotherapy and counseling. *American Psychologist, 58*(4), 440-448.

Szymanski, D. M. (2009). Examining potential moderators of the link between heterosexist events and gay and bisexual men's psychological distress. *Journal of Counseling Psychology, 56*(1), 142-151.

Szymanski, D. M., & Carretta, R. F. (2020). Lesbian, gay, and bisexual clients. In G. McAuliffe (Ed.), *Culturally alert counseling: A comprehensive introduction* (3rd ed., pp. 23-40). Thousand Oaks, CA: Sage.

Szymanski, D. M., Kashubeck-West, S., & Meyer, J. (2008). Internalized heterosexism: Measurement, psychosocial correlates, and research directions. *The Counseling Psychologist, 36*(4), 525-574.

Taft, R. (1977). Coping with unfamiliar cultures. In N. Warren (Ed.), *Studies in cross-cultural psychology* (pp. 121-153). London, UK: Academic Press.

Tao, K. W., Owen, J., Pace, B. T., & Imel, Z. E. (2015). A meta-analysis of multicultural competencies and psychotherapy process and outcome. *Journal of Counseling Psychology, 62*(3), 337-350.

Tatum, B. (1994). Talking about race, learning about racism: The application of racial identity development theory in the classroom. *Harvard Educational Review, 62*, 1-24.

Tatum, B. D. (1987). *Assimilation blues: Black families in a white community.* New York: Academic Press.

Tetlock, P., & Suedfeld, P. (1988). Integrative complexity coding of behavior. In C. Antaki (Ed.), *Analysing everyday explanation* (pp. 43-59). London: Sage.

Thompson, M. N., Cole, O. D., & Nitzarim, R. S. (2012). Recognizing social class in the psychotherapy relationship: A grounded theory exploration of low-income clients. *Journal of Counseling Psychology, 59*(2), 208-221.

Toporek, R. L., & Vaughn, S. R. (2010). Social justice in the training of professional psychologists: Moving forward. *Training and Education in Professional Psychology,* 4(3), 177-182.

Toporek, R. L., & Worthington, R. L. (2014). Integrating service learning and difficult dialogues pedagogy to advance social justice training. *The Counseling Psychologist,* 42(7), 919-945.

Toporek, R. L., Gerstein, L. H., Fouad, N. A., Roysircar, G., & Israel, T. (Eds.). (2006). *Handbook for social justice in counseling psychology: Leadership, vision, and action.* Thousand Oaks, CA: Sage Publications.

Toporek, R. L., Lewis, J. A., & Crethar, H. C. (2009). Promoting systemic change through the ACA advocacy competencies. *Journal of Counseling and Development,* 87(3), 260-268.

Triandis, H. C. (1994). *Culture and social behavior.* New York, NY: McGraw-Hill.

Unger, R. K. (1979). *Female and male.* New York: Harper and Row.

Van Buren, J. (1992). Gender fair counseling. *Counseling and Human Development, 24,* 1-12.

Vera, E. M., & Speight, S. L. (2003). Multicultural competence, social justice, and counseling psychology: Expanding our roles. *The Counseling Psychology, 31*(3), 253-272.

Vera, L. M., & Shin, R. Q. (2006). Promoting strengths in a socially toxic world: Supporting resilience with systemic interventions. *The Counseling Psychologist, 34*(1), 80-89.

Vogel, D. L., Wester, S. R., Hammer, J. H., & Downing-Matibag, T. M. (2014). Referring men to seek help: The influence of gender role conflict and stigma. *Psychology of Men & Masculinity, 15*(1), 60-67.

Vontress, C. (1995). The breakdown of authority: Implications for counseling African-American males. In J. Porterotto, J. Casas, L. Suzuki, & C. Alexander (Eds.), *Handbook of multicultural counseling* (pp. 457-473). Thousand Oaks, CA: Sage.

Wadsworth, M. E., & Achenbach, T. M. (2005). Explaining the link between low socioeconomic status and psychopathology: Testing two mechanisms of the social causation hypothesis. *Journal of Counseling and Clinical Psychology, 73*(6), 1146-1153.

Wang, C.-C. D., & Mallinckrodt, B. S. (2006). Differences between Taiwanese and U. S. cultural beliefs about ideal adult attachment. *Journal of Counseling Psychology, 53*(2), 192-204.

Watkins, C. E., Hook, J. N., Mosher, D. K., & Callahan, J. L. (2019). Humility in clinical supervision: Fundamental, foundational, and transformational. *The Clinical*

Supervisor, 38(1), 58-78.

Weatherford, R. D., & Spokane, A. R. (2013). The relationship between personality dispositions, multicultural exposure, and multicultural case conceptualization ability. *Training and Education in Professional Psychology, 7*(3), 215-224.

Wehrly, B. (2005). Breaking barriers for multiracial individuals and families. In F. D. Harper & J. McFadden (Eds.), *Culture and counseling: New approaches* (pp. 313-323). Boston, MA: Allyn & Bacon.

Weinberg, M. S., Williams, C. J., & Pryor, D. W. (1994). *Dual attraction: Understanding bisexuality.* New York, NY: Oxford University Press.

Weisz, J. R., McCarty, C. A., Eastman, K. L., Suwanlert, S., & Chaiyasit, W. (1997). Developmental psychopathology and culture: Ten lessons from Thailand. In S. S. Luthar, J. A. Burack, D. Cicchetti, & J. R. Weisz (Eds.), *Developmental psychopathology* (pp. 568-592). Cambridge: Cambridge University Press.

Wice, M., Howe, D., & Goyal, N. (2018). The influence of gestures of appreciation on gratitude and helping: Exploring the role of culturally variable reciprocity norms. *TPM: Testing, Psychometrics, Methodology in Applied Psychology, 25*(2), 263-271.

Wolff, T. (2014). Community psychology practice: Expanding the impact of psychology's work. *American Psychologist, 69*(8), 803-813.

Worell, J. (1986). The DSM III-R: Controversies in gender bias. Invited paper presented at the annual meeting of the Association for the Advancement of behavior therapy, Chicago.

Worell, J., & Remer, P. (1992). *Feminist perspectives in therapy: An empowerment model for women.* New York, NY: John Wiley.

Wu, E., & Mak, W. (2012). Acculturation process and distress: Mediating roles of sociocultural adaptation and acculturative stress. *Counseling Psychologist, 40,* 66-92.

Yeskel, F. (1985). Class Background Inventory. https://classism.org/wp-content/uploads/2010/09/CLASS-BACKGROUND-INVENTORY.pdf

Yi, K., & Shorter-Gooden, K. (1999). Ethnic identity formation: From stage theory to a constructivist narrative model. *Psychotherapy: Theory, Research, Practice, Training, 36*(1), 16-26.

Zane, N., Morton, T., Chu, J., & Lin, N. (2004). Counseling and psychotherapy with Asian American clients. In T. B. Smith (Ed.), *Practicing multiculturalism: Affirming diversity in counseling and psychology* (pp. 190-214). Boston, MA: Pearson.

Zigarelli, J. C., Jones, J. M., Palomino, C. I., & Kawamura, R. (2016). Culturally responsive cognitive behavioral therapy: Making the case for integrating cultural factors in evidence-based treatment. *Clinical Case Studies, 15*(6), 427-442.

Zúñiga, X., Nagda, B. A., Chesler, M., & Cytron-Walker, A. (2007). Intergroup Dialogue in Higher Education: Meaningful learning about social justice. *ASHE Higher Education Report, 32*, 1-128.

Zúñiga, X., Nagda, B. A., & Sevig, T. D. (2002). Intergroup dialogues: An educational model for cultivating engagement across differences. *Equity & Excellence in Education, 35*(1), 7-17.

법무부(2017). 출입국 외국인 정책 통계연보. http://www.ksdcdb.kr.kims.kmu.ac.kr/blink/front/common/IAS/statDataIASPopup.do에서 인출.

여성가족부(2018). 연도별 다문화가족통계. http://www.mogef.go.kr/mp/pcd/mp_pcd_s001d.do?mid=plc503&bbtSn=704742에서 인출.

통계청(2020). 2019년 장래인구특별추계를 반영한 내·외국인 인구전망: 2017~2040년. http://kostat.go.kr/portal/korea/kor_nw/1/1/index.board?bmode=read&aSeq=385624에서 인출.

한국교육개발원(2017). 교육기본통계. http://www.ksdcdb.kr.kims.kmu.ac.kr/blink/front/common/IAS/statDataIASPopup.do에서 인출.

국립국어원 표준국어대사전 https://stdict.korean.go.kr/search/searchResult.do

찾 / 아 / 보 / 기

ㅈ

ㅊ

손은정(Son, Eunjung)

이화여자대학교 심리학과 박사 졸업

전 백석대학교 교육대학원 전임강사

현 계명대학교 심리학과 부교수

〈대표 저서 및 논문〉

『상담 수퍼비전의 이론과 실제』(2판, 공저, 학지사, 2019)

「A cross-cultural comparison of clinical supervision in South Korea
  and the United States」(2013)

최가희(Choi, Gahee)

University of Tennessee, Knoxville, Counseling Psychology, Ph. D.

현 계명대학교 심리학과 조교수

〈대표 논문〉

「사회정의와 상담심리의 역할」(2018)

「Effects of international student counselors' broaching statements
  about language and cultural differences on client perceptions of
  the counselor」(2015)

다문화상담의 실제

Embracing Diversity in Counseling and Psychotherapy

2021년 6월 30일 1판 1쇄 발행
2022년 8월 10일 1판 2쇄 발행

지은이 • 손은정 · 최가희
펴낸이 • 김 진 환
펴낸곳 • ㈜ **학지사**

04031 서울특별시 마포구 양화로 15길 20 마인드월드빌딩 5층
대표전화 • 02) 330-5114   팩스 • 02) 324-2345
등록번호 • 제313-2006-000265호

홈페이지 • http://www.hakjisa.co.kr
페이스북 • https://www.facebook.com/hakjisabook

ISBN 978-89-997-2432-9 93180

정가 **18,000원**

출판미디어기업 **학지사**

간호보건의학출판 **학지사메디컬** www.hakjisamd.co.kr
심리검사연구소 **인싸이트** www.inpsyt.co.kr
학술논문서비스 **뉴논문** www.newnonmun.com
원격교육연수원 **카운피아** www.counpia.com